KB205638

이른바 역사적 예수의 제3의 탐구(the third quest)가 제시하는 예수의 상은 놀라울 정도로 다양하지만 궁극적으로 한 가지 면에서 수렴한다. 그것은 바로 예수를 철저히 유대교의 맥락 속에 위치시키는 것이다. 니콜라스 페린은 예수를 "성전 반대 운동가"로 묘사한다. 이 관점으로 신약성서와 제2성전기 유대교 문헌을 읽으면 자욱했던 안개가 걷히고 수수께끼 같던 퍼즐이 맞추어지기 시작한다. 이 책은 주석적, 해석학적 난제라고 여겨지는 질문들에 대해 간결하지만 의미 있는 대답들을 제공하며, 때로는 질문 자체의 궤도 수정을 요구하기도 한다. 예수와 바울은 어떻게 연결될 수 있는가? 예수의 구원이 대속적 차원 이상의 의미를 지닌다는 것은 무엇을 뜻하는가? 예수의 지상 사역의 개별적 행동들―성전 정화 사건, 가난한 자를 돌봄, 치유와 축귀, 식사―은 임의적인 것인가 아니면 내적 일관성을 가지고 있는 것인가? 이 책을 열어 펼치는 순간부터 독자들은 위 질문들에 대해 무릎을 탁 치게 되는 순간(Aha moment)을 경험하게 될 것이다.

권영주 한국침례신학대학교 신약학 교수

니콜라스 페린은 역사적 예수를 "대제사장이자 성전"으로 보자고 제안한다. 이 주장은 18세기 이후 예수를 동시대의 유대전통으로부터 분리하여 자기들의 이상을 투영한 서구 학계의 예수상 전개에 도전하는 것이다. 페린은 박학을 과시하지 않는 간략한 형태로 주장과 근거를 제시한다. 종교에 국한된 "성전"에 관한 기존의 이해를 교정하여 성전의 사회-정치적인 본뜻을 적절하게 드러내고, 예수와 초기 예수 운동 공동체, 바울로 이어지는 이른바 성전과 회복종말론을 엮은 "메타내러티브"의 맥락에서 역사적 예수를 해명한다. 예수의 가르침, 기적(치유, 축귀), 가난한 사람들과의 연대, 고난, 자기 인식, 죽음과 부활 모두 재조명된다. 페린의 주장이 완전히 새로운 것은 아니지만, 유배와 회복의 내러티브를 확장하고 정교화하여 성실하게 자신의 목적에 도달하고자 했다. 역사적 예수를 그려보려는 학문적 시도에 힘을 보태는 흥미롭고 유익한 연구다.

김학철 연세대학교 학부대학 교수, 한국신약학회 편집위원장,
한국기독교교양학회 연구진흥위원장

최근 역사적 예수 연구는 1세기 유대 갈릴리와 1세기의 유대주의 맥락에서 이뤄지고 있는 경향이다. 갈릴리 출신 예수의 예루살렘 성전 전복(반대) 사건은 당시 부패한 기득권을 향한 사회·경제적 저항운동으로 볼 수 있지만, 거기에서 끝나는 것은 아니다. 성전과 관련된 예수의 행위는 당시 유대교의 묵시론적 사고와도 밀접하게 관련을 맺고 있기 때문이다. 역사적 예수에 관한 니콜라스 페린의 책은 이 두 가지 흐름을 하나로 묶는 탁월한 시도다. 즉 예수 당시의 부패한 예루살렘 성전과 그로 인한 사회·경제적 불균형의 문제는 장차 도래할 종말론적 하늘 성전과 대척점에 서 있다. 따라서 예수의 예루살렘 성전 전복(반대) 사건은 하늘 성전의 대제사장으로서 자신 안에 성취될 하늘 성전의 묵시론적 돌입이라는 관점에서 바라봐야 한다. 이 책에서 저자는 제2성전기의 유대교 문헌부터 사도 교부들의 저서들과 신약성서를 자유롭게 인용하며 자신의 주장을 설득력 있게 제시한다. 저자의 논리 전개에 다 수긍하지는 못해도, "예수-성전" 모티프는 신약성서 신학뿐 아니라 역사적 예수 연구에 가장 중요한 주제임이 틀림없다. 매우 학술적인 역사적 예수 연구가 어떻게 신약성서의 전반적 신학과 메시지에 공헌하는지를 아주 잘 보여주는 역작이다.

류호준 백석대학교 신학대학원 은퇴 교수

이 책은 예루살렘 성전의 위상을 적확히 인식할 때 예수와 그의 하나님 나라 운동을 제대로 해명할 수 있다고 주장하여 역사적 예수 연구에 새로운 물꼬를 튼다. 저자는 성전에 대한 비판적 시각에서 복음서의 관련 본문을 꼼꼼히 분석한다. 성전 중심의 유대교 지형에서 예수의 공적 사역을 이해해야 한다는 저자의 주장은 예루살렘 성전의 잠정적이고 한시적인 기능을 공표하는 동시에 "사람의 손으로 지은 성전"이 그리스도의 부활 사건으로 완성됨을 확언한다. 결국 예수는 성전을 회복하여 종말론적인 희년을 가져올 자신을 대제사장과 성전으로 정의함으로써 이스라엘을 재구성한다. "성전이 곧 예수"라는 오래된 진리 속에 담긴 기독교의 핵심 사상을 체계적으로 배울 수 있는 특별한 기회를 놓치지 말아야 할 것이다.

윤철원 서울신학대학교 신학대학원 신약학 교수

역사적 예수의 탐사 기준을 예수의 "가르침"에서 "행위"로 바꾼 샌더스(E. P. Sanders)의 방법론적 전환 이래 예루살렘 성전, 특히 예수가 그곳에서 행한 도발적인 전복의 행위는 숱한 논란을 유발한 뜨거운 감자였다. 본서는 예수의 그 성전 행위에 담긴 역사적 배경과 그 함의를 당대의 전후로 확장하여 제2성전기 성전을 중시한 유대교의 종파뿐 아니라 그 안팎에서 끊임없이 대안적인 성전 기획을 구상해온 비판적인 흐름을 포착하여 「솔로몬의 시편」과 쿰란 섹트, 세례 요한, 사도 바울을 비롯한 초기 기독교의 성전 이해 등을 포괄적으로 조명한다. 그러한 입체적인 해석의 구도에서 저자가 주목하는 것은 예수의 대안적인 새 성전과 새 제사장직을 향한 비전이 희년 정신의 구현을 통한 가난한 자의 구제와 악한 영의 퇴출을 통한 영적인 성결의 회복이란 메시지로 귀착되고 그것이 결국 예수의 역사적 "행위"에 구체적인 동력으로 작용했으리라는 가설이다. 그 가설은 본서를 통틀어 매우 치밀한 분석과 풍성한 해석으로 검증되었고, 그 결과 본서는 예수 당시와 초기 기독교가 발흥하던 1세기의 성전 이해에 또 하나의 시금석을 제시한다. 보이는 성전이든 보이지 않는 하늘의 성전이든 간에 성경 속의 성전에 함축된 풍성한 상징과 그 신학적 의미에 관심을 갖고 역사적 예수를 탐구하고자 하는 성서학도, 신학도, 그리스도교 신자들에게 적잖은 배움과 깨우침이 있으리라 믿으며 적극 추천한다.

차정식 한일장신대학교 신약학 교수

니콜라스 페린의 최근 책은 성전으로서 예수 개념을 신선하게 바라본다. 이를 위해서 그는 예수와 예루살렘 성전, 예수가 새 성전―그의 추종자들은 그 공동체의 일원이었다―이라는 초기 기독교 공동체의 개념 사이의 관계 그리고 이 개념이 어떻게 예수 자신의 가르침에 근거하고 있을 수 있는지를 검토한다. 본서에는 전통적인 내용이 별로 없으며 독자들은 페린의 창의적인 통찰력 및 그가 1차 자료와 2차 자료를 통제하는 데 대해 거듭 놀랄 것이다. 본서는 중요한 연구 분야에서 중대한 진전이다.

크레이그 A. 에반스 캐나다 노바스코샤 소재 아카디아 디비니티 칼리지
신약학 페이전트 저명 교수

역사적 예수를 이해하기 위한 새로운 패러다임은 다소 희귀하다. 기이하지 않으면서도 새로운 제안은 더 드물다. 본서에서 니콜라스 페린은 우리에게 그런 경이를 제공한다. 전에 제안되지 않았고 많이 논의되지 않았던 내용을 고려하는 데 별로 익숙하지 않은 학계로 하여금 주의를 기울이게 할 만큼 주의 깊게 추론된 신선한 이해다. 역사적 예수 및 초기 기독교에 대한 연구에 관심이 있는 사람이라면 누구나 페린의 연구를 살펴보고 성전으로서 예수의 이미지가 고대 및 현대의 신앙의 표현에 어떤 의미가 있을 수 있는지를 고려하기를 원할 것이다.

마크 앨런 포웰 오하이오주 콜럼버스 트리니티 루터 신학교 신약학 교수

기독교가 태동한 이후 해석자들은 예수의 생애, 사역과 운동에 대한 성전의 중요성을 주목해왔다. 하지만 지난 세기는—고고학적 발견과 초기 유대교에 대한 새로워진 관심을 통해—그 문제를 한층 더 전면에 부각시켰다. 『예수와 성전』을 읽으면 마치 복음서를 처음 읽는 것처럼 복음서의 드라마를 새로운 관점에서 보게 된다. 예수가 성전의 그늘 및 성전의 빛에 비추어 고려되면 예배, 제사, 왕국 및 예전 같은 개념들이 완전히 다르게 제시된다. 본서는 신약학계에 귀중한 공헌이다.

스콧 한 펜실베이니아 주 라트로브 소재 세인트 빈센트 신학교
성서 신학 베네딕트 16세 교황 교수

『예수와 성전』은 대담한 주장과 매혹적인 스타일로 인해 손에서 내려놓기 어렵다. 본서에서 닉 페린은 예수의 사명을 성전 반대 운동의 관점에서 이해하는 것에 관해 설득력 있는 논거를 제시한다. 그는 역사적 민감성과 예리함을 갖고서 자신의 논지를 펼치며 역사적 예수 연구에 중요한 공헌을 한다. 본서는 내가 기억하기로는 한 구절에 대해 알베르트 슈바이처부터 밥 딜런까지 언급할 수 있는 극소수의 책 중 하나다.

지닌 K. 브라운 미네소타주 세인트폴 소재 베델 신학교 신약학 교수

JESUS THE TEMPLE

Nicholas Perrin

예수와 성전

종말론적인 희년을
가져오는 왕과
제사장인 예수

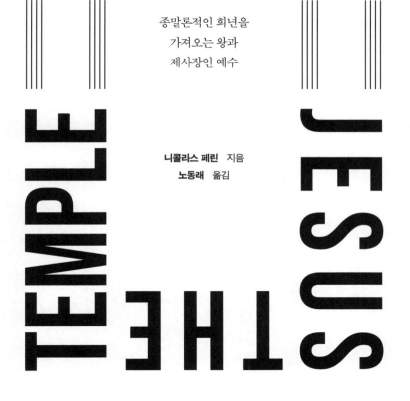

니콜라스 페린 지음
노동래 옮김

새물결플러스

N. 토머스 라이트와

매기 E. A. 라이트 부부에게

헌정한다.

목차

서문

마가복음(8:27)에 따르면 예수가 그의 제자들에게 "사람들이 나를 누구라 하느냐?"라는 탐색적인 질문을 던졌을 때 그들은 별로 어렵지 않게 "세례 요한이라 하고 더러는 엘리야, 더러는 선지자 중의 하나라 하나이다"라고 제시할 수 있었다. 혹자는 오늘날 인류가 2000년 동안 더 숙고한 뒤 예수의 물음에 답할 수 있는 신뢰할 만한 대안은 더 많은 것이 아니라 오히려 적다고 생각할 수도 있을 것이다. 하지만 유감스럽게도 거의 그렇지 않다. 만일 오늘날 예수가 똑같은 질문을 거리에서 만나는 사람이나 교구의 목사들이나 강단 배후에 있는 교수들에게 제기한다면 그 질문에 대한 답변의 범위는 훨씬 더 넓을 것이다.

학계에서는 적어도 지난 수십 년간 역사적 예수에 관한 연구가 놀라울 정도로 다양한 설명을 낳았다. 과거의 경우와 마찬가지로 그런 견해들은 다양한 미디어를 통해 교회에 전해지고 최종적으로는 일상생활에까지 영향을 미치게 될 것이다. 슬하에 자녀를 둔 일반인들은 예수가 누구였는가에 관한 자신의 판단을 내릴 것이다. 그들의 자녀 중 **아주** 소수는 자라서 목사가 되고 더 소수는 역사적 예수를 연구하는 학자가 될 것이다. 그들의 예수는 그들 부모의 예수와 어떤 면에서는 유사하고 또 다른 면에서는 다를 것이다. 그런 식으로 계속 이어진다. 1차 자료와 2차 자료가 풍부함에도 역사는 아직도 나사렛 예수에 관한 최종 판결을 내리지 못했다. 그가 역사적 인물이라는 점에는 합의가 이루어져 있지만 그는 여전히 파악하기 어려운 인물로 남아 있고 좋든 싫든 간에 앞으로도 그럴 가능성이 크다.

"왜 역사적 예수에 관한 또 다른 책을 쓰는가? 우리는 이미 그런 책을 충분히 가지고 있지 않은가?"라는 질문을 받으면 나는 "아니오, 사실은 그렇지 않습니다"라고 답변할 것이다. 우선, 모든 탐구가 사회적 환경의 영향을 받는다는 사실에도 불구하고 나는 역사가 전개될 때 학계의 대화, 심지어 수 세기 묵은 학계의 대화조차 우리를 어디론가 데려다준다고 믿는다. 특히 역사적 예수를 바라보는 새로운 방법을 진척시킴에 있어 나는 예수가 자신을 성전을 구현한 인간으로 보았다는 관점이 과거의 논의를 공정하게 다루고 앞으로 전개될 새로운 몇몇 논의를 위한 무대를 제공하기를 바란다. 둘째, 역사적 예수에 관한 논의가 1세기 갈릴리 사람들의 윤리적 가르침을 현대를 위한 설득력 있는 언어로 변환하고자 각고의 노력을 기울이고 있는 현시점에서 예수의 목표를 새롭게 평가하면 신선한 변환의 가능성이 커진다. 나는 예수를 성전 반대 운동의 성서 안에 위치시킴으로써 역사적 사실들을 올바로 다룰 뿐만 아니라 그의 생애에 관한 다양한 초점을 통합할 수도 있다고 믿는다. 나의 변변치 않은 판단으로는 마법사 예수나 사회정치적 혁명가 예수 또는 현자 예수가 아니라 대제사장**이자** 성전으로서의 예수가 역사적 사실에 가장 잘 부합한다. 구속사는 때때로 마법사, 혁명가 또는 심지어 메시아가 없이도 진행되었지만 아담 이래로 제사장이나 성전 없이는 결코 진행되지 않았다. 만일 역사적 예수가 자신을 성전으로 본다면—고대 유대인의 관점에서는—성전이 모든 역사를 포괄하기 때문에 예수 자신이 모든 역사를 포괄하는 셈이다. 마찬가지로—내가 아래의 논의에서 명백해지기를 바라는 바와 같이—성전이 삶의 모든 것을 포괄하기 때문에 성전으로서의 예수는 삶의 모든 것을 포용한다. 우리는 예수를 따르겠다고 고백하는 사람은 모든 역사와 모든 삶을 아우르지 못하는 관점에 만족하지 않으리라고 생각할 것이다. 만일 그들이 역사적 예수에게서 그런 관점을 발견했다면 그들은 운이 좋은 사람들이다.

많은 사람의 도움이 없었다면 본서가 쓰이지 못했을 것이다. 먼저, 나는 기독교 지식 증진 협회(SPCK)의 레베카 멀헌, 필립 로, 사이먼 킹스턴 및 헨드릭슨 출판사의 셜리 데커-루키에게 감사한다. 그들은 격려와 인내의 본을 보여주었다. 책을 쓰는 과정에서 나는 많은 상대와 대화를 나눴는데 그들 중 몇몇과는 실제로 직접 만나 얘기할 수 있었다. 나의 "성전 기반" 논문들을 세계성서학회(Society of Biblical Literature)에 받아준 워렌 카터와 에드몬도 루피에리 및 그 학회에서 또는 그 학회 주위에서 교류한 스티븐 패터슨, 마리안느 M. 톰슨, 스미스 캐스린, 알렉 루카스, 스콧 한, 마이크 버드, 조엘 윌리츠, 브랜트 피트리 같은 다른 학자들에게 감사한다. 스캇 맥나이트와 가진 연례 이탈리아 중식도 내용 형성에 공헌했다. 나는 (조지아주 아테네의 돈 앨든 덕분에) 발아 단계에 있는 내 아이디어를 강의할 기회를 가졌던 데 대해 감사한다. 또한 (아르민 바움과 기센 소재 자유 신학 대학교의 교원들 덕분에) 동료들과 세미나 스타일로 대화할 수 있었던 데 대해서도 감사한다. 신학 탐구 센터(프린스턴)의 톰 해스팅스와

월 스토라르에게도 감사한다. 그들은 내가 다음 프로젝트에 착수하기 전에 몇 주 동안 본서를 마무리하도록 허락해줬다. 물론 나는 휘튼 대학에서 나의 관점에 도전하고 그것을 다듬어준 학생들과 동료들에게 빚을 졌다. 이와 관련해서 성전에 대한 관심을 공유한 그레고리 비일과 존 월튼을 특별히 언급할 필요가 있다.

내게는 공식, 비공식 연구 조교들이 있었다. 이사야 28장에 관한 매튜 패럴리의 방대한 연구는 본서의 1장과 2장에 반영되었다. 레인 세버슨과 카트리나 콤즈도 인정되어야 한다. 나는 수없이 많은 책과 논문을 추적한 크리스 스파노에게 감사한다. 특히 같은 일을 했고 마태복음 및 유배와 관련된 자신의 학위 논문으로 공헌하기도 한 니콜라스 피오트로브스키에게 매우 감사한다.

나는 다른 친구들과 가족의 지원이 없었더라면 본서를 쓰지 못했을 것이다. 노스캐롤라이주의 산간 지방에서 집필할 장소가 없었더라면 나는 매우 중요한 3장 집필을 시작하지 못했을 것이다. 이 모든 것이 닥터 필립 메하피와 닥터 매리 메하피 부부로 말미암아 가능해졌다(물론 프레드와 스티브가 영감을 더해줬다). 일리노이주 네이퍼빌에 소재한 커비넌트 클래시컬 스쿨(Covenant Classical School)의 모든 친구도 큰 지원과 영감을 제공했다. 우리의 "하나님의 형상"(*imago dei*) 교육 모델을 통합한다 해도 모든 것을 포괄하는 예수의 프로그램에는 조금도 미치지 못한다. 론 니즐은 원고 전체에 대한 철저한 논평을 제공해줬다. 데이비드 빈슨은 많은 초고들에 대해 같은 일을 했다. 나는 데이비드(그리고 대리로서 그의 아내 브리제트)에게 크게 감사한다. 기록을 위해 언급하자면 본서에 대한 영감은 우리가 샌안토니오에서 감자 조각을 먹으며 살사 음악을 들을 때 나왔다.

가장 좋은 것을 마지막까지 남겨둔 셈인데, 나는 나의 가장 큰 영감은 내 가족 캐미, 나다니엘과 루크였음을 기쁘게 단언한다. 내가 그들을 결코 당연하게 여기지 않기를 바란다.

내가 본서를 집필하는 데 간접적이지만 중요한 역할을 한 두 사람을 더 언급해야 한다. 그들은 톰 라이트와 매기 라이트 부부다. 나는 오래 전에 『신약성서와 하나님의 백성』(*The New Testament and the People of God*, 1992, CH북스 역간)을 처음에는 회의적으로 읽었지만 그 책을 다 읽을 무렵에는 "그것이 어떻게 그렇지 않을 수 있을까?"라고 자문하게 되었다. (중요한 학문 연구는 처음에는 거의 언제나 회의주의에 직면한다.) 나는 톰의 저술을 능가하는 것은 1세기 팔레스타인 맥락에 관한 그의 나중 저술뿐이라고 생각하며 또한 그는 내가 아는 누구보다도 역사적 예수에 관한 논의에 새로운 반향을 가져온 사람이라고 생각한다. 우리가 톰의 주장에 찬성하든 그렇지 않든 간에 우리 모두 그가 그 논의를 상당히 발전시켰다는 데 동의해야 한다. 이 점에 대해서 예수 학계 전체가 감사해야 한다.

나 역시 이에 대해 감사하지만 훨씬 많은 이유로도 감사한다. 물론 톰 자신이 그의 멘토인 조지 케어드와 의견을 달리하는 지점이 있듯이 내가 톰과 의견을 달리하는 지점이 있지만 나는 그가 학자로서 내게 많은 점에서 뿌리와 날개를 준 데 대해 감사한다. 하지만 지식은 지나가기 때문에 인생에는 학문 외에 더 많은 것이 있다. 나는 특히 톰과 그의 아내 매기(그녀는 더럼의 주교인 톰이 있는 모든 곳에 자신의 방식으로 존재한다)가 우리에게 나눠준 우정의 선물에 대해 감사한다. 나는 그들에게 본서를 헌정한다.

약어

성서를 제외한 고대 자료 제목의 약어는 세계성서학회(SBL) 관례를 따른다.

ABRL   Anchor Bible Reference Library

ACCS   Ancient Christian Commentary Series

AGJU   Arbeiten zur Geschichte des antiken Judentums und des Urchristentums

AGRL   Aspects of Greek and Roman Life

ALGHJ   Arbeiten zur Literatur und Geschichte des hellenistischen Judentums

AnBib   Analecta Biblica

ArBib   Aramaic Bible

BBB   Bonner biblische Beiträge

BibS(N)   Biblische Studien (Neukirchen, 1951-)

BJRL   *Bulletin of the John Rylands University Library of Manchester*

BK   Bibel und Kirche

BNTC   Black's New Testament Commentaries

BS   The Biblical Seminar

BZNW   Beihefte zur Zeitschrift für die neutestamentliche Wissenschaft

CalTM   Calwer theologische Monographien

CBQ   *Catholic Biblical Quarterly*

CBR   *Currents in Biblical Research*

CL   Cunningham Lectures

ConBNT   Coniectanea neotestamentica/Coniectanea biblica: New Testament Series

DQ	Documenta Q
EJL	Early Judaism and its Literature
EVIPP	Eric Voegelin Institute Series in Political Philosophy
EvQ	*Evangelical Quarterly*
FB	Forschung zur Bibel
FCCGRW	First-Century Christians in the Graeco-Roman World
FTS	Frankfurter Theologische Studien
GTA	Göttinger theologischer Arbeiten
HSM	Harvard Semitic Monographs
HTKNT	Herders theologischer Kommentar zum Neuen Testament
HTR	*Harvard Theological Review*
HUCA	*Hebrew Union College Annual*
IBC	Interpretation: A Bible Commentary for Teaching and Preaching
ICC	International Critical Commentary
ISFCJ	International Studies in Formative Christianity and Judaism
JAOS	*Journal of the American Oriental Society*
JBL	*Journal of Biblical Literature*
JCP	Jewish and Christian Perspectives Series
JCT	Jewish and Christian Texts in Contexts and Related Studies
JETS	*Journal of the Evangelical Theological Society*
JJS	*Journal of Jewish Studies*
JQR	*Jewish Quarterly Review*
JR	*Journal of Religion*
JSHJ	*Journal for the Study of the Historical Jesus*
JSJ	*Journal for the Study of Judaism in the Persian, Hellenistic, and Roman Periods*
JSJSup	Supplements to the Journal for the Study of Judaism
JSNT	*Journal for the Study of the New Testament*

JSNTSup	Journal for the Study of the New Testament: Supplement Series
JSOTSup	Journal for the Study of the Old Testament: Supplement Series
JSP	*Journal for the Study of the Pseudepigrapha*
JTS	*Journal of Theological Studies*
LNTS	Library of New Testament Studies
LSTS	Library of Second Temple Studies
LtSp	*Letter & Spirit*
MBMC	Matrix: The Bible in Mediterranean Context
NCBC	New Cambridge Bible Commentary
NEchtB	Neue Echter Bibel
NFTL	New Foundations Theological Library
NICNT	New International Commentary on the New Testament
NICOT	New International Commentary on the Old Testament
NIGTC	New International Greek Testament Commentary
NovT	*Novum Testamentum*
NovTSup	Supplements to Novum Testamentum
NSBT	New Studies in Biblical Theology
NTOA	Novum Testamentum et Orbis Antiquus
NTS	*New Testament Studies*
NTTS	New Testament Tools and Studies
NVBS	New Voices in Biblical Studies
OBT	Overtures to Biblical Theology
OTL	Old Testament Library
OTP	*The Old Testament Pseudepigrapha*, ed. J. H. Charlesworth. 2 vols. New York: Doubleday, 1985
OxTM	Oxford Theological Monographs
PFBR	Publications of the Perry Foundation for Biblical Research in the Hebrew University of Jerusalem

PNTC	Pillar New Testament Commentary Series
PRS	Perspectives in Religious Studies
PrTMS	Princeton Theological Monograph Series
RB	*Revue biblique*
RBL	*Review of Biblical Literature*
REJ	Revue des Études Juives
RevQ	*Revue de Qumran*
RSB	*Religious Studies Bulletin*
SANT	Studien zum Alten und Neuen Testaments
SBAB	Stuttgarter biblische Aufsatzbände
SBEC	Studies in the Bible and Early Christianity
SBLDS	Society of Biblical Literature Dissertation Series
SBLEJL	Society of Biblical Literature Early Judaism and its Literature
SBLSP	Society of Biblical Literature Seminar Papers
SBLSymS	Society of Biblical Literature Symposium Series
SBS	Stuttgarter Bibelstudien
SBT	Studies in Biblical Theology
SFSHJ	South Florida Studies in the History of Judaism
SHJ	Studying the Historical Jesus
SJ	Studia Judaica
SJT	*Scottish Journal of Theology*
SNTSMS	Society for New Testament Studies Monograph Series
SP	Sacra pagina
STDJ	Studies on the Texts of the Desert of Judah
Str.-B.	Strack, Hermann L., and Paul Billerbeck, *Kommentar zum Neuen Testament aus Talmud und Midrasch*. 6 vols. Munich: C. H. Beck, 1922-61
StudBL	Studies in Biblical Literature
SUNT	Studien zur Umwelt des Neuen Testaments

SynK	Synagoge und Kirchen
TANZ	Texte und Arbeiten zum neutestamentlichen Zeitalter
TDOT	*Theological Dictionary of the Old Testament*, ed. G. J. Botterweck and H. Ringgren, trans. J. T. Willis, G. W. Bromiley, and D. E. Green. 8 vols. Grand Rapids: Eerdmans, 1974-
Themelios	*Themelios*
TLZ	*Theologische Literaturzeitung*
Transeu	*Transeuphratène*
TTZ	*Trierer theologische Zeitschrift*
TZ	*Theologische Zeitschrift*
UUA	Uppsala Universitetsårskrift
VD	*Verbum domini*
VSA	Verbum salutis annexe
VT	*Vetus Testamentum*
VTSup	Supplements to Vetus Testamentum
WBC	Word Biblical Commentary
WMANT	Wissenschaftliche Monographien zum Alten und Neuen Testament
WUNT	Wissenschaftliche Untersuchungen zum Neuen Testament
ZacSNT	Zacchaeus Studies: New Testament
ZNW	*Zeitschrift für die neutestamentliche Wissenschaft und die Kunde der ältern Kirche*

서론

성전 상을 엎다

오래된 편견과 틀은 쉽게 사라지지 않는다. 그것은 인생의 어느 영역에서 나 마찬가지로 신약신학 분야에서도 그렇다. 물론 "옛 방식"이 사리에 맞는 한 그것을 가만히 두는 게 좋다. 대체로 어떤 방식이 기본적인 방식이 된 데는 나름의 이유가 있다. 다른 한편으로, 때때로 틀들이 믿을 수 있는 사실과 건전한 논거에 기초하지 않고 지나가는 유행에 근거해서 확립되는 경우도 있다. 단지 인생이 짧기에 인습들이 점검되지 않고서 계속 이어지며, 우리는 일반적으로 우리의 튼튼한 탁자가 엎어지는 소란보다는 주어진 가정에 기초함으로써 오는, 진보하고 있다는 느낌을 선호한다. 명백한 반대 징후에도 불구하고 이전의 틀이 완강하게 지속될 때에는 우리가 탁자에 앉아 있는 사람들이 바닥에 단단히 고정된 의자를 지키는 데 기득권을 보유하고 있는지 여부에 대해 고려할 가치가 있다. 결국 역사라는 경화(硬貨)를 신학의 신성한 화폐로 바꿀 때 모든 동전에 동등한 가치가 있는 것은 아니다. 예수의 몇몇 이미지는 다른 이미지들보다 훨씬 유리한 신학적인 환율을 산출할 것이다. 액면가가 높은 시장 가치를 가지는 동전, 즉 우리의 문화가 편안하게 받아들일 수 있는 예수의 이미지만 받아들이려는 유혹이 반복된다. 한편 그런 틀이 뒤집힐 때까지는 역사가 계속 과도한 가격을 지불한다.

　본서를 시작하면서 나는 특정한 이전의 틀 하나에 관한 나의 의심을 드러내기를 원한다. 내가 보기에 20세기 그리고 이제 21세기 학자들은 한편으로 역사적 예수와 다른 한편으로 바울과 초기 교회 사이에는 건널 수 없는 간극이 존재한다는 가정하에서 연구해왔다. 특히 20세기 중반 독일 학자들에게는 때때로 예수와 바울 사이의 간극이 너무 크게 벌어진 것으로 보여서, 그들은 위대한 두 인물 간의 실질적인 비교나 실제적인 역사적 연속성을 선험적으로 배제했다.[1] 그들에게 예수와 바울(그는 지상 의 예수와 별로 관계가 없었다)은 완전히 달랐다. 예수와 바울이 탄 배들이 밤 에 스쳐 지나갔을 수는 있다.

그렇다고 해서 신약 학자들이 만장일치로 이 입장을 포용해온 것은 아니다. 실제로 그들의 신성한 뜰에서 감히 채찍을 휘두른 반대자들이 상 당히 많이 있었다.[2] 예수와 바울 사이의 "큰 간극"이라는 주제는 효과적 으로 도전을 받아왔는데 내가 여기서 그 도전의 상세한 내용을 반복하지 는 않을 것이다. (불트만을 따라서 예수와 바울 사이에 아무 관계가 없다는) 그토 록 많은 학자가 취했던 견해는 이제 더 이상 유지될 수 없는 극단적인 입 장으로 판명되었으며, 내가 보기에는 그 입장의 임박한 소멸이 신약 신 학에 더 좋은 일이라고 말해두는 것으로 충분하다. 예수와 바울이 완전히 별개라는 이전의 이야기는 궁극적으로 지지될 수 없다. 그 이야기는 우리 로 하여금 다른 많은 이야기와 관련된 우리의 불신을 영구적으로 중단할

---

1   다음 문헌들을 보라. Bultmann 1969[1933]: 220-46; Schmithals 1962; Bornkamm 1977[1969].

2   포스트 불트만 학파 이후의 학자들 사이에서 그런 반대는 Kümmel(1963-64)과 Blank(1968)에서 드러난다.

것을 요구한다.[3]

예수와 바울에 관한 이 입장이 그토록 오랫동안 그럴법하게 여겨져
온 이유를 고려할 때 나는 우리가 현대 예수 학계에서 가장 기초적인 두
가지 가정에 직면한다고 생각한다. 첫 번째 가정은 역사적 예수를 그의
유대적 맥락에서 분리하겠다는 암묵적이고 오도된 결정에서 출현한다.
이 조치는 부분적으로는 당시의 편견과 철학적 분위기에 기인한다. 19세
기와 20세기 초의 반유대인적 정서로 말미암아 예수를 유대교 및 [유대
교의 특징이라고 주장된] 율법주의적 속박에 결연히 맞선 인물로 재창조
하는 전통이 강화될 수밖에 없었을 것이다.[4] 우리가 예수를 자신의 타고
난 종교에 대해 대단히 냉담하거나 본능적인 반감을 가진 인물로 생각하
면 율법과 얽혀 있는 바울은 불가피하게 문제가 있는 인물이 된다. 예수
는 하찮은 형식주의와 타율(자신 밖에 있는 율법, 즉 토라)에 대한 복종으로
인해 유대교를 비난할 기백이 있었다. 반면에 바울은 그리스화하려는 최
상의 의도에도 불구하고 그렇게 깔끔한 단절을 이루지 못했다. 율법/토
라 같은 사회적 구속으로부터 개인들을 해방시킬 예수를 추구했던 시대
의 경향에 따라, 그리고 서구 사회가 아직 반유대주의적 경향의 끔찍한
절정을 경험하지 않은 상태여서 탈유대화된 예수와 탈유대화된 바울은
일리가 있었다.

---

3   예컨대 바울이 예수의 출생(갈 4:4), 윤리(갈 6:2; 고전 7:10-11), 기도(갈 4:6; 롬 8:15),
     수난(고전 11:23), 죽음과 부활(갈 2:20, 3:1; 고전 15:1-9)을 상당히 잘 알았다는 점은
     부인될 수 없다. 이 전승들이 바울 사도의 신학을 형성하지 않았다는 것은 믿을 수 없다.
     Wenham 1995를 보라.
4   그렇다고 해서 유대교의 율법주의에 반대하는 예수가 반드시 (인신공격적인 방식으로) 반
     유대주의적이었다고 주장하는 것은 아니다.

예수와 바울이 공유한 유대인의 유산을 분리한 것이 두 위인 사이의 명백한 연속성 하나를 제거했는데, 둘 다 기본적으로 내적 생활을 지향했다는, 당시에 매력적이던 가정을 통해 둘 사이의 분리가 한층 강화되었다. 이 점은 특히 예수의 경우에 적용된다. 불트만이나 보른캄 같은 학자가 등장하기 훨씬 전, 독일과 영국이 낭만주의에 젖어 있을 때 19세기 학자들과 평신도들 모두 예수를 위대한 시인에 비견되는 종교적 인물로 보는 경향이 있었다. 워즈워스에 비견되는 1세기의 인물로 말이다.[5] 이 예수에게는 워즈워스 및 위대한 낭만주의 전통에서와 마찬가지로 경험과 감정의 세계가 출발점이었다. 예수는 성령의 일에 심취했다. 성령이 사람의 마음속에서 탐지될 수 있는 한 말이다. 그런 예수는 들의 백합과 공중의 새에 관해 묵상하느라 너무도 바쁜 나머지 당시의 거친 사회적·정치적 현실에 관심을 기울일 수 없었다.

여기서 근원적인 문제는 역사적인 문제다. 역사적 예수와 역사적 워즈워스(또는 그와 같은 모든 사람) 사이에 공통점이 거의 없다는 사실에는 변함이 없다. 예수는 왕국 언어가 폭력주의적인 연설로 여겨질 수 있는 세계에서 "하나님의 왕국"을 선포하며 그의 영향력 있는 시기를 보낸 반면, 워즈워스는 컴브리아에 있는 그의 정원에서 차를 마시면서 불멸에 대한 암시에 관해 명상했다. 우리가 로마인들이 메시아가 되려는 사람들을 어떻게 다뤘는지에 비추어 판단하면 1세기 팔레스타인에서 예수가 설교한 것과 같은 내용을 설교하고 예수가 행한 일과 같은 일을 하는 사람은 누구나 확실히 목숨을 건 정치적 모험을 하는 셈이었다. 워즈워스가 기

---

5   이 점에 관해서는 Theissen and Winter 2002[1997]: 42-76에서 멋지게 다뤄졌다.

득권층의 기질에 반하는 정치적 의견을 갖고 있었다고 알려져 있기는 하지만 갈릴리의 목수가 한 일과 영국의 시인이 한 일이 유의미하게 비교될 수는 없다. 이런 식의 비교는 무의미하며 알베르트 슈바이처가 그 점에 대해 주의를 환기했음에도, 지나치게 감상적이지만 역사에 대한 호기심은 결여된 19세기와 20세기 초 저자들에게서는 제시된 사실들과 이상화된 낭만주의적 천재 사이의 부조화가 전혀 사라지지 않는 것으로 보인다.[6] 오늘날까지 강의실, 설교단, 서점에서 워즈워스 스타일의 예수에 관한 이런 이야기가 들리고 있다.[7]

예수가 이렇게 낭만화된 결과, 우리는 예수가 인생을 서구의 철저한 개인주의자처럼 바라볼 것이라고 생각하는 경향이 있다. 이 견해에 따르면 예수는 사람들에게 영적 생활과 형제 사랑을 가르쳤지만 자신의 윤리를 개인적 차원을 넘어 적용하는 데는 전혀 관심을 보이지 않은, 소박하고 주제넘지 않은 갈릴리 사람이었다. 이런 예수는 자신의 관점을 제시하지만 그의 주장을 너무 강하게 밀어붙이거나 그의 가르침이 제안 이상으로 받아들여질 것으로 기대하지는 않았다. 마지막으로 이 예수는 어떤 대의나 운동을 시작하는 데 관심이 없었다. 결국 시의 천재들은 대의를 시작한 것으로 알려지지 않는다(워즈워스도 워즈워스 감상 협회[Wordsworth Appreciation Society] 설립을 후대의 독자에게 맡겨둘 정도의 눈치가 있었다). "낭만주의적 천재로서의 예수" 모델이 여전히 인기를 끌고 있듯이 그 모델과

---

6   Schweitzer 2001[1906]을 보라.
7   아마도 Marcus Borg의 경험적으로 도출된 예수는 Schweitzer가 그의 선배들에게 적용하는 것과 동일한 비판에 직면할 것이다. Borg의 *Meeting Jesus Again for the First Time*(1995)은 예수에 관한 책으로서 가장 잘 팔리는 책 중 하나다.

관계가 있는 "철저한 개인주의자로서의 예수" 모델도 인기가 있다.

낭만화되고 개인화된 예수는 예수와 바울 사이의 역사적 틈을 한층 더 크게 벌린다. 아무튼 이 두 견해가 병행한다는 점은 분명하다. 만일 예수와 바울이 아주 달랐다면 이는 이 두 사람의 관심사가 예루살렘 종파(예수는 자기 시대의 예루살렘 종파와 밀접하게 관련을 맺었고 바울도 자기 시대의 예루살렘 종파와 제휴했다. 갈 2:6-10)의 목표와 별로 겹치지 않는다는 것을 암시한다.[8] 그리고 예수와 바울 각각의 견해 모두 예루살렘 공동체의 견해와 쉽게 분리될 수 있다면 예수와 바울은 운동의 리더라기보다는 좀 더 순진한, 비교적 고립된 사상가였음을 의미한다. 따라서 예수와 바울이 분리되었다는 가정은 워즈워스 같은 예수를 요구하며, 역으로 워즈워스 같은 예수는 확실히 바울에게 별로 영향을 주지 않았다. 갈릴리의 목수와 길리기아의 텐트 만드는 사람 사이의 분리는 애초에 유럽의 독서 대중이 그 목수에 관해 생각하는 선입견에 잘 들어맞았다. 그렇다고 해서 그런 "분리"가 반드시 역사적으로 부정확한 것은 아니지만 그것은 예수를 기독교와는 말할 것도 없고 바울과 대립시키는 것이 부분적으로는 예수에 관한 특정한 선입견, 즉 서구 이념의 부산물로 설명될 수 있는 선입견에 의존한다는 점을 보여준다.

예수와 바울 사이의 큰 간극에 다른 어떤 역사적 약점들이 놓여 있건 간에 나는 그 틀이 두 인물이 습득한 전통과 예루살렘 공동체의 기대로부터 완전히 절연될 것을 요구한다는 점에서 설득력이 없다고 생각한

---

8 예수와 초기 교회 사이를 이어주는 인물로서 베드로의 역할이 과소평가된 데 관해서는 Bockmuehl 2007을 보라; 바울과 예수에 관해서도 Paul and Jesus, Bockmuehl 2006: 42-4를 보라.

다. 예루살렘에서 시작된 예수 운동의 사회적 역사는 대체로 잘 알려지지 않았지만 하나의 운동으로서 예수 운동은 모종의 경계표지―규정하는 특징, 독특한 관행, 목표―와 철학적 분파나 종교적 분파를 특징짓는 다른 요소들을 가지고 있었을 것이다. 이런 의미에서 그 운동은 자체의 생명, 즉 예수의 사후에도 계속되었고 바울이 등장하기 전에 인식될 수 있는 모종의 형태를 지닌 생명을 갖고 있었다. 회사들과 독재적인 정부들은 단기간에 공식적인 구조와 합의된 확신들을 다시 만들어낼 능력을 갖고 있지만, 특정한 기본적인 질문들("우리는 무엇을 믿는가?" 그리고 "우리는 무엇을 하는가?")에 대한 공유된 답변을 통해 결합된 종교 공동체는 일반적으로 그렇지 않다. 신앙의 전통과 관습은 (부활 후 일어난) 핵심적인 사건들에 비추어 변화를 겪을 수도 있지만 그것들은 대개 하룻밤 사이에 완전히 제거될 수 있는 종류의 것들이 아니다. 예수의 가르침, 바울이 부활 후 예루살렘에서 발견한 기독교 및 그가 훗날 디아스포라에서 설교한 기독교 사이에는 틀림없이 어느 정도 연속성의 끈이 있었을 것이다.[9]

그런데 그 끈은 무엇이었고 그것의 본질은 무엇이었는가? 그 질문에 대해 몇 가지 방식으로 답변할 수 있는데 그 방법들이 모두 상호 배타적인 것은 아니다. 하지만 바울 서신에 수록된 특정한 구절에 관해서는 더 많은 내용이 말해질 수 있고 또 말해져야 할 것이다. 바울 사도가 고린도

---

9 예수와 바울 사이에는 명백히 매우 중요한 차이도 있었다. 하지만 바울이 그리스도인들에게 상당한 영향을 끼쳤다는 점은 확실하지만 그렇다고 해서 그가 물려받은 기독교가 이미 합의된 신념과 관행 관점에서 모종의 입장을 취한 기독교였다는 사실이 무색해져서는 안 된다. 그것은 예수를 통해서 어느 정도 형태가 정해졌고 바울이 물려받아 채택한 기독교였다.

교회 교인들과 관련하여 자신의 역할을 묘사하는 구절에서 우리는 흥미로운 몇몇 건축물 이미지를 발견한다.

> 우리는 하나님의 동역자들이요 **너희는…하나님의 집이니라.** 내게 주신 하나님의 은혜를 따라 내가 지혜로운 건축자와 같이 터를 닦아 두매 다른 이가 그 위에 세우나 그러나 각각 어떻게 그 위에 세울까를 조심할지니라. **이 닦아 둔 것 외에 능히 다른 터를 닦아 둘 자가 없으니 이 터는 곧 예수 그리스도라.…너희는 너희가 하나님의 성전인 것과 하나님의 성령이 너희 안에 계시는 것을 알지 못하느냐?** 누구든지 하나님의 성전을 더럽히면 하나님이 그 사람을 멸하시리라. 하나님의 성전은 거룩하니 너희도 그러하니라(**너희가 그 성전이니라**).[10]

같은 서신의 뒷 부분에서 바울이 그 주제로 돌아오기 때문에 고린도 교회 교인들과 하나님의 성전 간의 비교는 "1회성"이 아니다.

> 너희 몸은 너희가 하나님께로부터 받은 바 너희 가운데 계신 성령의 **전인** 줄을 알지 못하느냐? 너희는 너희 자신의 것이 아니라. 값으로 산 것이 되었으니 그런즉 너희 몸으로 하나님께 영광을 돌리라.[11]

그리고 같은 교회에 보낸 또 다른 서신에서 그는 이 주제로 다시 돌아온다.

---

10   고전 3:9-11, 16-17.
11   고전 6:19-20.

하나님의 성전과 우상이 어찌 일치가 되리요? **우리는** 살아 계신 하나님의 **성전이라.** 이와 같이 하나님께서 이르시되 "내가 그들 가운데 거하며 두루 행하여 나는 그들의 하나님이 되고 그들은 나의 백성이 되리라" [하셨느니라].[12]

바울 사도가 고린도 교회 신자들을 "하나님의 성전"과 동일시한 것—이것은 확실히 바울의 고정 관념이다—은 둘 중 하나를 뜻하는 것으로 보인다. 한편으로 성전 이미지가 수사적으로 바울의 목적에 들어맞기 때문에 그가 그것에 의존한다고 생각될 수 있다. 이 경우 그의 비유 선택은 다소 효과적인 것으로 여겨지겠지만 그것은 임의적인 것으로 여겨질 수도 있다. 그는 고린도 교회 교인들을 가령 로마 시대 상수도의 서로 잘 들어맞는 벽돌에 비교할 수도 있었을 것이다. 다른 한편으로 만일 우리가 기원후 70년 예루살렘 성전이 파괴되기 거의 20년 전에 고린도에 보내는 서신들을 쓰면서 바울이 자기 편지의 수신인을(순전히 은유적이거나 비유적인 의미에서가 아니라) 실제적인 의미에서 성전과 동일시했다고 인정할 경우, 그것은 놀라운 내용을 암시한다. 이 해석에서는 바울이 아마도 "그리스도 안에" 있는 그들의 지위를 통해서 고린도 교회 교인들을, 유대교의 핵심적 기관인 성전에 대한 신선한 표현으로서 살아 숨 쉬는 신적 현존의 구현으로 제시하고 있는 것이다. 그것도 예루살렘 성전이 여전히 웅장하게 서 있으면서 평소처럼 그 기능을 수행하고 있는 동안에 말이다! 이것은 나아가 바울 사도의 관점에서는 아마도 헤롯 성전과 그곳의 인력에

---

12 고후 6:16.

게 할당되었던 특정한 기능들이 그리스도를 통해 고린도 교회 신자들 같은 사람들에게 수여되고 있음을 암시할 것이다. 마지막으로, 그것은 고린도 교회 교인들이 단순히 하나님의 성전 **같은** 존재가 아님을 의미했을 것이다. 어떤 의미에서는 그들이 새로운 성전**이었다.** 그리고 그 성전은 또한 그리스도였다. 여러 이유(나는 이에 관해 2장에서 논의할 것이다)로 나는 교회를 오랫동안 기다려온 종말론적 성전의 출현과 연결하는 두 번째 견해가 더 설득력이 있다고 생각한다.

이 경우 위에 언급된 구절들은 예수 그리스도나 그의 추종자들이 다가오는 성전과 명시적으로 그리고 명확하게 연결된, 최초의 기록된 증언에 해당할 것이다. 그 양상은 최근 문헌에서 지적되어온 바와 같이 4권의 정경 복음서(이는 예수에 관한 전기적 정보의 주요 자료다)를 포함한 이후의 비-바울 텍스트에서 되풀이된다. 사실 예수와 그의 공동체를 성전으로 제시하는 학자가 다수 존재한다. 성전으로서의 예수라는 주제가 2세기와 그 이후까지 상당한 존속력을 지녔다는 것도 확실하다.[13]

이 모든 점은 필연적으로 일찍이 바울 서신에서 주장된(그리고 훗날 초기 기독교에서 매우 광범위하게 주장된) "예수와 성전 간의 동일시가 예수 자신의 삶에 신뢰할 만큼 뿌리를 둔 것일 수 있는가?"라는 역사적 질문을 제기한다. 하지만 내가 주장해온 바와 같이 예수로부터 바울로 연결된 경로가 있었음을 선험적으로 배제할 이유는 없지만 그렇다고 해서 이것이 바울의 성전으로서의 공동체 전통을 예수께로 돌리는 주장은 아니다. 그 문제는 열려 있어야 한다. 그런 개념은 예수의 죽음과 부활 사건에 관

---

13 2장에 수록된 논의를 보라.

한 성찰을 통해 초기 교회를 통해 최초로 전개되었는가? 아니면 예수와 그의 추종자들 사이에 이미 그들이 유의미하게 "성전 운동"으로 묘사될 수 있는 어떤 것에 참여하고 있다는 공유된 이해가 존재했는가?

일반적으로 말하자면 신약 학계는 전자의 견해를 선택해온 것으로 보인다. 몇몇 연구 현장의 상태를 고려할 때 우리가 그 이유를 식별하기란 어렵지 않다. 이런 식의 "성전 대화"를 예수가 아니라 초기 교회에 돌리는 자연적인 편향은 널리 퍼져 있는 두 가지 가정에 뒤따라온다. 첫 번째 가정은 제2성전기 유대교에서 성전의 성격과 기능에 대한 인식과 관련이 있고, 다른 가정은 예수의 가르침에 나타난 종말론 문제와 관련이 있다. 여기서도 우리의 가정을 조사해볼 필요가 있는 것으로 보인다.

신약성서 학계가 성전을 어떻게 보는가와 관련해서 나는—우리가 예상할 수 있는 바와 같이—성전을 매우 서구적인(심지어 개신교적인) 관점에서 보는 경향이 만연해 있다고 주장한다. 달리 말하자면 우리가 성전의 존재 이유를 오로지 종교적 욕구, 특히 용서받을 필요로 보는 본능적인 경향이 있다. "이스라엘 성전의 목적은 무엇이었는가? 그것은 물론 피 제사를 통해 하나님과의 교제 안으로 회복되는 것이었고 그 이상은 아니었다." 이런 식의 무분별한 판단이 초기 교회가 실제로 예수의 죽음을 대제사장적 관점에서 논의한다는 명백한 사실과 결합되어서, 많은 복음서 학자들은 복음서 저자들이 예수를 성전 관점에서 묘사할 때마다 그것을 부활 후 속죄 신학을 예수의 생애 이야기 안으로 들여오려는 서투른 시도로 생각하게 되었다.

그러나 성전에 관한 그런 협소하고 시대착오적인 현대의 관점은 이제 충분치 않다. 물론 성전이 속죄를 위한 장소였다는 것은 사실이지만 이제 충분히 밝혀진 바와 같이 성전의 기능은 속죄만이 아니었다.[14] 하늘과 땅 사이의 수렴점이자 자기 백성 가운데서 야웨의 임재의 가시적인 표현인 성전은, 그것을 단순히 속죄 수단이나 엄격하게 "종교적인" 명제로 보는 데 익숙해진 우리가 일반적으로 부여하는 의미를 능가하는 중요성을 지닌다. 추상적인 범주를 선호하는 계몽주의 이후의 사상은 공적 생활의 다양한 측면을 구획화해서 종교적 측면을 정치적 측면으로부터 분리하고, 이 측면들을 사회적 측면으로부터 격리한 후, 이 모든 측면을 경제적 측면과 거리를 두게 만드는 경향이 있었다. 이와 대조적으로 1세기 유대인들에게 있어 이 모든 실제들은 하나로 통합되었다. 교회와 국가, 대신관(大神官)과 황제, 신의 의지와 공공복리 간의 분리가 없었다. 종교적 실재는 본질적으로 정치적이었고, 사회적이었으며, 경제적이었다. 따라서 성전이 유대인 예배의 중심이었다는 것은 여전히 사실이지만 성전은 또한 가난한 사람들에 대한 경제적 도움의 손, 사회적 인식의 눈, 정치·종교적 고백의 입이기도 했다. 유대인의 성전은 단순히 "종교적 중심지"나 속죄소가 아니었다. 그것은 모든 것을 합한 기관이었다.

그러나 주어진 사회의 필요에 봉사하기 위해 만들어진 현대의 많은 기관과 달리 예루살렘에 있는 성전은 창조된 실재 중 이스라엘 자체보다 큰 유일한 실재였다. 성전은 창조주 하나님을 예배하기 위해 만들어졌기 때문에 그것은 **궁극적으로** 인간을 위해 존재하지 않았다. 오히려 사람들이 야웨와 그분의 성전을 위해 존재했다. 이것은 아무튼 이론이었다. 그러나 파란만장한 이스라엘의 역사가 보여주었듯이 만일 하나님의 백성

---

14 예컨대 다음 문헌들을 보라. Levenson 1985; Schmidt 2001; Han 2002; Stevens 2006.

이 언약을 깨뜨리고자 하면 야웨 역시 그 소작인 민족을 그 거주지에서 쫓아낼 용의가 있었다. 따라서 경건한 사람들 사이에는 적절한 인물을 통한 적절한 예배가 드려지는지 여부에 따라 이스라엘의 장기적인 정치적 운이 흥하거나 쇠할 것이라는 인식이 있었다. 이스라엘은 성전을 떠나서는 더 이상 이스라엘로 기능할 수 없었다. 성전은 이스라엘이 그것에 민족의 희망을 고정시키고 그것으로부터 민족의 정체성을 도출해내는 유일한 지점이었다. 성전은 이스라엘의 운이 걸려 있는 저울이었다.

이 경우 "성전 뉴스"가 오늘날의 주식 시장 보고서 같이 지속적으로 진지한 사색과 면밀한 조사의 초점이었다는 것은 놀라운 일이 아니다. 특히 그 민족이 주시하는 특별한 초점의 대상은 대제사장 본인이었다. 만일 대제사장이 거룩하지 않은 것으로 증명되면 그 직분 보유자에 대한 고소로 여겨졌을 뿐만 아니라 궁극적으로 하나님이 그 백성을 기뻐하지 않는다는 표지였다. 사실 안티오코스 4세 치하에서 발생한 소요 후 성전 제사장직이 가장 높은 가격을 제시한 사람에게 팔렸을 때 그런 인상이 널리 퍼졌다.[15] 기원전 2세기 중반, 성전을 운영하게 된 하스몬 왕조 통치 때 그들의 성전 운영 방식과 성품의 질은 매우 절박한 문제로서 온 민족이 몰두하는 사안이었다. 대여섯 세대 후 예수 시대 때 이 문제들이 한층 더 커졌다. 로마인 치하의 이스라엘의 불안정한 상황과 하나님 앞에서 이스라엘을 대표할 권한을 받은 대제사장들의 극악무도함이 완화되지 않은 상황에서 하나님을 경외하는 유대인들은 점점 더 뭔가가 하늘로부터

---

15 최초로 가장 높은 금액을 제시한 사람은 야손(기원전 175-172)이었는데 얼마 후 그는 더 높은 가격을 제시한 메넬라오스에게 쫓겨났다(마카베오하 4:7-25).

일어나기를 기다리게 되었다. 이 상황에서 신적으로 개시된 체제 변화에 관한 이야기, 즉 하나님이 현재의 성전 구조를 처분하고 그것을 새로운 성전으로 대체할 것이라는 말은 예루살렘과 그 외 지역의 많은 사람에게 큰 관심을 일으키는 이야깃거리였을 것이다.

이스라엘이 성전의 상태로 말미암아 당황스러워하고 그 상태에 신경을 쓰고 있을 때, 예수는 바로 이런 세상에 태어났고 바로 이런 세상에서 사역했다. 이 모든 점은 역사적 예수 이해에서 중요하지만 자주 무시되는 배경을 형성한다. 이 모든 점은 철저한 유대인이었고 따라서 사회적·정치적으로 참여하는 개인이었던 예수가 자신을 쇠약해진 성전에 대한 야웨의 응답으로 보았을 가능성을 좀 더 명확하게 제시한다. 이 제안은, 좀처럼 취해지지 않지만, 예수의 행동에 대한 피상적인 고찰에 대해서도 자연스럽게 빛을 던져주는 것으로 보인다. 우리는 다음과 같이 질문할 수 있을 것이다. "언뜻 보기에 (이스라엘의 열두 지파에 대한 명백한 유비로) 열두 명의 제자를 불렀고 성전 당국과 공개적으로 갈등을 빚은 1세기 유대인이 자신의 운동을 성전 관점에서 언급했을 가능성과 그렇지 않았을 가능성 중 어느 쪽 가능성이 더 크겠는가?" 내게 있어 이 질문에 대한 답은 자명하다. 이 선상에서 나는 다음과 같은 E. P. 샌더스의 말이 옳다고 믿는다. "나는 1세기 유대 팔레스타인에서 성전의 중요성은 아무리 강조해도 지나침이 없다고 생각한다.[16]" 역으로, 나는 예수가 성전을 어떤 식

---

16 Sanders 1993: 262. Herzog(2000: 115)도 유사하다: "성전의 역할은 매우 중요하다." 10년 도 더 전에 글을 쓴 N. T. Wright(1996: 405)는 다음과 같이 생각한다. "지난 20년간 예수 연구의 주요 결실 중 하나는 예수와 성전 문제가 그것이 속하는 위치, 즉 의제의 중심으로 돌아왔다는 것이다."

으로든 하찮게 여겼다고 가정하는 것은 역사적 증거, 맥락, 상식에 반한다고 믿는다.

학자들이 바울부터 예수까지 거슬러 올라가며 "성전의 줄"을 연결하지 못하도록 방해하는 첫 번째 걸림돌이 시대착오적인, 성전에 대한 협소한 관점이라면, 두 번째 장애물은 종말론과 관련이 있다. 바울은 확실히 교회 생활을 다루는 다양한 문제들을 다룰 때 부활에서 기본적인 출발점을 취한 종말론적 틀에 의지했다. 부활은 바울로 하여금 그의 기독론을 극적으로 수정하게 했다(롬 1:3). 부활은 장래의 소망과 함께 윤리적 인내(고전 15:58)에 대한 토대도 제공했다. 바울은 그의 윤리의 범위를 메시아의 과거의 부활과 미래에 올 일반적인 부활이라는 두 부활 사이에 위치시킨다. 만일 앞서 논의된 고린도 교회에 보낸 서신들의 "성전 구절들"이 지닌 종말론적 중요성에 관한 나의 판단이 옳다면 바울 사도의 추론 역시 이 종말론적인 틀에 속한다고 생각될 수 있다. 물론 고린도 교인들의 물리적인 몸들이 오래 기다려온 종말론적 성전, 즉 하나님이 말세에 확립할 최종적이고 썩지 않을 거처라는 근저의 가정은 부활이라는 전제가 없이는 불가능했을 것이다(고전 15장). 그렇다면 바울이 부활의 토대에서 신자들을 성전과 동일시한다면 이것이 어떻게—그렇게 많은 학자가 우리에게 말해주는 것처럼—자신의 임박한 죽음에 관해 별로 아는 것이 없었고 부활에 관해서는 아는 것이 훨씬 더 적었으며 세상이 곧 끝나리라는 그릇된 확신에 오도된 예수와 조화되는가? 바울의 성전 어록에 내재된 종말론적 성격 및 바울과 예수 사이의 상이한 종말론은 바울 사도의 가르침을 예수로부터 도출하려는 모든 시도를 강력하게 억제하지 않는가?

이 역시 중차대한 문제인데 이 문제는 이 대목에서 다뤄질 수 없는 많은 문제의 해결에 의존한다. 하지만 나는 한 가지 요점을 지적하고자 한다. 부활이 바울이 고린도 교회에 보낸 서신들에서 "성전 윤리"를 전개할 때 토대가 되었다는 것과 예수의 가르침에서는 이것과 직접적으로 유사한 내용이 없다는 것은 사실이다. 하지만 나는 부활의 의미 자체는 그전의 그리고 좀 더 근본적인 내러티브에서 확립되었으며, 바울과 예수 모두 이 내러티브를 잘 알고 있었고, 둘 다 그 내러티브를 신임했을 것이라고 제안한다.

그 이야기는 야웨가 시내산 언약이 시작되려고 할 때 그 언약의 목표를 요약한, 이스라엘의 헌장으로 여겨질 수 있는 곳에서 시작한다.

> 세계가 다 내게 속하였나니 너희가 내 말을 잘 듣고 내 언약을 지키면 너희는 모든 민족 중에서 내 소유가 되겠고 너희가 내게 대하여 제사장 나라가 되며 거룩한 백성이 되리라.[17]

위 구절에서 이스라엘에게 귀속된 역할과 기능은 야웨가 언약을 맺는 목적의 핵심이다. 이스라엘은 그 언약을 지키도록 요구되었고 그들이 언약을 지키면 "제사장 나라" 즉 "제사장들로 구성된 나라"가 되라는 그들의 소명을 이행하게 될 터였다.[18] 같은 자료에서 이스라엘의 제사장 직분의 성격이 정태적으로 유지될 것이 아니었다는 암시가 있다. 야웨의 임재 양

---

17 출 19:5-6
18 Dumbrell 1984: 84-104에 수록된 통찰력 있는 논의를 보라.

식이 변할 것으로 예상된 것처럼 이스라엘의 제사장 직분의 성격도 변할 것이다. 이 점이 이미 모세의 노래에서 언급되었는데 그 구절에서 이스라엘의 구속자는 하나님이 그의 역동적인 통치를 행사하는 특별한 "장소"를 고대한다.

> 주께서 백성을 인도하사 그들을 주의 기업의 산에 심으시리이다. 여호와여, 이는 주의 처소를 삼으시려고 예비하신 것이라. 주여, 이것이 주의 손으로 세우신 성소로소이다. 여호와께서 영원무궁하도록 다스리시도다.[19]

우리가 출애굽기와 성소가 긴밀하게 결합된 방식을 관찰하면 이스라엘의 구속의 최종적인 목적은 단순한 자유가 아니라 적절한 성전을 세우고 그것을 통해 적절한 예배를 확립할 기회를 갖는 것이었음이 명백해진다. 이 점은 훗날 유대교를 통해 뒷받침된다. 그들은 그 땅에 성소를 세움으로써 출애굽기 15:17-18의 효력이 끝나는 것으로 보지 않았다. 인간의 손으로 만들어지지 않고 신의 손으로 만들어진 또 다른 성전, 다른 질서에 속한 예배가 임할 것으로 생각되었다. 이 성전은 솔로몬 성전과 동일시되지 않았고 헤롯에 의해 놀랍게 쇄신된 제2성전과도 동일시되지 않았다. 모세가 올바로 이해된다면 그것은 출애굽의 최종 목적 따라서 유추에 의해 야웨의 모든 구속 활동의 궁극적인 목적으로 판명될, 하나님이 만들 종말론적 성전이 될 터였다.[20] 성서의 이 개념은 상당히 잘 수용되었다.

---

19 출 15:17-18.
20 Dimant(1984: 519)은 출 15:17-18을 제2성전기 유대교에서 "종말론적 성전의 표준 구절"로 부른다.

외세 치하에서 고생하고 있는 팔레스타인의 유대인들에게 있어 종말론적 성전이 가까이 임했다는 기대는 제2성전기 말의 뚜렷한 특징이었다.[21]

이 종말론적 성전은 모세가 지시받은 토대(출 25:40)였고 땅으로 내려온, 다름 아닌 하늘의 성전이었다.[22] 따라서 천상의 존재들은 사람의 손으로 만들지 않은(단 2:34) 초월적인 성소에서 야웨를 예배한 반면, 이스라엘은 자기들이 손으로 만든 성전의 예배를 통해 이 활동을 본뜨는 것으로 보았다. 하지만 이 일은 한시적이었다. 모세의 지도하에 만들어진 성소는 최종적이고 훨씬 영광스러운 성전에 대한 서곡일 뿐이었다. 이방인들의 패배, 메시아의 도래, 유배로부터의 완전한 귀환, 영원한 의의 확립 같은 사건과 조건들이 중요하기는 했지만 그것들은 궁극적으로 이스라엘의 가장 중요하고 영원한 운명인 성전으로서 예배를 드리는 것에 종

---

21 종말론적 성전을 증거하는 주요 텍스트들은 다음 구절들을 포함하지만 그것들에 한정되지는 않는다. 1QS 8:5-7, 8-10; 9:6; 4Q171 3:10-11; 4Q174 1:.6-7; 4Q400 frag. 1:1-2; 4Q404 frag. 6; 4Q405 frag. 8-9; 11Q19 29; 「에스라4서」 10:19-54; 「바룩2서」 4:1-6; 「에녹1서」 53:5-7; 71:3-13, 89-90; 「베냐민의 유언」 9:2; 「희년서」 1:17-18; 「시빌의 신탁」 5:420-33; 토비트 13장. 2차 문헌에 나타난 주목할 만한 논의는 다음 문헌들을 참조하라. Lohmeyer 1961: 10 23; McKelvey 1969: 25-41; Freedman 1981; Sanders 1985: 77-86(『예수와 유대교』, CH북스 역간); Chance 1988: 5-18; Brooke 1999; Ådna 2000: 35-50; Klawans 2006: 128-44.

22 유대의 회복 종말론은 하늘의 성전과 지상의 성전 간에 재확립된 균형을 상상하는 것이 아니라 두 성전이 하나의 실재로 통합되는 것을 상정하는 것으로 보인다. Bietenhard 1951: 196은 이 견해에 반대한다. 종말론적 성전과 하늘 성전 사이의 상관관계에 관해서는 특히 다음 문헌들을 보라. Schwartz 1979; Horbury 1996; Ådna 2000: 90-110. 종말론적 성전과 남은 자 자체의 동일시가 확실히 1QS 8:5; 11:8과 4Q174 1:.6 같은 제2성전기 말 텍스트에 등장하지만(예컨대 다음 문헌들을 보라. Wentling 1989, Maier 2008), 이 점이 이사야서가—우리가 출 15:17-18의 렌즈를 통해 읽을 경우—남은 자들을 "내 손으로 한 일"로 언급하는 구절(사 29:23; 45:11; 60:21)에서 이미 암시되었을 수도 있다. Vonach 2008을 보라.

속되었다. 예수와 바울 모두 이 실재에 그들의 시선을 고정했다.

하지만 그들만 그런 것이 아니었다. 이스라엘이 이방인의 손아귀 아래에서 고생함에 따라 종말론적 성전의 장엄함에 관한 환상을 통해 점점 더 다른 열정적인 상상에 불이 지펴졌고 지상 성전의 부족함이 점점 더 인식되었다. 그리고 이스라엘의 유배 상태가 계속되고 있다는 엄연한 사실로 말미암아 지상 성전에 뭔가가 결여되어 있다고 결론을 내릴 수밖에 없었다. 지상 성전을 하늘의 성전에 부합하게 만드는 것이 유일한 길이었다. 인간의 손으로 만든 성전이 인간의 손으로 만들어지지 않은 성전과 조화될 때, 즉 하나님의 뜻이 하늘에서 이뤄진 것 같이 땅에서도 이뤄질 때 비로소 하늘의 성전이 나타나고 말세가 도래할 것이다.

하지만 종말론 사상을 지니고 있는 유대인들에게 있어 종말론적 구원에 이르는 길에는 그것 자체의 시련이 없지 않았다. 옛 전통에서 그랬듯이 하나님이 적절한 때에 자기 백성을 구속하기 위해 행동하겠지만 메시아를 통해 실현되는 이 구원의 순간은 사악한 자들로부터의 저항이 거세지고 최종적으로는 극심한 환난의 시기를 겪은 뒤에야 임할 것이다.[23] 의로운 남은 자들이 이 시험의 시기를 이겨내고 나면, 그리고 비로소 그때에야 하나님이 최종적으로 유배의 종식을 선언하고 영원한 성전을 확립할 것이다. 그렇다면 그때 서 있던 전통적인 성전은 무엇이었는가? 그

---

23 메사아적 재앙 개념은 히브리 성서(암 5:16-20; 사 24:7-23; 단 8-9장, 12장; 욜 1:14-2:3)에 뿌리가 있으며 제2성전기 묵시 문헌(「에스라4서」 7:37-38; 「희년서」 23-24장; 「에녹1서」 80장)에 유지되고 있다. 뛰어난 연구인 Pitre 2005를 보라. 그는 환난을 예수의 목적에 필수적인 것으로 보는 많은 학자와 의견을 같이한다: Schweitzer 2001[1906]: 330-97; Jeremias 1971a; Meyer 2002[1979]: 204-19; Allison 1985, 1998; Wright 1996: 577-611(『예수와 하나님의 승리』, CH북스 역간).

것은 어떻게 될 것인가? 좀 더 넓은 시나리오는 대개 정해진 환난이 가장 큰 국가적 재앙인 성전을 더럽히는 데서 절정에 이를 것이라는 믿음을 포함했다.[24] 일단 그렇게 더럽혀진 성전은 예배에 쓸모가 없었고 그것의 파괴가 임박했었다. 역으로 성전 안에서 배교, 즉 "멸망하게 하는 가증한 것"이 발견되어 "제사와 제물을 그칠" 필요가 있게 되면(단 9:27; 11:31; 12:11) 신실한 유대인은 환난이 진행 중이고 마지막이 가까이 왔다고 결론지을 수밖에 없었다.

바울은 자신보다 앞서 활동했던 예수처럼 이 이야기의 넓은 개요를 아주 잘 알았다. 나는 우리가 이 점을 부인하기가 거의 불가능하다고 생각한다. 1세기 종말론의 맥락에서 유배와 환난의 중요성을 인식하는(나는 이 견해가 옳다고 생각한다) 이전 학자들의 연구를 토대로 나는 예수와 바울이 동일한 종말론적 관점을 공유했을 가능성이 크다고 생각한다. 비록 그들이 자신을 같은 길의 다른 지점에 있는 것으로 생각했을지라도 말이다.[25] 역사적 예수가 바울이 당연하게 생각했던 모든 사건—적어도 모든 세부 사항—을 예기할 수 없었다는 것은 사실이다. 하지만 만일 바울이 예수를 최종적인 성전의 토대로 인식했다면 자신을 중심으로 이스라엘

---

24 다음 구절들을 보라. 단 9-12장; 「에녹 1서」 89-90장; 「희년서」 23장; 「솔로몬의 시편」 1, 2, 8, 17, 18편; 「모세의 유언」.

25 나는 이 대목에서 특히 N. T. Wright의 연구(1992[『신약성서와 하나님의 백성』, CH북스 역간], 1996, 2003[『하나님의 아들의 부활』, CH북스 역간])를 떠올린다. 본서는 여러 면에서 이스라엘이 유배를 그들의 가장 긴급한 문제로 보았다는 Wright의 근본적인 전제를 확장하고자 한다. 유배가 문제였는지 아니었는지, 그리고 이스라엘이 자기들이 ("상대적인" 의미에서가 아니라, 즉 아직 약속이 완전히 실현되지 않았다는 의미에서가 아니라) 절대적인 의미에서 유배 상태에 있는 것으로 믿었는지 그렇지 않았는지가 본서에서는 명시될 필요가 없다.

을 재정의하려고 했던 예수가 이 정서를 공유했다고 제안하는 것은 무리한 해석이 아니다.

본서에서 나는 나사렛 예수가 자신과 그의 운동을 야웨의 종말론적인 성전의 결정적인 구현으로 보았다고 주장한다. 이 자기 인식에는 부정적인 측면과 긍정적인 측면이 있다. 부정적인 측면으로는, 예수는 성전 역할을 맡았기 때문에 대제사장 치하의 성전 운영을 예언자적으로 비판했다. 특히 그가 생각하기에 성전 기득권층이 계속해서 그 직무와 제의 자체를 모독하고 있었기 때문에 비난이 정당화되었다. 우리가 앞으로 살펴보겠지만 성전의 부패는 어느 한 개인 편에서의 일시적인 잘못이 아니었고 경건한 이스라엘 민족의 운이 이해할 수 없게 추락한 것도 아니었다. 오히려 그것은 약속된 환난이 진행 중이라는 것과 현재의 성전에 대해 심판이 실행되리라는 것, 그리고 마지막으로 고난받는 의인들 가운데서 새롭고 영원히 지속될 성전이 세워질 것이라는 데 대한 명확한 표지였다.

긍정적인 측면으로는, 예수 역시 자신과 자기의 제자들이 고난 받는 의인이며 따라서 이 새 성전, 곧 어떤 차원에서는 헤롯 성전의 질서와 연속성이 있지만 다른 차원에서는 완전히 다른 제의 질서를 예기한 새로운 성전의 토대를 구성한다고 확신했다. 하나님이 공의로운 것처럼 성전은 언제나 정의를 구현하기로 되어 있었기 때문에 예수는 자신의 운동이 그 기대에 따라 살 것을 주장했다. 히브리 성서의 증언을 따른 예수는 성전에서 일하는 사람들의 직무와 그들에게 요구된 규정이 실제로 수행되는 방식을 결코 분리하지 않았다. 예수와 그의 제자들 편에서의 공개적인 의의 행동은 예수의 본질적인 주장의 토대를 제공했기 때문에 불가결했다.

그리고 그의 본질적인 주장은 비록 그가 사역하는 동안 정치적인 이유로 종종 가려지기는 했지만 단순했다. 즉 그는 그와 그의 공동체가 지속적인 하나님의 참된 성전이 될 것이라고 주장했고 심지어 자기들이 성전이자 곧 내려올 하늘 성전의 공간적 목적지라고 주장했다. 오랫동안 기다려온 하나님의 의—급진화된 의—를 살아냄으로써 이 새 성전은 하나님의 구원 행동의 중심점이자 구속사에서의 지속적인 제의 장치로 나타날 것이다. 고대 유대 사회에서 그런 제의에는 정치, 경제, 사회적 역할이 있었는데 예수의 특징적인 일상 활동은 바로 이것을 중심으로 전개되었다. 이 모든 점을 보여주기 위해 나는 다음과 같은 구조에 따라 주장을 펼치고자 한다. 나는 먼저 1장에서 새 성전이 되라고 도발적으로 요구한 예수가 성전 경내에서 일상적으로 벌어지는 일들에 똑같이 불만족스러워했고 몇몇 비극적인 경우 똑같이 그 불만족을 드러낸 동시대의 많은 인물과 다르지 않았음을 보여준다. 이 대목에서 나는 먼저 「솔로몬의 시편」과 쿰란 언약자들의 배후에 있는 분파에 주의를 기울인 후 간접적인 방식을 통해 세례 요한의 추종자들을 살핀다. 나는 성전에 반대하는 예수의 열망에 대한 좋은 선례가 있을 뿐만 아니라 이 집단들 간에 일련의 공통적인 특징들도 확립될 수 있다고 주장한다. 이 특징들은 "공식적인 유대교"에 대한 그들의 인식에 대한 반응에서 유래할 뿐만 아니라 그들 자신에 관한 인식에서도 유래한다. 따라서 1장에서 나의 첫 번째 목표는 성전에 반대하는 분파들 간의 중요한 차이를 고려하면서 그 분파들에 관한 간단한 개요를 진술하는 것이다. 나의 두 번째 목표는 세례 요한을 이 윤곽 안에 위치시키는 것이다.

2장에서 나는 초기 교회의 저술을 재빨리 훑어본다. 이 대목에서 나는 원시 기독교가 성전과 관련해서 자신의 위치를 어떻게 인식했는가라는 문제를 다룬다. 이는 복잡하고 큰 논란이 되는 문제이지만 나는 이 문제에 대해 만족스러운 몇몇 대답이 있다고 생각한다. 나의 논거를 뒷받침하기 위해 나는 초기 기독교 역시 세례 요한의 사회처럼 성전 반대 운동이었다는 입장을 유지한다. 2장의 끝부분에서 나는 (예수의 운동을 탄생시킨) 세례 요한과 (예수의 운동을 통해 탄생한) 초기 기독교에 관한 나의 연구에 기초해서 예수의 생애와 사역 전체를 감고 있는 실선, 곧 성전 반대 운동의 경로를 추적할 것을 제안한다. 성전 반대 운동의 리더로서 예수의 지위는 그의 앞뒤에 있었던, 같은 마음을 지닌 집단을 분석한 뒤에야 합리적으로 파악될 수 있을 것이다.

  3장에 제시되는 제안은 많이 해석되는 예수의 "성전 정화"에 집중된 고찰에 기반을 둔다. 여기서 나는 성전에 반대하는 그의 관심사가 가장 명확하게 표현되는데, 부정적으로는 성전 엘리트들이 가난한 사람과 성전에 대해 죄를 짓는다고 비판하는 데서 나타나고, 긍정적으로는 새 성전이 건축될 터인데 자신이 그 성전의 메시아적 대제사장이라고 선언하는 데서 나타난다고 주장한다. 예수는 바로 이 직접적인 도전, 즉 모든 차원에서 성전 당국의 감독에 의문을 제기한 결과로 말미암아 목숨을 잃었다. 나는 최근의 많은 학자에 동의하며, 성전에서 자행된 예수의 그 행동이 지엽적인 사건이 아니라 그의 경력에서 절정의 사건이라고 생각한다. 성전 사건의 사회·경제적 함의 및 정치적 함의를 확립하고 나면 우리는 그의 생애의 앞에서 수행되었던 다른 활동들을 이해할 수 있게 된다.

  우리는 4장과 5장에서 바로 이 작업을 할 것이다. 4장에서 나는 예수 운동이 가난한 자들과 연대한 것은 종말론적 성전이 되라는 그 공동체의 더 큰 소명의 기능이었다고 주장한다. 이 대목에서 나는 예수의 메시지와 행동이 자신을 가난한 사람들을 위해 최종적인 희년, 즉 단번에 유배를 끝내는 해방을 실행할 종말론적 대제사장으로 보는 그의 자아 인식을 드러낸다는 입장을 유지한다. 희년은 적절한 성전 예배에 대한 전제조건으로서 예수의 계획에 매우 중요했다. 이 희년 선포는 하나님이 장차 이스라엘을 회복할 것을 미리 보일 뿐만 아니라 현재 시점에서 이 운동에 독특한 일련의 사회·경제적 관행을 암시하기도 했다. 궁극적으로 가난한 사람들에 대한 예수의 관심은 제사장적인 최후의 성전 건축자로서 그의 소명의 기능이었다.

5장에서 나는 그의 가장 독특한 행동들이라고 여겨질 수도 있는 행동들을 통해 표현된, 예수가 설교한 나라의 성격을 탐구한다. 여기서 나는 치유와 축귀로 시작하고 (뒷 단락에서) 식사로 마치는데 예수가 다수와 나눈 식사 전통을 특히 강조한다. 두 종류의 행동 모두 강력한 하나님 나라 설교 형태다. 둘 모두 종말론적 성전이 [이 세상 속으로] 뚫고 들어온다는 신호를 보낸다. 따라서 이 언어-행동을 올바로 이해할 때 우리는 그것들이 예수가 자신과 그의 제자들이 새로운 신적 임재의 장소라고 단언한다고 시사한다는 것을 알 수 있다. 바로 새로운 성전 질서의 선구자로서 예수는 시간, 장소, 심지어 박애 개념까지 바꿨다. 그는 축귀와 식사를 통해서 경쟁하는 나라에 관한 관점들에 중대한 정치적 도전을 제기했다.

본서는 몇몇 역사적 함의와 신학적 함의에 대한 고찰로 마무리된다. 전자가 포함되는 것은 당연하며 후자가 포함되는 것도 별로 부적절하지 않다. 예수가 새로운 성전 공동체를 세우는 것을 자기 생애의 사역의 목표로 보았다면 같은 프로젝트에 대한 오늘날의 상속자들이 묵상과 희망의 새로운 기초 요소를 환영할 수 있을 것이기 때문이다. 우리는 예루살렘 성전이 한때 (그에 상응하는 사회·경제적, 정치적, 종교적 기능을 하는) 사회·경제적, 정치적, 종교적 기관이었기 때문에 예수가 더 나은 대안에 대한 결정적인 관점을 제시하려고 시도한 것은 최종적인 종말론적 순간을 위한 함의를 수반할 뿐만 아니라 현재 시대를 위한 함의 역시 수반하리라고 가정할 것이다. 역사 속의 인물로서 예수를 좀 더 잘 이해함으로써 그를 모방하는 사람들은 좀 더 나은 신학을 갖추고 좀 더 통합적으로 실천할 수 있는 위치에 있게 된다.

우리의 관심이 주로 역사적 예수의 외면적인 실상에 있든 그것의 신학적 함의에 있든 간에 예수가 자신을 성전과 동일시한 것의 기원에 관한 역사적 탐구는 오래전에 수행되었어야 했다.

다행스럽게도 성전으로 가는 길은 전혀 가보지 않은 길이 아니다. 몇몇 예수 학자들이 이미 내가 고찰하고 있는 영역으로 들어가는 중요한 진전을 이루었으며 설득력 있는 글을 썼다.[26] 그러나 역사적 예수 운동을 일련의 성전 반대 운동의 맥락에서 보거나 종말론적 성전의 임박성이 예수의 가장 특징적인 행동들에 대한 기본적인 근거를 제공했다고 주장하는 책은 아직 나오지 않았다. 만일 가장 유망한 가설이 데이터에 대한 가장 설득력 있고 완전한 설명을 제공하는 가설이라면, 나는 감히 "성전으로서의 예수"가 그 유명한 갈릴리 사람을 이해하기 위한, 동등하게 설득력 있는 방법을 허용하면서도 설명력이 뒤떨어지지 않는 방법론이라고

---

26 다음과 같은 학자들이 포함된다. Sanders 1985; Meyer 1992, 2002[1979]; Chilton 1992, 1996; Wright 1996, 2009; Tan 1997; Fredriksen 1999; Bryan 2002; Han 2002; Klawans 2006; Fletcher-Louis 2006, 2007; 그리고 Pitre 2008.

말하고 싶다. 그것은 역사적 예수를 이해하는 유일한 방법은 아니지만 우리가 더 이상 무시할 수 없는 접근법 중 하나다.

존중받을 가치가 있는 다른 책들과 마찬가지로 본서는 특정한 가정들뿐만 아니라 다른 학자들의 연구를 기반으로 한다. 가장 근본적으로 나는 우선 예수를 종말론적 예언자-교사로 보는 많은 학자와 보조를 같이 한다.[27] 이 진영의 많은 학자가 유대인의 환난 개념이 예수의 자기 이해에 매우 중요했다고 생각한다. 나 역시 예수가 자기 시대에 환난이 진행 중인 것으로 보았고 아마도 특히 이스라엘의 공식적인 지도자들, 즉 성전 관리들과 헤롯의 배교에 기초해서 그렇게 추론했다고 믿는다. 비록 나는 이 대목에서 두 번째 요점으로부터 주장하고 있지만 배교에 대한 인식이 환난에 대한 믿음을 유발했다는 나의 기본적인 가정들 중 하나는 다른 곳에서 근거가 발견된다.[28]

전체적인 논의를 관리할 만하게 만들기 위해서 나는 (이런 식의 어떤 연구라도 불가피하게 그렇게 할 수밖에 없듯이) 고려된 데이터의 범위를 제한했다. 나의 경우 예수의 행동(그의 말로부터 최소한의 해석상의 도움을 받았다)으로 충분하기 때문에 나는 다른 것들에는 거의 의존하지 않는다. 그렇다고 해서 예수의 가르침, 대화, 비유가 중요하지 않다는 뜻은 아니다. 그것들은 확실히 중요하다. 하지만 예수의 어록의 진정성은 상당한 수준의 방

---

27 나는 "종말론적"이라는 표현을 종말론적 복합체를 의미하는 것으로 사용하며 대개(그러나 보편적인 것은 아니다) 우주적 파열, 메시아적 인물의 출현, 유배의 완전한 종식, 심판, 참된 이스라엘의 회복―우리가 알고 있는 역사의 끝(반드시 시공의 연속체인 것은 아니다)―에 초점을 맞춘다.
28 위의 각주 18을 보라.

법론적 복잡성을 요구하는데 나는 본서에서는 그것을 피하고 싶었다. 내가 예수의 죽음과 부활에 관해 별로 언급하지 않는다는 점도 눈에 띌 것이다. 내가 그렇게 한 이유는 이것들이 중요하지 않기 때문이 아니라 중요하기 때문이다. 나는 예수의 담론들과 그의 마지막 날들은 본서에 기반해서 후에 나올 예정인 다른 두 권으로 미뤄둘 것이다. 만일 예수가 자신과 그의 사역을—대략적으로라도—내가 제시한 관점에서 인식했다면 이는 확실히 예수의 가르침과 처형에 관한 우리의 이해에 미치는 함의가 있을 것이다. 나아가 이것들은 본서에서 그의 행동을 통해 입증된 것처럼 성전으로서의 예수에 대한 우리의 이해에 영향을 줄 것이다.

하지만 나는 너무 앞서 나가고 있다. 바울이 "머릿돌"로 부른 인물이 자신을 같은 선상에서 생각했는지 여부는 두고 볼 일이다. 신학조차 궁극적으로는 역사에 호소해야 하므로 지상의 예수를 성전으로 만들려는 신학적 욕구가 예수를 그렇게 만들지는 못한다. 그러니 이제 우리는 역사—예수의 역사—를 살펴볼 것이다. 그리고 바울이 로마 제국의 황제에게 도달하기 전에 지중해 해안을 따라 몇 차례 멈춰야 했던 것처럼, 우리 역시 우회적인 것으로 보이는 경로를 통해 그의 부활한 주님이 된 존재에게 접근해야 할 것이다. 그것은 우리에게 우리의 영웅이 활동하기 전에 있었던 몇몇 성전 반대 운동을 명확히 보여줌으로써 시작하는 경로다. 이 유비를 더 잘 이해하면 우리는 궁극적으로 예수와 그의 운동이 어떤 모습이었는지를 더 잘 이해할 수 있는 입장에 놓일 것이다.

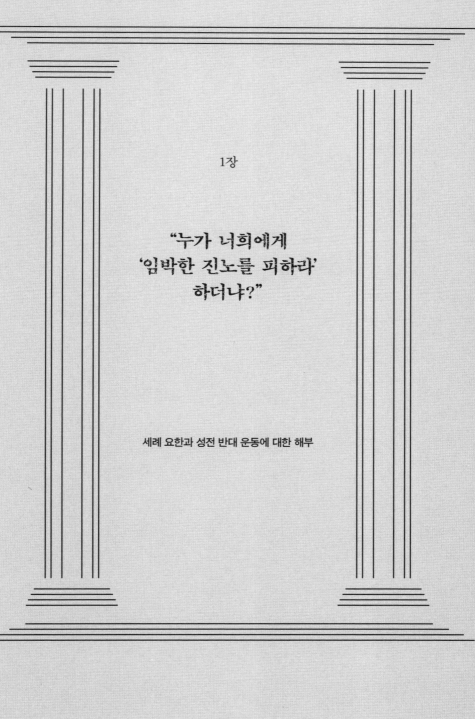

1장

"누가 너희에게 '임박한 진노를 피하라' 하더냐?"

세례 요한과 성전 반대 운동에 대한 해부

1. 서론

항의는 본질상 형태와 규모가 각양각색이다. 몇몇 공개적인 저항의 표출은 폭발적이고 단명한다. 좀 더 오래가고 심지어 제도화되는 것도 있다. 때때로 현상태 및 그것을 영속화하는 사람들에 대한 반대가 완전히 공개적으로 표명될 때도 있다. 자신의 부동의를 표현하기 원하는 사람들이 조용히, 심지어 비밀스러운 용어로 그렇게 해야 할 경우도 있다. 대개 관행이나 정책 변경 요구는 권한을 부여받은 사람으로 하여금 필요한 개혁을 실행하게끔 영향을 줄 시도를 수반한다. 하지만 사람들이 좀 더 급진적인 변화를 바라는 경우도 있다. 때로는 사람들이 그 체제 안에서 개선하는 것을 목표로 삼지 않고 체제를 완전히 새로 만드는 것을 목표로 삼기도 한다. 새로 만들어진 사회의 이상향적인 꿈이 단지 이상으로 여겨지지 않고 신의 명령으로 여겨질 경우 그 꿈은 모든 힘을 다해 추구된다.

제2성전기 유대 종말론의 전체 범위 내에서 적어도 상당한 규모의 메시아주의가 그렇게 생각했다는 점이 언제나 완전히 이해된 것은 아니었다. 돌이켜보면 상당히 많은 20세기 학자들이 제2성전기 메시아적 기대의 우발성과 변이를 인식하지 못했을 뿐만 아니라 그에 상응하여 메시아 개념 형성에 영향을 준 특정한 사회적·정치적 열망도 인식하지 못했다. 그렇다고 해서 메시아주의를 "독단적 주장"으로 보는 불트만의 개념에 과도하게 반응하는 것으로 보이는 사람들의 주장처럼, 1세기에 식별할 수 있는 "메시아주의적 특징"과 관련해서 알 수 있는 것이 거의 없었다는 뜻은 아니다. 그리고 메시아적 인물의 개념화가 역사적으로 성서의 언어를 전용해서 자신의 정치적 이상향을 표현한 박식한 사람들에게 돌려져야 한다는 뜻도 아니다. 메시아적인 인물(들) 개념은 무엇보다도 성서 전통에 대한 면밀한 성찰에서 나왔다. 동시에 이 성찰들은 결코 당대 현실의 부침(浮沈)에서 분리되지 않았다. 역사가 진행됨에 따라 규칙적으로 성서 해석을 위한 관점들이 제공되었기 때문에 우리는 메시아에 대한 사색이 추상적으로 나온 것이 아니라 텍스트에 대한 묵상과 변화하는 정치적 운세가 결합한 데서 나왔다는 사실을 놓쳐서는 안 된다.[1]

확실히 프톨레마이오스 왕조, 셀레우코스 제국 그리고 로마 제국의 연속적인 압제하에 있던 이스라엘의 삶은 신학적으로 및 실제적으로 큰 문제가 있었다. 그러나 "이방인 문제"가 메시아에 대한 성찰이 발흥하기 위한 필요조건이었다고 할지라도 이 상황 자체가 충분조건은 아니었다. 고대 유대 신앙은 **종교적**·정치적 실재였고 따라서 이스라엘에서 이방인들을 제거하고 그럼으로써 하나님의 백성을 고통에서 해방시키는 것이 중요했지만 의제의 더 상위 항목은 자주 논의되는 문제인 "진정한 이스라엘이 된다는 것은 무엇을 의미하는가?"를 중심으로 전개되었다. 아무튼 이스라엘은 이방인의 점령을 핵심적인 문제로 보지 않고 그것을 이

---

1   우리가 메시아주의의 기원에 관한 그의 설명에 동의하든 동의하지 않든 간에 Laato(1988, 1997)는 이 점을 감탄스러울 정도로 잘 강조한다.

스라엘이 진정한 그리고 최상의 의미에서 이스라엘이 되지 못한 데 대한 증상을 나타내는 것으로 보았다. 1세기 유대 신앙 내에서 이 절박한 문제에 대한 해법이 얼마나 다양하든 간에 모든 사람이 적어도 다음과 같은 기본적인 질문에 동의했다. "토라에 충실하고 따라서 야웨께 충실한 백성이 된다는 것은 무엇을 의미하는가?"

내가 이미 지적한 바와 같이 하스몬 왕조와 헤롯 가문의 통치 시기의 유대인들이 이 질문에 답변했던 방법 중 하나는 그들이 대제사장직을 차지하고 있는 사람에 대해—찬성이나 비난을 통해—반응한 방식을 통한 것이었다. 이는 대제사장의 정체성과 이스라엘의 정체성이 병행한다는 가정에 자연스럽게 수반되었다. 이방인의 지배는 하나님만이 최종적으로 해결할 수 있는 문제였지만 누가 이스라엘을 대표하고 규정하는가에 관한 문제는—기원전 2세기 중반까지는—적어도 부분적으로는 **누군가**의 통제에 있는 것으로 인식되었다.[2] 이스라엘의 신실한 사람들은 계속되는 민족적 폭풍의 사나운 물결을 살펴보고 그에 따라 그것을 어떻게 잘 넘기는 것이 가장 좋을지에 관한 강력한 의견을 지녔지만, 그 태풍의 눈에 다름 아닌 대제사장 자신과 그의 성전 관리들이 앉아 있었다.

따라서 우리가 제2성전기 유대 역사의 경로를 연구할 때 메시아 열풍을 최고도로 끌어 올린 것은 적대적인 이방 세력들의 존재가 아니라 그들의 자격과 성품이 매우 의심스러운 최고위급 종교 지도자들의 창궐

---

2   셀레우코스 제국 통치자로부터 제사장직을 샀던 선례가 있을 뿐 아니라 안티오코스 4세 (기원전 175-164년) 치하에서 사독 계열의 대제사장이 끊김으로써 개인적인 자격에 무관하게 대제사장이 되려는 사람들에게 일종의 "제사장직이 개방된 시기"라는 의식이 조성되었다.

(때때로 이방인의 도움으로 그 자리에 올랐다)이었음이 발견되어도 놀라운 일이 아니다. 우리가 많은 학자와 마찬가지로 기원전 2세기 중반을 최초로 진지하게 메시아의 징후가 나타나는 시기로 본다고 하더라도 (이방인들이 이미 상당히 오랫동안 지배하고 있었기 때문에) 그 이유가 이방인의 지배에 직접적으로 돌려질 수는 없다. 오히려 성전 "제도" 내부에 이방인이라고 해도 과언이 아닐 이런 유대인들이 침투한 것이 정의에 대한 종말론적 열망과 회복에 대한 이상향적인 시각을 일으켰다.[3] 이방인의 정치적 통제하에 있고 따라서 유배 상태에 있는 것은 민족적 비극이었지만 유대교의 신경 중추인 성전이 제대로 기능을 발휘하는 한 그것은 절반은 참을 수 있는 비극이었다. 하지만 유대교가 이방인의 통솔 아래 고리 역할을 하게 되고 유대교를 정의하는 상징 안에서 반역이 일어나고 있다고 인식됨에 따라 위기의식이 불가피했다.

증거를 통해 판단할 때 그런 위기가 어느 정도 예상되었던 것으로 보인다. 제2성전기 유대교는 오랫동안 하나님의 남은 자들이 하나님이 최종적이고 종말론적으로 역사에 개입할 때까지 큰 환난의 시기를 겪을 것이라는 믿음을 보여주었다.[4] 특히 미래의 이 환난은 배교의 만연, 성전의 더럽혀짐, 더럽혀진 성전에 대한 대항으로서 의로운 남은 자의 출현,

---

3 다음 문헌들을 보라. Pomykala 1995: 159-216; Fitzmyer 2007; Beavis 2006. 동시에 마카베오 위기(기원전 167-64년)가 메시아주의의 발흥에 끼친 영향은 과대평가될 수 있고 실제로 과대평가되어왔다. 연기가 나는 곳에 불이 난다는 말은 사실이다. 하지만 대개 불이 났을 경우 우리가 갑자기 연기가 난 동시에 연소되었다고 생각하기보다는 어느 정도 예비적으로 연기가 나다가 불이 붙었다고 상상하는 것이 나을 것이다.

4 학자들은 이 시기를 "메사아적 재앙"이나 "환난" 또는 "큰 고통"(Schweitzer)의 시기로 부른다. 나는 그런 용어들을 교차해서 사용할 것이다. 동시에 Pitre(2005: 49-93, 특히 50)가 주창한 절정의 환난에 관한 중요한 구분을 보라.

그리고 마지막으로 심판과 구원을 가져올 메시아적이고 종말론적인 인물의 도래와 관련될 것이다. 따라서 다른 모든 좋은 이야기와 마찬가지로 야웨의 최종적이고 영구적인 개입에 관한 이스라엘의 이야기에도 시작과 중간과 끝이 있다. 비록 마지막에 신적 개입과 메시아적 새벽이 임할 것으로 예상되었지만 그들은 시작과 중간에 상당한 어둠을 견뎌야 했다. 그들은 새벽 직전에 가장 어두운 시간이 있다고 말한다. 현상황을 긍정적으로 대하는 몇몇 1세기 유대인들은 그 어둠을 먼 과거나 먼 미래에 속한 실재로 생각했지만, 고대 유대교는 이 점에 전적으로 동의했다.

하지만 적어도 몇몇 집단에 관한 한 이스라엘은 이미 그 새벽 전의 어둠에 진입했다. 그들은 성전의 거룩성을 확보하도록 지정된 사람들로 말미암아—역설적으로 심하게 꼬여서—성전이 회복할 수 없을 정도로 더럽혀졌다고 확신했다. 성전이 침해된 냉엄한 현실에서 이렇게 분개한 집단이 할 수 있는 일이라고는 토라를 적절히 떠받치고, 사악한 기득권층을 통해 가해진 모욕을 견디고, 신적 개입을 기다리는 것뿐이었다. 그리고 그들은 기다리는 동안 자기들을 이스라엘의 진정한 성전, 곧 다가올 시대에 지어질 영원한 성전에 대한 제도적 예기(豫期)로 보았다. 그것은 긍정적인 관점으로는 이 성전 반대 운동들이 자신을 이스라엘을 향한 하나님의 계속적인 신실함에 대한 유일한 표지로 보았음을 의미했다. 부정적으로는 그들은 자신을 성전의 실패에 대한 생생하고 예언자적인 항의로 보았다. 그 항의의 결과가 그들 자신의 머리에 돌아왔을 때 바로 사회·경제적으로 잘못된 성전과 그들 간의 충돌에서 비롯된, 선택된 남은 자들의 고통을 통해 그들이 이스라엘을 위해 속죄를 이룰 것이기 때문에 그것은 그 집단의 제사장 역할을 한층 더 확인해줄 뿐이었다.

이번 장의 남은 지면은 그런 집단이 있었음을 보여주는 데 할애될 것이다. 이는 예수 당시의 세계는 모든 사람이 "시온 안에서는 모든 것이 평안하다"고 말하는 세계가 아니었음을 보여준다는 소박한 목표 달성에 도움이 될 것이다. 우리가 역사적 증거를 통해서 판단할 때 의의 화신이자 부적합한 제사장의 관행에 대한 예언자적 비판과 관련된 성전 반대 항의 전통이 예수가 활동하던 시기 훨씬 전에 잘 확립되어 있었음이 확실하다.[5] 그것이 사실이라면 1세기 팔레스타인의 지형에 비추어 볼 때 내가 예수를 1세기 당시의 현상에 동의하지 않은 인물로 묘사하는 것은 나의 생각만이 아니다.

이 점이 더 중요한데, 나는 이번 장에서 세례 요한에 관해 특정한 주장을 할 것이다. 이 내용은 내가 초기 기독교에 관한 유사한 주장을 펼칠 때(2장) 기본적인 요소가 될 것이다. 그 논증의 논리를 예기하기 위해서는 유비적으로 강에서 작은 배를 타고 있는데 멀리 양쪽 제방으로부터 짧은 콘크리트 부두 두 개가 상대편을 향해 튀어나와 있는 것을 발견했다고 상상하는 것이 유익하다. 강둑의 한쪽이 성전 반대 운동에 속하는 세례 요한에 해당하고 다른 쪽은 화려하게 장식된 헤롯 성전이 여전히 서 있음에도 불구하고 자신을 성전 관점에서 생각한 것으로 보이는 초기 교회를 나타낸다면 세례 요한 아래서 시작했고 훗날 초기 교회에 추진력을 제공한 예수 역시 자신과(또는) 그의 운동을 어떤 의미에서 성전으로

---

5   하스몬 왕조 시기와 로마 제국 시기에 성전에 대한 광범위한 반대가 있었다는 풍부한 증거에도 불구하고 예수를 이 부동의의 바다 안에 위치시키려는 시도는 거의 없었다. 주목할 만한 예외는 다음과 같다. Sanders 1985; Evans 1989; Meyer 1992; Wright 1996;, McKnight 1999; 그리고 Horsley 2003.

생각했는가라는 질문이 제기된다. 세례 요한과 초기 교회가 성전 반대 운동에 속했다는 묘사가 정확한 것이라면, 특히 예수가 그런 운동의 독특한 몇몇 특징을 공유했을 경우 예수가 "성전 반대 운동의 교량"이었음을 보여줌에 있어 큰 진전을 이룬 셈이다.

이 "독특한 특징"을 식별하기 위해 나는 먼저 두 집단 간의 기본적인 유사성, 즉「솔로몬의 시편」배후의 공동체와 우리가 현재 사해 두루마리(Dead Sea Scrolls; DSS)로 부르는 텍스트들의 저장소를 관리했던 분파를 살필 것이다. 이 운동들은 신학적으로 말하자면 우리에게 고대 유대교로 알려진 거대가족 안의 먼 사촌으로 보인다. 따라서 이 유사성들이 한 공동체가 다른 공동체의 유전자 코드를 물려받은 데서 기인한다고 (환원주의적으로) 가정할 선험적인 이유가 없다. 이 검토에서 나는 그들이 당대의 사건들에 대해 대체로 공통적인 종말론적 틀 안에서 해석된 관점을 공유했다고 상정함으로써 이 유사성을 설명할 것이다. 나는 이 집단들이 성전을 평가하고 그 평가에 비추어 자기들의 중요한 역할을 해석한 방식을 유대인의 성전 반대 운동의 뚜렷한 특징으로 본다. 이 제한된 표본에 의존해서 나는 본질적으로 목탄 연필로 그런 운동의 윤곽을 그리는 셈이다.

이 개요의 요점은 비교를 위한 토대를 제공하고 세례 요한의 공동체역시 성전 반대 운동으로 여겨질 수 있는지 여부를 결정하는 것이다. 나의 결론을 예상하자면 나는 세례 요한과 그의 추종자들이 그 개요에 더할 나위 없이 잘 들어맞는다고 믿는다. 이 최종 결과에는 새로운 내용이 전혀 없다. 나는 다른 곳에서 덜 상세하게 주장된 내용을 좀 더 상세하게 주장할 뿐이다.「솔로몬의 시편」과 몇몇 쿰란 텍스트 배후의 저자들과 마

찬가지로 세례 요한은 자신을 새로운 성전 운동의 지도자로 보았다.[6]

2. 두 개의 성전 반대 운동에 관한 간략한 연구

(1) 「솔로몬의 시편」 분파

누가 「솔로몬의 시편」을 썼는지는 아무도 모른다. 그 텍스트는 공식적으로 저자 미상이다. 그리고 이 문서 배후에 어떤 분파가 존재하고 있는지에 관한 명백한 단서도 없다. 나는 그 저자와 그의 공동체가 바리새파적인 성향을 갖고 있었다고 생각한다.[7] 기원전 60년대에 쓰인 「솔로몬의 시편」은 우리에게 기독교 전의 메시아주의에 대한 가장 풍부한 기록 중 하나를 제공할 뿐만 아니라 예루살렘의 제사장 제도로 말미암아 불안해진 공동체에 대한 어렴풋한 정보도 제공한다.[8] 그 텍스트는 열여덟 편의 시로 구성되어 있는데 사회악과 경건한 단언을 자세히 언급하고 메시아를 통한 신적 개입을 기대하는 희망적인 어조에서 절정에 이른다. 메시아의 도래는 그 자체가 목적이 아니고 적절한 성전 생활의 회복에 기여한다.

우리의 표준적인 비평 결과가 정확하다면 그 시편 저자는 기원전 63년 로마의 장군 폼페이우스가 성전 북쪽 문을 부수고 당시 대제사장

---

6   다음 문헌들을 보라. Meyer 1992: 253; Wright 1996: 132, 160-2.
7   예컨대 다음 문헌들에서 바리새파가 저술했다는 입장이 유지된다. Schüpphaus 1977:
     127-37; de Goeij 1980: 16; Winninge(1995: 34)와 Wright(2003: 162)도 보라. 그들은 「솔
     로몬의 시편」(3:11-12)에 바리새파의 부활 교리가 나타난다고 설득력 있게 주장한다.
8   「솔로몬의 시편」 저술 연대에 관해서는 예컨대 다음 문헌들을 보라. Büchler 1968;
     Schüpphaus 1977; Atkinson 1998, 2004.

(아리스토불로스 2세)이던 사두개파의 후원자들을 제거한 후—아마도 호기심에서—대개 대제사장만 들어갈 수 있는 장소인 지성소에 들어간 충격적인 사건들을 뒤돌아보는 것으로 시작한다.[9] 폼페이우스의 군사들이 신발을 신고 성전 안뜰에 들어간 것(이는 성스러운 장소를 두 번 더럽힌 처사다)은 말할 것도 없고 폼페이우스가 뻔뻔스럽게 가장 신성한 장소인 지성소에 들어간 것은 커다란 재앙이었다. 신실한 유대인들이 그런 비극을 해석하지 않고 지나갔을 리가 없다. 「솔로몬의 시편」 저자가 그 상황을 해석한 바에 의하면 폼페이우스의 침입은 궁극적으로 예루살렘이 언약에 충실하지 않은 결과였다. 이는 결국 야웨가 이스라엘의 불순종에 대해 규칙적으로 보인 반응이었다. 즉 야웨는 복리를 위해서가 아니라 재앙을 위해 이방인들을 보냈다. 그리고 재앙이 의미한 바는—만일 하나님의 백성이 계속 순종하지 않는다면—더 심한 재앙, 심지어 이방인들이 성전을 완전히 무너뜨릴 가능성이 있다는 것이었다.[10]

그러나 그 저자에게 있어 이방인들은 간접적으로만 문젯거리였다. 훨씬 더 절박한 문제는 이스라엘, 특히 그 리더들의 불순종이었다. 이 점은 첫 번째 시편에서 명백하게 나타난다. 의인화된 예루살렘의 음성을 대변하는 저자는 다음과 같이 쓴다.

매우 난처해졌을 때 나는 야웨께 부르짖었다. 죄인들이 [나를] 공격했을 때 나는 하나님께 부르짖었다.

---

9   「솔로몬의 시편」 1:1–2:2.
10   「솔로몬의 시편」 7:1–6.

갑자기 내 앞에 전쟁의 소란이 들렸다. "나는 의로 충만하니 그분이 내 말을 들으실 것이다."

나는 번성했고 자녀를 많이 두었기 때문에 마음속으로 내가 의로 충만하다고 생각했다.

그들의 부는 온 세상에 확장되었고 그들의 영광은 땅끝까지 확장되었다.

그들은 별을 자처했고 자기들이 결코 떨어지지 않을 것이라고 말했다.

그들은 자기들의 소유로 말미암아 오만했고 [하나님을] 인정하지 않았다.[11]

예루살렘 주민과 특히 제사장 계층을 나타내는 예루살렘의 자녀들은 그들의 어머니의 신앙에서 벗어났다. 그들이 부를 획득한 후 그들은 번영으로 말미암아 오만해졌다.[12] 저자는 이어서 이사야서의 언어를 차용하여 그들이 "자기들이 결코 떨어지지 않을 것"으로 믿고서 별을 자처했다고 말한다.[13] 그 시편 저자가 예루살렘과 관련해서 이 특정한 구절을 환기하는 것은 이사야가 모든 악의 사회적 화신이었던 바빌로니아에 대해 단언했던 내용이 이제 예루살렘에 대해서도 적용된다는 것을 암시하기 때문에 충격적이다.

하지만 최후의 일격은 아직 가해지지 않았다. "그들의 무법한 행동은 그들 앞의 이방인들을 능가했다. 그들은 야웨의 성소를 완전히 더럽

---

11 「솔로몬의 시편」 1:1-6. 달리 언급되지 않는 한 「솔로몬의 시편」의 모든 영어 번역은 R. B. Wright 1985에서 취한 것이다.

12 「솔로몬의 시편」 1:4, 6.

13 「솔로몬의 시편」 1:5. 여기서 암시된 구절은 사 14:13이다. 흥미롭게도 복음서들은 예수의 예루살렘 비난(막 13:8, 24 및 병행 구절들; 사 13:13, 10)을 원래 바빌로니아를 향한 것이었던 더 넓은 예언(사13:1-14:23)에 기초한 것으로 기록한다.

했다."[14] 성전 관리 책임을 맡은 사람들이 사실상 이방인들보다 사악했고 그들은 "야웨의 거룩한 것들의 신성을 모독했기" 때문이다. 이 언어의 충격을 누그러뜨릴 방법은 없다. "거룩한 것들"(*ta hagia*)이 성전 터와 그 위에 놓인 모든 것을 포함하는 가장 넓은 의미에서의 성전을 가리킨다고 가정하면 그 비난은 포괄적이다.[15] 사실상 성전은 불순종을 통해 효과적이지 않게 되었다.

「솔로몬의 시편」 1편의 요점이 놓쳐지지 않도록 「솔로몬의 시편」 2편에서 이방 군대의 약탈하는 공격이 다시금 제사장 계층의 불순종과 연계된다.[16] "예루살렘의 아들들(즉 제사장들)이 야웨의 성소를 더럽혔기" 때문에 불행한 사건들이 발생했다.[17] 이 모든 것 때문에 저자는 예수가 나중에 소위 성전 정화에서 인용한 것으로 기록된 구절인 예레미야 7장의 언어로 야웨께 부르짖었다. "그것들을 내게서 치워버리라. 그것들은 달콤한 냄새가 나지 않는다."[18] 고대 유대인의 이해에 의하면 의도적으로 성전의 신성을 더럽힌 것은 신적 임재가 떠났거나 떠나려고 한다는 것과 유배가 임박했다는 것을 의미했다. 성전이 확실히 군사적으로 취약하다는 점을 통해 이 모든 점이 회고적으로 증명될 것이다.[19] 이미 이런 텍스

---

14 「솔로몬의 시편」 1:8.
15 Atkinson(2004: 74)을 보라. 그는 Dimant(1981)의 연구를 인용한다.
16 「솔로몬의 시편」 2:1-2을 보라.
17 「솔로몬의 시편」 2:3.
18 「솔로몬의 시편」 2:3-4; 참조. 렘. 7:15, 29. *OTP* 2:652에 수록된 난외 각주도 마찬가지다; Atkinson 2001: 21, 27. 그 시편 저자의 성전 공격에서 렘 7장에 대한 다른 암시일 수 있는 구절들에 대해서는 Atkinson 2001: 72, 89, 90, 209, 214, 271, 273, 313, 324와 326을 보라.
19 선택된 단어 "제거하다"(*aporiptō*)는 그런 힘을 갖고 있다. 참조. 「솔로몬의 시편」 2:21,

트에 나타난 성전 제사장들에 대한 고발이 이보다 더 파멸적일 수는 없었다. 제사장들이 도덕적으로 타락했기 때문에 성전도 타락했다.

하지만 제사장들과 그들의 행동에 탐욕과 오만 외에도 (마치 이것들로는 충분치 않다는 듯이) 「솔로몬의 시편」 저자가 그렇게 못마땅해할 만한 다른 요소가 있었는가? 이 질문에 대한 단서들이 이 시편 2편에서부터 연이어 등장한다. "예루살렘의 매춘 때문에 그들(이방인들)이 예루살렘의 아들들(즉 제사장들)을 조롱거리로 만들었다. 지나가는 모든 사람이 대낮에 들어갔다."[20] 다른 곳에서는 부끄러운 줄 모르고 추파를 던지는 것과 "불륜"(syntagē kakias)이 언급된다.[21] 그 시편 저자에 관한 한 대제사장 아리스토불로스가 폼페이우스에게 당한 운명이 놀라운 일이 아니었다. 사실 로마의 그 장군이 대제사장들의 자녀들을 로마에 데려가 그들을 행진에서 전리품으로 과시한 것은 순전한 시적 정의의 순간이었다.

그는 신성 모독 가운데 출생한 그들의 자녀들을 데려갔다.
그들은 그들의 조상들과 마찬가지로 그들의 불결함에 따라 행동했다. 그들은 예루살렘과 야웨의 이름에 바쳐진 물건들을 더럽혔다.[22]

아리스토불로스의 자손이 이 "자녀들" 가운데 포함되었다고 가정할 경

9:1; 렘 7:15(2회), 29; 8:14(2회); 겔 16:5 등.
20 「솔로몬의 시편」 2:11.
21 「솔로몬의 시편」 4:4-5. 그 어구가 로마와의 정치적 제휴를 언급한다는 Aberbach(1951)의 주장은 문맥에 잘 부합하지 않는다.
22 「솔로몬의 시편」 8:21-22.

우 그의 자녀들이 참으로 불륜을 통해 태어난 후손인지 아니면 그들이 대제사장 가문 외부의 여성과 결혼한 살아 있는 상징이었는지는 확실치 않다.[23] 그 시편의 다른 곳에서 간통과 심지어 근친상간에 대한 추가적인 비난이 나타나는데 그런 행동이 모두 성전 아래의 지하 터널 시스템에서 발생했다고 언급되기 때문에[24] 우리의 목적상으로는 그 질문은 거의 요점을 벗어난다. 제사장에 대한 정결 요구를 비웃는 제사장적 지배자들은 특히 그들의 성적인 죄 때문에 스스로 자격을 상실했다.

그러나 그것이 전부가 아니다. 그 죄 목록은 이번에는 대제사장 자신이 주재하는 유대의 최고 사법 기관인 산헤드린에 초점을 돌린다.[25] 이 구절이 대제사장과만 관련이 있을 수도 있지만 나는 그 구절이 공회 전체의 특징적 인물인 산헤드린의 모든 위원을 염두에 두었을 가능성이 더 높다고 생각한다.[26]

신성을 모독하는 자여, 네가 어찌하여 경건한 자의 공회에 앉아 있는가? 네 마음은 야웨에게서 멀고 율법을 어김으로 말미암아 이스라엘의 야웨를 화나게 하는도다.
말이 지나치게 많고 과도하게 외모를 꾸미며 판결할 때 죄인들을 정죄함에 있어 말이 엄한 자로다.[27]

---

23 Atkinson 2004: 68-71에 수록된 논의를 보라.
24 「솔로몬의 시편」 8:9-10; 참조. *Tamid* 1.1.
25 산헤드린에 관해서는 Saldarini 1992: 975-80을 보라; 다음 문헌들도 참조하라. 마카베오 상 14:44; 마 26:57; Josephus, *Ag. Ap.* 2.24 §194; *Ant.* 20.9.1 §200.
26 Schüpphaus 1977: 33-35도 그렇게 생각한다.
27 「솔로몬의 시편」 4:1-2.

아마도 이것이 법정의 가혹함으로 인해 대제사장과 그의 공회에 대해 제기되는 최초의 비난이나 최후의 비난은 아닐 것이다.[28] 우리는 비교적 경미해 보이는 수다나 과시적인 태도도 간과하지 않아야 한다.[29] 그렇게 경건한 것처럼 보이려는 태도가 지갑에는 돈이 별로 없으면서 신앙심이 깊은 것으로 보이는 사람들에게 관대하게 기부하는 순진한 과부들을 겨냥한, 잘 알려진 사기의 서막으로 이해되었을 수도 있다.[30] 위의 내용은 하나의 제안일 뿐이다. 우리는 이에 관해 확신할 수 없다.

「솔로몬의 시편」 1편에 나타난 탐욕에 대한 비난에서 이미 예기된 논증과 관련된 맥락에서 제사장들이 상거래 및 성전의 재정 관리 사무 청지기직에서 정직하지 않음이 비난을 받는다. "그들은 기금을 찾아갈 상속자가 없다는 듯이 하나님의 성소에서 훔쳤다."[31] 고대 유대교에서 제사장들이 성전의 기금을 횡령했다는 비난이 드물지 않은데, 확실히 아리스토불로스의 시대도 예외는 아니었다.[32] 유대 민중이 성전 기금의 유용을 눈감아준 것은 아니다. 오히려 그 행동은 반역적인 신성모독(ma'al)으로 여겨졌고 따라서 신성을 더럽히는 행동이었다.

---

28 하스몬 왕조 시기의 제사장에 관해서는 「레위의 유언」 16:2-3을 보라. 안나스의 통치에 관해서는 Josephus, 『유대 전쟁사』 20.9.1 §§198-203을 보라.

29 그런 겉치레가 역사적으로 근거가 있고 1세기까지 계속 이어져 내려왔다면 이것이 예수 당시에 그런 겉치레를 공개적으로 과시하는 데 대한 불쾌함을 표현하는, 마태복음에 수록된 예수의 말들(6:5, 7)의 추가적인 배경을 제공할 것이다.

30 아마도 가장 좋은 현대의 유사 사례는 당신의 은행 계좌에 예치하는 데 관심이 있는, 나이지리아의 경건한 억만장자가 썼다고 주장되는 이메일일 것이다. 이것은 어쨌든 그 시편 저자가 언급하는 "고아들을 흩어놓고" "집들을 황폐하게 하는" 것과 동일한 특성이다(「솔로몬의 시편」 4:10-11; 참조. 막 12:38-40); Derrett 1972를 보라.

31 「솔로몬의 시편」 4:4; 8:11.

32 4Q390 frag. 2, *Tg. 1 Sam.* 2:17; 29:29; *b. Pesh.* 57a; 롬 2:21-22. 본서의 3장도 보라.

대제사장이 정결 규정을 위반했다는 주장을 언급하지 않고서는 그 시편 저자의 불안에 대한 논의가 완전하지 않을 것이다. 애초에 제사장들은 "모든 종류의 불결 상태에서 야웨의 희생제사 장소 위를 걸어 다녔고 (그 장소 위에) 월경의 피를 갖고 (왔다).…"[33] 당대의 쿰란 분파와 마찬가지로 그 시편 저자는 제사장들이 자기 아내의 월경 기간에 성관계를 즐기면서도 직무를 수행하는 것을 비난한다.[34] 위에서 논의된 "신성모독적으로 태어난…자녀들"(「솔로몬의 시편」 8:21)이 제사장 가문이 아닌 여성과의 결혼에서 태어난 자손을 포함할 수도 있다.[35] 따라서 성전 관리자들의 정결 규정 위반에 대해 평가할 때 그 공동체 자체의 할라카식 해석을 통해 추론된 제의상의 정결에 대한 그 공동체의 관심도 고려되었을 것이다.

우리가 「솔로몬의 시편」에 포함된 신랄한 공격을 검토했으니 이제 이런 공격이 어느 정도의 역사적 토대를 갖고 있는지에 관해 질문할 필요가 있다. 아쉽게도 이 대목에서는 쉬운 답변이 없다. 한편으로는 확실히 통렬한 비난이 양식화되어 있다. 우리는 이런 텍스트에서 어느 정도 수사법의 고조와 세부 사항들에 관한 윤색을 예상해야 할 것이다. 동시에 이 모든 내용이 근거 없는 소문을 토대로 만들어졌다고 가정해도 안 될 것이다. 우리는 다른 곳에서 다른 제사장 계층은 말할 것도 없고 하스몬

---

33 「솔로몬의 시편」 8:12.
34 「다메섹 문서」 5:6-7; 레 15:19-24.
35 Atkinson 2004: 69-73을 보라. 같은 저자(2004: 78-80)는 그 시편 저자가 4QMMT (4Q394-399)의 논증을 취하고 있으며 정결한 그릇에서 뜬 물을 부정한 물체에 붓는 사두개인들이 그 정결한 그릇을 부정하게 만들 수도 있다고 주장한다. 그럴 수도 있지만 이것은 하나의 주장일 뿐이다.

가의 대제사장직에 유사한 비난을 퍼붓는 것을 볼 수 있다.[36] 「솔로몬의 시편」과 마찬가지로 이 다양한 텍스트들은 제사장들이 받아들일 수 있는 행동의 한계를 얼마나 멀리 벗어났는지에 관해서도 자세하게 설명한다. 이 증인들이 그 시편 저자와 동일한 이념적 목표를 공유한다고 할지라도 다양한 논객들 사이에 상호 의존이나 공모의 증거는 없다. 그 시편에 제기된 비난들은 독립적인 많은 진영의 글에도 기록되어 있고 **또한** 세부적인 내용에서 일치하기 때문에 그런 비난에는 틀림없이 최소한 어느 정도의 실체가 있을 것이다. 이와는 별도로 훨씬 더 기본적인 점을 우리가 명심할 필요가 있다. 「솔로몬의 시편」에 포함된 텍스트가 단순히 개인적인 묵상이 아니었고 예루살렘에 있는 공동체를 위해 쓰인 예전적 작품이라고 가정할 경우(거의 확실히 그럴 것이다) 그 저자가 단순히 그런 비난을 만들어냈다면 전혀 사리에 맞지 않았을 것이다. 고대 예루살렘에서는 소문이 상당히 빨리 퍼졌으며 그 시편 저자의 신랄한 비난이 허풍에 지나지 않았다면 궁극적으로 그 사실도 그 공동체에 명백히 밝혀졌을 것이다. 그렇다면 그 시편의 역사적 신뢰성 평가에 있어 그 텍스트를 완전히 액면 그대로 취하지도 않고 그것을 망상에 빠진 추문 폭로자의 공허한 비난으로 여기지도 않는 것이 지혜로운 처사일 것이다. 적어도 스스로 그 문제를 조사할 수 있었던, 예루살렘에 거주하는 몇몇 사람은 성전 체제가 고칠 수 없을 정도로 타락했다고 확신한 것으로 보인다. 따라서 예루살렘의 고위 제사장들이 틀림없이 이 경건한 사람들에게 그런 확신을 유지할 **어느 정도의** 이유를 제공했을 것이다. 사람들에게서 일단 그런 확신이 채택

---

36 Evans 1989, 1992를 보라.

되면 제사장들에게 개인적으로 손해가 막심했을 것이다.

　동시에 「솔로몬의 시편」에 표현된 확신은 엄격한 관찰에서 나온 것으로 보이지 않는다. 저자는 제사장의 부정행위를 독립적인 현실의 평면 안에서 발생하는 것으로 보지도 않는다. 부당함은 성경의 관점에서 묘사된다. 그것은 "성경이 언제나 그것을 가장 잘 말하기" 때문이 아니라 성경이 이미 이런 사건들을 오래전에 말했기 때문이다. 같은 선상에서 「솔로몬의 시편」의 세계는 성경 텍스트 자체의 세계와 마찬가지로 신의 세계와 인간의 세계가 모순 없이 수렴하는 세계다. 따라서 한편으로는 신의 반응이 인간적으로 자극된다. 즉 성소가 폼페이우스 같은 사람의 손에 떨어지는 것은 제사장 계층의 배교 때문이다.[37] 하지만 다른 한편으로 그 시편 저자는 불행한 이 사건을 야웨의 드러나는 목적 안에 속하는 것으로 이해한다. 제사장들의 불성실과 폼페이우스의 침입은 전혀 예기치 못했던 재앙도 아니었고 단순히 그때는 "변화의 시기"였다는 점에 대해 상기시켜주는 사건도 아니었다. 오히려 그것들은 신적 계획에 따라 정해졌고 저주가 내려졌다는 것에 대한 표시였다. 일단 성전이 더럽혀지고 난 이상 야웨가 행동을 취하고 있고 정해진 시간이 다가왔다는 것이 명백해졌다. 그때는 어두운 시기였지만 구속의 시대를 촉진하기 위해 정해진 악의 계절이었다.

　그 텍스트에서 이 구속의 핵심 인물은 메시아다. 메시아의 도래를 고대하면서 시편 저자는 다음과 같이 외친다. "시온에서 성소의 나팔 소리

37　「솔로몬의 시편」 8:23.

를 울려라. 예루살렘에서 좋은 소식을 가져오는 이의 음성을 알려라."[38] 이 시점은 아마도 "우리 하나님의 나라가 심판받을 나라들 위에 영원히 있을"[39] 시점과 동일할 것이다. 그리고 이때는 또한 "왕이신…주 메시아"가 올 때일 것이다. 만일 "예루살렘에서 자비와 진리로 행동하는 사람이 한 명도 없다면" 이 메시아는

> 불의한 통치자들을 쳐부수고 예루살렘을 짓밟아 멸망시킨 이방인들을 예루살렘에서 제거할 것이다. 그는 지혜와 공의로 죄인들을 그 유산으로부터 쫓아낼 것이다.…그리고 그 자신은 큰 민족을 다스리기 위해 그 자신이 죄가 없(을 것이)다. 그는 자기의 말의 힘을 통해 관리들의 실체를 드러내고 죄인들을 몰아낼 것이다.[40]

이 맥락에서 "유산"은 일반적으로 성전으로 이해된다. 메시아가 제거할 "죄인들"은 성전의 관리들이다. 그는 엄격한 물리적 힘을 통해서가 아니라 "그의 말의 힘을 통해" 그들의 비행을 드러냄으로써 그렇게 할 것이다. 그 이후로는 "주님 자신이 영원히 우리의 왕이다."[41] 왕국의 도래는 성전에서 사악한 지도자들을 추방하는 것과 동시에 일어난다.

흥미롭게도 이 논리에서 자신을 야웨를 자기 하나님으로 부르는 "큰 민족"에 속한 자로 여기는 사람들은 이스라엘 민족과 완전히 동일하지

---

38 「솔로몬의 시편」 11:1.
39 「솔로몬의 시편」 17:3
40 「솔로몬의 시편」 17:22-23, 36.
41 「솔로몬의 시편」 17:46.

는 않을 것이다. 이는 그 시편 저자의 관점에서는 성전을 관리하던 자들이 성스러운 경내에서 결정적으로 그리고 영원히 제거될 것이라는 점에서 명백한 사실이다. 확실히 성전 관리들의 직분이나 그들의 민족상의 지위가 메시아를 통해 표출된 종말론적 진노에서 그들을 구하는 데 충분치 않았다. 그렇다고 해서 「솔로몬의 시편」 저자가 이방인들을 언약에 포함시키려고 전향적으로 노력함으로써 초기 기독교를 예견했다는 의미는 아니지만, 그 시편은 그 분파 자체의 규준에 따라 이스라엘을 재배치하려 했음을 암시한다. 마찬가지로 이스라엘이 성전 엘리트들을 제외하고서 회복되고 다시 정결케 된다는 종말론적 전망은 필연적으로 동일한 엘리트들을 통해 공표된 정결과 대립하는 진정한 정결—그리고 아마도 진정한 정결을 전달하는 대체(*Ersatz*) 제사장직—에 대한 전망을 수반했을 것이다. 새롭게 정의된 하나님의 "무구한 어린 양들"로서 「솔로몬의 시편」 저자와 예루살렘에 있는 그의 공동체로 구성된 남은 자들은 구속과 신원(伸冤)의 날에 그들의 희망을 두었다[42].

그리고 그들은 기다리면서 자기들을 야웨의 "가난한" 자들과 동일시했다.[43] 이 동일시에는 실제적인 의미와 신학적인 의미가 있었다. 특히 「솔로몬의 시편」 5편에서 우리는 그 공동체 구성원들이 박해를 받았고 따라서 경제적으로 궁핍했음을 알 수 있다(이 점은 대제사장의 손에 묻은 또 다른 붉은색 얼룩이었다). 동시에 그 시편 저자는 자신의 결핍에서 복됨을 발견하는 것으로 보인다. "하나님이 기억하셔서 소박하게 살기에 충분할

---

42   「솔로몬의 시편」 8:23.
43   「솔로몬의 시편」 5:2, 11; 10:6 등.

만큼 공급해 주시는 사람은 복이 있는" 반면 "사람이 지나치게 부유하면 죄를 짓는다."[44] 시편 저자는 "지나치게 부유한" 사람에 대해 자신이 「솔로몬의 시편」 4편에서 묘사한 제사장을 염두에 두고 있다. 이 점은 시편 저자에게 있어 하나님이 (부분적으로는 부자들의 금고에서 가난한 자들에게 많은 돈을 옮김으로써) 모든 일을 정리할 때까지는 남은 자들의 부름이 빈곤에 가깝지는 않을지라도 소박한 삶을 수반했다는 점을 암시한다. 가난으로의 이 부름은 표지이자 공식적인 제사장 계층의 유별난 탐욕에 대조되는 요소였다.

하지만 그 분파가 가난을 수용한 것은 그들의 제사장적 기도의 소명과 관련이 있었다는 몇몇 표시가 있다. 기도에 대한 소명 역할을 하는 「솔로몬의 시편」 3편에서 시편 저자는 의로운 사람은 "금식과 자기의 영혼을 낮춤을 통해 무지(의 죄)를 속죄하며 하나님은 모든 경건한 사람과 그의 집을 깨끗케 할 것"이라고 말한다.[45] 그런 금식과 영혼을 낮추는 것은 사실은 「솔로몬의 시편」 절반(1, 2, 3, 5, 8, 12, 13, 15, 16편)의 암송을 통해 시행되었는데 이로 미루어볼 때 「솔로몬의 시편」 배후의 공동체는 자기들의 텍스트 암송을 통해 속죄를 확보하려고 했을 가능성이 있다. 이 점은 확실히 쿰란 공동체와 좀 더 넓은 유대교에서 참회 시편들이 사용된 방식과 궤를 같이한다.[46]

---

44 「솔로몬의 시편」 5:16.
45 「솔로몬의 시편」 3:8. 단어 선택은 겸손하며(히브리어 *na'aneh*) 중재하는(사 53:4, 7, 12) "고난받는 종"이라는 성서의 속죄하는 인물에서 유래했을 수도 있다.
46 Atkinson 2004: 3; Nitzan 1994: 1-32; Werline 1998: 109-59.

이 모음집에 포함된 기도 중 하나는 메시아의 도래를 위한 기도다.[47] 그 시편 저자가 생각하기에 지금은 "오시는 이"가 도래하기 직전의, 메시아의 환난의 때다. 전면적인 배교, 의인들 사이에서의 고난, 가뭄(「솔로몬의 시편」 17:19), 이교도들이 시온을 대적해 일어섬—이 모든 것이 종말론적 바퀴가 돌아가려고 하고 있다는 징후들이었다.[48] 시편 저자는 예루살렘이 처해 있는 혼란을 다루기 위해서는 반드시 메시아가 와야만 한다고 추론한다. 동시에 그 분파는 자기들의 기도를 메시아의 도래를 위한 촉매로 보았다. 이 점에서 그 분파의 기도는 참으로 종말론적인 방향성을 띠었다. 역사의 거대한 바퀴가 구르려고 하고 있었는데 그 축은 제사장적 행동주의였다.

그런데 역설적이게도 그 거대한 바퀴는 「솔로몬의 시편」 저자와 그의 공동체 위에 떨어지려고 하고 있었다. 그 공동체의 구성원으로서 기도할 때 그들은 자기들의 기도에 대한 응답에 고난이 따를 것임을 예상하면서 기도했다. "사람이 죽음을 통해 시험받을 때 시험은 그의 육신에 있다.…의인이 이 모든 것을 견디면 그는 자비를 받을 것이다.…"[49] 좀 더 넓은 고대 유대 문헌의 증거를 통해 판단할 때 "육신의 시험"에는 적어도 몇 가지 기능이 있었다. 첫째, 박해는 신실한 자들이 그들의 신실성을 증명할 수 있는 호된 시련 역할을 했다. 신자들은 야웨를 위해 고난을 견딤으로써 자기들의 궁극적인 신원에 대해 더 확신할 수 있었다. 야웨께 확

---

47 「솔로몬의 시편」 17:21-25.
48 Pitre(2005: 84)는 다음과 같이 올바로 지적한다: "「솔로몬의 시편」은 우리에게 메시아의 환난에 대한 매우 중요하고 명시적인 예를 제공한다."
49 「솔로몬의 시편」 16:14-15.

신 있게 기도할 수 있는 사람은 참으로 의로운 자, 곧 고난의 시험을 성공적으로 통과한 자들뿐이었다. 둘째, 의인의 박해는 하나님이 개입할 수밖에 없는 상황으로 여겨졌을 수도 있다. 의인이 악인에게 부당한 대우를 받는다면 하나님이 개입해야만 했다. 따라서 구속을 실현하기 위해 기꺼이 고난을 받는 것은 속죄하는 힘을 지닌 것으로 여겨졌다. 그 공동체가 보기에는 의인들이 자기들이 진실함을 증명하고 그 증명을 토대로 이스라엘을 위해 속죄할 수 있게끔 종말론적 고통의 때가 왔다.[50] 「솔로몬의 시편」 배후의 분파는 기존의 성전 제의를 불결한 것으로 규정하고 자기들의 공동체 안에서부터 나오는 정결의 새로운 토대를 확립하며, 이스라엘의 속죄를 확보하기 위해 고안된 기도를 드림으로써 자기들이 적어도 중요한 성전의 기능 몇 가지를 수행하고 있는 것으로 보았다.

요약하자면 「솔로몬의 시편」은 예루살렘 기반의 특정한 분파가 자기들과 그들의 반대파를 구속사 가장자리에 있는 반대 세력으로 확신했다는 점에 대한 통찰을 제공하는 텍스트다. 그 시편 저자에 따르면 성전 지도자들은 그들의 고귀한 소명을 저버렸다. 그들은 수치스러운 탐욕, 억제되지 않은 교만, 문란한 행동, 종교적 허세, 부정직한 거래, 성전에서의 좀도둑질, 그리고 정결 기준의 이완을 통해 그들의 소명을 저버렸다. 제사장들의 불결과 불의가 성전을 효력이 없고 공허한 것으로 만들었기 때문에 그 분파는 지정된 환난의 때가 임박한 것으로 이해했고 임박한 절정에 도달할 때까지 자기들이 일종의 임시 성전 역할을 떠맡았다. 그 절정의 때에 메시아가 와서 성전에서 사악한 자들을 쫓아냄으로써 그 왕국을 수립할

---

50 Atkinson 1998: 107-12도 그렇게 생각한다.

것이다. 하지만 그때까지는 새롭게 구성된 하나님의 백성, 즉 그 시편 저자의 정서에 동조하는 동료 분파 구성원들에게 성전 제사장들을 대체하는 기능이 맡겨질 것이다. 이 새로운 제사장직의 뚜렷한 특징 — 현재 공식적으로 군림하고 있는 제사장들과는 확연히 반대되는 특징 — 은 그 분파가 불필요한 부를 피했고 이에 따라 자기들을 "가난한" 사람들과 동일시했다는 점이었다. 바로 고통 받는 가난한 자들로서의 이 성전 공동체는 고대해왔던 신원의 날을 안내하는 데도 도움이 될 것이다. 그것이 「솔로몬의 시편」을 읽고, 연구하고, 그것을 통해 기도한 사람들의 관점이었다.

(2) 쿰란 분파

1940년대 중반에 발견된 이후 현재에 이르기까지 사해문서(Dead Sea Scrolls; DSS)는 논란의 늪에 빠져 있다. 그 문서들의 공개 속도가 매우 느린 데 대한 불만이 속출했고 그 문서들의 역사적 기원에 관한 다채로운 논쟁이 벌어졌다. 초기의 학자들은 키르벳 쿰란이 에세네파 유대교의 필사의 중심이었다는 드 보의 판단에 만족할 수 있었지만 그런 확신은 다시금 새로운 의심들에 둘러싸여 있다. 많은 필사자가 있었음을 입증하는 고문서의 증거와 더불어 1세기에 그 정착지 주변에 천막 거주자들이 있었다는 고고학적 증거의 결여로 말미암아(이는 그 공동체가 책을 발행하는 곳이었다기보다는 도서관이었음을 암시한다) 사해문서 공동체의 정체성에 관해서 뿐만 아니라 이 공동체와 사해문서 텍스트 사이의 관계에 대해서도 계속 문제들이 제기되고 있다. 쿰란 공동체의 기원과 분파의 성격, 역사 및 가설상의 편집 단계들 모두 학자들의 논쟁 대상이 되고 있다.

　나의 논증 목적상으로는 이 논쟁에 직접 들어가기보다는 대체로 논란이 되지 않고 있는 다음과 같은 전제들을 유지하는 것으로 충분하다. 첫째, 나는 고고학의 증거를 토대로 그곳은 기원전 100년에서 기원전 50년 사이에 절정을 맞았으며 따라서 쿰란 정착지가 하스몬 왕조 시대 초기의 계속된 리더십 위기에 대한 직접적인 대응으로 건설되었다는 주장이 당연하게 받아들여질 수는 없다고 가정할 것이다.[51] 아무튼 쿰란 신학의 주요 원천은 대체로 어느 정도 훗날 「솔로몬의 시편」과 동시대의 저자들에 의해 쓰였고 따라서 세례 요한이 활동한 시기와 그리 멀지 않은 시기에 쓰인 것으로 보인다. 둘째, 나는 쿰란의 계약자들이 그 문서들이 자기들의 믿음과 일치한다고 생각했기 때문에 그것들을 보관했다고 가정한다. (몇몇 비평가, 많은 변호사 및 아주 많은 성서학자를 제외하고) 시간을 들여 그 텍스트들을 조사하는 사람 대다수는 적어도 그 내용에 대해 동정심을 보일 것이다. 고대 때 텍스트 복사에 소요되는 시간과 비용에 비추어 볼 때 확실히 쿰란 공동체가 그들이 반대할 만한 텍스트 사본을 구해서 그것을 보존하지는 않았을 것이다. 셋째, 쿰란 공동체가 완전히 금욕적이거나 "내세적"인 관점을 지녔다고 가정할 근거가 없다. 이 분파는 정치적 관심이 많은 운동으로서 그 공동체의 구성원들은 당대의 정치적 사건과 인물에 관해 강한 의견을 갖고 있었다는 징후가 진지하게 받아들여져야 한다.[52] 역사적 동시대 인물들에 대한 명확한 언급이 정체가 알려지

---

51 그 모음집의 연대에 관해서는 Vanderkam and Flint 2002: 20-33을 보라.
52 예컨대 사해문서 배후의 사람들은 사두개인들의 지지를 받은 알렉산드로스 얀나이우스 왕(그는 바리새인 800명을 십자가에 처형하고 그들의 가족을 죽임으로써 보복했다)을 지지했을 가능성이 매우 높다. 「요나단(얀나이오스의 히브리식 이름) 왕 찬양」(*In Praise of King Jonathan*) 텍스트를 볼 때 이 점이 명백하다.

지 않은 다른 사람들에 대한 암호라고 상정하는 것은 역사 기술의 상식에 어긋난다.

이 서론적인 정보를 제시했으니 나는 이제 사해문서 문헌에서 당시의 제사장직에 대해 다소 심한 불만이 제기되는 텍스트를 살펴보고자 한다. 그런 텍스트들을 찾기가 어렵지 않기 때문에 나는 두 곳만 언급할 것이다. 첫 번째 텍스트인 「하박국에 관한 주석」(*Commentary on Habakkuk*, 1QpHab)은 그 공동체의 경험이라는 렌즈를 통해 그 성서의 예언을 다시 말한 것이다. 그 경험에서 중요한 당사자 중 한쪽은 로마인들(깃딤으로도 알려졌음)이었고 다른 한쪽은 그 공동체의 주요 대적이었는데, 이 페쉐르 작성자는 그를 하박국 2:5-6이 묘사하는 자로 본다.

그리고 참으로 부는 오만한 자를 배신하며 그는 오래가지 못할 것이다. 자기의 목구멍을 하데스 같이 넓히는 자, 그리고 죽음 같이 넓히는 자는 결코 만족하지 않는다. 모든 이방인이 그에게 모일 것이고 모든 민족이 그에게 모일 것이다. 보라, 그들 모두 그를 조롱하며 그에 관해 "오, 자기 것이 아닌 것으로 커지는 자여, 그가 언제까지 빚을 지고 있겠느냐?"라고 말할 것이다. 이는 그의 직무를 시작할 때 신뢰할 수 있다는 명성이 있었던 사악한 제사장을 가리킨다. 그러나 그는 이스라엘의 지배자가 되자 거만해졌고 하나님을 버렸으며 부를 위해 계명들을 배반했다. 그는 우격다짐으로 하나님을 배반한 무법한 자들의 부를 축적했고, 백성들의 부를 강탈했으며, 자기의 죄를 더했고, 더럽게 하는 모든 불결함으로 가증한 짓을 저질렀다.[53]

---

53   1QpHab 8:3-13. [영어 원서에서] 이 번역과 이후의 모든 번역은 Abegg, Wise and

「하박국에 관한 주석」과 「솔로몬의 시편」이 의도한 독자는 아마도 다른 사람들이었겠지만 두 문서의 불만의 유사성이 현저하다.[54] 그 대제사장은 "이스라엘의 지배자"로서 시작은 좋았지만 궁극적으로 어두운 쪽으로 넘어가서 "사악한 제사장"이라는 별명을 얻었다. 「솔로몬의 시편」 저자가 말하는 아리스토불로스—그 역시 재무상의 이익을 위해 오만해지고 올바른 길을 버렸다고 알려졌다—와 마찬가지로 사악한 제사장의 삶의 방식의 특징은 강탈과 도적질이었다.[55] 이 대목에서 돈에 대한 사랑이 모든 종류의 악의 뿌리가 된다.

하지만 결국—이 페쉐르 작성자가 하박국서의 깃딤(갈데아인들)의 성취로 보는—로마인들이 대제사장에게서 그의 "잘못 취한 부"를 빼앗을 것이기 때문에 그의 탐욕스런 삶의 방식은 파멸할 것이다.[56] 그 페쉐르 작성자는 이것을 쿰란 공동체의 존경받는 지도자인 의의 교사를 박해한 사악한 제사장에 합당한 공의로 볼 뿐만 아니라 그가 이스라엘 백성에게서 좀도둑질한 데 대한 신적 징벌로도 본다. "벽의 돌 세공…학정을 통해서 놓인 돌…마저 너를 고발할 것"이기 때문이다.[57] 성전 자체가 증언하고

Cook(2005[1996])에서 취한 것이다.

54 외관상 쿰란 공동체가 사두개인들의 지지를 받은 알렉산드로스 얀나이우스를 지지한 것은 이 공동체가 폼페이우스가 사두개인 제사장들을 죽인 데 대해 "그것 봐라"며 만족감을 나타낸 「솔로몬의 시편」 저자와 직접적인 연결 관계를 배제하는 것으로 보인다.

55 1QpHab 12:7-10도 보라.

56 1QpHab 9:5-7. 나는 그 페쉐르 작성자의 관점에서 본 시간을 묘사하고 있다. 그는 폼페이우스의 예루살렘 공격을 회상하면서—사후의 예언으로서—그것을 미래의 사건으로 묘사하고 있었을 수도 있다.

57 1QpHab 9:14-10:1. 확실히 이 시기의 유대교는 탐욕스러운 자에 대한 하박국의 "말하는 돌" 예언(합 2:9-11)을 부패한 제사장직과 성전의 멸망에 적용하기를 싫어하지 않았다. 「예언자들의 생애」 10:10-11을 보라: "그리고 그(요나)는 예루살렘과 온 땅에 관해 그들

그것을 점령하고 있는 사악한 제사장 계층에 대항하여 반란을 일으킬 것이다.

대제사장의 비행이 현저하게 드러나는 또 다른 텍스트는 「다메섹 문서」(*Damascus Document*; CD다). 그 문서의 저자는 이스라엘에서 정의가 시행되지 않고 있는 상황의 배후에 권력을 잡고 있는 제사장이 서 있는 것으로 본다.[58] 이 범죄를 포함한 범죄들에 대해 하나님이 심판할 것이다.

그들이 반역적인 관행에서 돌이키지 않았기 때문이다. 그들은 간음 관행과 사악한 이득을 즐겼다. 그들은 모두 자기 형제에 대해 복수심에 불타는 원한을 품었고 자기의 동료를 미워했다. 그들은 모두 자기의 가장 가까운 친척들에 무관심했고 추잡한 행위를 가까이했다. 그들은 자기들의 부와 부당하게 취한 이득을 자랑했다. 그들은 모두 자기가 원하는 대로 했다. 그들은 모두 자신의 강퍅한 마음에 따라 행동하기로 작정했다. 그들은 백성과 구별되지 않았고 거만하게도 모든 속박을 벗어던지고 사악한 자들의 관습을 채택했다.…[59]

위의 문서와 1QpHab 사이의 유사한 점들과 차이들이 도움이 된다. 두 문헌 모두에 있어 재정상의 부정이 절박한 문제다. 그러나 제사장들이

이 돌이 측은하게 소리칠 때마다 끝이 가까이 왔음을 알아야 하고, 그들이 모든 이방인이 예루살렘에 있는 것을 볼 때마다 그 도시 전체가 완전히 파괴되리라는 것을 알아야 한다는 불길한 징조를 주었다. 참조. 눅 19:40.

58 「다메섹 문서」 1:19.
59 「다메섹 문서」 8:4-9.

돈을 획득한 방법만이 아니라 그들이 돈을 얻은 후 한 일도 문제였다. 1QpHab(그리고 그 문제에 관한 한 「솔로몬의 시편」)에 등장하는 사악한 제사장들과 마찬가지로 그들은 부당하게 획득한 부를 자랑했다고 언급된다. 그 페쉐르에서 덜 중심적이지만 그렇다고 해서 부재하지는 않은 문제는 "간음 관행"인데 그것은 영적 배교, 창녀와의 교합, 근친상간, 아내의 생리 기간 중 배우자와의 성행위 등을 가리킬 수 있었다.[60] 그 관행들은 일종의 배교에 해당했다. 사실상 대제사장은 대체로 이교로 개종했다.

성소를 더럽힌 제사장에 직면해서 쿰란 공동체는 자체적인 성전 조직을 확립함으로써 독자적인 길을 간다.[61] 그런 성전에는 건물이 필요 없고 신실한 사람들만 필요하다. 그 공동체의 강령에서 "상호 진실, 공의, 정의, 인자, 겸손"을 행할 12명의 평민과 3명의 제사장을 위한 규정들이 마련되었다.[62] 이들은 "정의를 시행하고 고난을 겪음으로 말미암아 죄를 속함"으로써 "신앙을 보존"해야 한다.[63] 정당하게 구성된 그런 몸이 실현되면

야하드(Yahad)파가 참으로 확립될 것인데 이들은 "영원한 심김", 이스라엘

---

60 적어도 강조점에 있어 흥미로운 한 가지 차이점은 상호 살상하는 갈등에 대한 비난인데 그것은 히르카누스 2세와 아리스토불로스 2세 사이의 격렬한 투쟁에만 적용된다고 가정될 수 없다. 이 비난은 같은 시기의 제사장들을 반영하는 다른 자료들에 계속 등장한다.
61 그 점은 거의 논박될 수 없다. 사해문서 공동체가 자신을 일종의 새로운 성전으로 보는 것에 상당한 주의를 기울이는 연구는 다음 문헌들을 보라. Gärtner 1965; McKelvey 1969; Klinzing 1971; Dimant 1986; Wentling 1989; Briggs 1999; Brooke 1999; Lee 2001; Swarup 2006; Klawans 2006.
62 1QS 8:2.
63 1QS 8:3.

을 위한 성전 그리고—이것은 신비다!—아론을 위한 지성소이자 그 땅을 속죄하고 사악한 자들에게 마땅한 보응을 위한 하나님의 뜻에 따라 선택된 정의에 대한 참된 증인이다. 그들은 "시험된 벽, 귀한 주춧돌"(사 28:16)이 될 것이고, 그들의 기초는 흔들리거나 요동하지 않을 성채요 아론을 위한 지성소가 될 것이고, 그들 모두 정의의 언약을 알고 그것을 통해 달콤한 맛을 제공할 것이다. 그들은 이스라엘에서 비난할 것이 없고 참된 집이 되어 영원한 법령의 언약을 떠받칠 것이다. 그들은 받아들일 만한 희생제물이 되어 그 땅을 속죄하고 악에 대한 판결을 내려서 사악함이 존재하지 않게 할 것이다.[64]

몇 가지를 관찰할 필요가 있다. 첫째, "영원한 심김"과 "성전"은 서로를 해석한다. "영원한 심김"은 갱신된 에덴에 대한 종말론적인 희망, 즉 하나님이 모든 역사와 창조를 인도했던 원시 아담의 실재를 일컫는다. "성전"은 그곳에서 신적인 것과 지상의 것이 만나는 성스러운 공간을 가리킨다. 고대 유대교가 상상한, 갱신된 이 창조가 성전을 통해 지상의 실재 안으로 뚫고 들어올 것이다. 좀 더 정확하게는 새로운 성전이 서 있는 곳에 새로운 창조가 있었고 그 역도 사실이다.[65] 이 점은—우리의 두 번째 관찰로 이어진다—그 분파가 자기들을 이사야 28:16(참조. 시 118:22)에서 취한 성

---

64 1QS 8:4-10.
65 새로운 에덴과 쿰란 문헌에 나타난 성전 간의 관계는 다음 문헌들을 보라. Gärtner 1965: 27-8; 그리고 특히 Swarup 2006; 좀 더 광범위하게 유대교에서의 동일한 연결 관계는 Beale 2004(『성전 신학』, 새물결플러스 역간)를 보라.

전 구조물의 관점에서 묘사했다는 사실을 통해 확인된다.[66] 그들 자신이 이사야의 비전의 실현이 될 것이다. 즉 그들 자신이 그 성전의 "기초가 흔들리거나 요동하지 않을 '시험된 벽, 귀한 주춧돌'"이 될 것이다.

그 성전의 초석과 성전 상부 구조는 각각 그 공동체의 두 측면, 즉 제사장들 및 평민과 관련이 있다.[67] 이는 제사장들에 대한 실로 고귀한 소명을 암시한다. 성전에 최초로 놓인 돌로서 초석은 구속적 실재 및 창조의 실재로 인식되었다. 구속적 실재로서 초석은 하나님의 거소이자 속죄의 장소인 지성소의 토대였다. 창조의 실재로서 초석은 창조 자체를 떠받치는 토대였다. 하나님이 셋째 날에 원시의 혼돈의 세력에 맞서는 최초의 지상의 칸막이인 땅을 확립함으로써 물을 억제했을 때 이 땅이 성전의 초석('eben ha-shettiya)이 될 예정이었기 때문이다.[68] 성전의 벽들(쿰란의 평신

---

66   그 텍스트는 다음과 같다. "그러므로 주 여호와께서 이같이 이르시되 '보라, 내가 한 돌을 시온에 두어 기초를 삼았노니 곧 시험한 돌, 귀한 기촛돌('eben bōhan pinnath)이요 견고한 토대라. 그것을 믿는 이는 다급하게 되지 아니하리로다'"(개역개정을 사용하지 아니함). 그 인용은 이스라엘의 지도자들과 제사장들이 취했고 보지 못한다(사 29:1, 9-14)고 비난받는 좀 더 넓은 맥락(사 28:14-29:24)에서 취한 것이기 때문에 특히 적절하다. 다음 문헌들도 보라. 1QHa 14:29(4Q429)(거기서 "기촛돌"은 견고한 성전의 토대다); Tg. Isa. 28:16(거기서는 "기촛돌"이 "왕들"로 번역된다); Midr. Rab. Esther 7:10(거기서 "기촛돌"은 이스라엘과 동일시된다); 「솔로몬의 유언」 22:7; 「욥의 유언」 18:14. 이사야서의 저자가 "기촛돌"이라는 단어를 통해 의도한 것이 성전인지(Ewald, Childs), 참된 신자들의 남은 자들인지(Donner, Eichrodt) 또는 다른 어떤 것인지는 정확히 알아낼 수 없다. "아마도 어느 것 하나와의 동일시는 옳지 않을 것이다. 기촛돌은 주의 계시와 관련된 모든 아이디어의 복합체일 수도 있다.…"(Oswalt 1986: 518). TDOT "'eben" 1:48-51도 보라.
67   Gärtner 1965: 26-27, 42-43. 이 두 부분의 구분은 쿰란 문헌의 다양한 은유를 통해서 수행된다.
68   Morray-Jones 1998: 425 및 참고문헌들을 보라. 이 연결이 랍비 문헌보다 이른 시기의 자료에서 직접 확인되지 않는다는 것이 사실이지만 요세푸스(『유대 전쟁사』 5.4.1-4 §§136-83)는 성전 구역과 창조 간의 비교에서 이 전통을 알고 있었던 것으로 보인다. 사실 초석이 홍수의 세력을 억제하는 기능은 이사야서 자체의 텍스트에서 파악될 수 있을지도 모른

도)은 거룩한 곳과 세속적인 곳 사이를 구분하고 그 경계를 보호하며 초석(쿰란의 제사장)은 속죄가 일어나고 창조를 위협하는 세력들이 억제되는 지점 역할을 한다. 창조 및 구속의 상징이라는 종말론적 취지는 쿰란 문서들의 종말론적 지향을 통해서 강하게 암시될 뿐만 아니라 인용된 구절에 나타나는 "시험된"(*bḥn*)과 "귀한"(*yqr*, 사 28:16) 이라는 단어들을 통해서도 암시된다. "귀한"이라는 말은 그 공동체의 선택받은 지위를 가리키고, "시험된"이라는 말은 환난의 진통을 통해 자기들이 "귀한" 또는 선택받은 존재임을 증명할 최종 승리자로서 그 공동체의 운명을 가리킨다.[69] 결국 오랫동안 예상되었던 메시아의 환난의 주된 목적은 하나님께 인정받은 사람들을 가려내는 것이었다. 하나님께로부터 나오지 않은 사람들은 궁극적으로 넘어지지만, "시험되고" "진실한" 사람들은 강력한 반대에 굴하지 않고 시련의 불에 상함을 입지 않을 것이다. 즉 "진실한" 사람들은 역사의 끝까지 견딜 것이다. 「공동체 규칙」(*Community Rule*)에 등장하는 "시험되고" "귀한" 사람들이라는 표현은 이사야서의 용어들이 그 분파의 환난의 신학 안에서 재배치된 것이다.

이 모든 점은 쿰란의 제사장들이 그들의 직무를 어떻게 보았을지에 관한 함의가 있는 것으로 보인다. 1QS 8:10에 수록된 텍스트는 그 제사장 공동체가 "그 땅을 속죄"하고 악에 대해 "판결을 내리는" 일에 전념했다고 말한다. 그렇다면 쿰란 공동체는 「솔로몬의 성전」 배후에 있는 분파와 마찬가지로 예언자의 음성을 발하고 이스라엘을 속죄하는 제사장 역

다(Oswalt 1986: 504).

69 1QH 14:28-32. 메시아의 고난에 관한 쿰란의 개념은 다음 문헌들을 보라. Leaney 1963: 292-4; Elliott 2000: 203-21; Pitre 2005: 91-120.

할을 자임한 것이다. 그 공동체는 단순히 성전의 일을 수행한 것이 아니라 그 공동체 자체가 성전이었다. 하지만 그 공동체는 자신의 과제를 수행할 때 일시적으로 소멸한 성전 제의의 구속적인 기능을 재개하는 것 이상을 열망했다. 대신 그들은 자기들이 새로운 창조를 시작하는 전조라는 독특한 역할을 수행한다고 보았는데, 그러려면 부패한 성전을 내보내고 새롭게 회복된 이스라엘을 맞아들여야 했다. 그들은 자기들을 시온에 있는 사람들이 스스로 바로잡을 수 있을 때까지 존재할 임시방편적인 수단으로 보지 않고, 다시는 더럽혀질 수 없는 더 크고 무한히 더 영광스러운 성전으로 들어가는 출발점으로 보았다(4Q174 1:1-7; 11Q19 29:8-10). 미래의 완벽해진 성전에 대한 다리가 쿰란 공동체 자신으로 구성된 성전이었다.

그러나 그날은 아직 미래에 속했다. 그동안 쿰란 분파는 기성 성전 권력이 잘하지 못했던 일인 언약에 대한 순종을 잘하려고 했다. 따라서 이 새로운 성전의 구성원들은 "정의에 대한 참된 증인들"로 불린다(1QS 8:5). 이 정의는 추상적인 것이 아니라 공동체 관계의 맥락에서 가시적으로 구현되어야 한다. 상호 분쟁과 증오로 자격 없음을 입증한 거짓 제사장들과 대조적으로 이 공동체는 인자, 겸손, 절제를 통해 정의를 드러내야 했다.[70] 제사장은 이론상으로 하늘과 땅의 수렴이라는 막중한 영광을 반영하는, 살아 있고 유기적인 성전의 연장으로 여겨졌기 때문에, 그리고 이 영광이 시온에 있는 현재의 제사장들을 통해 심하게 훼손되었기 때문에 쿰란 공동체는 개인적인 의로움과 도덕적인 성격이 그들의 소명에 불

---

70 「다메섹 문서」 3:17-21; 1QS 2:24 등.

가결한 것으로 보았다. 제사장의 활동의 효과성은 제사장의 성격의 의로움에 크게 의존했다. 쿰란 공동체 구성원들은 당대의 많은 유대인과 마찬가지로 하나님의 참된 성전이라는 객관적인 주장과 좀 더 주관적인, 개인의 성품의 표현을 분리할 수 없다고 생각했을 것이다.

이와 관련해서 우리는 쿰란 분파가 "양 떼 중 가난한 자들"또는 좀 더 간단히 표현하자면 "가난한 자들"과 자기들을 동일시한 것을 살펴볼 것이다.[71] 사해문서 저자들에게 있어 가난한 자가 된다는 것은 부분적으로는 참된 성전에 속한 자는 예루살렘에 있는 성전 엘리트들의 탐욕을 삼가야 한다는 것을 의미했다.[72] 적어도 그 진영에 완전히 받아들여진 사람들에게 있어 그것은 부분적으로는 또한 자기 자원의 상당한 부분을 공동의 기금에 양도하는 것을 의미했다.[73] 그리고 마지막으로, 이것은 부분적으로는 사회·경제적으로 주변으로 밀려난 유대 사회와 관련을 맺고 실제적으로 돌보는 뚜렷한 방향성을 의미했다.[74] 그 분파가 스스로를 가난한 사람들과 동일시하고 그들을 섬긴 데 대한 다양한 근거가 제안되었지만, 가장 설득력 있는 근거는 이 공동체에게 있어 가난은 단지 견뎌야 할 상태에 불과한 것이 아니라 수용해야 할 종말론적인 실재였기 때문이었다는 점을 우리가 올바로 평가해야 한다. 하나님은 아낌없이 내주는 사람에게 영예를 수여할 것이고 가난한 가운데 "고통의 시기를 견디는" 사

---

71 「다메섹 문서」19:9(참조. 슥 11:7); 1QpHab 12:2-4.
72 「다메섹 문서」5:14-17; 1QHa 26:31-32.
73 1QS 5:1-2, 7:6-8 등.
74 다음 문헌들에 나타난 검토를 보라. Capper 1995: 327-50; Murphy 2002.

람을 구원할 것이다.[75] 자기들의 의를 예루살렘 제사장들의 탐욕의 어두운 그림자에 비추도록 결정함으로써, 그리고 가난해진 고난의 시기를 요구한 종말론적 내러티브에 따라서 쿰란의 언약자들은 "가난한 자들"과의 동일시를 참된 제사장의 표지로 활용했다.

고난과 그 제사장들의 궁극적인 승리 사이의 관계는 우연이 아니다. 쿰란의 신실한 자들은 메시아의 고난이 속죄적 의미를 갖는 것으로 보았다. 비록 그 고난이 주로 그들을 좀 더 완벽하고 따라서 좀 더 적합한 속죄의 대리인들로 만드는 데 기여했을지라도 말이다.[76] 순종 가운데 고통을 겪는 것은 예비적이었다. 고통에 직면해서도 모세의 언약을 지킨 덕에 그들은 "받아들일 만한 희생제물이 될 것이다"(강조는 덧붙인 것임). 하지만 그 그림이 지나치게 단순화되지 않도록 속죄는 기도와 식사(동물 제사를 통해 복제되었을 수도 있다)를 포함하는 매일의 또는 절기의 제의 활동과도 연결되었다는 점이 언급되어야 한다.[77]

그렇다고 해서 사해문서 공동체가 반드시 다양하고 잡다한 속죄 장치가 있다고 생각했다는 뜻은 아니다. 그러나 우리는 적어도 개인적 및 집단적 의로움, 인내하며 고난당함, 기도와 제사장적 식사가 그 공동체가 자기들이 야웨와 그의 거룩한 자들 사이의 교제 관계에 있다고 믿는 믿

---

75 4Q171 3:8-11을 보라("악인은 꾸고 갚지 아니하나 의인은 은혜를 베풀고 주는도다. 주의 복을 받은 자들은 땅을 차지하고 주의 저주를 받은 자들은 끊어지리로다"[시 37:21-22]. 이는 모든 사람의 소유를 얻고[…] 이스라엘의 높은 산을 상속하고 그의 거룩한 곳을 누릴 가난한 자의 무리를 가리킨다). 4Q171 2:9-12도 보라("후에 그들[=가난한 자의 무리]은 땅의 모든…것을 누리고 모든 극상품 고기를 먹고 살찔 것이다").

76 1QHa 14:11.

77 Magnes 2002:116-26에 수록된 고고학적 논거를 보라. 다음 문헌들을 참조하라. Schiffmann 1999: 272-76; Klawans 2006: 162.

음의 상징적인 표현이었다고 말할 수 있다. 그런 행동들은 그것을 통해 이스라엘이 유배에서 풀려나도록 지정된 수단이었을 수도 있다. 그 해방의 날은 제2성전기 유대교의 다른 주요 흐름들에서와 마찬가지로 메시아의 도래와 밀접하게 관련되어 있다. 메시아가 임하는 날 진리가 드러날 것이고 쿰란 공동체는 정당화될 터인데 이는 그 공동체에게는 기쁨이 될 것이고 그들의 모든 원수들에게는 고통이 될 것이다.[78]

요컨대 쿰란 분파는 부패한 제사장이 이스라엘의 문제들의 주요 원천이라고 생각했고 자기들을 동일한 성전 관리들에게 포위된 희생자로 보고서 다음과 같이 추론했다. (1) 배교와 환난의 때가 도래했고, (2) 이 시간은 의로운 남은 자로서 그들의 공동체에 적지 않은 고통과 가난을 안겨주었으며, (3) 하나님이 이 고통과 가난을 이스라엘의 구속에 적용할 것이다. 한편으로는 당시의 제사장들의 제약되지 않은 사악함과 다른 한편으로는 사해문서 공동체 내의 의로움에 대한 헌신 강화 사이의 대조가 더 날카로워질수록 그 공동체는 예언된 종말론적 재앙이 임했고 하나님이 정당한 절차에 따라 이 반대를 사용해서 자신의 구원 목적을 이룰 것을 확신하게 되었다. 그 우주적인 드라마에서 자기들의 역할을 성찰한 그 분파는 자기들이 마지막 장면이 상영되고 있는 일련의 영화에 등장하는 배우들과 같다고 보았다. 그리고 많은 영화의 마지막 장면과 마찬가지로

---

78 예컨대 다음 문헌들을 보라. 1QS 9:.10; 「다메섹 문서」 19:7-11, 33; 1QSa 2:11-22. 나는 일반적으로 Klawans(2006: 173-4)의 균형 잡힌 결론에 찬성하지만, 쿰란 언약자들이 "신적 현존이 그들 가운데 거했다고 단언하지 않았다"(174)는 그의 진술에 동의하지 않는다. 야웨가 공동체 안에서 이스라엘의 남은 자를 구속할 것이라는 그들의 기대는 야웨가 어떤 의미에서는 그들 가운데 현존한다는 것을 전제한다. 그들은 자기들이 "인간을 하나님과 가깝게 접촉할 수 있게 만드는 일을 가장 잘할 것으로" 생각했다(Schiffmann 1999: 272).

이 장면은 주인공과 주요 악당 사이의 최후의 전쟁—오래되고 격렬한 싸움—을 예고했다(지금까지는 자잘한 악당들만 합당한 대가를 받았다). 더욱이 쿰란 공동체는 자기들이 궁극적으로 승리할 것으로 기대했다. 결국 영화나 성경 모두에서 주인공이 진정한 주인공으로 입증되기 위해서는 그들이 상처를 입을지라도 승리하게 되어 있다. 이 공동체는 자기들의 제사장적 소명을 이행하는 데 착수하면서 자기들이 승리할 것이고 하나님이 만든 최종적이고 영원한 성전을 위한 준비를 한다고 확신했다.

(3) 「솔로몬의 시편」과 쿰란 자료 요약

「솔로몬의 시편」과 사해문서 배후의 공동체들에 따르면 성전에서의 일상적인 관행이 참을 수 없는 한계점에 도달했다. 제사장들의 탐욕, 색욕, 증오에서 나오는 불의한 행동 목록은 기성 지도자들이 자격을 상실하게 되고 야웨의 성전이 쓸모가 없게 되기에 충분했다. 그러나 이것이 하나님의 목적을 좌절시키지 못했다. 오히려 하나님이 이스라엘과 세상의 구원을 이루기 위한 또 다른 사람들과 또 다른 통로를 선택했기 때문에, 이 모든 것은 신적 계획의 일부였다. 커다란 배교가 진행 중이라는 사실이 명백해지자 구원의 시간이 임박했다는 것도 명백해졌다.

　　두 집단은 이전에 그리고 정상적인 상황에서는 성전에 부여되었던 기능이 이제 이스라엘의 진정한 성전인 남은 자들에게 옮겨졌다고 생각했다. 그러나 두 집단 모두 자신을 과도기적인 공동체, 즉 박해와 가난 가운데서도 그들의 신실함을 통해 최종적이고 종말론적인 성전을 준비할, 곧 성서에서 "가난한 자들"로 표시한 공동체로 보았다. 동시에 새로운 성전이자 아직 완성되지 않은 성전으로 기능하는 그 두 공동체는 자기들이 현재 시대와 미래의 영광의 시대 사이에 걸쳐 있는 것으로 보았다. 미래의 영광의 시대에 나타날 중심인물은 최종적인 성전을 시작할 메시아 자신이었다. 그것이 성전 반대 운동의 핵심적인 특징으로 보인다.

3. 세례 요한과 그의 분파

「솔로몬의 시편」이 쓰이고 나서 몇 세대 후 그리고 사해문서가 쓰이고 나서 상당히 오랜 기간이 지난 후 세례 요한이라는 인물이 시대의 전환을 기다리고 있었다. 우리가 아는 한 세례 요한은 펜으로 예언한 저자들과 비평가들의 무리에 속하지 않았다. 하지만 그는 옛 질서가 부패했고 급속히 기울고 있다고 주장한 반체제 인사의 선상에 속했다(나는 이 점이 입증될 수 있다고 생각한다). 그리고 옛 질서가 물러난다면 그것은 새로운 질서, 새로운 성전이 들어온다는 것을 의미했다.

우리는 신약성서에서—아마도 예수를 제외하고는—세례 요한보다 더 수수께끼 같은 인물을 생각해내기 어려울 것이다. 종종 부흥 운동 천막 설교자와 비슷한 인물로 묘사되고 때로는 대체로 자기기만에 빠지지 않았다면 선의의 인물로 묘사되는 세례 요한에 관해서는 많은 질문이 제기되지만, 그런 질문들에 대한 답변은 적은 편이다. 나는 이런 묘사가 역사적 데이터에 전혀 부합하지 않는다고 생각하지만 어떤 면에서는 논의를 시작할 역사적 데이터가 너무도 적다는 점을 고백한다. 낙타 가죽을 입은 인물은 여전히 어느 정도 신비를 유발한다.

세례 요한에 관한 역사적-비평적 연구에서 초기 그리스도인들이 신실한 자들이 순교한 예언자를 숭배 대상으로 높이지 못하게 하려고 세례 요한의 중요성을 경시했다는 인식 때문에 확신을 얻기도 어려웠다.[79] 복음서 전승의 형성에서 세례 요한에 반대하는 이 의제가 어느 정도로 영향을 주었는지는 또 다른 문제로, 본서에서 이 문제를 완전히 만족스럽게 다룰 수는 없다. 하지만 반드시 그렇게 할 필요도 없을 것이다. 세례 요한이 또 다른 성전 반대 운동 배후의 선봉에 선 인물로 여겨질 수 있는지 결정함에 있어 내가 대다수 학자가 역사적 사실로 인정한다고 믿는 단언들의 목록을 일깨우는 것으로 충분할 것이다. 그 목록은 다음과 같다.

세례 요한은

1. 광야에서 금욕적으로 살았다.
2. 이스라엘의 죄에 비추어 회개의 세례가 필요함을 설교했다.
3. 종말론적 심판이 임박한 것으로 기대했다.
4. 많은 군중을 끌었다.
5. 예수가 떨어져 나가 새 운동을 시작할 때까지 그의 신봉자 중에 예수가 포함되었다.
6. 그 당시에 권력을 잡고 있던 성전 당국이 그를 포용하지 않았다.
7. 헤롯 안티파스(개역개정에서는 안디바)의 손에 죽임을 당했다.

이 일곱 가지 명제로 논의를 제한하고서 우리는 세례 요한에 대한 이 묘

---

79   다음 문헌들이 그렇게 주장한 고전적인 시초의 문헌들이다. Baldensperger 1898; Bultmann 1968 [1921]: 246-47.

사를 통해 그를 성전에 반대하는 사회적 책임을 짊어진 인물로 생각할 수 있는가라는 질문을 제기할 수 있다. 나는 그럴 수 있다고 믿는다.

우리는 세례 요한의 활동 장소 및 검소한 생활 양식과 관련된 항목 (1)부터 시작한다. 여러 학자가 지적한 바와 같이 광야는 상징적인 이유로 그에게 매력적이었다.[80] 광야로 들어가는 사람은 숨거나 은거하려는 욕구로 말미암아 동기가 부여될 수도 있다. 그러나 특히 1세기 이스라엘에서 광야로 들어가 **운동을 시작하는 것**은 숨거나 은거하려는 목적과는 아무 관계가 없었다.[81] 광야는 결국 야웨가 이스라엘을 이집트에서 데리고 나와 새 민족을 형성했을 때 그의 위대한 구속 행위의 역사적 장소였다. 세례 요한은 광야에 추종자 집단을 창설함으로써 사실상 다음과 같이 말하고 있는 셈이었기 때문에 예루살렘에 있는 종교적 통치자와 정치적 통치자에게 심각한 위협을 제기하고 있었다. "야웨가 다시금 새 출애굽과 새 민족을 시작하고 있다. 그것은 지금 여기서 나의 후원하에 시작하고 있다." 1세기 이스라엘의 지도자들이 사막 운동들을 단호하게 다루는 경향이 있음을 잘 아는 세례 요한은 자신의 운동이 정치적인 함의가 있

---

80 예컨대 다음 문헌들을 보라. Meyer 2002 [1979]: 115-17; Horsley 1986; Wright 1996: 160-61; Murphy 2003: 132.

81 요세푸스는 1세기의 광야에 기반을 둔 여러 반정부 운동을 자세히 얘기한다. 이런 운동에는 그리심산 인근의 대규모 집단이 포함되었는데 그들은 곧바로 폰티우스 필라투스(본디오 빌라데)에게 진압당했다(『유대 고대사』 18.4.1 §§85-87); 테우다스(드다)는 쿠스피우스 파두스에 의해 (두 가지 이상의 방법으로) 몸이 잘렸다. (『유대 고대사』 20.5.1 §§97-98; 행 5:36); 젤롯당(열심당) 같은 운동은 펠릭스(벨릭스)에 의해 신속하게 진압되었다(『유대 전쟁사』 2.13.4 §§259-60); 여호수아를 본뜬 어떤 이집트인도 페스투스(베스도)에 의해 무자비하게 진압당했다(『유대 전쟁사』 2.13.5 §§261-63; 『유대 고대사』 20.9.6 §§169-72); 어떤 "사기꾼"은 페스투스에게 죽임을 당했다(『유대 고대사』 20.9.10 §188).

는 것으로 해석될 수 있음을 알았다.[82]

　이는 상주하는 쿰란 분파의 관행과 달리 요한이 자신의 분파에 가입하는 사람들이 적어도 그들의 직업에 관한 한 그들의 일상의 실존을 "실제 세상"에서 영위할 것으로 예상했다(눅 3:13-14)[83]고 하더라도 마찬가지다. 우리가 알 수 있는 한 요한은 확실히 새로운 이스라엘의 형성에 예루살렘에서의 일상생활의 모든 측면이나 성전에서의 생활에의 규칙적인 관여로부터의 완전한 단절이 필요하다고 생각하지 않았다. 이는 중요한 요점이다. 쿰란 분파가 지리적인 이동을 통해 그들의 불만을 표현했고 「솔로몬의 시편」 배후의 공동체가 예루살렘에 있는 별도의 예배 공동체로 머무르면서 그들의 고뇌를 표현했다면, 세례 요한의 접근법은 그 두 집단의 접근법보다 덜 급진적이었을 것이다.[84] 세례 요한이 보기에는 새로운 이스라엘이 되기 위해 이스라엘의 사회 조직에서 떨어져 나갈 필요는 없었다.

　하지만 그렇다고 해서 세례 요한이 급진적인 윤리를 설교하지 않았다는 뜻은 아니다. 오히려 그의 설교는 급진적이었다. 적어도 누가복음

82　성전에 반대하는 세례자 가설에 반대하는 주장을 펼치는 Avemarie(1999: 396-98)은 적어도 성전 반대 운동의 잠재적인 능력 면에서는 광야가 세례 요한 추종 집단과 쿰란 공동체 간의 중요한 비교점이 아니라고 생각한다. 그러나 그의 논증은 쿰란 공동체가 제사장에 반대하는 주장을 펼친 점이나 그 당시의 광야 혁명 운동들이 각자의 방식으로 성전에 반대했다(사람들은 성전에 기반을 둔 예루살렘의 지도자들도 끌어내리려고 하지 않는 한 예루살렘에 대한 쿠데타를 계획하지 않는다)는 점을 인식하지 못한다.

83　눅 3:10-14에 수록된 연설 자료의 진정성에 관해서는 아래의 논의를 보라.

84　세례 요한의 침례가 공동체의 경계에 미치는 함의가 없다는 Christiansen(1995: 200)의 주장은 눅 7:29-30에 들어맞지 않는다. 그 구절은 확실히 세례 요한에게 침례를 받은 사람은 그 집단 "안"에 있는 사람으로 식별될 수 있는 반면 침례를 받지 않은 사람은 "밖"에 있는 것으로 식별될 수 있음을 전제한다.

3:10-14을 통해 판단할 때 그는 언약에 충실하다는 것이 무엇을 의미하는지에 관해 몇 가지를 말했다. 그 구절은 세례 요한이 그의 청중의 탐욕을 신랄하게 비난했음을 보여준다. 그의 이상적인 세상에서는 옷을 두 벌 가진 자는 옷이 없는 자에게 한 벌을 나눠준다(눅 3:11). 한편 점점 더 많은 돈을 벌려고 하는 사람들은 만족하는 법을 배워야 할 것이다(눅 3:14). 후자는 「솔로몬의 시편」과 사해문서 그리고 좀 더 넓게는 유대교 일반에서 이미 다뤄진 몇몇 정서를 반향한다. 옷 두 벌이 있는 자는 한 벌을 나눠주라는 지시는 좀 더 주목할 가치가 있다. 만일 세례 요한이 그의 추종자들이 자신의 가르침에 주의를 기울이리라고 진지하게 예상했다면(이 대목에서 "요한이 실제로 의미한 것은 사람들이 그들의 옷 중 하나를 나눠줄 **용의가 있어야 한다**는 뜻이었다"고 말하는 흔한 해석학적 장치에 의존하는 것으로는 충분치 않을 것이다) 이 말은 재산이 있는 사람이 먼저 가난한 사람들의 처지를 개선하는 데 헌신하는 일종의 공동체적 호혜성(communal reciprocity)을 암시한다. 이 경우 세례 요한의 공동체와 네트워크는 쿰란 분파 및 아마도 「솔로몬의 시편」 배후에 있는 경건한 가난한 자들과 마찬가지로 이런 생활 방식을 자신을 좀 더 넓은 유대교로부터 구분하는 방법으로도 보았을 것이다.

이 마지막 요점은 물론 누가복음 3:10-14이 세례 요한 당시의 전형적인 광경이었는지 아니면 누가(또는 누가의 자료)가 꾸며낸 것으로 다뤄져야 하는지에 의존한다. 누가복음 저자가 "가난과 부"라는 주제에 관심을 보인다는 점은 우리로 하여금 후자로 판단하게 할 수도 있지만 이는 성급한 판단으로 보인다. 의식적으로 그리고 현저하게 가난한 사람의 생활 양식을 채택한 사람이 경제적 사안에 대해 말함으로써 그들과의 연대를 보여주기를 원했다 하더라도 그것은 전혀 이례적이지 않았을 것이다. 더욱이 세례 요한이 그의 뒤에 활동한 예수와 마찬가지로 그의 설교에서 "열매 맺기"의 농업적인 은유를 사용했음이 확실하기 때문에(눅 3:8-9), 우리가 요한이 누가복음 3:10-14에서 언급한 것과 같은 주제에 예언자적 눈길을 돌렸다고 가정해도 무방할 것이다. 아무튼 그의 사회·경제적 관심은 예언 문학에 나타난 "과일을 맺는" 이미지의 방향과 궤를 같이한다.[85] 따라서 누가복음 3:10-14에 기록된 내용은 세례 요한의 음성을 반향하는 것으로 보인다.

불가피하게 그 설교에 암시된 주장은 재구성되는 이스라엘은—예루살렘 성전은 더 이상 완전히 작동하지 않고 있고 그것의 본질적인 기능이 세례 요한과 그의 공동체에 이전되고 있다는—동일하게 암시적이고 논란이 있는 주장을 수반했을 것이다. 결국 세례 요한은 상징적인 차원에서 새로운 신정 체제를 시작하고 있는 것으로 보이는데, 새로운 신정 체제는 그에 상응하는 새로운 성전을 떠나서는 생각될 수 없었을 것이다. 위의 요점 (2)—이스라엘이 언약을 어겼고 그 언약 안으로 다시 들어가려면 개인적인 회개의 세례가 필요하다는 요한의 선언—를 고려해보면 세례 요한이 바로 그것을 확립하려고 했다는 것이 명백해진다.[86] 개종

---

85 경제적 정의의 상징으로서 "열매"에 관해서는 예컨대 다음 구절들을 보라. 사 5장; 렘 17:3b-8; 21:12-14; 겔 16:49-17:10; 호 10:12-13; 암 8:1-6; 합 1:1-4; 3:17. 다른 근거를 토대로 한 세례 요한의 이미지의 진정성에 관해서는 다음 문헌들을 보라. Becker 1972: 109; Meier 1994: 28-32; Webb 1991: 358 각주 16.

86 나는 그 "분리"가 절대적인 것이라고 생각하지 않는다. 비록 그것이 "아브라함과 인종상으로 연결된 데 근거한 모든 구원 주장이 소용 없음"을 암시했지만 말이다(Meyer 2002 [1979]: 121). 아브라함의 후손이라는 점을 의존하는 데 대한 (세례 요한과 동시대의) 경고의 예는 Hägerland 2006: 179를 보라.

자들에게 세례를 주는 1세기 초 유대교의 관습은 여전히 논란이 되고 있지만, 우리가 갖고 있는 데이터는 세례 요한의 관점에서 이스라엘에 속하기를 원하는 사람에게는 최초로 유대교에 들어가는 사람에게 시행되었던 제의가 필요했음을 확인해주는 것으로 보인다. 유대교에 가입하기를 원하는 사람들은 대개 그들의 "재개종"을 성전에서 서약하도록 인도받았지만 이 대목에서 세례 요한은 그들을 자신 및 그의 세례로 인도한다. 마찬가지로 일반적으로는 성전이 죄를 고백하고 규정된 희생제물을 드리는 장소였기 때문에 성전 제도 밖에서 용서를 받으라는 요한의 초대는 본질적으로 예루살렘에 있는 기관을 불필요한 것으로 만들었다.[87] 쿰란에 위치한 그의 종교적 경쟁자들과 마찬가지로 요한은 이미 새로운 성전이 형성되고 있다고 믿게 되었다.

이 판단은 "하나님이 능히 이 돌들로도 아브라함의 자손을 일으킬 수" 있다(개역개정은 "되게 할 수" 있다로 번역했음, 눅 3:8)는 그의 경고를 통해 한층 더 확인된다. 대체로 진정성이 인정되는 이 말을 살펴보면 이 구절은 하나님이 뭔가를 "일으킨다"(70인역 *anistēmi*)라는 단어를 포함하고 있는데 이 동사는 흔히 "자손/씨"나 "성전"을 목적어로 취한다.[88] 더욱이 성경의 문헌에서 사람들이 "돌들"로 지칭될 때 그 단어는 흔히 이스라엘의 시민 또는 성전 구성원(만일 그 두 역할 사이의 구분이 이루어질 수 있다면)으로

---

87 이 입장에 대한 강력한 방어가 Wright 1996: 160-62에서 발견된다.
88 야웨가 "자손/씨"를 "일으키는 것"은 다음 구절들을 보라. 창 38:8; 삼하 7:12; 왕하 17:11; "성막/성전/다윗의 장막"에 관해서는 다음 구절들을 보라. 출 26:30; 민 1:15; 7:1; 사 44:6; 58:12; 61:4; 암 9:11.

서 그들의 자격을 가리킨다.[89] 성서에서 직접 차용된 세례 요한의 언어유희의 취지는 명백하다. 하나님은 그를 통해서 새로운 성전을 구성하기도 할 이스라엘의 새로운 아들들(자손)을 일으키고 있다. 세례 요한의 지도 아래 이스라엘은 새롭게 시작하고 있고 이 새로운 시작이 도래함으로써 새로운 성전도 시작한다.

세례 요한은 하나님이 회개하지 않는 이스라엘에게 내릴 심판이 임박했다고 예상했기 때문에 그 재구성은 긴급한 것이었다. 몇몇은 이것이 특별히 "메시아적 심판"이었을 리가 없다고 생각하지만 그런 논증은 사실에 대한 최상의 재구성이라기보다는 침묵에 기반한 것으로 보인다. 세례 요한이 메시아적인 기대를 가졌음을 보여주는 근거를 들자면 그는 "능력이 많은 이"(막 1:7//눅 3:16//마 3:11)를 "오시는 이"(눅 7:19//마 11:3; 눅 19:38//마 21:9)와 동일시한 것으로 보이며, 그는 적어도 한동안은 이 칭호들이 예수에게 적용될 가능성이 있다고 생각했다(눅 7:18-23).[90] 메시아의 심판이 임박했다는 기대는 야웨가 곧 이스라엘을 유배에서 회복시킬

---

89 다음 구절들을 보라. 수 4:6-9; 왕상 18:31-38; 사 54:12-13 등. 이 점은 "이스라엘의 **아들들**"(benē)의 이름이 새겨진 "귀한 **돌들**"('abnē-šōham)이 달린 옷을 입는 대제사장을 통해서도 나타나는데(출 28:9; 39:7 등) 이 관습에서 히브리어의 "아들"/"돌" 언어유희가 유래했을 수도 있다.

90 Theissen and Merz 1998[1996]: 211과 반대되는 의견으로는 다음 문헌들을 보라. Meier 1994: 131-37; Webb 1991: 278-82. Meier(1994: 132, 199 각주 90)가 "오시는 이"라는 호칭에 메시아적 의미를 부여하기를 싫어하는 경향이 있어서 Strobel 1961: 173-202에 제시된 증거를 검토하지 않는다. 하지만 눅 17:18-23 및 그 병행 구절들의 신뢰성에 관한 Meier의 설득력 있는 논증과 그 구절이 명백히 예수의 메시아적 지위를 제기한다는 점을 우리가 아울러 고려하면(이 대목에서 예수의 자기 묘사에 대한 메시아적 병행을 제공하는, 자주 인용되는 4Q521의 병행구를 보라) 세례 요한이 예수가 기름 부음을 받은 자였다는 주장을 진지하게 생각했다고 결론지을 수 있다.

것이라는 믿음을 수반했다. 결국 그것이 메시아가 하는 일에 대한 묘사의 강조점이었기 때문이다. 이 모든 점은 세례 요한의 사역을 죄 용서와 유배로부터의 귀환을 묘사하는 구절인 이사야 40장의 성취로 본 사람은 초기 교회가 아니라 세례 요한 자신이었다는 주장에 힘을 실어준다. 종말론적이고 신탁적인 예언자인 세례 요한은 자신의 시대를 이스라엘의 역사에서 결정적인 전환점으로 보았다.[91]

세례 요한의 운동을 다른 성전 반대 운동과 비교하면 현저한 차이가 하나 있는데 그것은 요한이 성전 당국을 공격했다는 확실한 증거가 없다는 점이다.[92] 이에 관한 명시적인 증거가 없다는 점이 나의 주장을 강화하거나 제약하지 않는다. 초심자들은 세례 요한과 성전 기득권층 사이의 관계가 기껏해야 냉랭한 관계였다고 가정해야 할 것이다. 시온에 있는 몇몇 지도자들이 새로운 일자리를 찾아봐야 할 것이라고 암시하는 세례 요한의 메시지에 대해 성전 고위 관리들은 대체로 그 메시지를 무시하는 반응을 보였다.[93] 그러나 그들이 긍정적인 반응을 보이지 않았다고 해서 요한이 웃으면서 다음과 같이 말하지는 않았을 것이다. "좋다. 각자 자기의 취향이 있는 법이지. 그들은 그들의 의견대로 할 권리가 있어." 세례 요한은 확실히 몇몇 제사장들을 화나게 했는데 우리는 이 제사장들이 발을 빼지 않았고 요한이 활동하는 곳에 발을 들여놓았다고 가정할 수 있다. 그리고 그들은 아마도 팔짱을 끼고서 눈썹을 부라리고 무리가 세례를 받

---

91 Webb 1991: 381-82가 요약한 것처럼 말이다.
92 Webb 1991: 370-72를 보라.
93 막 11:31-32.

는 모습을 지켜보았을 것이다.[94] 이 대목에서 성전에 관한 세례 요한의 명시적인 견해에 관한 역사적 기록이 없다고 해서 그것이 그의 비판적인 자세에 반하는 증거로 생각될 수는 없다.

동시에 나는 그렇게 증언하는 명시적인 증거가 없더라도 요한이 성전을 비판했다는 점이 입증될 수 있다고 믿는다. 나는 무심코 한 말로 보이는 곳부터 시작한다. 공관복음 전승은 세례 요한이 자급자족했다고 증언한다.[95] 기이하고 주의를 끄는 이 습관에 여러 이유가 있었을 수 있지만, 세례 요한을 찬양하던 사람들이 그의 식사가 또 다른 메시아적인 인물의 식사와 유사하다는 점을 알아채지 못했을 리가 없을 것이다(그들 중 많은 사람이 요한이 "오시는 이"가 아닐까 생각했다). 이야기(storytelling)를 통해 이스라엘의 영광의 날들을 회상한 사람들은 유다 마카비의 이야기를 속속들이 알았을 것이다. 이 경우 그들은 기원전 167년 안티오코스 4세 에피파네스가 제단에서 암소를 죽임으로써 성전을 더럽힌 뒤 유다가 그의 추종자들과 함께 광야로 달아나서 성전과 주변 도시들의 더러움을 공유하지 않으려고 계속 야생 음식을 먹고 살았다는 것을 회상했을 것이다.[96] 세례 요한을 관찰하는 사람이 이런 점들을 종합해서 판단하면 명시적으

---

94 대다수 주석가는 사두개인들이 세례 장소에 있었다는 마태(마 3:7)의 언급을 편집으로 취급하지만 Webb(1991: 175-78)은 사두개인들(그리고 따라서 성전)이 세례 현장에 있었던 것이 왜 역사적으로 사실이었을 수 있는지에 관해 통찰력 있는 설명을 제공한다.

95 마 3:4; 막 1:6.

96 마카베오하 5:27b. 다음 학자들도 그렇게 생각한다. Taylor 1997, 43-44; Kelhoffer 2005. 확실히 예수가 세례 요한의 활동의 전성기가 지난 몇 년 뒤 예루살렘에 들어갈 때 그는 의식적으로 유다 마카비를 모방했다. 세례 요한도 그랬으리라고 생각하는 것이 지나친 비약은 아니다. Ron Kneezl이 지적하듯이 세례 요한이 엘리야의 옷을 입은 데서 유사하게 반(反)제사장적인 자세가 암시될 수도 있다.

로 언급된 내용만을 말함으로써 요한의 사역에 관한 설명을 너무 빨리 마치는 것이 아니라 자신의 결론을 도출할 것이다. 그들의 추론은 기원전 167년의 신성모독과 비슷한 신성모독이 일어났다는 내용과 "망치"(히브리어 단어 "마카비"는 "망치"라는 뜻이다) 유다의 기억을 상기한 세례 요한은 성전이 회복될 때까지 자신의 방식으로 게릴라 전사의 삶을 살 자세가 되어 있었다는 내용을 포함할 것이다.

세례 요한의 시대와 좀 더 가까웠던 시기의 다른 반란 운동들도 비슷한 논리를 통해 인도된 것으로 보인다. 요세푸스는 테우다스(드다)가 명시적으로 출애굽과 가나안 정복의 재현을 표방하며 상당한 규모의 추종자들에게 그들의 속세의 모든 소유를 모아 자기를 따라서 요단강을 건널 것을 요구했다(그는 기적적으로 요단강을 가를 것을 약속했다)고 우리에게 알려준다.[97] 마찬가지로 이집트의 어떤 유대인이 많은 추종자를 예루살렘 동쪽의 감람산과 유대 광야의 끝부분으로 인도했을 때 그는 여호수아가 여리고를 빼앗았을 때 경험한 것과 유사한 신적 개입을 예상했다.[98] 그런 새로운 출애굽 봉기는 심오하게 상징적인 차원에서 유대 땅과 역사적으로 불결한 지역 간의 동등성을 전제한 것으로 보인다. 순결의 중심지인 성전 공간 역시 불결해지지 않는 한 어떻게 약속된 땅이 불결할 수 있는가? 더욱이 광야에서 사람들을 모집하는 사람들은 "당대의 권력자"에 맞선 성전(聖戰)에서 가장 먼저 자기들에게 선제적인 공격을 단행할 사람들은 성전 엘리트들과 그들의 세력이리라는 점을 잘 알았을 것이다.

---

97 『유대 고대사』 20.5.1 §§97-98.
98 『유대 고대사』 20.8.6 §170.

세례 요한이 성전에 대해 매우 비판적이었다는 또 다른 암시도 있다. 이 증거는 예수의 제자들이 그들의 스승에게 "요한이 자기 제자들에게 기도를 가르친 것 **같이**" 자기들에게 기도를 가르쳐 달라고 한 요청(눅 11:1)을 통해 간접적으로 드러난다. 점점 인식되고 있듯이 예수는 이 요청에 대해 환난의 시기를 위해 의도된 기도였을 가능성이 있는 주기도문으로 대응한다.[99] 그렇다면—주기도문의 원형을 제공한—요한 역시 자기 제자들에게 그들이 임박한 시험 때 견디게 해줄 기도를 알려줬을 것이다.[100] 그것은 세례 요한이 「솔로몬의 시편」 저자 및 쿰란 공동체의 서약자들과 마찬가지로 자신의 시대를 메시아적 환난의 끝으로 보았다는 것과 자신의 공동체를, 필요한 일련의 사건들을 가져오는 촉매로 보았다는 것을 의미한다.[101] 1세기 유대인들은 대체로 환난의 시기에 근접해서 배교가 최고조에 달할 것으로 확신했기 때문에 세례 요한이 성전 권력 집단에 대해 불만이 있었다는 점은 큰 고난이 임박했다는 그의 확신으로부터 추론될 수 있다.

이스라엘의 종교 지도자들의 범죄로 말미암아 성전이 더럽혀졌다고 확신한 세례 요한은 구약 성서로부터 메시아적인 환난이 이미 시작되었다는 결론에 이르게 되었다.

그는 하나님이 성전 예배의 형태를 제공**해야만 하는데** 자기를 통하

---

99   고전적인 다음 문헌들을 보라. Brown 1968 [1961]: 314-19. Jeremias 1971b: 201-2.
100   세례 요한이 주기도문의 원천이었을 가능성에 관해서는 Taylor 1997: 151-53을 보라.
101   Allison(1998: 146-47, 193)도 그렇게 생각한다. Pitre(2005: 177-98)는 예수가 세례 요한을 이런 선상에서 인식했을 가능성이 있다고 올바로 주장하는데, 요한이 그 인식에 일치하는 믿음과 관행을 유지하지 않았더라면 이는 전혀 개연성이 없었을 것이다. 참조. Rothschild 2005: 59-63.

지 않으면 하나님이 이 일을 어디서 시작하겠는가라고 추론했다. 따라서 그렇지 않았더라면 성전에 속했을 속죄와 기도 등의 기능이 이제 자신의 후원하에 있는 공동체에 위임되었다. 하지만 요한의 성전은 평상적인 상태로의 복귀가 아니라 더 깊고 더 철저한 의로움이라는 에덴으로의 복귀가 될 것이다. 이 사회·경제적 윤리는 하나님이 자기의 메시아를 통해 이스라엘을 방문할 때까지 잠정적인 규범이 될 터였다. 사람들이 가장 어두운 시간을 발견하는 곳에서 곧 새벽 역시 발견할 것이므로 하나님이 행동**해야만 했다.** 이 신적 활동의 기반은 세례 요한이 시작한 대체적인 성전 공동체가 될 터였다.

4. 이번 장의 결론

「솔로몬의 시편」과 쿰란 문서들에 대한 조사에서 나는 제2성전기 유대교의 성전 반대 공동체의 특징을 식별하고자 했다. 이 특징들을 세례 요한과 관련해서 식별할 수 있는 사실들과 비교함으로써 세 운동 모두 고대 유대교의 성전에 반대하는 집단이었다는 일반적인 관찰을 할 수 있었다. 물론 세 집단 사이에 중요한 차이들이 있지만 중요한 유사성들도 있다. 첫째, 「솔로몬의 시편」과 쿰란 문헌 배후의 공동체들과 마찬가지로 요한의 집단은 현재의 성전 체계가 더럽혀졌다고 생각할 정도로 당시의 제사장들에게서 심각한 결함을 발견했다. 둘째, 이 확신의 결과 요한 및 그와 유사한 집단들은 환난의 때가 진행 중이라고 믿게 되었다. 더욱이 그들과 성전 기득권층 사이의 불화는 이 환난의 중요 부분으로 여겨졌다. 셋째,

이 환난 개념이 요한의 추종자들로 하여금 「솔로몬의 시편」과 사해문서 배후의 공동체들과 마찬가지로 자기들을 성서의 "가난한 자들"의 성취로 여기게 만들었다는 몇몇 증거가 있다. 세 집단 모두 어떤 의미에서는 가난한 자들을 위한 소명을 포용했다. 넷째, 우리가 검토한 처음의 두 분파와 마찬가지로 요한의 제자들은 예루살렘 성전 제의의 실패에 대응하여 특정한 성전의 기능을 수행하는 것이 자기들에게 맡겨졌다고 생각했다. 각각의 경우 야웨의 성전의 이러한 재구성은 메시아의 도래와 종말론적 심판에 이르기까지의 잠정적인 수단으로 여겨졌다. 위기에 비추어 시간과 공간의 경계와 지형 그리고 이스라엘 자체가 재정의되었다. 나는 우리가 편견 없이 그 증거를 읽는다면 세례 요한의 운동은 성전 반대 운동이었다는 나의 최초의 가설이 지지된다고 믿는다.

예수가 이 사역 안에서 자신의 경력을 시작했기 때문에 이는 사소한 내용이 아니다. 물론 예수가 자기 친척의 사상과는 뚜렷하게 다른 노선을 취했을 수도 있다. 몇몇 학자가 예수가 궁극적으로 그렇게 했다고 생각하듯이 말이다.[102] 그러나 내가 보기에는 이처럼 일방적인 접근법이 한정된 데이터에 대한 최선의 해석은 아니다. 예수는 확실히 명백한 이유로 요한과 다른 길을 갔지만 역사는 결코 우리에게 예수가 한때 자기의 스승이었던 사람 밑에서 받아들였던 모든 것을 폐기했다는 인상을 주지 않는다. 게다가 분파의 역사에서 새로운 분파들은 모체를 완전히 폐기함으로써 탄생한 것이 아니라 그것들을 결정적으로 수정함으로써 생겨났다. 그렇다면 예수의 말과 행동에 대한 가장 믿음직한 설명은 세례 요한과 예수

---

102 Crossan 1994: 48; Theissen and Merz 1998[1996]: 208-11

사이의 연속성과 불연속성 모두에 토대를 둔 설명이다.

하지만 둘 사이의 연속성과 불연속성은 나의 기본적인 가설을 시작하는 데 충분하지 않다. 내가 이미 묘사한 또 다른 측면이 있다. 그 둘 사이에 존재할 수도 있는 다리를 재구축하기 전에, 즉 예수와 그의 의도에 관해 말하기 전에 초기 교회라는 또 하나의 조립 단위가 갖춰질 필요가 있다. 초기 교회 역시 성전 반대 운동의 표지를 갖고 있었는가? 만일 그렇다면 이것이 우리가 예수에 관한 최초의 가설을 형성하는 데 어떻게 도움을 주는가? 다음 장에서 우리는 이 두 질문 중 우선 첫 번째 질문을 살필 것이다.

2장

"너희는 너희가
하나님의 성전인 것을
알지 못하느냐?"

성전 반대 운동으로서의 초기 교회

1. 서론

진술은 "있는 모습대로 **말할**"지 모르지만 강력한 사물일 수도 있는 이미지는 "있는 모습대로 **보여주는**" 수사상의 장점을 갖고 있다. 그래서 때때로 어떤 집단의 자기 이해를 가장 잘 드러내는 표지는 공식적인 발표에 놓여 있는 것이 아니라 그 집단이 선호하는 그림 언어에 놓여 있는 경우가 존재한다. 그들의 신성한 성서에서 이야기들과 그림 언어들의 저수지를 공유하는 제2성전기 유대교 해석자들은 과거나 현재가 다시는 같은 식으로 보일 수 없는 방식으로 이 내러티브들과 이미지들을 자기들의 상황에 적용했다. 공통의 저수지에서 유의미하게 물을 끌어다 사용하는 유일한 방법은 옛 세대와 자신의 세대 사이에 수로를 파는 것인데, 그 수로는 특정한 방향으로 그리고 특정한 궤도를 따라서 파져야 한다는 점은 말할 나위도 없다. 과거는 현재에게 정보를 제공하고 현재를 변화시키기 위해 현재에게 이야기하지만 그렇게 하면서 과거도 변하고 미래 역시 변한다. 따라서 제2성전기의 성서 해석은 대개 (비록 암시적으로였을 뿐일지라도) 이스라엘 역사의 줄거리를 회고하는 것뿐만 아니라 종말의 절정에 이를 때까지는 완전히 해결되지 않은 채 전개되는 이야기 안에 해석자의 공동체를 새겨놓는 것과도 관련이 있었다. 일반적으로 말해서 궁극적으

로 이스라엘 역사의 경로를 규정하는 것은 종말론적 시나리오였다. 그것
은 우리가 집회서나 스가랴서, 에녹의 문헌이나 「희년서」를 생각하더라
도 마찬가지다.

따라서 초기 기독교의 "성전 담론"이 구속적이고, 역사적이며, 종말
론적인 실재로서의 성전을 상정하는 것으로 보이는데도 불구하고 초기
기독교 공동체가 자신을 성전과 동일시한 것에 관한 학자들의 논의에서
종종 그 종파가 추상적이고 시간에 제약받지 않는 개념으로 다루어진다
는 사실은 한층 더 놀라운 일이다.[1] 좀 더 정확하게 말하자면 많은 주석가
들이 초기 기독교가 보여준 성전으로서의 자기 이해를 확립된 예루살렘
종파나 주위의 그리스-로마 환경의 성전 관행에서 기원한 것으로 생각
했지만, 초기 그리스도인들의 가장 중요한 비교점과 지향점은 가시적인
성전이 아니라 오랫동안 기다려왔던 종말론적 성전이었다는 점은 좀처
럼 지지되지 않았다. 1세기 유대교와 초기 기독교 사이의 관계에 관한 최
근의 연구만큼이나 중요한 이 주제는—방법론적으로 의문스러운 "두 종
교 체계"에 대한 비교 종교 접근법과 더불어—우리로 하여금 이 두 운동
이 병행하는 종교 현상이라고 생각하도록 자극했다. 하지만 이 두 운동이
전혀 전혀 병행하지 않는다면 우리가 어떻게 생각해야 하는가? 그것들
이 인간의 손으로 지어지지 않은 최종적인 성전이라는 동일한 정점으로
이어지고 거기서 수렴되는 두 개의 궤도와 더 **비슷하다면** 우리가 어떻게
생각해야 하는가?

---

[1] 이전 시기의 다음 문헌들에서 주목할만한 예외가 발견된다. Lohmeyer 1961; McKelvey
    1969.

나는 증거에 대한 최상의 설명이 바로 이 방향을 가리킨다고 믿는다. 이렇게 주장함에 있어 나는 한편으로는 초기 그리스도인들이 성전이 되려는 진지한 열망을 배양함이 없이 스스로를 단순히 성전과 같은 **존재**로 보았다는 견해와, 다른 한편으로 초기 기독교 공동체가 예루살렘 성전의 역할을 남김없이 **직접적으로** 찬탈하는 것으로 보았다는 견해 사이의 중간 입장을 취할 것이다. 내가 보기에 전자의 접근법은 일반적으로 그리스도나 그의 제자들이 성전과 비교되는 구절들에 함축된 구속적-역사적 궤도(즉 줄거리)를 인식하지 못한다. 후자의 접근법은 그리스도 사건의 결과로 초기 그리스도인들에게 있어 모든 지상 성전은 잠정적인 지위만을 얻었다는 점을 충분히 파악하지 못한다. 역사적 데이터에 대한 각각의 해석을 신학적 관점에 비추어 살피면 초기 기독교 공동체가 자신을 성전과 비교함에 있어 존재론적인 주장을 하지 않았다고 주장하는 사람은 "과소 실현된 종말론"을 반영하는 것으로 보인다. 나는 초기 기독교 공동체가 절대적 관점에서 성전을 대체한다고 주장하는 사람에게는 "과잉 실현된 종말론"이 남아 있다고 의심한다.[2] 내가 보기에는 두 입장 모두 궁극적으로 초기 기독교 사상에 나타난 집단적 자기 이해(교회론)와 종말론 사이의 밀접한 연결 관계를 충분히 이해하지 못하거나 종말론을 오해한다. 유대교가 종말론적 성전이 예루살렘에 있는 지상 성전과 병행하여 운영되

---

2   내가 말하는 "과소 실현된 종말론"은 초기 그리스도인들이 자기들의 경험에서 하나님의 약속이 실현된 것으로 보는 정도를 과소 평가하는 것을 의미하고 "과잉 실현된 종말론"은 그 정도를 과대 평가하는 것을 의미한다. 이 두 용어에 관해서 나는 신학적 불균형을 가리키는 것이 아니라(비록 이것이 부분적인 역할을 할 수도 있지만 말이다) 초기 기독교 문헌들의 해석에 있어 역사기술상의(historiographical) 불균형을 가리킨다. 전체적으로 1세기 문헌은 "이미"와 "아직" 사이의 확고한 긴장을 유지한다.

는 것으로 여겨졌다는 점이 인식되고, 초기 그리스도인들이 자신을 그 안에서 종말론적 성전이 형성되어가는 공동체로 보았다는 점이 인정되면, 초기 그리스도인들이 그들의 교회와 시온에 있는 구조물 **모두**를 의미 있는 방식으로 성전으로 인식했다고 생각하는 데 어려움이 없을 것이다.

다른 각도에서 그 문제에 접근하자면 우리는 자기들이 "성전이라는" 초기 기독교의 주장에 대한 모든 분석은 유대교 전체가 성소와 그것의 기능에 관해 어떻게 생각했는지를 어느 정도 고려해야 한다고 말할 수 있을 것이다. 역사적 증거는 성전의 기능에 관해 중대한 우려가 있을 때 그런 우려를 품고 있는 사람들은 때때로 일종의 임시적인 성전 예배를 통해 이스라엘을 유지하려고 했음을 암시한다. 비록 그 방편이 규정된 성소가 완전히 쓸모없게 되었음을 암시하지는 않았을지라도 말이다. 다른 한편으로 만일 임시적인 성전이 기존의 성전이 더 이상 정당하게 지탱하지 못한 기능을 성공적으로 수행하면 자연히 어떤 의미에서는 그 임시적인 성전이 성전이 되었다. 이는 존 월튼이 유대의 존재론(존재에 관한 개념)에 대한 논의에서 우리에게 상기해주듯이 존재는 단순히 사물의 물리적 존재의 토대에만 입각한 것이 아니라 기능의 토대에 훨씬 더 입각했기 때문이다.

고대 세계에서는 어떤 사물은 그것이 독특한 실체로 분리되고 그것에 기능이 주어지고 이름이 주어질 때 존재하게 되었다.…나는 이 접근법을 "기능 지향적" 존재론으로 부를 것이다. 이 존재론은 어떤 사물의 속성과 더불어 그것의 구조 또는 물질(substance)로 부를 수 있는 것에 훨씬 더 관심을 기울이는 현대의 존재론과 극명하게 대조된다. 현대의 대중적인 사고에서는

(기술적인 철학적 논의에서와 달리) 세계의 존재가 물리적, 물질적 관점에서 인식된다.…나는 이 접근법을 "물질 지향적" 존재론으로 부를 것이다. 고대 근동에서는 어떤 사물이 장소를 점유하지 않는다고 해서 반드시 존재하지 않는 것은 아니었다.[3]

성전 활동이 일어난 공간이 적실성이 없는 것은 아니었지만 그럼에도 불구하고 신성한 기능이 적어도 공간만큼 중요했다는 개념을 상정할 타당한 이유가 있다. 성전의 신성한 공간 밖에서 성전의 기능을 수행하려는 시도는 일종의 성전을 만들어냈지만 그렇다고 해서 반드시 그것이 보완하려고 하는 성전을 철저하게 그리고 돌이킬 수 없게끔 폐기하는 것은 아니었다. [가시적인] 건물과 [비가시적인] 적절성 사이에 놓인 [예루살렘] 성전 반대자에게는 제의의 "본거지에서 떨어진 본거지"는 아주 모호한 사안이었던 것으로 보인다.

이번 장의 나머지 부분에서 나는 최초기 그리스도인들의 음성은 그들의 다양한 우려와 수사상의 관심사에도 불구하고 유대교의 큰 소망인 하늘 성전이 예수 그리스도의 부활에서 예비적인 방식으로 발생했다는 공통의 확신을 공유했다고 주장할 것이다. 예수 그리스도는 자신의 죽음을 통해 속죄를 제공하고 하나님의 우편에 자리를 잡음으로써 자기가 최종적인 대제사장임을 증명했다. 이는 회고적으로는 하나님의 나라가 예수의 지상 활동을 통해 이미 이 세상의 영역을 교정했음을 의미했고, 전향적으로는 그 나라가 최종적인 성전이 완성되는 때인 역사의 절정까지

---

3   Walton 2006: 179-80.

계속 전진할 것이라는 점을 의미했다. 그동안 십자가에 처형당하고 부활한 주님의 몸은 참된 예배자들이 그것을 통해 하늘 성전(지금까지 존재했던 이스라엘의 성전들은 그것의 복제품일 뿐이었다)에 접근할 수 있는 문이었다. 곧 교회 자체와 동일시된 그리스도의 몸은 그것을 통해 하늘 성전이 창조세계에서 모양이 갖춰질 입구이기도 했다. 하나님이 지상에 하늘 성전을 세우는 것에 해당하는, 하나님이 지상의 실재에 뚫고 들어오는 것은 성령의 현존을 통해 신호가 보내졌다. 신자들은 성령을 보유함으로써 자기들을 하나님의 참된 성전으로 여겼지만 예기적(豫期的)인 의미에서만 그렇게 했다.

종말론적인 내러티브의 대략적인 개요가 아니라 특히 그 내러티브를 기독론적이고 성령론적으로 고쳐 쓴 것이 초기 교회를 주위의 유대교로부터 구별한 요소였다. 다른 유대교 분파들은 최종적인 성전의 시작을 완전히 미래의 실재로 본 반면 초기 기독교의 음성은 일관성 있게 이 절정의 사건이 현재에 이미 예견되었다고 주장했다. 예수 그리스도가 부활했다는 것과 교회에 성령이 부어졌다는 것을 납득한 최초의 그리스도인들은 이 사건들을 하나님이 참으로 종말에 최종적인 성전을 완성할 것이지만—주위의 유대교와는 달리—이 최종적인 재건축이 지금 역사 안에서 일어나고 있다는 확증으로 해석했다.

내가 보기에는 이것이 초기 기독교 묵시론의 대략적인 개요다. 이 주장을 유지하기 위해서 나는 초기 그리스도인들이 자기들을 성전과 동일시한 것과 관련된 텍스트들을 간략하게 살펴볼 것이다. 물론 그 검토는 범위와 깊이가 제한될 것이다. 기독교의 성전 담론은 1세기 전체 기간과 이후 교부 시대에 걸쳐서 발전했다는 사실과 그 과정에서 몇 가지 복잡한 해석상의 문제가 제기되어왔다는 사실에도 불구하고 나의 고찰은 대략적인 내용과 역사적 시대로 제한될 것이다.

나는 몇몇 자료를 논의 대상에서 제외했다. 첫 번째 자료는 「도마복음」이다. 설사 「도마복음」이 실제로 1세기에 형성되기 시작했다고 할지라도(나는 그럴 가능성이 별로 없다고 생각한다) 이 대목에서 그 문헌은 별로 관련성이 없다. 성전에 관해서 말하는 유일한 어록(「도마복음」 66)은 후대의 편집 단계를 반영할 가능성이 크기에 고려될 자격이 없다.[4] 마가복음과 Q는 고대의 저작 연대가 상당히 더 잘 주장될 수 있지만 나는 이 자료들도 논의 대상에서 제외했다. 마가복음이 예수를 성전으로 이해했다는 점은 이 연구와 적실성이 높지만, 마가복음 저자가 이 복음서 이전의 전승에 의존했거나 핵심적인 요점을 회상했음을 배제하기 어렵기 때문에 우리가 이 대목에서 이 복음서를 논의하려면 고통스럽고, 방법론적으로 매우 부담스러우며, 다루려는 주제에서 너무 멀리 벗어나게 될 것이다.[5] Q를 사용하고자 할 때에도 동일한 복잡성이 노정될 것이다. 물론 우리가 어디서 예수의 음성이 끝나고 어디서 Q 공동체의 음성이 시작되는지를 결정하기 위한 표준적인 기준에 의존할 수도 있을 것이다. 하지만 Q의 층들이 다양하게 제안되고 있고 Q의 단일성이나 텍스트성에 관한 심각한 문제가 있으며 심지어 그것의 존재 여부에 관한 문제까지 있다는 점을 고려할 때 우리가 다른 곳에 주의를 기울이는 것이 더 현명한 처사

---

4   나는 다른 곳에서 「도마복음」의 저작 연대를 2세기 말로 주장했다. Perrin 2007을 보라.
5   아무튼 나는 아래에서 마가복음 자료를 상당히 많이 취한다. 마가복음에서 예수를 성전으로 보는 것을 보여주는 연구는 예컨대 다음 문헌들을 보라. Juel 1977; Heil 1997; Gray 2009.

일 것이다.[6] 내가 판단할 때 구할 수 있는 가장 초기의 교부 문헌, 요한의 저술, 베드로전서, 히브리서, 마태복음, 누가-행전, 그리고 마지막으로 비판적으로 확증된 특정한 바울 서신들로부터 초기 기독교의 사상을 대표하는 표본을 입수할 수 있다.[7]

2. 초기 기독교에서의 성전과 성전 이미지

(1) 교부 문헌과 요한 문헌

우리는 기원후 1세기 말에서 2세기 중엽 사이에 쓰인 사도 교부(사도시대 직후에 활동했던 교부 — 역자 주)로 알려진 사람들의 몇몇 텍스트에서 시작한다. 「디다케」(*Didache*)의 저자는 성찬에 관한 지시에 이어서 기도를 명령하는데 그 기도에서 회중은 다음과 같은 말을 암송한다. "거룩하신 아버지, 주께서 우리의 마음에 장막을 펴게 하신 주님의 거룩한 이름을 인하여 감사드리나이다."[8] 성찬 기도인 이 기도는 신자들이 성찬에 참여하는 것과 성전의 대제사장이 임재의 떡(진설병)을 먹는 것 사이의 함축적

---

6   Goodacre and Perrin 2004; Dunn 2003: 147-60(『예수와 기독교의 기원』 상하, 새물결플러스 역간). Q에 관련된 모호성에도 불구하고 그것의 존재를 유지하기 원하는 사람은 Han 2002를 찾아볼 수도 있다. 다른 곳에서와 마찬가지로 이 대목에서도 마태와 누가의 편집상의 관심은 좀 더 쉽게 식별되며 따라서 이 텍스트들을 연구에서 제외할 필요가 없다.

7   나는 논의 대상을 논란의 여지가 없는 바울의 서신에 나타난 텍스트로 제한함으로써 확실히 내가 묘사하고 있는 궤도에 중요한 증거 역할을 하는 소위 제2 바울 텍스트 몇몇(특히 에베소서)을 소홀히 하고 있다. 그 텍스트들을 제외한 것은 나의 논의가 완전한 것이 아님을 상기시켜 줄 뿐이다.

8   「디다케」 10:2. 이번 장에서 성경 이외의 자료는 내가 직접 번역한 것이다.

인 유비를 끌어낸다. 이전 시대의 제사장들과 마찬가지로 기독교 신자들은 거룩한 떡을 통해 그들의 거룩한 소명을 수행할 힘을 얻었다.[9] 조금 뒤에 등장한 다른 텍스트에서 저자는 그리스도인들을 제사장들로 묘사할 뿐만 아니라 전체적으로 성전, 좀 더 정확하게는 지어져 가는 성전으로 묘사한다. "우리가 하나님을 위한 완벽한 성전이 되자."[10] 마찬가지로 "우리의 마음의 거소는…주님을 위한 거룩한 성전"이다. 또는 이그나티오스가 말하는 바와 같이 "여러분은 성전의 돌들"이다.[11] 2세기의 첫 10년쯤에는 확실히 신자들이 새로운 제사장직과 새로운 성전을 구성한 확고한 전통이 존재했다. 신자들의 이 제사장직이 재림 때까지 메시아적 환난을 통해 시험받을 것이라는 예상이 이 전통의 중요한 부분이었다.[12]

이 새로운 성전이 제도상의 유대교와 어떻게 관련되는지는 적어도 「바나바 서신」의 경우에는 아주 명확해졌다. 바나바에게 있어 유대교는 금송아지 사건을 통해 이미 하나님의 은혜를 몰수당했다. 따라서 이 서신의 저자가 솔로몬 성전과 그 후의 성전을 유대인들로 하여금 "건물에 소망을 두도록" 꾀는, 우상 숭배에 대한 유혹에 지나지 않는다고 본 것도 놀랄 일이 아니다.[13] 정당화될 수 있는 유일한 성전은 중생한 인간의 마음의 성전이었다(「바나

---

9   Barker 2002: 147-50; Milavec 2003: 385; Perrin 2008. 「디다케」 10:2에서 저자가 선택한 동사는 매우 중요하다. 야웨가 성막에서 그리고 성육신에서(요 1:14) 이스라엘 가운데 "장막을 편" 것처럼 이제 신적 임재가 신자들의 마음속에 장막을 쳤다.
10   「바나바 서신」 4:11.
11   각각 「바나바 서신」 6:15; 「이그나티오스 서신」 9:1.
12   「디다케」 16장. 이에 대한 논의는 Dubis 2002: 80-84를 보라.
13   「바나바 서신」 4:6-8; 16:1.

바 서신」16:7). 「바나바 서신」에서 다소 투박한 "성전 교회론"과 더불어 가장 초기의 그리고 가장 극단적인 대체 이론의 표현이 등장한다는 것은 사실이지만, 이 기사는 제의 이미지를 좀 더 신학적인 뉘앙스와 통합하는 좀 더 이른 시기의 기독교 문헌과 현저하게 대조된다.

1세기 말로 거슬러가면 우리는 요한계시록에서 성전 이미지를 발견하는데, 여기서는 현격한 교체의 색조가 나타나지 않는다. 자신의 묵시를 마무리하는 장들에서 예언자 요한은 다음과 같이 선언한다.

> 또 내가 새 하늘과 새 땅을 보니 처음 하늘과 처음 땅이 없어졌고 바다도 다시 있지 않더라. 또 내가 보매 거룩한 성 새 예루살렘이 하나님께로부터 하늘에서 내려오니 그 준비한 것이 신부가 남편을 위하여 단장한 것 같더라. 내가 들으니 보좌에서 큰 음성이 나서 이르되 "보라, 하나님의 장막이 사람들과 함께 있으매 하나님이 그들과 함께 계시리니 그들은 하나님의 백성이 되고 하나님은 친히 그들과 함께 계셔서…."[14]

그 환상의 순서에서 이 시점에서는 사탄의 운명이 이미 확정되었고(계 20:7-10) 죽은 자들이 심판을 받았으며(계 20:10-13) 죽음이 근절되었다(계 20:14-15). 이제 종말의 성전-도시가 확립될 준비가 되었다. 그것은 고통이나 악한 자들을 용납하지 않는 영역이다(계 21:4-8). 그 성의 벽 안에는 생명수를 받고(계 21:6) "이긴"(계 21:7) 자들만 존재한다. 이 성벽의 기초

---

14   계 21:1-3.

석에는 열두 사도의 이름이 새겨져 있는데(계 21:14) 이는 종말론적 공동체의 확립에 있어서뿐만 아니라 그 공동체의 한계를 정함에 있어서도 그들의 독특한 역할이 있음을 암시한다. 그의 일곱 교회들이 당면한 도전(지역의 회당들로부터의 박해[계 2:9-10; 3:7-10], 거짓 가르침과 관련된 부도덕[계 2:14-15, 20-24], 그리고 영적 무기력[3:1-3, 14-20] 등)을 잘 알고 있는 요한은 종말의 성전이 절정의 약속이라는 입장을 유지한다. 신적으로 정해진 환난에 직면해서 그리스도와 사도적 공동체에 끝까지 신실한 자는 종말론적 성전을 상속할 것이다.

요한계시록의 앞 부분에서 요한은 두 증인의 환상을 서술한다. 그 장면은 다음과 같이 시작한다.

> 또 내게 지팡이 같은 갈대를 주며 말하기를 "일어나서 하나님의 성전과 제단과 그 안에서 경배하는 자들을 측량하되 성전 바깥 마당은 측량하지 말고 그냥 두라. 이것은 이방인에게 주었은즉 그들이 거룩한 성을 마흔두 달 동안 짓밟으리라."[15]

이 수수께끼 같은 책의 많은 부분과 마찬가지로 이 구절에도 해석상의 어려움이 있다. 이 성전(naos, 성전 경내가 아니라 성소 내부를 가리킨다)은 문자적으로 측량되어야 하는가 아니면 비유적으로 측량되어야 하는가? 문자적으로 측량되어야 한다면 그 성전은 두 번째 성전과 같은 성전인가 아니면 미래의 성전인가? 그 성전이 비유적이라면 그 상징을 통해서 의미하는 바

---

15 계 11:1-2.

는 무엇인가? 나는 최상의 대답은 요한이 의미하는 바를 완전히 "문자적"인 것이나 완전히 "비유적"인 것에 제한하지 않는 해석이라고 제안한다. 그 예언자가 다른 곳에서 **나오스**(naos)라는 단어를 일반적인 의미에서 가시적인 것은 아니지만 그럼에도 불구하고 현재의 실재를 가리키는 데 일관성 있게 사용하는 점에 비추어 볼 때(계 14:15, 17; 15:5-8; 16:1, 17; 그리고 계 3:12과 계 7:15도 여기에 포함될 수도 있다), 비록 하늘 성전이 반드시 우리의 시공간의 연속선 상에 있는 것은 아닐지라도 그것이 실제로 존재하는 한 요한이 "문자적"인 하늘 성전을 가리키는 것으로 보이지만 그것이 상징적인 묘사를 통해서만 이해될 수 있는 한 그것은 "비유적"이다. 이 초월적인 성전(naos)에서 예배하는 자들이 참된 신자들이다. 측량 행위는 하나님의 선민이 "이방인들"(즉 하나님의 목적에 반대하는 모든 사람자)의 손에 신체적인 해를 당할지라도 그들의 구원이 신적으로 보관되어 있으며 하늘 성소에 단단하게 고정되어 있다는 하나님의 보장을 가리킨다.[16]

그러나 제사장들만 성소에 들어갈 수 있기 때문에 성소 내부에서 보이는 예배자들은 필연적으로 제사장들이기도 하다. 이 점은 요한계시록 전체를 소개하는 찬송과도 일치한다. "우리를 사랑하사…그의 아버지 하나님을 위하여 우리를 나라와 제사장으로 삼으신 그에게…."[17] 신자들의 제사장직은 "그의 피로 우리 죄에서 우리를 해방하신"[18] 예수 자신의 제

---

16 다음 문헌들을 보라. Boring 1989: 143; Bachmann 1994; 478; Beale 2004: 316-17. 신적 보호와 보장으로서의 측량에 관해서는 특히 겔 40-48장을 보라. 「에녹 1서」 61:1-5을 참조하라.

17 계 1:5-6; 참조. 5:10.

18 계 1:5.

사장직과 유사하다. 예수의 고난과 죽음이 제사장의 목적에 기여했듯이 신실한 자들의 시련과 박해도 그럴 것이다.[19] 따라서 요한계시록 11:2에서 신자들이 견뎌야 할 짓밟힘은 예수가 견뎌야 했던 제사장적인 고난을 암묵적으로 본뜬 것이다.[20] 인종적으로 유대인이든 이방인이든 간에 이 고난들을 신실하게 견디는 사람들은 하나님의 종말론적 성전에서 "기둥"이 될 것이다(계 3:12). 그들은 회복된 에덴 성전에 대한 중심적인 상징인 "생명 나무"도 상속할 것이고(계 2:7; 22:2) 제사장들의 복장인 "흰옷을 입고" 예수와 함께 다닐 것이다(계 3:4). 예수와 그의 추종자들에게 있어 제사장직은 박해의 맥락에서 작동한다.

우리는 박해가 제사장직의 효과적인 수행을 위한 필요조건이라고까지 말할 수 있다. 참을성 있게 박해를 견디는 것이 어떤 사람이 종말론적 성전에 최종적으로 참여하는 것을 확인한다. 일곱 인, 일곱 나팔, 일곱 대접(계 6-16장)은 이 고난을 상징하며 그것들은 메시아의 고통이기도 하다.[21]

제4복음서의 저자는 예수를 성전과 관련시키기를 열망하며 그 복음서의 열네 번째 절에서 그렇게 한다. "말씀이 육신이 되어 우리 가운데 거하시매 우리가 그의 영광을 보니…."[22] 널리 인식되어 있듯이 요한은 이 대목에서 성육신을 영광의 구름이 시내산 세대 가운데 장막을 편 것의 재연

---

19 계 6:9-11.
20 Krodel 1989: 220; Beale 1999: 566-71.
21 Allison 1985: 70-71; Aune 1998: 2.440-45.
22 요 1:14.

으로 제시한다.[23] 같은 장에서 예수는 나다나엘을 만났을 때 새로 모집된 제자들이 "하늘이 열리고 하나님의 사자들이 인자 위에 오르락내리락하는 것을 보리라"고 약속한다.[24] 이 말은 확실히 야곱의 꿈에 대한 언급으로서, 그 꿈에서 천사들이 하늘까지 닿은 사다리 위에서 오르락내리락했다(창 28:10-22). 요한복음의 독자들이 야곱의 사다리를 성전에 대한 암호(그곳을 통해 하늘로 올라갈 수 있는 장소)로 인식했든 혹은 타르굼에서처럼 성전에 포함된 하나님의 영광으로 인식했든 간에 인자인 예수는 영광이 가득 찬 성전이라는 요한의 요점은 명확하다.[25] 그 내러티브의 그리 멀지 않은 곳에서 예수가 자신의 몸을 성전과 동일시하고 자기의 부활을 일종의 성전 재건축과 동일시할 때 같은 사상이 반복된다(요 2:19-22).

요한복음 4장에서 예수는 야곱의 우물이 있는 곳에서 사마리아 여인에게 접근하여 이렇게 말한다.

> 여자여, 내 말을 믿으라. 이 산에서도 말고 예루살렘에서도 말고 너희가 아버지께 예배할 때가 이르리라.…아버지께 참되게 예배하는 자들은 영과 진리로 예배할 때가 오나니 곧 이 때라. 아버지께서는 자기에게 이렇게 예배하는 자들을 찾으시느니라. 하나님은 영이시니 예배하는 자가 영과 진리로 예배할지니라.[26]

---

23 예컨대 다음 문헌들을 보라. Hoskyns 1940: 14-48; Brown 1970[1966] 1.32-34; Coloe 2001: 62; Keener 2003: 416-17. 이사야의 성전 환상(사 6:10)을 환기시키는 요 12:39-40과의 연결도 주목하라.

24 요 1:51.

25 Kinzer 1998: 448과 그곳에 언급된 참고자료들을 보라.

26 요 4:21, 23-24.

그 당시의 유대교에서 야곱의 우물은 토라의 상징이었고(「다메섹 문서」 5:20-6:11) 그 우물물은 성령의 상징이었다(1QS 4:15-23). 따라서 그 여인이 "당신이 우리에게 이 우물을 준 우리 조상 야곱보다 위대합니까?"라고 물었을 때(요 4:12, 개역개정을 사용하지 아니함) 이 복음서 저자는 예수가 참으로 더 위대한 분으로서 참된 예배자들이 성령(그분은 내주하는 진리이기도 하다) 안에서 예배할 때인, 새로운 언약에 기초한 새 시대의 선구자임을 암시한다(그들은 그때를 고대하고 있었다).[27]

예수가 자신을 성전과 동일시한 것은 초막절의 마지막 날에 그가 "누구든지 목마르거든 내게로 와서 마시라"고 외쳤을 때 다시 한번 확인된다.[28] 예수가 그다음에 한 말들은 그리스어로는 모호하지만 나는 다음과 같은 뜻이라고 생각한다. "누구든지 목마르거든 내게 오라. 그리고 나를 믿는 자는 마시라."[29] 예수의 선언은 초막절에 관련이 있고, "생수"가 성전-도시에서 흘러나오는 스가랴의 종말론적인 환상(슥 14:8, 16-21)에 의해 영감이 고취된 제의를 환기할 의도였는데 그 성전-도시를 통해 제사장들이 제단에 접근해서 양쪽으로 포도주와 물을 부을 터였다.[30] 성전

---

27 렘 31:31-34; 겔 36:24-32; 37:26-28. 다음 학자들도 그렇게 생각한다. Hoskyns 1940: 245; Dodd 1953: 317; Brown 1970[1966] 1.180; Coloe 2001: 99-108.

28 요 7:37

29 요 7:37b-38. 이는 Kerr 2002: 231-41에서 면밀하게 주장된 해석이다. 다음 학자들의 해석도 비슷하다. Dodd 1953: 349; Brown 1970[1966]: 1.307; Yee 1989: 79. 혹자가 요 8:38에 대한 다른 해석(나를 믿는 자는 성경에 이름과 같이 "그 배에서 생수의 강이 흘러나오리라")을 선택한다고 할지라도 그것은—Jones(1997: 15-55)가 보여주듯이—제자들 자신이 성전임을 의미할 뿐이다.

30 Kerr 2002: 226-27도 그렇게 생각한다. 요한복음 저자에게 있어 종말적 성전으로서 예수의 지위는 예수의 죽음에서 실현된 것으로 보인다. 그때 예수의 옆구리에서 피와 물이 나왔는데(요 19:34) 이는 민족들을 향해서 부은 포도주와 물의 상징이다. Schnackenburg

은 창조의 중심(겔 38:12; 「희년서」 8:19)이자 생명을 주는 물의 근원(창 2:10; 겔 47:1; 시 46:4)으로 여겨졌기 때문에 예수의 말은 틀림없이 자기가 성전이라는 또 다른 암묵적인 주장으로 받아들여졌을 것이다.

이 모든 점은 자기 "아버지의 집"에 "방들"(*monai*)이 많다(요 14:2)는 예수의 약속을 준비하는데, 이 말은 장례식 설교로 많이 사용되지만 천국이나 천국의 평면도를 가리키는 것이 아니라 종말론적 성전을 가리키는 진술로 이해되어야 한다.[31] 이어서 예수가 "내가 너희를 위하여 **거처** (*topos*)를 예비하러 간다"(요 14:2)고 한 말은 예수가 자신이 야웨가 이스라엘을 위해서 할 일―야웨가 자기의 이름을 확립할 **거처**를 준비하는 일―을 하겠다고 선언한 것이다.[32] 요한복음에 기록된 예수는 인간 경험 너머의 실재를 가리키지만 역설적으로 그 실재 위를 맴돌면서 그것에 침입한다. 예수가 자기 제자들의 발을 씻는 것(요 13:1-11)은 이 실재에 대한 상징적인 준비일지도 모른다. 결국 성소 내부에 들어가려는 제사장들은 그들의 발을 씻어야 했다. 발을 씻는 이 장면 자체는 제자들에게 그의 제사장적 사역에 동참하라는 초대일 뿐만 아니라 예수의 대제사장적 기도 (요 17장)와 속죄적 죽음의 서곡이기도 하다.[33]

제자들이 예수의 제사장직을 공유하는 것은 작지 않은 고통을 공유

1971: 367도 그렇게 생각한다. Fuglseth 2005: 277은 이 해석에 반대한다. 그는 증거를 제시하지 않으면서 이 해석이 "역사적 가치가 거의 없다"며 이것을 일축한다.

31 "아버지의 집"에 대한 유일한 다른 용법은 명확하게 성전을 가리킨다(요 2:16). 그리고 첫 번째 성전(대상 28:11-12)과 마찬가지로 에스겔의 종말론적 성전은 많은 방을 포함했다 (겔 40.17). 이 점에 관해서는 특히 McCaffrey 1988을 보라. 다음 문헌들도 보라. Coloe 2001: 160-62; Kerr 2002: 276-78; Kinzer 1998: 450-51.

32 신 12:5-11; 참조. 요 4:20; 11:48.

33 요 19:28-37; 참조. 요 1:29.

하는 것과 밀접한 관련이 있다. 세상이 제자들을 미워하고 박해한다면 이는 세상이 이미 예수를 미워하고 박해했기 때문이다(요 15:18-20). 심지어 죽음의 전망과도 관련이 있는(요 16:2), 예상된 박해는 메시아적인 출산의 고통(요 16:21)에 직면하도록 정해진 사람들의 운명이었다. 그 시련을 겪는 동안에는 제자들이 더 이상 예수께 아무것도 요청할 필요가 없을 것이다. 그들이 아버지께 직접 접촉할 것이고 아버지는 그들의 모든 요청을 들어줄 것이다(요 16:23-24).[34] 예수와 제자들 모두에게 고난과 제사장적 기도는 같은 개념이다.

　예수의 죽음에 대해 노골적으로 성전 엘리트들을 비난하는 공관복음서들에 비춰서 살펴보면 요한이 유대인의 기성 지도층에 대해 공관복음서 저자들에 못지않게 비판적인 것으로 보인다.[35] 결국 예수에 대한 박해로 말미암아 메시아의 고통이 시작된다. 예수의 제자들은 그를 따라서 계속 고통을 경험할 터인데(요 15:18-25), 이 고통은 아마도 메시아가 원형적인 천상 성전을 확립하기 위해 다시 나타날 때까지(요 14:1-4) 계속될 것이다. 그동안 원형적인 천상 성전은 성령을 통해 시작되었다.[36] "유대인들"의 부당한 행동은 성전 자체에 대해 성찰하지 못한 처사였다. 성전은 참으로 "아버지의 집"(요 2:16; 14:2), 즉 예수와 그의 제자들이 안내

34　Allison(1985: 57-58)과 훗날 Pate and Kennard(2003: 276)는 요 16:16-22에 사용된 용어들이 메시아적 환난과 관련이 있다고 올바로 단언한다. 하지만 이 저자들도 그렇게 생각하듯이 이 대목에서 예수의 말이 그의 임박한 고난만을 가리키는 것으로 보이지는 않는다. 임박한 고난만을 가리킬 경우 기도 응답에 관한 예수의 약속(요 16:23-24)은 이상하게도 수난과 부활 사이의 기간에만 성취된다.

35　요 2:18; 7:45-52; 8:48-49. 하지만 "유대인들"을 계속 부정적인 관점에서 제시하는 것(요 2:18, 20; 5:18; 9:18, 22 등)은 예루살렘의 유력자들에 대한 완곡한 비난이다.

36　요 4:23; 7:37-39; 14:15-31.

하고 있던 것의 모형이었기 때문이다. 예수는 부활을 통해 종말론적인 성전 건축자로서 역할을 완수하고 참으로 생명과 빛과 진리의 근원, 곧 하나님의 영광(요 1:3-14)인 성전이 된다.

(2) 베드로전서와 히브리서

베드로전서는 신자 공동체를 성전**이자** 제사장으로 묘사하는 또 다른 텍스트를 제공한다. 신자들로 하여금 그리스도께 나아가도록 권고하면서 이 서신 저자는 다음과 같이 쓴다.

> 사람에게는 버린 바가 되었으나 하나님께는 택하심을 입은 보배로운 산 돌이신 예수께 나아가 너희도 산 돌 같이 신령한 집으로 세워지고 예수 그리스도로 말미암아 하나님이 기쁘게 받으실 신령한 제사를 드릴 거룩한 제사장이 될지니라. 성경에 기록되었으되 "보라, 내가 택한 보배로운 모퉁잇돌을 시온에 두노니 그를 믿는 자는 부끄러움을 당하지 아니하리라"[사 28:16] 하였으니 그러므로 믿는 너희에게는 보배이나 믿지 아니하는 자에게는 "건축자들이 버린 그 돌이 모퉁이의 머릿돌이 되고[시 118:22] 또한 부딪치는 돌과 걸려 넘어지게 하는 바위가 되었다[사 8:14]" 하였느니라. 그들이 말씀을 순종하지 아니하므로 넘어지나니 이는 그들을 이렇게 정하신 것이라. 그러나 너희는 택하신 족속이요 왕 같은 제사장들이요 거룩한 나라요 그의 소유가 된 백성이니, 이는 너희를 어두운 데서 불러 내어 그의 기이한 빛에 들어가게 하신 이의 아름다운 덕을 선포하게 하려 하심이라.[37]

---

37   벧전 2:4-9

당황케 하는 은유들과 암시들의 조합을 통해 베드로전서 저자는 우리가 지금까지 살펴본 다른 저자들과 마찬가지로 주저하지 않고 한편으로는 기독교 공동체를 성전이자 제사장으로 단언하는 동시에, 다른 한편으로는 그리스도를 성전의 토대이자 대제사장으로 단언한다. 이 이중의 상관관계는 베드로의 목회 전략에서 핵심적이다. 주춧돌인 예수 그리스도가 거절되었지만 귀하기 때문에 신자들도 자신을 마찬가지로 여겨야 한다. 베드로 자신이 자기의 독자들이 예언된 메시아적 고난을 견디고 있음을 인정하기 때문에[38] 이 점은 특히 적실성이 있었다.

하나님이 선택한 사람들이 귀하다는 사실은 그들이 자기 방어 속으로 움츠러들 이유가 아니었다. 오히려 그리스도가 하나님이 시온에 "귀한 기촛돌"과 "견고한 토대"를 둘 것이라는 약속(사 28:16)을 실현하는 참되고 최종적인 성전의 토대(*themelion*)였기 때문에 자신을 그리스도와 동일시하는 사람들은 용기를 내 반대를 버텨내야 한다.[39] 의의 전형과 성전의 기촛돌 사이의 비교는—쿰란 공동체에서 그랬던 것처럼—신학적으로 의미 심장하다.[40] 쿰란 공동체가 (어두운 혼돈에 맞서는 보루 역할을 하는) "주춧돌"의 역할을 제사장들에게 부여했듯이 베드로는 그것을 그리스도와 연결한다. 베드로가 자신을 대적하는 악한 세력들을 잘 알고 있는 교회에게 말하려고 한다는 점을 고려할 때 그가 그리스도를 주춧돌로 언급

---

38 벧전 4:12-19. 이 효과에 관한 철저한 논증은 Dubis 2002를 보라.
39 Peterson 2003: 161.
40 그 연결은 예수의 사악한 소작인 비유(막 12:1-12/마 21:33-46/눅 20:9-19)에 관한 복음서 기사들에 직접적으로 병행하며 아마도 예수가 엡 2:20과 고전 3:10-12에서 "터"로 묘사되는 것과 어느 정도 관련이 있을 것이다.

한다는 것이 그다지 놀랄 일은 아니다.

비슷한 맥락에서 고난 받는 가운데 거룩하게 살라는 베드로의 요구
는 그가 자기의 독자들에게 부여하는 제사장 역할과 밀접하게 연결되어
있다. 신자들이 구원을 받아 "예수 그리스도께 순종"하게 된 것에 이어
"그의 피 뿌림"이 언급되는데(벧전 1:2), 이는 백성이 모세의 피 뿌림(벧전
1:6-7)을 통해 제의적으로 정결해지는(출 24:6-7) 출애굽기 24장의 언약
식을 상기시킨다. 베드로는 그의 독자들에게 "너희가 진리를 순종함으로
너희 영혼을 깨끗하게" 하였으니 그들이 서로 진실하게 사랑할 수 있게
되었다고 쓴다(벧전 1:22). 그들의 섬김, 신앙 그리고 반대에 직면하여 복
음을 선포하라는 소명 모두가 제사장으로서 그들의 지위에 달려 있다.[41]
그 공동체의 제사장으로서 소명, 즉 시내산 세대의 "왕 같은 제사장"의
지위 재연(벧전 2:9; 참조 출 19:6)은 제사장으로서 그리스도의 소명과 밀접
한 관련이 있다. 베드로는 그의 독자들에게 예수를 따르라고 권고하면서
그들에게 십자가에 처형당하고 부활한 대제사장을 따르라고 요구한다.[42]

베드로전서를 떠나기 전에 과거에 이 텍스트에서 도출되었던 도움
이 되지 않는 몇 가지 결론에 관해 몇 마디 언급할 필요가 있다. 첫째, 베
드로가 "영적인 집"에 속하는 것의 일부로서 "영적인(*pneumatikos*) 제사"
를 드리라고 권고한 말(벧전 2:5)이 물리적인 것에 대한 반대로서의 "영적
인" 것으로 여겨지지 않아야 한다. 이 형용사를 이런 식으로 해석하는 것
은 그 단어에 시대착오적으로 베드로가 의도한 의미와는 전혀 다른 플라

---

41   벧전 2:4-12.
42   벧전 3:17-22.

톤적 이원론을 부여하는 것이다. **프뉴마티코스**(*pneumatikos*)라는 용어는 묘사 대상의 물리적 특성보다는 도덕적 자질과 더 관련이 있다.[43] 따라서 베드로의 단어 선택이 그가 그의 독자들이 예루살렘에 있는 성전에 대한 (비록 "영적"이지만) 임시변통적인 대체물이나—만일 그 텍스트가 기원후 70년 뒤에 쓰였을 경우—예루살렘 성전을 계속하는 것으로 기능하도록 기대했다는 증거로 여겨질 수 없다. 베드로가 그의 독자들이 [예루살렘] 성전과 좋은 관계를 유지하도록 도와주려고 노력한다는 낌새가 전혀 없으며 오히려 그의 관심은 그들의 섬김의 윤리적 특질에 있는 것으로 보인다.

더구나 나는 베드로의 제의 이미지를 그의 수사 전략의 우연한 부산물에 지나지 않는 것으로 보는 해석을 거절하는 것이 좋다고 믿는다. 물론 이론적으로는 베드로전서 저자가 성전과 제사장 이미지를 배치할 때 일련의 윤리적 이상들에서 시작해서 그의 독자들에게 동기를 부여하기 위해 그 이상들에 잘 들어맞는 예시를 찾아냈기 때문에 그 모티프가 광범위한 시적 장식에 지나지 않을 수도 있다.[44] 그러나 제사장직과 고난 주제가 뒤얽힌 점에 비추어 볼 때(벧전 2:4-12; 4:12-19; 5:8-9) 이 서신의 저자가 속죄적이면서 제사장적이기도 한, 잘 알려진 메시아의 고난 내러티브에서 시작해서 이 토대 위에 그의 윤리적 체계를 세웠을 가능성이 훨

---

43 다음 문헌들을 보라. Beare 1970: 122-23; Michaels 1988: 101-2; Senior and Harrington 2008: 54.

44 이 경우에도 베드로전서는 영리한 예시라는 수사적 꼬리가 신학적으로 매우 가벼운 몸통을 흔드는 예로 여겨져야 한다. 신도석에서의 개인적인 경험에 비추어 볼 때 나는 이 해석이 불가능하지 않다는 점을 인정한다.

씬 더 크다.[45] 그는 자기의 독자들에게 격리된 순간에만 제사장처럼 행동할 것이 아니라 그들에게 정해진 고난을 견딤으로써 그들의 제사장적 소명을 완전히 수행하라고 요구한다.

제사장직, 성전, 고난 주제는 히브리서에서도 현저한 특징이다. 히브리서 저자는 히브리서 1장에서 그리스도의 제사장직(히 1:3-4, 13)을 간략하게 언급하고 이어서 천사들이나 모세와 비교할 때 그의 탁월성(히 2:5-3:6a)을 언급한 후, "하나님의 집"을 간략히 논의하고 "우리가 소망의 확신과 자랑을 끝까지 굳게 잡고 있으면 우리는 그의 집이라"고 선언한다.[46] 이 대목에서—우리가 지금까지 살핀 몇몇 텍스트에서와 마찬가지로—신자의 인내와 향후 종말론적인 성전에 참여하는 것이 직접적으로 연결된다. 이 확신은 예수의 대제사장으로서 역할(히 2:17; 4:14-5:10; 6:19-10:18)과 예수와 가족 관계를 공유하는(히 2:10-12) 신자들의 제사장으로서 역할 모두에 근거한다. 이 서신 저자의 논증 목적상—둘 모두 궁극적으로 완벽해지는(히 2:10; 10:14)—예수의 대제사장직과 그 공동체의 제사장직 사이의 상관관계는 아무리 강조해도 지나침이 없다.[47]

이런 맥락의 사상의 엔진은 기독론적이다. 히브리서 8장 서두에서 중요한 구절이 발견된다.

지금 우리가 하는 말의 요점은 이러한 대제사장이 우리에게 있다는 것이라. 그는 하늘에서 지극히 크신 이의 보좌 우편에 앉으셨으니 성소와 참 장막에

---

45 Dubis 2002, 여러 곳을 보라.

46 히 3:6.

47 특히 Scholer 1991을 보라.

서 섬기는 이시라. 이 장막은 주께서 세우신 것이요 사람이 세운 것이 아니니라.[48]

그 논증이 진행됨에 따라 대제사장으로서 그리스도의 우월성은 그의 희생 제사의 탁월성(히 9:11-14) 측면에서뿐만 아니라 모세의 제의의 상대적인 부적절성(히 8:7) 측면에서도 명백해진다. 그 당시의 많은 유대인은 히브리서 저자가 말하듯이 모세의 성전이 불완전했다는 주장에 대해 동의했을 것이다. 참된 성전은 하늘에 있고 모세가 취한 패턴은 진정한 하늘 성전의 모형이었다[49]는 데 보편적으로 동의가 이루어졌다. 예수 그리스도가 그의 죽음을 통해 대제사장으로서 단번에 하늘 장막에 들어갔다[50]는 주장에 대해서는 좀 더 논란이 있었다. 히브리서 저자는 자기의 독자 중 이미 그리스도를 자기들의 대제사장으로 주장하고서도 유대교로 돌아갈 것을 고려하는 사람들에게 그것은 사실상 뒤로 물러나는 것이라고 주장한다.

히브리서와 그 서신의 주장이 최초의 독자들에게 정면으로 거절되지 않았다고 가정할 경우, 1세기 기독교에서 상당히 많은 이들이 자기들의 "성전 예배"를 예루살렘 제의(또는 히브리서가 성전 파괴 후 쓰였다고 가정할 경우 그것의 자취)에 대한 허약한 대체물로 본 것이 아니라 오히려 훨씬 바람직한 대안으로 여긴 것으로 보인다. 달리 말하자면 이곳의 그리스도인들은 자기들이 일종의 모방 성전을 세우는 것으로 보지 않았다. 오히려

---

48   히 8:1-2.
49   히 8:5; 9:1-10.
50   히 9:24-28.

모세의 성전이 이제 그리스도 안에서 드러난 참된 실재에 대한 불완전한 모방이었다. 그리스도가 하늘 성소에 들어간 것이 개별적인 신자가 종말론적인 성전과 동일시하는 것을 절대적으로 확실하게 해주지는 않았지만 히브리서 저자는 "너희에게는 이보다 더 좋은 것, 곧 구원에 속한 것이 있음을 확신하노라"[51]고 말할 수 있었다. 히브리서 저자에게 있어 어떤 의미에서는 그의 독자가 참된 성전이었다(히 3:6; 12:22-24). 그리고 또 어떤 의미에서는 그 약속이 아직 실현되지 않았다(12:25-27). 이 종말론적 긴장 가운데 위치한 저자는 독자들에게 다음과 같이 권고한다. "감사를 드립시다. 우리는 감사를 통해 하나님께 존경과 경외로 받으실만한 예배를 드립니다."[52] 제의적인 관점에서 신자들의 책임을 묘사하는 이 권고가 이 서신의 실제적인 윤리의 나머지 부분[53]의 선두에 선다는 점은 결코 사소한 것이 아니다. 이는 저자가 그의 윤리적 호소를 그리스도의 대제사장으로서 역할 및 이미 시작되었지만 아직 완성되지 않은 하나님의 성전으로서 신자들의 집합적인 역할에 토대를 두는 것과 궤를 같이한다.

이 연결에서 고난 개념이 우연한 것일 수는 없는데 페이트와 케나드는 고난을 특히 메시아적인 고난으로 올바로 이해한다.[54] 독자들이 고난을 당한 경험(히 10:32-39)과 저자가 이 고난을 예수의 제사장적 고난과 연결시킨다는 점(히 2:14-3:1)에 비추어 볼 때 저자의 논리는 독자들이 그들의 제사장 지위에서 고난을 받도록 요구된다는 것을 암시한다. 그리스

---

51 히 6:9.
52 히 12:28. 개역개정을 사용하지 아니함.
53 히 13:7-17. Gäbel 2006: 435-66, 특히 448을 보라.
54 Pate and Kennard 2003: 484-87.

도의 죽음이 죄에 대한 속죄를 제공하지만(히 10:1-5) 대제사장으로서 그의 신실함 역시 신자-제사장들이 따라야 할 본을 제공한다(히 6:12).[55] 히브리서 저자는 그의 교회들의 시련을 유배 상태로 보았지만(히 3:7-4:10), 그와 동시에 예수가 시련 속에서 그의 대제사장으로서 소명을 이행한 것처럼 신자들도 그 안에서 자기들의 제사장으로서 소명을 이행해야 할 필요한 맥락으로도 보았다.

(3) 마태복음과 누가-행전

마태복음에서 우리는 성전에 대한 관점이 섞여 있음을 보게 된다. 한편으로 마태는 시온에 관해 상당히 긍정적인 견해를 입증하는 예수의 말을 보존한다. 산상수훈에서 예수는 제단에 드리는 예물이 효험이 있음을 상정한다.[56] 마찬가지로 예수가 서기관들과 바리새인들이 맹세하는 관습을 통렬히 비난할 때 그는 성전이 "크다는 사실"을 당연하게 여긴다(마 23:17). 예수에게 있어 성전의 제단이 그 위에 올려진 예물을 거룩하게 했는데(마 23:19) 이는 성전이 여전히 하나님의 거소였기 때문이다(마 23:21). 마태복음 23장에 수록된 예수의 혹독한 비난은 이 복음서의 독자들이 당시의 회당과 심한 불화 관계에 있었다는 증거로 여겨지지만, 동일한 이 논증에 성전이 계속 유효함에 관해서 말하는 명확한 진술이 존재한다는 점이 간과되어서는 안 된다.

다른 한편으로 마태복음에 제시된 예수는 명백히 예루살렘 성전을

---

55 Still 2007: 752-54; Vanhoye (1967: 291-305); Hamm (1990: 281-82). 특히 대제사장의 신실함으로서 예수의 신실함을 보라.

56 마 5:23-24.

상당히 불만스러워 했다. 이 불만의 원천은 성전 자체에 놓여 있는 것이 아니라 이스라엘, 특히 그들의 지도자들의 영적 상태에 놓여 있었다. 마태가 보기에 이스라엘은 유배 상태에 있었고 그들이 회복하라는 예수의 설교에 반응하지 않는 한 심판을 받게 되어있었다.[57] 이 상황은 예수가 열두 제자를 "이스라엘의 잃어버린 양"에게 내보내는[58] 동기 중 하나가 된다. 제자들이 회당에서 야기할 매우 부정적인 반응은 성전 권력 집단의 불순종에 대한 또 하나의 지표일 뿐만 아니라(마 10:17) 그들의 선교 활동에 대한 저항 속에서조차 메시아의 고통이 임박했다는 표지이기도 했다(마 10:18).[59] 그러나 이스라엘의 완고함은 최종 결과를 맞게 될 것이다. "반석 위에 지은" 참된 집(예수의 말을 순종하는 사람)은 견딜 것이고 거짓된 집(예수의 말을 순종하기를 거부한 사람)은 잘못된 기초가 드러나고 파멸할 것이다.[60] 이 확실성은 마태복음 24장의 감람산 강화에서 한층 더 명확히 설명되는데 그 대목에서 예수는 예루살렘 성전의 종언을 예언한다.

마태복음의 성전 지도자 비난(마 10-11장)과 나란히 그리고 제자들의 박해(마 12:1-8)의 맥락 안에 "성전보다 더 큰 이가 여기 있느니라"(마 12:6)라는 주장이 나타난다. "더 큰 이"는 예수의 운동 또는―좀 더 그럴

---

57   마 10:15; 11:20-24. Wright 1992: 384-90(『신약성서와 하나님의 백성』, CH북스 역간); Charette 1992: 63-82, 121-40; Leske 1994: 897-916; Chae 2006: 244-46, 369-86.

58   마 10:5-42.

59   Pitre(2005: 200)가 정확히 지적하듯이 마 10장은 "박해와 투쟁이라는 표준적인 환난 모티프로 가득 차 있다."

60   마 7:24-27. 내가 알기로 이 점은 Wright 1996: 292, 334를 통해 처음 주장되었다. 성전에 기반을 둔 서기관들과 바리새인들의 순종(또는 순종 결여)이 산상수훈 시작 부분(마 5:19-20)의 기준선 역할을 하기 때문에 그 설교의 끝부분에서 같은 집단의 행동(또는 행동 결여)의 결과에 대한 언급이 살짝 가려져 등장하는 것이 적절하다.

듯하기로는—예수 자신이다.[61] 그 진술은 예수가 옴으로써 현재의 성전이 어떤 의미에서는 불필요해졌다는 것과, 그 성전에 기초했던 기능들이 이제 예수의 사역보다 열등해졌거나 그것들이 예수 자신에게 넘겨졌다는 것을 암시한다. 그러나 마태복음에 나타난 예수는 시온에 비유되는 교회가 베드로를 의미하는 "이 반석" 위에 세워질 것이라고 말하고(마 16:18) 성전에 연결된 회당의 조직 구조를 가정함으로써(마 18:15-20) 자기의 추종자들이 성전이 되어가는 중이라는 것도 암시하고 있다.

그러나 이 성전의 존재 목적은 현재 질서의 해체(마 24:4-31)에서 최고로 강해질 고난과 박해가 없이는 성취되지 않을 것이다(마 5:10; 10:5-42; 11:12; 13:21, 57; 16:24-28 등). 종말론적 목적은 새로운 출애굽뿐만 아니라 새로운 종류의 정복도 요구했다. 모세가 여호수아에게 하나님을 예배할 "장소"를 확립하기 위해 정복할 사명을 격려했던 것처럼 예수 역시 두려워하는 그의 제자들에게 예배할 새로운 약속의 땅을 구성할 민족들을 정복하라고 권고한다.[62] "내가 너희와 항상 함께 있으리라"(마 28:20)는 절정의 언급은 하나님의 성전의 목적의 절정을 가리키는데, 그것은 언제나 한 분이신 하나님과 그분의 백성 간의 친밀한 접촉점을 확립하는 것이었다.[63]

마태는 그의 공동체를 새로 구성된 이스라엘, 새로운 성전 백성으로 인식하기 때문에 예루살렘 성전에 대한 그의 견해는 모호하다. 우리가 성

---

61 마 28:19-20. 다음 학자들도 그렇게 생각한다. Gundry 1982: 223; Davies and Allison 1988-97: 2.314.
62 마 28:18-20에서 모세가 여호수아에게 위탁한 것을 암시한다는 점에 관해서는 Davies and Allison 1988-97: 3.679를 보라.
63 출 6:6; 레 11:45; 신 4:20 등. 참조. 마 1:23.

전세에 관한 예수의 가르침(마 17:24-27)을 고려하면 이 점이 명백해진다. 이 구절에서 예수는 지상의 왕들과 그들의 아들들을 각각 하나님과 예수의 제자들에 비교함으로써 성전세 문제를 끄집어낸다(마 17:25). 이 비교의 논리에서는 하나님의 아들들이 성전세를 납부할 필요가 없지만(마 17:25-26) 예수는 "우리가 그들을 화나게 하지 않기 위하여"(마 17:27, 개역개정을 사용하지 아니함) 성전세를 납부하라고 명령한다. 성전세를 납부함에 있어 마태복음에 나타난 예수는 뿌리 깊은 특정한 민감성을 존중하며 마태 공동체 구성원들도 암묵적으로 그 선례를 따라야 한다. 비록 그들이 엄격하게 말하자면 그럴 필요가 없지만 말이다. "성전보다 더 큰 이"의 탄생, 생애, 죽음 그리고 부활은 마태 공동체에게 제2성전의 상대적인 좌천과 그것에 대한 완전히 새로운 관계를 함축했다. 동시에 이 새로운 실재가 도래했다는 사실이 이웃 유대인 공동체와의 연결을 유지할 실용적인 필요를 없애지 않았는데, 유대인 공동체 자체는 성전과 연결되어 있었다.

이렇게 두 개의 성전이 존재하는 세상에 놓인 마태 공동체는 유배의 모호성 안에서 그들의 신앙을 유지한 것으로 보인다. 그 모호성과 유배는 궁극적으로 해결될 터였지만 그때까지는 그 당시의 질서가 반대에도 불구하고 유지되어야 했다. 고난은 "끝이 가까이 왔음"을 알리는 정해진 표시였다. 이 고통을 참을성 있게 견디는 것은 이 마지막을 가져오는 데 유익했다. 마태에게 있어 그 종말론적 성전은 어떤 의미에서는 예수라는 인물 안에 이미 존재했지만 이 더 큰 성전을 따르는 사람들은 "세상 끝날"까지는 최종적인 예배 장소를 확보하지 못할 것이다(마 28:20).

누가-행전을 살펴보면 우리는 예루살렘 성전을 긍정적인 모습과 부정적인 모습으로 묘사하는 내러티브를 만나게 되어서 그 저자의 묘사가 일관성이 없는 것인지 아니면 매우 역설적인지에 관해 어리둥절하게 된다. 한편으로 우리는 부활 전과 부활 후에 성전 제의를 인정하는 것으로 보이는 텍스트를 발견한다. 세례 요한의 탄생이 선언된 곳(눅 1:5-25)과 예수가 할례를 받은 곳(눅 2:21-40)은 모두 성전이었다. 소년 예수가 자기 "아버지의 집"에 있어야 한다고 주장한 곳은 성전이었다(눅 2:49). 훗날 예수는 자기가 치유한 사람들을 성전 제사장들에게 보내고(눅 17:14), 성전 기도에 관해 지시하며(눅 18:9-14), 성전에서의 헌금을 칭찬한다(눅 21:1-4).[64] 사도행전에서 오순절 뒤에 그리스도인들은 계속 성전에서 모이며(행 2:46; 3:11; 5:12) 그 운동의 지도자들은 정해진 성전 기도 시간을 따른다(행 3:1). 이 상황에서 성전의 뜰은 예루살렘 그리스도인들의 선포에 있어 일차적인 통로 역할을 했다(행 5:17-42). 사도행전 내러티브의 한참 뒤에서 바울은 성전을 통해서만 이행할 수 있는 서원의 일환으로 그의 머리를 깎는다(행 18:18). 그는 정결 제의의 절정으로서 네 명의 동료의 제물 비용을 지불하기도 한다(행 21:17-26). 성전에 대한 자신의 입장에 관해 질문받았을 때 바울은 "유대인의 율법이나 성전…에게나 내가 도무지 죄를 범하지 아니하였노라"고 선언한다.[65] 그런 증거를 토대로 누가가 "성전 찬성파"였다[66]는 빈번한 진술에 동의할 유혹을 받기 쉽다.

그러나 문제를 그렇게 조악하게 진술한 채 그대로 놔두는 것은 지나치게 단순화하는 것일 뿐만 아니라 실재를 모호하게 만드는 것이다. 그

---

64 나는 대다수 주석가들과 마찬가지로 예수가 그 여성의 희생적인 헌금을 비판하는 것이 아니라 긍정적으로 생각한다고 가정한다. A. G. Wright 1982는 이 견해에 반대한다.

65 행 25: 8

66 예컨대 다음 문헌들을 보라. Lüdemann 1987: 93; Chance 1988: 36.

것은 또한 누가의 저작에서 시온의 성전에는 뭔가가 잘못되어 있는 반면—성전에 관한 한—예수와 초기 교회에게서 뭔가 큰일이 진행되고 있다는 많은 지표를 간과하는 처사이기도 하다. 물론 이르게는 누가복음 3장에서 안나스와 가야바가 본디오 빌라도 및 헤롯 같은 악명 높은 권력자와 일률적으로 다뤄질 때 제사장직에 반대하는 유려한 논쟁이 있다(눅 3:1-2). 그러나 변화에 대한 누가의 관점은 인물의 변화보다 훨씬 많은 것을 포괄한다. 이 저자에 따르면 예수 안에서 그리고 예수를 통해서 구원사의 변화가 발생하고 이 변화는 성전과 그것의 전통적인 기능의 재배치를 함축한다. 이 점은 그 내러티브의 초기 단계에서 예수의 탄생 발표의 일환으로 목자들에게 하나님의 영광이 나타났을 때(눅 2:8-12) 신호가 보내졌다. 조엘 그린은 그 순간의 중요성을 다음과 같이 잘 요약한다.

> 이전 시기에 예루살렘 성전과 특히 그 성소가 세상의 축(*axis mundi*)—천상의 존재와 지상의 존재, 신과 인간이 만나는 장소—으로 존경을 받았던 점에 비추어 볼 때 이 신적 영광의 출현은 주목할 만하다. 대개 성전과 연결되었던 하나님의 영광이 이제 들판에 나타났다! 하나님은 자기 아들이 탄생했을 때 이스라엘의 문화의 중심으로서 성전의 사회·종교적 중요성을 (예기적으로) 훼손했다.[67]

이 점은 누가복음의 다른 곳에서도 확인된다. 예수가 나병환자를 만지고서도 부정해지지 않은 것(눅 5:12-16), 죄를 용서한 것(눅 5:17-26), 다윗의

---

67   Green 1997: 131.

제사장적 지위를 취한 것(눅 6:1-10)은 모두 누가가 예수를 일종의 대제사장으로 생각했다는 상징적인 지표들이다. 얇게 가려진 사악한 소작인 비유에서 예수는 현행 성전 제도를 폭력적으로 하나님의 목적을 거부한 사람들과 동일시하고 자신을 새로운 성전의 토대와 동일시한다.[68] 다른 공관복음서들에서와 마찬가지로 이 비유는 소위 성전 정화(눅 19:43-48)와 더불어 읽혀야 하는데, 그 사건은 어떤 해석에서든 성전과 관련된 인물들에 대한 신랄한 비난 역할을 한다. 누가-행전 내러티브는 이 대목에서부터 빠르게 진행되기 시작하는데, 빠르게 전개된 여러 사건에 이어서 결국 예수가 십자가에 처형된다. 누가는 예수의 죽음을 예루살렘의 사악함의 결과로 본다. 성전의 휘장이 찢어진 것은 성전 자체에 대한 일종의 심판이다.[69] 누가복음은 예수의 승천 기사로 마무리하며 후속편을 준비하는데 그때 예수는 손을 들어 제자들에게 축복한다. 그런데 손을 든 자세는 대제사장이 축복할 때 취하는 자세다. 그리고 나서 그의 제자들은 하나님께 예배하고 하나님을 축복하는 성전 활동을 수행하는데, 이 활동은 모두 예루살렘 **밖**에서 일어난 활동이다.[70]

사도행전을 논의할 때 나는 두 구절만 살피려 한다. 첫 번째 구절은 오순절에 일어난 사건과 관련이 있다.[71] 사도행전 2:1-13에서 제자들이 성령으로 충만해지고 방언으로 말한 것에 관한 누가의 묘사는 하나님의 영광이 내려와 시내산 자체를 일종의 성전으로 만들었던, 구속사에 있

---

68   눅 20:9-18.
69   눅 23:26-34, 45.
70   눅 24:50-53.
71   행 2:1-40.

어 결정적인 순간을 본뜬 것이라고 다른 곳에서 설득력 있게 주장되었다.[72] 우리가 이 배경에 비추어 살펴보면, 당대의 문헌(「에녹 1서」 14:8-25; 71:5; 4Q204 6:19-29)에 나타난 하늘 성소에 대한 묘사를 상기시키는 불의 혀(불꽃, 행 2:3)는 초기 교회에 내려와 자리를 잡은 하나님의 임재의 영광을 나타낸다.[73] 야웨의 영광이 성막에 "충만했고"(출 40:34), 훗날 솔로몬을 통해 세워진 야웨의 "집에 가득했던" 것처럼(왕상 8:10) 이제 신자들이 기도하고 있던(신자들이 성전 자체였을 수도 있다) 곳인 "그 집에 급하고 강한 바람 같은 소리가 가득했다"(행 2:2). 따라서 누가에게는 오순절이 구원사에서의 새 시대의 시작이자 현행 성전하에서의 질서의 끝에 대한 신호가 되었다. 종말론적이고 텍스트상으로나 상징상으로 의미가 풍부한 베드로의 설교가 암시하듯이 말이다.[74] 사도행전 2장의 텍스트에서도 누가의 의도는 아주 명확하다. 예수가 대제사장 지위로 올라간 것은 새 성전에 대한 약속이자 준비였다.[75]

주의를 요하는 두 번째 구절은 스데반의 연설을 다루는 사도행전

---

72 이 대목에서 "불의 혀"(불꽃)에 대한 이사야서의 언급(사 5:24-25; 30:23-33)이 중요하다. 이사야가 유배와 우상숭배로부터의 구속을 약속하는 후자의 구절에서 핵심적인 텍스트는 다음과 같다. "보라, 여호와의 이름이 원방에서부터 오되 그의 진노가 불 붙듯 하며 빽빽한 연기가 일어나듯 하며 그의 입술에는 분노가 찼으며 그의 혀는 맹렬한 불 같으며…"(사 30:27). 앞의 텍스트에서 야웨는 자기 백성에 대한 심판으로서 "불의 혀"(불꽃)를 사용한다(사 5:24). 다음 문헌들을 보라. Fitzmyer 1998: 234; Beale 2004: 205.

73 행 1:4-8을 참조하라. Beale 2004: 206; Beale 2005: 76-91에 인용된 자료들도 참조하라.

74 행 2:14-41. 막 13장에 기록된 예수의 성전 파괴 예언에 관한 N. T. Wright의 묘사("그 언어―구약성서 예언의 완전한 반향을 상기시키고 다가오는 사건들에 완전한 신학적 의미를 부여하는 종말론적 은유와 상징―는…그 사건을 매우 적절하게 표현한다[1996: 340])는 행 2장에 기록된 베드로의 설교에도 똑같이 잘 적용된다.

75 눅 24:48-49; 행 1:4-8.

7장이다. 스데반은 "이 거룩한 곳과 율법을 거슬러 말하기를 마지 아니해서" 공회에 붙들려갔다.[76] 자신에 대한 변론의 일환으로 이스라엘의 역사를 자세히 이야기한 스데반은 하나님의 집의 건축자인 솔로몬에 이른다. 그는 계속해서 이사야 66:1-2을 인용한다.

> 그러나 지극히 높으신 이는 손으로 지은 곳에 계시지 아니하시나니 선지자가 말한 바 "주께서 이르시되 '하늘은 나의 보좌요 땅은 나의 발등상이니 너희가 나를 위하여 무슨 집을 짓겠으며 나의 안식할 처소가 어디냐? 이 모든 것이 다 내 손으로 지은 것이 아니냐?'" 함과 같으니라.[77]

스데반이 솔로몬이 성전을 지은 것을 비난했다고 생각하는 것은 부당하다. 히브리 성경에 대한 어떤 해석에서도 다윗의 후손 편에서 성전을 지으려고 한 의도가 도덕적으로 문제가 있는 것이라는 암시가 없다. 오히려 포로기 후 예언자들의 요지는 성전 건축의 중요성에 집중되었다(학개서, 스가랴서, 에스라). 따라서 우리가 누가의 글에 나타난 스데반에게 일종의 원시 마르키온적인 이원론을 덧씌울 용의가 있지 않는 한, 우리는 「바나바 서신」에서 발견되는 것과 유사한 다른 설명을 찾아야 한다. 그런 설명은 사실 스데반이 율법을 전면적으로 비판하려는 것도 아니고 원칙적으로 성전을 거부하려는 것도 아니라는 점을 우리가 인식할 때 찾아온다. 오히려 스데반의 요점은 하나님이 인간의 손으로 만들지 않은 성전을 약

---

76   행 6:13.
77   행 7:48-50.

속하는 이사야 66:1-2의 성취가 아브라함에게서 시작하는 구원사 내러 티브의 절정의 국면이라는 것이다.[78] 더욱이 이전의 임시적인 제도를 대 체하는 이 새로운 성전에 저항하는 것은 이스라엘의 불순종의 양상을 고 수하는 것에 지나지 않는 셈이었다. 결국 스데반의 설교를 획일적으로 "성전에 찬성하는" 입장으로 보거나 단호하게 "성전에 반대하는" 입장으 로 보는 것은 환원주의적이다. 그 연설은 종말론적 뉘앙스를 반영하며 예 루살렘 성전이 당시에 중요한 역할을 했음을 암시하지만 새로운 성전 질 서가 필요함을 단언한다.

스데반의 견해에 관해서는 많은 논란이 있다. 누가복음의 저자에 관 한 한, 이 대목에서 우리가 구튀빙겐 학파를 따라서 보편적인 정신을 지 닌 누가가 스데반의 극단적인 입장을 교회 안의 좀 더 보수적인 세력과 조화시키기 위해 이 연설을 기록했다고 주장하는 것으로 충분하지는 않 을 것이다. 확실히 팔레스타인과 디아스포라의 최초기 그리스도인들이 예루살렘의 제의에 대해 동정하는 수준은 다양했고 그들은 자기들이 예 루살렘 성전과 어떤 관련을 맺어야 할지에 대해서도 생각이 갈렸다. 동시 에 누가가 스데반을 모범적인 영웅으로 묘사하고(행 6:8; 7:56, 59) 그의 연 설을 길게 수록한다는 점에 비추어 볼 때 우리는 누가-행전의 저자를 스 데반의 연설의 요점으로부터 떼어놓지 않아야 한다. 누가가 스데반의 연 설(대다수 학자는 이 연설을 진정한 것으로 여긴다)을 기록한 배후 자료가 무엇 이든 간에 누가는 그 연설을 진심으로 인정한다.[79]

78　다음 문헌들을 보라. Dahl 1976: 72-73; Larsson 1993: 387-95.
79　Dunn(1991: 65)은 이에 반대한다. 그는 성전에 대한 누가의 태도는 "매우 긍정적"이라는 (65), 무조건적이고 따라서 부정확한 전제하에 주장을 전개한다. 마찬가지로 누가가 "단지

이 점은 다양한 방식으로 설명되어온, 성전에 대한 누가의 다양한 평가를 조화시키기 위한 중요한 첫걸음이다. 아마도 누가는 자기가 일관성이 없다는 점을 인식하지 못할 정도로 뒤섞어 놓았을 것이라거나, 좀 더 정확하게는 그의 자료들 사이에 일관성이 없었을 것이라고 주장하는 학자들이 있다. 우리는 아마도 누가가 궤적을 요약하려고 하는데 거기서 성전이 긍정적인 어조로 시작했다가 불쾌한 어조로 끝난다는 말도 들어보았을 것이다. 이 역학이 교회가 이스라엘을 대체하는 것을 보여주려는 누가의 좀 더 큰 의제의 일부라는 것이다. 또는 누가가 자신을 성전에 맞서는 존재로 규정하려고 분투하는 교회 안의 다양한 목소리를 의식적으로 함께 제시하고 있을지도 모른다는 주장도 존재한다. 그는 아마도 여러 부류에 대한 타협으로 그렇게 하고 있다는 것이다. 나는 이 모든 주장에 반대하며 누가의 입장은 실제로 매우 일관성이 있다고 주장한다.[80] 한편으로는 그는 모든 기독교 선교의 중심이자 뿌리로서 예루살렘을 인정하기를 원한다. 다른 한편으로 그의 내러티브는 동일한 선교가 예루살렘 성전의 경계를 넘어 성령을 통해 이뤄질 것을 촉구한다. 이 해석에서는 사도행전이 예루살렘의 토대로서 지위나 "땅끝"에 대한 하나님의 선교적 관심에 반대하는 사람에 대한 논박으로 여겨질 수 있다. 이 점에서 성전에 관해 주의 깊게 균형을 유지하는 그의 사상은 자유로운 이방인 선교와

스데반이 어떻게…그 공동체에서 그렇게 탁월한 위치를 차지하게 되었는지를 설명하기 위해" 스데반의 연설을 그 기사에 끼워 넣었다는 Haenchen의 논평(1971: 265)도 누가의 서술상의 솜씨를 망각한 주장이다.

80 (행 1:8의 지시와 다소 유사하게) 성전에서 성전 바깥세상으로 진행되는 것으로 보이지만 이 진행은 결코 이스라엘이 하나님의 선한 은혜에서 영원히 배제되는 것으로 끝나지 않는다.

이 선교를 통한 회심자들이 예루살렘의 모교회에 재정적인 후원을 제공하는 것이 적절하다고 주장하는 바울의 접근법과 다르지 않다.

(4) 바울

사도 바울을 살펴보면 우리는 그의 서신 곳곳에서 편만한 성전 이미지를 발견한다. 예컨대 바울의 편지들 중 보존된 가장 초기의 편지에서 그는 베드로, 야고보, 요한을 "기둥들"로 언급하는데(갈 2:9) 이 대목에서 그가 세 사도의 지위를 단순히 교회의 유력자로 지칭하는 것이 아니라, 훨씬 더 풍부한 의미로 새롭게 구성된 하나님의 성전 안에서 그들의 핵심적인 지위를 언급할 가능성이 있다.[81] 이 점은 바울이 베드로를 나무라는 것을 준비한다. "만일 내가 헐었던 것을 다시 세우면 내가 나를 범법한 자로 만드는 것이라."[82] 한편으로 바울이 "헐었던 것"이라는 말을 통해 의미하는 것은 율법임이 확실하지만 이 대목에서 율법은 은유적으로 성전을 통해 또는 에베소서 2:14에서와 마찬가지로 성전의 벽을 통해서 대표된다. 따라서 바울은 많은 말로 베드로가 "모세의 성전, 즉 그리스도 안에서 결정적으로 허물어진 성전을 다시 짓는다"고 나무란다.[83] 그렇다면 바울은 갈라디아서의 처음 두 장에서 조화될 수 없는 두 성전의 경륜 사이의 충

---

81 기둥들은 결국 성전의 안뜰로 들어가는 문들이다. 다음 문헌들을 보라. Bauckham 1995: 441-50; Barrett 1953: 1-19; 참조. 4Q164. 훗날(2세기) 기독교 전통은 동일한 이 "기둥들"에게 대제사장의 지위를 부여한다. Horbury 1984: 277 각주 64를 보라.

82 갈 2:18.

83 갈 2:19-20. 예컨대 Dunn 1993: 142도 그렇게 생각한다. "세우다"(*oikodomeō*)라는 동사는 첫 번째 성전(삼하 7:5; 왕상 3:2; 5:3; 6:2; 대하 3:1), 제2성전(사 44:28; 스 1:2; 학 1:2; 마카베오상 4:47-78; 5:1)과 종말론적 성전(사 44:28[?]; 슥 6:12; 토비트 1:4; 13:11; 14:5) (재)건축과 관련하여 규칙적으로 사용된다.

돌에 대해 감질나게 미묘한 암시를 남겨놓는 셈이다.

　이 점은 이 서신의 뒤에서 좀 더 철저하게 다뤄진다. 바울은 갈라디아서 1-3장에서 자기와 유대주의자들 사이의 논쟁을 "신앙" 대 "율법 행위"의 선상에서 해석하고 있었지만(이는 "성령"과 "육체" 사이의 또 다른 비교와 대략적으로 겹친다) 4장에서는 이 구분이 성전에 대한 헌신 문제—"율법"에 상응하는 현재의 예루살렘 성과 "믿음"에 상응하는 "위에 있는" 하늘의 성전 도시—로 바뀌어 제시된다.[84] 무엇이 바울과 그의 반대자를 나눠놓았든 간에 그는 그 문제를 마치 다음과 같이 말하는 것처럼 다시 구성한다. "여러분은 자신을 어떤 성전과 동일시하겠습니까? 오늘날의 예루살렘 성전입니까, 아니면 위에 있는 예루살렘인 종말론적 성전입니까?" 바울 사도는 갈라디아의 개별적인 신자들이 이 문제에 관해 어떻게 결정하는지가 그 사람의 성전에 대한 충성과 따라서 궁극적으로 그의 운명에 관한 현저한 지표라고 암시하는 것으로 보인다.

　갈라디아서 4장에서 우리는 바울 자신이 신자들 속에 그리스도가 완전히 형성될 때까지 메시아적인 출산의 고통을 겪고 있음을 발견한다.[85] 이 비유적인 언어는 로마서 8:22에 사용된 용어인 "신음하다"(*systenazai*)와 "고통을 겪다"(*synōdinei*)에서처럼 유대인들이 메시아가 올 때까지의 격변적인 사건들에 관해서 말하는 전형적인 방식이었다.[86] 바울 사도가 현

84　갈 4:21-31.
85　갈 4:19. Gaventa 1990: 194; Matera 1992: 161-62; George 1994: 329-30; Martyn 1997: 430; 참조. 살전 2:7-11.
86　예컨대 Cranfield 1975: 1.416도 그렇게 생각한다.

재의 세대를 "악한 세대"로 보는 것[87]도 이 이유 때문일 가능성이 있다. 다른 곳에서 설득력 있게 제시된, 자기가 메시아의 고난에 참여하고 있고 사실상 그것을 "채운다"(골 1:24)는 바울의 확신은 이 대목에서는 장황하게 제시될 필요가 없다.[88]

데살로니가전서에서도 그것과 유사한 "성전 논리"가 작동한다. 디모데가 돌아온 것을 언급하고 나서 바울은 신자들이 "하나님 앞에서 거룩함에 흠이 없도록" 강해질 것을 기도한다.[89] "흠이 없는"(amemptos)과 "거룩"(hagiōsynē)이라는 단어는 제의상의 함의가 있다. "하나님 앞에서"는 "하나님의 완전한 관점에서"에 대한 모호한 완곡어법이 아니라 속죄가 확보되는 특별히 거룩한 공간을 지칭한다.[90] "끊임없이 기도"하기를 계속 언급하는 것은 아마도 성전에서 매일 드리는 제물(tamīd) 이미지를 반영할 것이다. 이 계속적인 제물이 없으면 성전은 기능을 멈추게 될 것이다.[91]

고린도전후서에서는 제의 이미지가 여러 대목에서 등장한다. 예컨대 바울이 서로 "세우라"(oikodomeō)고 거듭 요구하는 곳에서도 이 점이 반영되었을 수도 있다. "교화하다"라는 의미에서의 "세우다"라는 말이 오늘날에는 죽은 은유가 되었을지라도 바울의 용법은 그 배후에 성전 이미지가 미묘하게 잠복해 있음을 보여준다. 나는 이미 이 동사와 하나님의 성전 건축 간의 연결 관계를 지적했으므로 이 동사가 바울 사도가 "종말론

87　갈 1:4.
88　Allison 1985: 65-66과 참고 자료들을 보라.
89　살전 3:13.
90　다음 구절들을 보라. 출 28:12; 29:11; 레 10:17; 23:28 등.
91　흥미롭게도 그 어구는 데살로니가전서에서만 반복된다(살전 1:2; 2:13; 5:17; 참조. 롬 1:9).

적 성전을 세운다는 하나님의 목적을 실현하기 위해 힘쓰라"고 말하는 간편한 방식이라고 주장한다.[92] 고린도전후서에서 바울은 다양한 곳에서, 그리고 특히 내가 앞서 언급했던 다음 구절에서 성전 은유를 계속 확장한다.

> 우리는 하나님의 동역자들이요 너희는 하나님의 밭이요 하나님의 집이니라. 내게 주신 하나님의 은혜를 따라 내가 지혜로운 건축자와 같이 터를 닦아 두매 다른 이가 그 위에 세우나 그러나 각각 어떻게 그 위에 세울까를 조심할지니라.[93]

몇몇 독자는 바울이 고린도 공동체와 "하나님의 집"을 비교한 것은 자의적인 것으로서 이 대목에서 "하나님의 집"을 "하나님의 피라미드"로 바꿨다고 할지라도 의미에 별 차이가 없었을 것이라고 주장하지만 나는 이 해석에 설득력이 없다고 생각한다.[94] 우선, **어떤** 건물이라도 바울의 유비 목적상 충분했더라면 그가 "하나님의"라는 수식어를 생략할 수 있었을 테지만 그는 그렇게 하지 않았다. 둘째, 고린도전서 3:9에서 "하나님의 밭"에서 "하나님의 집"으로 손쉽게 옮겨가는 것은 은유들을 갑자기 혼합하는 것이 아니라 유대교 문헌에서는 성전에서 수렴하는 두 가지 선상의

---

92 그 표현은 다음 구절들에 등장한다. 살전 5:11; 고전 8:1, 10; 10:23; 14:4, 17; 고후 10:8; 12:19; 13:10.
93 고전 3:9-10.
94 예컨대 다음 학자들은 이에 반대한다. Orr and Walther 1976: 174; Collins 1999: 153; Fitzmyer 2008: 196.

이미지(건축 이미지와 원예 이미지)에 호소하는 것이다.[95] 셋째, 고린도전서 3:16-17이 고린도 교회 신자들을 신의 거소인 성전과 명시적으로 비교한다—그리고 유대인의 관점에서는 이런 장소는 한 곳뿐이다—는 사실에 비추어 볼 때 우리는 바울이 이 대목에서 성전을 염두에 두고 있었다고 생각할 수밖에 없다.[96] 하나님의 집은 하나님의 소유인 어떤 낡은 집이 아니라 하나님의 독특한 성전이다.

하지만 우리가 이 점을 인정한다고 하더라도 바울이 성전 이미지를 단지 수사적인 장식으로서만 사용하고 있는지 아니면 그가 실제로 자신의 독자들을 실제적인 의미에서 성전으로 생각하는지에 관련된 문제가 해결되지는 않는다. 나는 전자의 주장은 바울의 언어가 성서에 나타난 종말론적 기대에 의존하는 방식을 간과한다고 믿는다. 바울 사도는 계속해서 이렇게 말한다.

> 이 닦아 둔 것 외에 능히 다른 터를 닦아 둘 자가 없으니 이 터는 곧 예수 그리스도라. 만일 누구든지 금이나 **은**이나 **보석**이나 나무나 풀이나 짚으로 이 터 위에 세우면 각 사람의 공적이 나타날 터인데 그날이 공적을 밝히리니 이는 **불로 나타내고** 그 불이 각 사람의 공적이 어떠한 것을 시험할 것임이라. 만일 누구든지 그 위에 세운 공적이 그대로 있으면 상을 받고 누구든지 그 공적이 **불타면** 해를 받으리니 그러나 자신은 구원을 받되 불 가운데서 받은 것 같으리라.[97]

---

95   본서 1장의 82-84에 수록된 논의를 보라.
96   참조. 고전 6:19; 고후 5:1-2; 6:16.
97   고전 3:11-15(강조는 덧붙인 것임).

"금", "은", "불로 나타내다", "불타다" 같은 단어들이 통합되면 그 용어는 예언자 말라기가 야웨께서 그의 성전에 "금을 연단하는 자의 불"과 같이 임할 것에 관해 말하는, 말라기 3-4장에서 취한 중요한 구절을 환기한다. "그는 금을 연단하는 자의 불과 표백하는 자의 잿물과 같을 것이라. 그가 은을 연단하여 깨끗하게 하는 자 같이 앉아서 레위 자손을 깨끗하게 하되 **금, 은** 같이 그들을 연단하리니 그들이 공의로운 제물을 나 여호와께 바칠 것이라."[98] 그날 의인은 정련될 것이다. 즉 "불로 나타낼" 것이다. 더욱이 "모든 악인은 지푸라기 같을 것이다. 즉 그날 그들은 **불살라질** 것이다."[99] 이 심판의 최종 결과로 "공의로운 제물이 바쳐지게" 된다.[100] 우리가 매우 암시적인 언어를 통해 판단할 때 말라기 3-4장의 종말론적 불과 고린도전서 3:11-15의 불은 동일한 불로 보인다. 이 불을 통해서 참되고 진정한 제사장직은 정화되고 입증될 것이다. 그렇다면 제사장직이 성전과 밀접하게 동일시되어서 성전을 구성하는 물질들을 통해 표현되고 있는 것이다.[101] 세례 요한이 "엘리야 같은 예언자"였고 따라서 말라기서의 예언의 성취였다[102]는 전승을 포함하여 예수와 세례 요한에 관한 전승이 널리 퍼져 있을 때 바울이 이 단어들을 사용한다는 사실을 통

---

98   말 3:2-3(강조는 덧붙인 것임).
99   말 4:1(강조는 덧붙인 것임).
100 말 3:3.
101 따라서 Beale(2004: 246-47)이 지적하듯이 바울이 이 대목에서 언급하는 건물의 재료들이 성전 건축에 관해 다윗이 한 다음과 같은 말을 통해 입증되는, 솔로몬 성전 건축에 사용된 것과 동일한 재료들이라는 점이 우연의 일치가 아니다. "내가 이미 내 하나님의 성전을 위하여 힘을 다하여 준비하였나니…금과 은과…또 마노와 가공할 검은 보석과 채석과 다른 모든 보석과 옥돌이 매우 많으며"(대상 29:2).
102 말 3:1; 4:5-6; 눅 1:76; 7:27.

해서 그가 이 특정한 하위 텍스트에 의존한다는 점이 한층 더 지지된다. 이 풍부한 해석의 조합 안에서 말라기서의 종말론적 성전에 대한 바울의 언급은 틀림없이 세례 요한과 예수가 각자 자신의 방식으로 탄생에 기여한 운동에서의 성전과 연결된다고 이해되었을 것이다. 그러므로 고린도 교인들은 하나의 성전 같은 존재가 아니었고 심지어 **바로 그** 성전 같은 존재도 아니었다. 말라기 3-4장의 성취에 공동으로 참여하는 자들로서 그들은 적어도 예기적(豫期的)인 의미에서 바로 그 성전**이었다.**

바울이 신자들이 종말론적인 성전에 참여한다는 점을 지적하기 위해 이 대목에서 성서에서 취한 성전 이미지를 사용한다는 점은 놀랄 일이 아니다. 특히 바울이 같은 교회에 보내는 이후의 편지에 그와 유사한 언급이 나타난다는 점이 고려되면 말이다. 사실 그레고리 비일이 설득력 있게 주장했듯이 바울이 고린도후서 6:14-7:1에서 고린도 교회의 신자들을 "하나님의 성전"과 동일시하는 것의 근저에 종말론적인 성전을 가리키는 성서의 언어(겔 11:17; 20:34, 41; 37:26-27)가 놓여 있다.[103] 신자 공동체의 외부인들과 적절한 관계를 맺는 것에 관한 논의에서 바울이 에스겔의 유배 신학에 의지한 것은 지배적인 문화에 의해 동원된 다양한 이념들로 포위된 교회에 유용한 내러티브를 제공했을 것이다. 유배로부터의 귀환과 연계되어 세워진 영광스러운 성전에 관한 예언자 에스겔의 환상(겔 37장, 40-48장)을 이용한 바울의 논증은 그 성전이 그리스도 안에서 이미 세워졌다는 것과 그것이 현재 신자의 공동체를 통해 구성된다는 것

---

103 Beale 2004: 235-39.

을 전제한다.[104] 현재 성령이 거하는 성전은 참된 성전이자 유배 중인 성
전이다.

로마서에서 우리는 이따금 깊이 뿌리박힌 종말론적 성전 신학에 대
한 표현을 탐지할 수 있다. 자신의 사도직을 "제사장적인 의무"로 묘사
한 뒤(롬 15:16) 바울은 자기가 복음을 전하는 것을 "터(*themelios*) 위에" 건
축하는 것으로 묘사하는데(롬 15:20) "터"라는 단어는 그의 주요 서신들
과 소위 제2 바울 서신들에서 일관성 있게 성전의 기초를 가리킨다.[105]
이 맥락에서 신자들은 "서로 덕을 세우는(*oikodōmē*)" 일을 힘써야 한다
(롬 14:19). 한편 바울은 이 서신의 앞에서 신자들에게 자신을 "하나님
께 산 제사"로 드리라고 권고했는데 이는 "영적 제사"다(롬 12:1). 로마서
12:1의 절정의 언급은 하나님의 임재가 이제 성령을 통해 신자들의 육체
에 거처를 정했다[106]는 바울의 근본적인 사상과 잘 들어맞는다. 이 종말
론적 실재의 여파로 신자들과 사도들은 매일 성전 건축자와 제사장으로
서 그들의 공통의 역할에서 한데 묶여 있다. 비록 이 역할들이 실제로는
다른 방식으로 구현되지만 말이다. 이 상태는 역설적으로 (적어도 오랫동안
유지되었던 범주 차원에서는) 이스라엘의 재배치를 의미했지만 그것이 성전
의 지위를 완전히 대체하지는 않았다.

---

104 "내가 그들이 가 있는 나라들에서 잠시 그들에게 성소였었다"(겔 11:16b, 개역개정을 사
  용하지 아니함)는 신적 선언─나는 이 구절이 고후 6:14-7:1의 배후에 놓여 있다고 믿는
  다─은 사도 바울의 그리스도론적 일신론에 잘 들어맞을 뿐만 아니라, 신자들을 통합하는
  데 있어 일종의 성소 역할을 하는 그리스도 안에서 유배로부터의 귀환이 일어나고 있다는
  그의 이해에도 부합한다(롬 3:25; 빌 3:3).
105 다음 구절들을 보라. 고전 3:10, 11, 12; 엡 2:20; 딤전 6:19; 딤후 2:19; 참조. 히 6:2, 11:10.
106 롬 6-8장, 특히 8:9-10.

우리가 마지막으로 살펴볼 바울 서신은 빌립보서인데 이 서신은 고난의 맥락에서 제의 이미지를 많이 사용한다. 바울은 빌립보 교인들에게 **"너희가 흠이 없고 순전할"**(*amemptoi kai akeraioi*) 수 있도록[107] 모든 일을 분쟁이 없이 하라고 요구한다. 종종 순수한 포도주, 즉 혼합하지 않은 포도주를 가리키는 데 사용되는 후자의 표현은 "만일 너희 믿음의 제물과 섬김 위에 내가 나를 전제로 드릴지라도 나는 기뻐하고 너희 무리와 함께 기뻐하리니…"라는 빌립보서 2:17을 준비한다. 바울은 로마서 12:1을 상기시키는 말로 자신의 생명과 사역을 성령 안에서 드리는 참된 예배를 구성하는 제의적 제물로 본다.[108] 물론 그의 독자들에 대해서도 마찬가지다. 바울 자신이 받은 선물들이 "받으실 만한 향기로운 제물이요 하나님을 기쁘시게 한 것"으로 여겨지기 때문이다.[109] 이는 살든지 죽든지 자신의 몸에서 그리스도가 존귀하게 되도록 하려 한다는 바울의 의도와 연결된다.[110] 이런 말들은 제사장 신학의 배경에 비춰 해석될 필요가 있다. 즉 바울은 그 고난을 통해서 하나님의 목적이 완전히 실현될 것이기 때문에 자기의 고난을 본질적으로 복음 전파의 필요조건으로 이해한다.[111] 바울 사도는 그의 다른 서신들에서와 마찬가지로 빌립보서에서 거의 반사적으로 제의 이미지에 의지하는 것으로 보인다. 교회를 하나님의 성전의 목적을 미래로 확장한 것으로 보는 사고는 바울의 자아 정체성과 사역의

---

107 빌 2:15.
108 빌 3:3.
109 빌 4:18.
110 빌 1:20.
111 Ware 2005: 201-36. 빌 1:28-30.

토대를 제공할 뿐만 아니라 빌립보 교인들의 정체성과 사역의 토대도 제공한다.

요약하자면 우리는 클라우스 베르거가 바울의 실천 신학을 "제의 제사장 윤리"로 묘사한 데 대해 전적으로 동의할 수 있을 것이다.[112] 그렇다고 해서 반드시 성전이 사도 바울의 중심적인 사상이라고 단언하는 것은 아니다. 바울의 사상을 이 관점에서 생각하는 것이 유용할지라도 말이다. 내가 말하려는 요점은 바울에게는 그리스도 안에서 구속사의 전환이 일어났고 그 결과 그리스도께 속하고 성령으로 충만해진 사람들이 집합적으로 새로운 하나님의 임재의 장소를 구성한다는 것이다. 이 신자들은 또한 종말론적 성전의 구성원으로서 복음 전도의 진전을 위해 제사장의 고통을 받고 이를 통해 메시아의 고통에 참여하도록 정해진다. 이 점은 그의 공동체가 매번 "거짓 형제들"에 맞서 그들 자신의 믿음을 유지하려고 하는 신실한 남은 자라는 바울의 인식과 조화된다(갈 2:4). 그리스도 안에 있는 사람들을 위한 적절한 행동의 문제에 관해서는 새로 발견된 성령의 임재가 이후의 모든 사고를 위한 토대가 된다. 성령이 정착하는 곳이 성전이다. 그리고 다른 초기 그리스도인들에게와 마찬가지로 바울에게는 그 점이 세상의 모든 차이를 만들었다.

---

112 Berger 2006: 160. 마찬가지로 Vahrenhorst(2008: 345-46)는 다음과 같이 썼다. "다른 한편으로 바울에게 있어 '거룩'은 단지 하나의 명칭이 아니었다. 그것은 하나님이 성령을 통해 그 공동체에 실제로 현존한다는 점에서 그것 자체의 현실성을 갖는다. 거룩해진 존재에 적절한 윤리적 함의는 이 현존의 토대에 근거한다. 그렇지 않다면 하나님의 현존의 장소로서 그 공동체가 위험에 처한다."

(5) 보충 설명: 바울, 초기 교회, 가난한 자들

우리가 1장에서 검토한 성전 반대 운동들(쿰란 분파,「솔로몬의 시편」배후의 공동체, 세례 요한의 운동) ─ (우리의 관점에서는) 그 개념이 잘 정의되지는 않았지만 ─ 이 가난한 자들에 대한 특별한 관심을 공유한다는 점이 관찰되었기 때문에 우리가 초기 교회에 관한 연구를 마치기 전에 원시 기독교에서 유사한 양상이 나타나는지 여부를 살펴볼 필요가 있다. 나는 이 윤곽이 깔끔하지도 않고 뚜렷하지도 않다는 점을 기꺼이 인정한다. 우리가 자료들로 미루어 판단할 때 이 집단들은 모두 가난한 사람들을 자선적인 관심을 받을 가치가 있는 범주 이상의 존재로 생각한 것으로 보인다. 그 "이상"이 정확히 무엇인지는 알기 어려울 수도 있다. 부분적으로는 1차 자료에서 그 공동체와 가난한 사람들 사이의 경계가 유동적이기 때문에 우리가 명확히 알기가 어렵다. 성전에 반대하는 분파는 자기들을 가난한 사람들과 동일시했지만 가난한 사람들을 위한 사역을 장려하기도 했다. 성전에 반대하는 이 공동체들이 가난한 사람들의 경험을 자기들의 경험을 반향하는 것으로 보았는지, 아니면 그들이 가난한 사람들을 자기들 집단의 유기적인 확장으로 보았는지, 아니면 두 가지 모두로 보았는지는 확실치 않다. 하지만 그 공동체들 모두 가난한 사람들을 관심을 기울일 가치가 있는, 사회의 한 부분으로 보았다는 점은 확실하다. 간단히 말하자면 성전에 반대한 세 집단 모두에게 가난한 사람들은 그들의 가장 중요한 관심의 대상이었다.

나는 적절한 곳에서 역사적 예수의 사고에서 가난한 사람들에 대한 관심이 어느 정도의 위치를 차지했는가라는 문제를 고찰할 것이다. 하지만 나는 우선 바울과 다른 저자들을 통해서 확인된 최초기 기독교 역시 이 경향을 공유했는가라는 문제를 제기하고자 한다. 부활 후 예수의 최초의 추종자들은 가난한 자들을 섬기는 것을 중요하게 생각했는가? 만일 그랬다면 이 의도들이 가르침이나 실천에서 어떤 모습으로 나타났는가? 주위의 1세기 유대교가 가난한 사람들과 어떤 관련을 맺었는지에 관한 자료가 많지 않지만 나는 1세기 기독교가 사회의 낮은 계층에 관심을 기울이는 자세를 취했다고 믿는다.[113] 본서에서 교회가 가난한 자들에게 왜 관심을 보였는지를 충분히 설명하기에는 적절하지 않지만 지금으로서는 우리가 교회가 그들에게 관심을 기울였다는 것을 기억하는 것으로 충분할 것이다. 그리고 만일 교회가 초기에 그렇게 했다는 점이 입증된다면 초기 교회에게 가난한 사람들에 대한 사역이 기본적이고 중요한 가치를 가지고 있었다는 인상이 강화될 것이다.

바울은 갈라디아서에서 자기가 교회의 "기둥들"을 만난 일을 설명하는데 이 만남에서 궁극적으로 사도들의 협력 사역의 방향이 야고보와 요한과 게바는 유대인들에게 집중하고 바울은 이방인에게 가는 것으로 정해졌다(갈 2:7-9). 흥미롭게도 예루살렘의 3인방은 한 가지 현저한 조건을 요구한다. "다만 우리에게 가난한 자들을 기억하도록 부탁하였으니 이것은 나도 본래부터 힘써 행하여 왔노라."[114] 교회의 사명에 관한 바울과 예루살렘에 기반을 둔 사도들 사이의 논의에서 합의된 요소 중 바울에게 부탁된 "한 가지"가 단순히 가난한 자들을 기억해 달라는 것이었다

---

113 나는 Jeremias가 기독교의 도래 전에 성전에 기반을 둔 유대교에 가난한 자들을 돌보기 위한 매우 조직적이고 진취적인 노력이 있었다고 상정하는 것을 시대착오적이라고 생각하는 Seccombe(1978)에게 동의하는 편이다.
114 갈 2:10.

는 점이 인상적이다.

바울이 이 구절에서 사용하는 "가난한 자들"이라는 어구는 예루살렘 교회를 의미하며 훗날 자기가 그곳으로 가져갈 헌금을 예기(豫期)한다는 해석은 그럴듯하고 많이 주장되어왔지만 나는 "가난한 자들"은 일반적으로 "가난한 자들"을 의미한다는 해석이 좀 더 설득력이 있다고 생각한다. 이교도 사회는 가난한 사람들의 곤경에 대해 전혀 관심이 없었다는 점은 유대교와 현격한 대조를 이루었다는 것과, 이 시기의 좀 더 넓은 기독교 공동체는 그리스도께로 개종한 이방인들을 그들의 이전의 동료들로부터 구분할 결정적인 표지를 정하기 위해 애쓰고 있었다는 것에 비추어 볼 때(행 15장) 사도들이 이 점에 관해 광범위한 관심을 표명한 것은 완전히 일리가 있는 처사였다.[115] 바울에게 이방인들에게 복음을 전하는 일이 맡겨지려면 그에게 이 복음을 문화적으로 적절한 언어로 전달할 자유, 즉 유대인 신자들에게 적절했을 율법의 모든 세부 사항을 부과함이 없이 전달할 자유도 주어져야 했다. 동시에 사도들은 율법과 관련된 상대적인 이 유연성이 동일한 이방인 개종자들에게 가난한 사람들을 외면하도록 허용하는 것을 암시하지 않는다는 점도 명백히 하기를 원했다. 바울이 지중해 세계 전역에 교회를 개척하고자 했을 때 그의 동료들은 그에게 갓 태어난 교회들로 하여금 재산이 없는 사람들을 배려하도록 요구할 의무를 지웠다.[116] 세 기둥은 바울에게 가난한 사람을 기억하는 것만을 명시적으로 요구했기 때문에 우리가 그들의 관점에서는 그것이 복음 선포

---

115 기부에 관한 윤리적 자극이나 철학적 자극을 전혀 수반하지 않았던, 부와 가난에 관한 그리스-로마의 관점은 Hands 1968을 보라.
116 Longenecker 2007: 58과 Longenecker 2009도 그렇게 생각한다.

자체에 필수적인 요소였다고 추정해도 불합리하지 않을 것이다.[117]

나는 갈라디아서 2:10을 이런 식으로 이해하는 것이 이 서신을 마무리하는 부분을 통해 뒷받침된다고 믿는다. 이 대목에서 바울은 다음과 같이 쓴다.

> 우리가 **선을 행하되**(*to de kalon poiountes*) 낙심하지 말지니 포기하지 아니하면 때가 이르매 거두리라. 그러므로 우리는 기회 있는 대로 모든 이에게 **착한 일을 하되**(*ergazōmetha agathon*) 더욱 믿음의 가정들에게 할지니라.[118]

바울이 "착한 일을 하다"(*agathon*)라는 말을 통해 의미한 내용은 특정되지 않은 긍정적인 일이 아니다. 그 어구는 사실은 금전적인 기부를 가리키는 기술적인 용어이며 바울이 바로 앞에서 자기의 교사와 물질적인 "좋은 것"을 나누라고 명령한 것에 비추어 볼 때(갈 6:6) 여기서도 같은 의미로 읽혀야 한다.[119] 갈라디아서 2:10의 "착한"(*agathon*) 일이 2:9의 "옳은" 또는 "좋은"(*kalon*) 일과는 완전히 다른 것이라고 주장할 수 없기 때문에 2:6-10은 전체적으로 물질적인 구제 문제를 다루는 것으로 보인다. 그 권고는 씨뿌리기와 거두기의 유비를 통해 뒷받침되는데 거기서 어떤 사람이 자산을 어떻게 할당하는지가 그 사람과 성령 사이의 관계에 직접적인 관계가 있다(갈 6:8). 인내하는 가운데 (말씀의 교사들, 가난한 사람 일반, 교회 안의 가난한 사람에게) 물질을 내주지 못하는 것은 그리스도와 하나님의

---

117 이 점은 실제로는 주의 만찬과 연결하여 실행되었을 수도 있다. Reicke 1951을 참조하라.
118 갈 6:9-10.
119 Winter 1994: 11-40, Longenecker 2007: 52에 인용된 내용.

백성에 대한 충성이 거짓임을 보여주는 처사다.

고린도후서 8장에서 바울은 예루살렘 교회를 위한 헌금 문제와 마케도니아 교회들이 그 문제에 보여준 매우 긍정적인 반응에 대해 "내가 증언하노니 그들이 힘대로 할 뿐 아니라 힘에 지나도록 자원"했다고 언급한다.[120] 마케도니아 교인들의 관대함을 언급하면서 바울은 고린도 교인들 가운데 관심을 자극하기를 희망한다. "오직 너희는 믿음과 말과 지식과 모든 간절함과 우리를 사랑하는 이 모든 일에 풍성한 것 같이 이 은혜에도 풍성하게 할지니라."[121] 바울 사도는 고린도 교인들의 구제 헌금이 영적 은사[122]의 표현일 뿐만 아니라 그들의 사랑에 대한 완전한 증거이기 때문에 그것이 중요하다고 주장한다(고후 8:8). 그리고 나서 관대함에 대한 추가적인 모티프들이 제시된다. 첫째, 고린도 교인들이 부유해질 수 있도록 예수 그리스도 자신이 가난해졌기 때문에 그들도 그리스도를 본받아 가난해질 용의가 있어야 한다(고후8:9). 둘째, 바울은 다음과 같이 쓴다.

이는…균등하게 하려 함이니 이제 너희의 넉넉한 것으로 그들의 부족함을 보충함은 후에 그들의 넉넉한 것으로 너희의 부족한 것을 보충하여 균등하게 하려 함이라. 기록된 것 같이 "많이 거둔 자도 남지 아니하였고 적게 거둔 자도 모자라지 아니하였느니라."[123]

---

120 고후 8:3.
121 고후 8:7.
122 고전 1:5-7.
123 고후 8:13-15.

바울의 목적에 관해 말하자면 바울은 단순히 지중해 세계의 교회들 사이에 균등한 상태를 달성하려고 노력했던 것으로 보인다. 바울은 어떤 교회는 전혀 자원이 없는 반면 또 다른 교회는 많은 자원이 있다면 그것은 공평하지 않다고 말하는 것으로 보인다. 이 입장을 뒷받침하는 가정들은 그 자체로도 재미있지만 이 대목에서 각 사람이 더도 말고 덜도 말고 만나 한 오멜씩 받으라는 모세의 명령에 귀를 기울이는 출애굽기 16:18이 인용되는 점도 흥미롭다. 출애굽기가 바울의 교회 이해에 있어 중요한 하위 내러티브 역할을 했다는 상당한 증거는 말할 것도 없고, 우리가 이 구절로 미루어 판단할 때 출애굽 사건이 바울에게 교회 간의 경제에 대해 그가 이해한 내용의 출발점을 제공한 것으로 보인다. 바울 사도의 논리는 시내 광야 세대의 재연으로서 고린도 교회 교인들이 "많이 거둔 자도 남지 않았고 적게 거둔 자도 모자라지 않았던" 삶의 방식을 채택해야 한다고 제시하는 것으로 보인다. 바울은 가난한 사람들에게 구제하는 것의 중요성에 관한 전통적인 유대의 가르침에 호소하지 않는다(비록 그가 그렇게 할 수 있었음에도 말이다). 대신 그는 동일한 위기가 고린도 교회 신자들의 삶 속에서 발현되고 있다는 전제하에 이스라엘의 역사에서 특정한 위기의 순간을 지적한다. 이 대목에서 갈라디아서 6장과 비교하는 것이 도움이 된다. 갈라디아서 6장은 두 가지 방식 중 하나를 채택하는 사람들의 최종적인 운명에 초점을 맞추는 반면, 고린도후서 8장은 고린도 교회 교인들을 그리스도의 구속 행위를 통해 시작되었고 최종적인 구속에서 절정에 도달할 새로운 출애굽 내러티브 안에 위치시킴으로써 같은 주제에 대해 다른 각도에서 접근한다. 두 경우 모두에서 바울은 자기가 모종의 추상적인 도덕 원리에 근거해서 권고하고 있다는 암시를 주지 않으며 자신의 경제 윤리를 종말론적 틀 안에 굳게 확립시킨다.

바울과 가난한 사람들에 관해 우리가 더 많은 것을 말할 수 있지만[124] 이 대목에서는 아마도 초기 교회의 관습과 관련하여 재구성될 수 있는 내용들은 바울의 가르침과 일치한다는 점만 간단히 지적되어야 할 것이다. 적어도 누가의 기록에 따르면 최초의 신자들은 모든 것을 공동 소유로 했고 필요가 있는 사람에게는 공동의 기금에서 공급했다.[125] 그 결과 교회는 전체적으로 그들 가운데서 빈곤 상태를 완화할 수 있었다.[126] 이 시점에서는 예루살렘 성전이 예수 분파와의 유대를 단절했을 것이고 그 조치에 심각한 경제적 함의가 있었을 것이기 때문에 이것은 작지 않은 위업이었을 것이다.[127] 하지만 설령 누가의 보고의 정확성에 관한 의문이 있다고 할지라도 성전이 틀림없이 초기 교회에 부과했을 경제적 제약에 비춰 볼 때 예루살렘 교회가 생존했다는 사실 자체가 누가가 묘사한 것과 매우 유사한 전략이 채택되었다는 증거라는 반론이 제기될 수 있을 것이다.

예루살렘 교회가 얼마나 오랫동안 이런 식으로 조직되었는지, 그리고 이 모델이 다른 지역의 다른 교회들에서 어느 정도로 복제되었는지에 관해 우리는 알 수 없다. 아무튼 초기 교회의 상호 구제 체계는 궁극적으

---

124 예컨대 누가는 에베소 교인들에 대한 바울의 고별 연설을 약한 사람들, 즉 일할 수 없는 사람들을 지원하는 것에 관한 특별한 언급으로 마무리한다(행 20:35). 바울이 데살로니가전서의 끝부분(5:12-14)에서 유사한 지시를 한다는 사실을 통해 그 언급의 진정성과 중요성이 확인된다. Lindemann 2001도 보라.

125 행 2:43-44.

126 행 4:32-34.

127 1세기 팔레스타인 사회에서 상거래는 사회관계망에 기반했고 그것을 통해 제약받았다. 성전 당국에 반대함으로써(행 3장) 초기 그리스도인들은 틀림없이 성전으로부터 받는 친절로부터만 아니라 성전에 밀착된 사람들의 경제적 친절로부터도 단절되었을 것이다.

로 유지되기 어려워졌고 따라서 남용을 방지하기 위한 경계와 안전장치를 확립하기 위한 특정한 정책 시행이 요구되었다.[128] 이 증거는 또한 사도행전의 앞 장들에 기록된 관습들이 사실은 별로 근거가 없는 누가의 과장이 아니며 단순히 단기적인 응급조치도 아님을 암시한다. 그런 집산주의(collectivism)가 실제로 발생했고 수십 년 동안 초기 교회의 특징을 이루었다.[129] 신자들이 이 기준에 미치지 못한다는 증거가 주어지면 야고보서가 잘 보여주듯이 신속하게 권위 있는 질책이 가해졌다.[130] 예루살렘의 공동재산 모델은 알려진 기독교 세계 전역에서 모종의 형태로 복제되었다.

자료들을 통해 판단할 때 우리는 초기 그리스도인들이 가난한 사람들, 특히 그들 중의 가난한 사람들에게 참으로 깊은 관심을 기울였다고 결론지을 수밖에 없다. 이 관심은 바울의 권고와 초기 교회의 관습을 통해 입증된 바와 같이, 그리고 누가를 통해 기록된 바와 같이 이론과 실천 측면 모두에서 발현되었다. 누가의 보고의 역사적 정확성이 종종 무시되기는 했지만 데살로니가후서와 목회 서신 같은 텍스트들은 사도행전의 저자를 통해 묘사된 것과 흡사한 모종의 집산적인 제도가 있었음을 증명한다. 바울은 우리에게 그의 사회 윤리가 참으로 종말론적 순간을 통해 견인된다는 약간의 암시도 제공한다. 이 점은 초기 그리스도인들이 자

---

128 딤전 5:3-16; 살후 3:6-12.
129 2세기의 변증가인 순교자 유스티누스가 쓴 다음과 같은 말은 아주 유명하다. "부와 소유를 획득하는 것을 가장 가치 있게 여겼던…모든 민족 출신의 우리는 이제 우리가 가진 것을 공동 기금에 넣고 필요로 하는 모든 사람과 나눈다"(1 Apol. 61). 2세기와 그 이후의 기독교에 관한 추가적인 내용은 Longenecker and Liebengood 2009에 수록된 다양한 논문들(Wilhite, Macaskill, Hays, 그리고 Kitchen)을 보라.
130 약 1:9-11, 27; 2:1-17; 4:13-5:11을 보라.

기들을 가난한 사람들과 동일시한 것이 이전 시기의 성전 반대 운동들과 마찬가지로 구속사적 전환이 임박했다는 확신을 통해 형성된 윤리적 자세였을 가능성을 높인다.

3. 이번 장의 결론

이런 대표적인 음성들에 기초할 때 1세기의 그리스도인들은 자신을 단순히 하나님의 성전과 같은 존재로 여겼거나 성전을 완전히 대체하는 것으로 여겼을 것으로 보이지 않는다. 이런 극단적인 관점들보다는 이런 증언들은 예수 그리스도의 부활을 통해 하늘 성전이 역사 안으로 들어오기 시작했다는 공통적인—반드시 보편적이지는 않았을지라도 말이다—확신을 통해 통합되었다고 생각하는 것이 더 일리가 있다. "사람의 손"으로 만들어지지 않은 이 성전은 성전의 완공일이자 역사의 정점인 구속의 날까지 계속 지어질 것이다. 예수 그리스도의 죽음과 부활 선포에서 교회는 본질적으로 모든 곳의 모든 사람에게 이 주장을 존중하라고 설교하는 셈이었다. 기독교의 소망을 자신의 것으로 받아들인다는 것은 적어도 예기적인 의미에서 약속된 종말론적 성전 안으로 통합되는 것이었다. 마찬가지로 초기 교회의 관점에서는 그 메시지를 거부하는 것은 일종의 예기적인 배교를 의미했다. 이 저자들은 자신의 선포가 그 공동체의 운명(종말론)에 관한 그들의 자기 이해(교회론)에 뿌리를 둔 이 틀 안에서 이해되기를 원했다.

이 선포가 실제적인 차원에서 성전에 대한 그 공동체의 관계에 끼친

함의는 예컨대 율법의 지속적인 적용에 관한 사도의 논의에서처럼—그
때나 지금이나—복잡하고 논란이 되는 문제다. 하지만 할례를 통한 이방
인의 율법 준수에 관해 논의된 기록은 있지만(행 15장) 유대인 그리스도
인들이 성전의 정결과 관련된 동일한 요건을 준수하는 것의 적절성에 관
해 누구도 의문을 제기한 기록이 없다는 점은 주목할 만하다. 이 저자들
가운데서 유대인 그리스도인들이 성전 제의에 계속 참여하는 것에 본질
적으로 문제가 있었다는 어떤 암시도 없다.[131] 교회가 모두 그리스도의 깃
발 아래 기꺼이 이방인들을 율법의 멍에에서 면제해주고, 유대인들에게
율법을 추구하도록 똑같이 기꺼이 허용한 것은 전체 기독교 공동체가 성
전에 대해 모호한 관점을 가진 상황을 반영한 것으로 보인다.

　　이 모호성은 1세기 말의 기독교가 처해 있던 종말론적 긴장을 통해
설명될 수 있다. 좀 더 설득력 있는 논증이 등장해서 그렇지 않음을 보여
줄 때까지는 나는 위에서 조사된 저자들이 (실제로 그리고 기억 속에서 존재
했던) 제2성전에 관해 생각할 때 그 성전을 그것이 존재했던 동안에는 특
별한 방식으로 신적 현존을 나타낸 하나님의 집으로 생각했다는 입장을
취할 것이다. 만일 성전에 비판적인 제2성전기 유대교의 특정한 분파가
이 점에 관해 회의적이었다면 성전에 대해 비판적이었던 원시 기독교 역
시 이 회의주의를 공유했을 것이다.[132] 더구나 누가가 오순절 한참 후에도

---

131 히브리서도 예외가 아니다.

132 특정한 유대인들이 하나님이 제2성전에 거했다고 믿지 않았다는 텍스트상의 증거가 있
　　는데 이런 텍스트는 대체로 성전 파괴 후에 나온 것들이지만(겔 11:22-25; *Tg. Isaiah* 5:5;
　　Midr. Rab. Numbers 15:10; *Midr. Rab. Lamentations* 24; *b. Yoma* 21b; 참조. 집회서 24:8-34;
　　Josephus, 『유대 전쟁사』 6.5.3 §299; *m. Sukkah* 5:4; *Midr. Rab. Exodus* 2:2) Davies 1991의
　　주의를 보라. 마태복음에 수록된 예수에 관한 증거는 이와 현저하게 대조된다. "그러므로

교회가 성전에서 모인 관습을 확인한 것이 자의적이지는 않았을 것이다. 최초의 신자들이 순전히 실용적인 관심사를 통해 동기가 부여되었거나 누가가 그 관습을 무익하거나 방향이 잘못된 것으로 묘사하려고 한 것이 아닌 한(그런 것으로 보이지는 않는다) 그 역사가와 그의 주인공들 모두 틀림없이 이스라엘의 전통적인 성소에 어느 정도 중요성을 부여했을 것이다. 확실히 초기 그리스도인의 관점에서는 성전이 존재했던 동안에는 그것이 어떤 의미에서 "하나님의 집"으로 남았다.

동시에 그리스도인들은 결정적인 구속사적 전환이 일어났다고 확신하게 되었다. 그리스도와 그의 부활을 통해서 종말론적 성전이 최종적이자 획기적으로 진전되기 시작하고 있었다. 유대교 전체는 모세의 성전과 진정한 성전으로서 종말론적 성전 모두에 관해 어떤 모순도 발견하지 않았기 때문에, 자기들이 진정한 성전인 종말론적인 성전을 구성한다고 본 그리스도인들이 부활의 날 후 범죄가 일어나고 있는 장소인 시온의 문을 닫는 것이 자기들의 일이라고 생각한 것으로 보이지 않는다. 그럼에도 불구하고 복음에 대한 성전의 저항과 교회 안에서 성령을 통한 하나님의 임재의 침입 사이에서 예루살렘 성전은 확실히 유예된 시간 동안만 존재할 터였다. 성전의 잠정적인 지위에 대한 인식 제고와 하나님의 뚜렷한 임재가 새 장소로 옮겨졌다는 인식에는 역설적인 함의가 있었다. 구원사적 사건의 전환이 어떤 의미에서는 더 광범위한 하나님의 목적에서 성전에 엄청난 중요성을 부여했지만, 동시에 그 건물이 이제 더 이상 하늘과

제단으로 맹세하는 자는 제단과 그 위에 있는 모든 것으로 맹세함이요 또 성전으로 맹세하는 자는 성전과 **그 안에 계신 자**로 맹세함이요…"(마 23:20-21).

땅 사이의 영원하고 독특한 연결점이라고 주장될 수 없기 때문에 성전은 결정적으로 상대화되었다.

이 모든 점이 시온을 초기 그리스도인들의 눈에 편향된 것으로 보이게 만드는 효과가 있었는데, 성전이 계속 이스라엘의 메시아를 수용하지 않은 것은 시간이 지날수록 성전 주위에 더 어두운 기운만을 만들어냈다. 물론 유대 지도자들이 복음에 저항한 것은 그 자체의 문제를 제기했지만 그리스도인들은 그것에 관해 몇몇 답변을 갖고 있었다. 이런 답변 중 가장 중요한 것은 그리스도인 저자들이 성전에 기반을 둔 사회관계망과의 갈등 및 그에 따른 사회적 주변화를 구속을 낳는 메시아의 고통 꾸러미의 일부로 해석하는 경향에서 표면화되었다. 물론 그들의 반응에서 독특하게 기독교적인 것은 전혀 없다. 이미 「솔로몬의 시편」과 사해문서 배후의 공동체들에서 인지된 성전 고위층의 고집에 대한 유사한 반응이 예상되었다. 성전에 반대하는 다른 분파들과 마찬가지로 그리스도인들은 자기들의 고난을 그들의 제사장적 소명의 중요한 일부로 해석했다. 만일 고난이 새로운 드라마의 서곡이라면 주인공들은 하늘의 박수 가운데 커튼이 닫힐 때까지 자기의 역할을 연기해야 했다. 그들에게 부여된 대본이 연기되지 않는 한 마지막 커튼이 닫히지 않을 터였다.

물론 그리스도인들과 본서의 1장에서 검토된 분파들 사이에는 중요한 차이점들도 있다. 예컨대 본서에서 검토된 기독교 이전의 운동들은 메시아를 고대했고 메시아의 결정적인 성전 건축을 미래의 사건으로 보았지만 초기 교회는 메시아의 도래와 성전 건축 모두를 "이미 시작되었지만 아직 완성되지 않았다"는 관점에서 보았다. 그리스도인들에게 있어 메시아는 예수라는 인물로 왔고 그의 부활은 도래하는 성전이라는 실재의 첫 "할부금"이었다. 제2성전기 유대교의 특징이었던 "이 세대"와 "다가올 세대" 사이의 강력한 이원론이 어느 정도 수정되어 초기 기독교의 사고 안으로 동화된 것으로 보인다. 그리고 성전에 반대하는 다른 운동들과 달리 예루살렘의 기관에 대한 초기 교회의 비판은—비록 침묵한 것은 전혀 아니었지만—상대적으로 약했던 것으로 보인다. 이 점은 부분적으로는 예수의 생애에서 메시아의 고난이 시작된 몇십 년 뒤에는 이 점을 장황하게 설명할 필요가 없다는 생각과 관련이 있었을 수도 있다. 그리고 초기 그리스도인들이 성전에 대해 비교적 온건하게 비판한 것은 하나님이 로마군의 포위 등을 통해 예루살렘의 불순종을 자신의 방식대로 다룰 것이라는—이미 다루었다는—확신과 관련이 있을지도 모른다.

이번 장에서 나의 목표는 1장에서 제시된 내용에 기초해서 초기 기독교를 이전 시기의 성전 반대 운동들(「솔로몬의 시편」 배후의 공동체, 쿰란 언약자들, 그리고 세례 요한의 운동)과 비교하는 것이었다. 이전 시기의 이 분파들과 마찬가지로 초기 그리스도인들은 다음과 같이 확신했다. (1) 현재의 성전 지도자들은 확실히 도덕적으로 실패했다, (2) 이 실패는 의인과 의로운 남은 자에 대한 맹렬한 박해를 포함할 메시아적 환난이 시작되었다는 신호였다. (3) 이 박해와 남은 자들이 박해에도 불구하고 그리고 박해가 끝날 때까지 그들의 제사장 역할을 충실하게 유지하는 것이, 그 공동체 자체 안에서 예기적 형태를 발견하는 종말론적 성전의 결정적인 침입을 위한 촉매 역할을 할 것이다. 그리고 (4) 남은 자들은 그때까지 자신을 가난한 자들로 인식하고 가난한 자들과 동일시해야 했다. 초기 기독교와 다른 분파들 사이에 명백한 차이가 있음에도 불구하고 나는 적어도 이 네 가지 점에서 초기 교회는 묵시론적인 틀 안에 자리 잡은, "성전 반대 신학"으로 특징지어질 수 있는 일반적인 믿음의 양상에 동의했다고 믿는다.

그렇다면 우리는 매우 기본적이지만 아마도 매우 논란이 있는 추론을 도출할 수 있을 것이다. 다른 곳에서 세례 요한과 초기 교회 모두 묵시론적인 전망을 갖고 있었기 때문에 이 두 운동 사이를 연결하는 예수 역시 틀림없이 같은 자세를 공유했을 것으로 가정되어야 한다고 추론되었다.[133] 예수를 묵시론적이지 않은 인물로 보기를 원하는 사람들의 독창적인 시도에도 불구하고 나는 이 기본적인 논증의 힘을 피할 도리가 없다고 생각한다. 나는 여기서 한 걸음 더 나아가고자 한다. 만일 세례 요한의 추종자들과 초기 교회 모두 성전에 반대하는 운동이었다면 양쪽 집단모두와 관계를 맺었던 예수 역시 자신의 사명과 운명을 비슷한 관점에서보았을 것이라는 가설이 기본적으로 타당할 것이다. 달리 말하자면 증거에 비추어 볼 때 예수는 자기 앞의 세례 요한 및 자기 뒤의 초기 교회와마찬가지로 자기 시대의 성전이 타락한 것으로 보았고—그의 친척 요한이 그랬던 것처럼—이 사실로부터 메시아적 환난이 시작된 것을 추론했으며 마지막으로 자신의 사명을 신적으로 정해진 이 위기에 대한 대응으로 보았다고 제안하는 것이 무리한 주장은 아니다.

이 반응의 성격을 특정할 때 우리는 그것에 기본적으로 두 가지 측면이 있는 것으로 생각할 수 있다. 첫째, 예수는 이전의 성전 반대 분파들과 마찬가지로 이스라엘의 공식적인 지도자들에게 회개하라고 촉구했다. 만일 예수가 성전에 반대하는 그의 이전 시기 사람들이나 그의 추종자들이 내린 것과 유사한 결론에 도달했다면 그 문제에 있어 예수에게는 다

---

133 Sanders 1985: 91-95.

른 대안이 없었을 것이다. 제2성전기의 신실한 유대인이 성전에 관한 자신의 염려를 혼자서만 간직했다고 생각하는 것은 불합리할 것이다. 다른 사람들은 공개적으로나 절반쯤 공개적으로 성전에 반대하는 글을 썼다. 예수 역시 성전 지도자들에게 공개적으로 반하여 말할 도덕적 의무를 느꼈다.

둘째, 만일 예수가 이스라엘의 희망이 자신과 자신의 운동에 있는 것으로 보았다면 이 점은 이스라엘의 성전 활동을 확립된 통로 밖으로 옮겨가는 것을 수반했을 것이다. 그렇다고 해서 예수의 마음을 선점한 관심사와 계획 외에 기도나 토라 연구 같은 별도의 성전 관습이 "부가물"이 되어야 했다는 뜻은 아니다. 대신 우리는 이제 예수의 성전 반대 신학이 이스라엘의 역사의 그 특정한 기로에서 자신의 역할과 그의 운동의 역할을 이해하는 근본적인 틀을 제공했다고 믿을 몇몇 이유를 가지게 되었다. 나는 동일한 이 틀이 그를 규정짓는 행동들을 알려주었다고 생각하며 그렇게 주장하려고 한다. 요컨대 나는 예수가 그의 추종자들에게 요구한 **모든** 관습이 본질적으로 **성전** 관습으로 여겨져야 한다고 제안한다. 예수를 이 "성전 맥락" 안에 위치시킴으로써 우리는 비로소 예수가 한 일의 이유를 충분히 이해할 수 있다.

그러나 이 점을 보여주기 위해서는 먼저 다음 장에서 예수의 마지막 주간에 일어난, 그 순간을 위기로 몰아간 한 사건에 초점을 맞출 필요가 있다. 나는 예수의 성전 비판이 더 강력하거나 더 도발적인 다른 예가 없었다는 점에서 비교할 만한 사건이 없다고 생각한다. 예수의 반대자들이 오늘날 살아 있어 그 얘기를 말한다면 나는 그들도 이 점에 동의할 것이라고 생각한다. 많은 예수 학자들은 우리가 "성전 정화"로 알고 있는 이 사건이 그가 죽어 마땅하다는 판결을 가져왔다고 생각한다. 우리는 이제 이 사건을 살펴볼 것이다.

3장

"이 성전을 헐라!"

성전에서의 예수의 행동

1. 서론

예수께서 성전에 들어가사 성전 안에서 매매하는 자들을 내쫓으시며 돈 바
꾸는 자들의 상과 비둘기 파는 자들의 의자를 둘러 엎으시며 아무나 물건
을 가지고 성전 안으로 지나다님을 허락하지 아니하시고 이에 가르쳐 이르
시되 "기록된 바 '내 집은 만민이 기도하는 집이라 칭함을 받으리라'고 하지
아니하였느냐? 너희는 강도의 소굴을 만들었도다" 하시매[1]

놀라운 많은 사건이 예수께로 돌려진다는 점을 고려할 때 리투아니아의
저명한 학자인 요셉 클라우스너가 성전 정화(막 1:15-17)를 예수의 "가장
위대한 공개적인 행동"으로 간주하는 것은 놀랄 만한 일이다.[2] 클라우스
너의 견해는 유서가 깊다. 약 18세기 전에 알렉산드리아의 주해자인 오
리게네스는 예수가 성전의 상을 엎은 것은 그가 물을 포도주로 바꾼 것
보다 훨씬 위대한 위업이라는 의견을 표명했다. 그 초기 교회 교부에게
있어 예수가 성전 뜰을 급습하여 장악한 것은 묵시론적 중요성으로 가득

---

1   막 11:15b-17.
2   Klausner 1925: 312. 몇몇은 "성전 정화"가 예수의 목적과 관련해서 오도하는 면이 있다고
     주장하면서 그 용어를 반대하지만 나는 순전히 편의상 그 어구를 유지한다.

찬 더없이 중요한 기독론적 계시로서, 이 사건은 성전 안에서 자행되는 부정과 이러한 오용들의 결과로 임박한 멸망에 영향을 줄 터였다. 요컨대 오리게네스는 다음과 같이 말하는 것으로 보인다. "예수의 하나님 나라 선포의 **모든** 측면이 그가 성전에서 한 행동에서 합쳐진다."[3] 오늘날 오리게네스에 동의하는 사람은 누구나 그 성전 행동이 능숙하게 작곡된 예수의 삶이라는 교향곡에서 절정 부분에 해당하는, **아주 뛰어난** 비유였다고 말할지도 모른다. 은유를 바꾸자면 그것은 마침내 예수의 행동과 생애의 지형을 이해하기 시작할 수 있는 산꼭대기에서의 조망이었다.

하지만 우리의 역사 기술 본능—그것을 역사 의식의 초자아로 부를 수도 있다—에는 오리게네스의 산꼭대기에서의 조망이라는 해석에 관해 우리를 불편하게 만드는 어떤 요소가 있다. 그렇게 다양한 측면의 설명을 제시하는 가설을 만나면 우리는 즉각적으로 누군가가 양립할 수 없는 두 가지를 동시에 하기를 원한다고 의심한다.[4] 확실히 예수가 성전을 청소했을 때 뭔가 특별한 어떤 **것**을 염두에 두었다. 다른 모든 것이 같다면 훈련된 역사적 추론은 "어떤 것"을 "몇몇 것들"보다 선호한다. 즉 그들은 하나의 원인을 잡다한 원인들이 종합된 것보다 선호한다. 공에서 공으로 이어지는 일련의 영향을 재연함으로써 게임을 이긴 샷을 음미하는 당구 논평가와 마찬가지로 현대의 역사가는 촉진하는 모티프인 끝에서

---

3 Metzdorf 2003: 67이 요약한 내용, 강조는 덧붙인 것임.
4 알레고리를 싫어하는 19세기 말의 조류를 반영하여 오리게네스 및 그와 유사하게 생각한 이전의 해석자들에 대해 가장 강력한 비난을 가한 사람은 Adolf Jülicher였다. 그러나 Jülicher는 특정한 비유에 대해 **오직** 하나의 의미만 고집함으로써 단순히 석의상의 최대주의를 인위적인 최소주의로 바꾸기만 했다.

두 번째 연결 고리에 특히 주의를 기울이면서 중요한 역사적 순간에 이르기까지의 일련의 사건들을 고찰함으로써 그 순간을 분석하는 경향이 있다. 나는 이것이 우리가 의식과 의식에 포함된 지각을 별개의 **것들**, 즉 각각 당구 테이블과 공들로 생각하는 경향과 관련이 있다고 의심한다.

그러나 실제 세계에서 의식과 지각은 행렬(matrix)과 좀 더 가까우며 당구라는 경직된 과학과 역사라는 유연한 예술 사이의 유비는 궁극적으로 단절된다. 당구에서는 언제나 하나의 선으로 이루어진 궤적을 추적할 수 있지만 인간의 결정 영역에서는 사안들이 언제나 그렇게 단순하지 만은 않다. 역사가들은 대체로 인간 의도의 복잡성을 알고 있고 따라서 적어도 이론상으로는 주어진 어떤 행동의 경로에 대해서도 동기 부여 요인들의 수렴이 존재할 가능성을 염두에 두어야 하지만, 특히 계몽주의 후의 역사 기술에서는 일반적으로 한 가지 설명만으로 충분하다면 그것을 선호하는 경향이 있다. 그 결과 인간의 의도에 대한 설명이 지나치게 단순화된다.[5]

따라서 설사 우리가 이 점을 필요악으로 인정하고 다른 많은 사람과 마찬가지로 성전 정화가 어떤 의미에서는 성전 당국자들에게 그가 죽어야 마땅함을 확인시켜준 예수의 최종적이고 자유로운 행동이라고 말한다 해도, "무엇이 애초에 예수로 하여금 성전에서 그렇게 위험한 행동을 하도록 이끈 가장 지배적인 한 가지 요인인가?"라는 질문이 제기되어야 한다. 무엇이 그로 하여금 상을 엎게 하였는가? 그리고 그는 무엇을 달성

---

5   현대의 역사 기술과 관련된 일반적인 이 경향은 특히 Hughes 2003을 보라. 이 참고 자료에 대해 나는 Katrina Combs에게 빚을 지고 있다.

하기를 원했는가?

오리게네스의 시대부터 우리 시대에 이르기까지 그런 질문에 대한 답변이 부족하지 않았고 산의 정상에 오르는 길들이 적지 않았다. 이는 성전 행동이 예수의 가장 모호한 행동 중 하나일 뿐만 아니라 역설적으로 자기를 규정하는 가장 특징적인 행동 중 하나라는 사실과 관련이 있을 가능성이 있다. 성전 정화를 이해하는 것은 사실상 역사적 예수 자신을 이해하는 것이다.[6] 그렇다면 그 사건이 애초에 논란을 촉발했듯이 계속 논란을 야기한 것도 놀랄 일이 아니다. 여기에 상당한 양의 자료비평과 주해상의 문제들이 덧붙여지면 우리는 곧바로 학자들이 이 사건을 해석하는 경로가 다양하다는 것을 알게 된다. 처음에는 우리가 자신이 택한 길에 대해 확신하지 못하고 절망할 수도 있겠지만 우리가 그곳에서 역사적 예수의 목적을 찾을 수 있다면 정상에 이르는 그 여정은 가치가 있을 것이다.

---

6   이차 자료에서는 두 가지 요점이 보편적이다. 예컨대 Wright(1996: 414)는 다음과 같이 말한다. "성전 행동에 대해서는 확실히 우리가 불충분한 결정밖에는 내리지 못하지만" 그럼에도 불구하고 그것은 "그의 사역의 나머지와 밀접하게 통합되어 있으며 아마도 예수의 사역의 절정일 것이다." 이와 유사하게, Fredriksen(1999: 225)은 다음과 같이 말한다. "성전 장면은 그 이야기의 나머지 부분의 열쇠다." 이 점에 관해 Wedderburn(2006)은 회의적이지만 나는 그의 회의주의에 대해 회의적이다.

2. 역사성 문제

(1) 성전에서의 행동이 있었는가?

몇몇 학자는 다음과 같이 말했다. "그러나 바로 그것이 문제다. 성전 정화가 역사적 예수와 어떤 관계가 있거나 실제로 근거가 있는가?"[7] 네 개(「도마복음」을 포함할 경우 다섯 개)의 복음서들이 모두 그 사건을 증언함에도 불구하고 이 기사들은 (복음서 저자의 신학적 목적에는 아무리 유용할지라도) 역사적 예수 탐구라는 우리의 목적에는 근본적으로 쓸모가 없다고 주장되어 왔다. 유명한 학자들이 이 입장을 취하기 때문에 우리는 그들의 견해를 살펴볼 필요가 있다. 그런 학자는 소수이기 때문에 나는 간략하게 살필 것이다.

성전 행동의 역사성에 대한 중요한 난점은 세 가지였다. 첫째, 소수의 비무장 군인이나 무장한 사람들이 성전 비즈니스를 지탱하는 것은 우리가 쉽게 상상할 수 있지만 예수가—매듭을 진 끈을 갖고 있었든 갖고 있지 않았든 간에—혼자서 복음서 저자들이 묘사하는 것 같은 혼란을 일으키는 것은 비현실적이라고 주장된다. 둘째, 비저항과 다른 뺨을 돌려대는 것의 미덕을 가르친 사람이 그렇게 갑자기, 그리고 불가해하게 그런 격론에 빠져드는 것이 어떻게 타당할 수 있는가? 만일 예수가 성전을 습격한 것이 통제되고 계획된 것이었다면 문제는 더 심각해진다. 셋째, 그때는 유월절 기간이었고 안토니아 요새에 주둔하고 있던 로마군들이 바짝 경계 태세를 취하고 있었을 것이기 때문에 예수가 그런 행동을 하고

7　다음 학자들이 그렇게 생각한다. Miller 1991; Seeley 1993; Becker 1998: 333-45.

서도 신속한 처벌을 받지 않았다는 것이 정말 믿을 만한가? 그런 반응을 보여주는 기록이 없기 때문에 애초에 적어도 복음서 저자들이 묘사하는 것과 같은 식의 사건은 일어났을 수 없는 것이 아닌가? 역사로서의 성전 행동에 관해서는 확실히 장애물들이 있다.

하지만 그것들이 극복될 수 없는 장애물은 아니다.[8] 애초에 복음서 저자들은 예수가 환전상들에게 "당신들의 돈을 놔둬라. 나는 이곳을 포위했다"라는 식으로 말할 수 있을 정도로 통제할 수 있는 입장에 있었다는 인상을 주지 않는다. 복음서 저자들이 일반적으로 정확하게 기록하고 있다면 무기나 협력자 집단이 필요하지 않았을 것이다. 성전 행동이 예수 자신의 비폭력 윤리에 대한 위반이었을 것이라는 판단에 관해서 말하자면 이것은 모두—"다른 뺨을 돌려대라"는 예수의 권고를 매우 협소하게 적용하지 않더라도—매우 넓은 폭력의 정의에 의존한다. 확실히 환전상이나 상인 또는 구경꾼들이 예수의 행동으로 말미암아 물리적으로 위협을 느꼈다는 어떤 암시도 없다. 마지막으로, 로마의 반응이 없었다는 점이 성전 행동의 역사성에 반대하는 강력한 논거는 아니다. 그 사건은 개방된 영역인 성전 바깥 뜰에서 일어났다고 보고되는데 그곳에는 많은 활동을 할 수 있는 충분한 공간이 있었다. 만일 예수가 상들을 신속하게 엎고 지나갔다면 그곳에 있던 많은 사람이 뭔가 심상치 않은 일이 일어났다는 것을 알기도 전에 모든 사건이 끝났을 수도 있다. 확실히 예수가 그것을 길게 끌 필요는 없었을 것이다. 친구든 적이든 간에 그것을 직접 목

---

8 물론 (복음서 저자들의 설명에 필적할 만큼 그 행동이 대규모였을 수 없다고 전제하는) 첫 번째 이의는 (그 사건이 아주 소규모였을 수 없다고 전제하는) 두 번째 이의와 세 번째 이의를 상쇄한다. 그 역도 마찬가지다.

격하지 않은, 그 "메시지"의 의도된 수령인들은 이 시위에 관해 곧바로 들었을 것이다. 예수의 의도는 짧지만 도발적인 장면을 만들어 놓고 그곳을 떠나 다른 날을 기약하는 것이었다는 합리적인 가정하에서, 우리는 예수가 자기의 민감성이나 근처에 상주해 있던 로마 군대의 민감성을 해치기 전에 어느 정도로 도발적일 수 있었는지에 관해 우리의 판단이 아니라 그의 판단에 맡겨두어야 한다. 성전 정화의 진정성에 대한 어떤 이의도 설득력이 없기 때문에, 그리고 적어도 성전 행동 같은 뭔가가 일어나지 않고서는 예수의 체포, 재판, 십자가 처형을 설명하기가 매우 어려워지기 때문에 그 사건이 일어났다는 것이 인정되어야 한다.[9]

(2) 예수가 이사야 56:7과 예레미야 7:11을 인용했는가?(막 11:17)

그래서 우리는 역사적 예수를 찾아 그 산을 계속 올라간다. 그러나 우리는 그리 멀리 가지 못한 곳에서 첫 번째 타협 지점으로서 성전을 청소한 사람 자신에게 돌려지는 구약성서 인용을 만난다.

> 이에 가르쳐 이르시되 "기록된 바 '내 집은 만민이 기도하는 집이라 칭함을 받으리라'고 하지 아니하였느냐? 너희는 강도(lēstōn)의 소굴을 만들었도다" 하시매(막 11:17).

예수는 이사야 56:7에서 인용하고 예레미야 7:11을 인유한다. 우리 편

---

9   그 시위는 특히 예수 세미나를 포함한 대다수 학자들에게 진정한 것으로 여겨진다(Funk 1998: 122).

에서의 관심사는 아마도 성전 행동을 설명할 의도였던 그 인용이 역사적 예수에게 소급되는지 아니면 후대의 편집 단계의 산물(즉 마가 이전의 전승이나 마가복음서 저자 자신의 산물)인지를 결정하는 것이다. 마가복음 11:17의 진정성에 대한 이의는 다양한 근거에서 제기되었다.[10] 나는 이런 이의들에 반대한다. 나는 이 두 인용을 예수가 성전을 청소할 때 한 말로 위치시키는 것이 훨씬 더 일리가 있다고 믿는다.

나는 우리가 이 절의 구성상의 기원과 그것이 어떤 기능을 하도록 의도되었는지에 관한 우리의 최상의 설명을 관련시키면 이 점이 일리 있게 보이기 시작한다고 생각한다. 한편으로 만일 예언서의 인용을 마가나 마가 이전의 편집자가 처음으로 슬쩍 집어넣었다면 그것은 그 사건에 대한 독립적이고 통찰력이 있는 설명을 제공하기 위해서였을 것이다. 그러나 만일 사실은 마가(또는 마가 이전의 구전 전달자/편집자)가 청자(聽者)인 우리가 이사야 56:7과 예레미야 7:11에 집중하기를 원했다고 하더라도 함께 인용된 그 두 구절은 문제를 해결하는 것 이상으로 많은 문제를 제기하기 때문에 우리가 그 성전 행동을 이해함에 있어—더 당황하게 되지는

---

10 양식비평 관점에서는 Bultmann(1968[1921]: 36)이 그 구절이 어록의 이상적인 (격언의) 형태를 위반하며 따라서 후대에 덧붙인 것으로 여겨져야 한다고 본다. 편집비평 관점에서는 "가르쳐 이르시되"라는 말을 예수께 돌리기에는 너무도 마가의 스타일의 풍미가 있다(예컨대 Buchanan 1991: 281을 보라). 단순히 형식상의 고려가 아니라 내용으로 옮겨가서 만일 *lēstōn*("강도들", "게릴라들", "폭력배들")의 의미와 예수의 행동의 의미 사이에 진정한 긴장이 있다면(Harvey 1982: 132; Sanders 1985: 66-69; Fredriksen 1999: 207-10) 그 인용은 예수의 의도의 취지를 무디게 하거나 방향을 재설정하려는 복음서 저자의 시도로서 삽입되었을 수도 있다. 중간 입장을 취하는 Barrett(1975: 18-19)와 Murphy-O'Connor(2000: 54)는 그 인용문이 성전 정화 사건 동안에 말해졌다는 것은 부인하지만 그럼에도 그 말이 예수의 전통에 뿌리를 두고 있다고 여긴다.

않는다 하더라도—별로 나아지는 것이 없을 것이다. 예컨대 "강도(lēstōn)의 소굴"에 어떤 중요성을 부착시키려는 시도는 누가가 **레스톤**(lēstōn)이라는 말의 의미—그 단어 자체는 환전, 비둘기 판매 또는 상행위와 별로 관계가 없다—를 왜곡하게 되는 방향으로 우리를 인도할 것이다. 물론 이것이 마가복음 11:17을 후대에 덧붙여진 것으로 여기는 많이 사람이 지적하는 요점이다. 그 표현은 그 사건과 조화되는 것으로 보이지 않으며 따라서 마가가 그의 목적을 달성하지 못한 것이 분명하다는 것이다. 이 설명이 불가능한 것은 아니다. 그러나 성전에서의 행동과 성서 인용이 연결되지 않는 것처럼 보이는 예에서처럼, 행해진 행동과 그것을 설명하는 말이 연결되지 않는다는 점이 명백한 상황에 직면하면 역사가는 그렇게 연결되지 않는 이유가 고대의 저자 탓이라기보다는 우리의 오해 탓일 가능성을 명심해야 한다.

그래서 나는 예레미야 7:11과 이사야 56:7은 독립적인 설명이 아니라 예수에게서 기원했고 지금은 역사의 관점에서 숨겨져 있는, 훨씬 큰 권고의 빙산의 한 조각이라고 제안한다. 인용된 두 구절이—어색한 후대의 증거 텍스트가 아니라—예수의 메시지에 대한 일종의 기록이라는 점은 (특히 "가르쳐"라는 마가의 진술에 비춰 볼 때) 표면상 공정한 추측일 뿐만 아니라 성서 자체에서 유래하기도 한다. 우리가 예수의 이사야 56:7 인용을 그 구절의 원래 맥락에서 고려하면 이 점이 명확해진다.

 [6] 또 여호와와 연합하여 그를 섬기며 여호와의 이름을 사랑하며 그의 종이
  되며 안식일을 지켜 더럽히지 아니하며 나의 언약을 굳게 지키는 이방인마

다 ⁷ 내가 곧 그들을 나의 성산으로 인도하여 기도하는 내 집에서 그들을 기쁘게 할 것이며 그들의 번제와 희생을 나의 제단에서 기꺼이 받게 되리니 이는 **내 집은 만민이 기도하는 집이라 일컬음이 될 것임이라.** ⁸ 이스라엘의 쫓겨난 자를 모으시는 주 여호와가 말하노니 "내가 이미 모은 백성 외에 또 모아 그에게 속하게 하리라" 하셨느니라. ⁹ 들의 모든 짐승들아, 숲 가운데의 모든 짐승들아, 와서 먹으라. ¹⁰ 이스라엘의 파수꾼들은 맹인이요 다 무지하며 벙어리 개들이라. 짖지 못하며 다 꿈꾸는 자들이요 누워 있는 자들이요 잠자기를 좋아하는 자들이니 ¹¹ 이 개들은 탐욕이 심하여 족한 줄을 알지 못하는 자들이요 그들은 몰지각한 목자들이라. 다 제 길로 돌아가며 사람마다 자기 이익만 추구하며[11]

이사야의 묵시는 구원사의 직물로부터 몇 가지 중요한 요소를 한데 묶는다. 첫째, 그 예언자는 이방인들이 마침내 이스라엘에 연결될 날에 대한 희망을 유지한다(7절). 둘째, 다른 많은 예언자들과 마찬가지로 이사야는 오랫동안 기다려온 이 사건을 유배의 끝 및 열두 지파의 회복과 연결한다(8절). 예수가 성전이 원칙적으로 이방인들을 배제하는 데 이의를 제기하고 있다고 주장하는 것은 시대착오적이고 문맥을 왜곡하는 처사다. 이사야나 예수가 성전을 절대적이고 시간의 제한을 받지 않는 의미에서 "만민이 기도하는 집"으로 여겼을 가능성은 낮으며 그들 중 아무도—현대의 서구 문화처럼—주로 포함을 위한 포함에 관심이 있지도 않았을 것이다. 예수가 잘 이해했듯이 이사야서 텍스트는 미래의 영광스러운 실재

---

11   사 56:6-11.

를 가리켰고 그 텍스트를 인용함으로써 그는 그 미래가 이제 현재가 되었다—약속된 이방인들의 순례와 유배된 이스라엘이 다시 모이는 것이 시작되었다—는 것을 암시하고 있다. 이 두 기대가 학자들의 문헌에서 널리 예수께 돌려졌기 때문에 이사야 56:7 인용이 예수에게서 유래했다고 생각하는 것은 충분히 일리가 있다.[12]

구원이 진행 중이라는 암시에도 불구하고 예수가 한 말의 요지가 완전히 긍정적인 것으로 보이지는 않는다, 이사야의 메시지가 완전히 낙관적이지는 않았던 것처럼 말이다. 이사야서의 맥락에서 "이스라엘의 파수군들"(10절)과 "목자들"(11절)의 보지 못함과 게걸스러움 및 이익에 대한 탐욕에 비난이 가해진다. 이 점은 예수의 환경에도 적용된다. 때때로 예수를 그의 좀 더 논쟁적인 말로부터 분리시키고 그 말들을 엄격하게 초기 교회와만 연결시키려는 지나친 시도도 있지만 예수가 그 당시의 성전에 기반한 지도자들에게 비판적이었고 그들을 이사야 시대의 파수꾼들과 비슷하다고 여겼을 가능성을 우리가 부인하기는 어렵다.[13] 이사야

---

12 나는 이미 서론에서 위의 내용을 가정했지만 그럼에도 불구하고 많은 학자가 예수가 유배로부터의 귀환과 회복을 기대했다는 것을 인정한다는 점을 주목할 가치가 있다. 예컨대 다음 문헌들을 보라. Sanders 1985; Wright 1996; Allison 1998; McKnight 1999; Bryan 2002; Pitre 2005. 그것 자체가 자신의 "일원론적 메타내러티브"(즉 유배)에 기초한 것으로 보이는 Dunn(2003: 477)의 "일원론적 메타내러티브 중첩"에 대한 반대는 "유배로부터의 귀환"을 이스라엘의 최종적인 희망의 한 측면인 새로운 성전으로 보는 나의 요점과는 직접적으로 관련되지 않는다.

13 예수의 예루살렘 입성, 그의 사악한 소작농 비유(막 12:1-10 및 병행 구절들) 그리고 그의 생애 마지막 주간 동안 성전 지도자들과의 대결이 점증한 것은 모두 상당한 역사적 근거가 있으며 우리가 갖고 있는 사실들이 완전히 다시 쓰일 때에만 그 사건들의 성전에 반대하는 취지가 완전히 제거될 수 있다. 이 사건 외에도 예수가 성전에 반대한 사례들이 있지만 지금으로서는 미결 문제를 논거로 이론을 세우는 것을 피하기 위해 이 구절에 관해 논의되는 내용에 의존하는 것으로 충분하다.

56:7은 고대되던 신실한 자들에 대한 약속으로서(이사야서의 남은 자들의 성취) 및 예수 시대의 이기적인 지도자들로 인식한 사람들에 대한 적절한 경고로서(이사야서의 거짓 목자와 파수꾼들의 성취) 예수가 직접 한 말인 것으로 보인다.

이와 관련해서 예수가 성전 뜰에서 엄숙하게 이사야 56:7을 상기한 최초의 인물이 아니었던 것으로 보인다. 우리 중 혹자는 예수 시대의 여느 유대인들처럼 마카베오상 7장에 수록된 이야기를 상기할 것이다. 그것은 거짓 제사장 알키무스와 동맹을 맺은 사악한 셀레우코스 군주인 니카노르가 어떻게 이스라엘의 해방자인 유다 마카비에게 굴욕적인 패배를 당한 후 시온산에 돌아왔는지를 설명하는 이야기다.[14] 성전 제사장들이 니카노르에게 선의를 갖고 접근했을 때 그는 호의로 응답할 의향이 없었다.

> 그러나 니가노르는 그들을 비웃고 조롱하며 거만한 말을 지껄이면서 그들에게 침을 뱉고 분노를 터뜨리며 맹세하였다. "만일 유다와 그 군대를 당장 내 손에 넘겨주지 않으면 내가 승리하고 돌아온 후에 이 건물을 불살라 버리리라." 말을 마치고 그는 화를 내며 떠났다. 사제들은 성전으로 들어가 제단과 성소 앞에 서서 눈물을 흘리며 기도하였다. "**이 집은 당신께서 세워주신 집입니다. 이 집은 당신의 백성이 당신의 이름을 부르는 곳이며 당신께 기도 드리고 간구하는 곳입니다.** 저자와 저자의 군대에게 원수를 갚아주시

---

14 마카베오상 7:49에 따르면 유다가 니카노르를 패배시킨 것은 매년 아달월 13일에 기념되었다. 그 승리 및 그것에 이르기까지의 일련의 사건들은 아마도 적어도 해마다 한 번은 자세히 이야기되었을 것이다.

고 한칼로 저들을 죽여주십시오. 저들이 범한 여러 모독을 잊지 마시고 절
대로 살려두지 마십시오."[15]

예수가 승리의 입성에서 의식적으로 하스몬가의 영웅인 유다 마카비를
모방했다는 점이 다른 곳에서 이미 설득력 있게 논의되었다.[16] 그렇다면
예수가 다음 날 의로운 제사장들이 신성모독적인 이방인 통치자들을 저
주하는 기도에서 넌지시 호소된 구절을 인용함으로써 자신을 유다 및 그
의 지지자들과 같은 선상에 위치시켰다고 생각하는 것이 그다지 무리한
해석은 아닐 것이다. 만일 예수가 참으로 그 유명한 이야기를 재연하여
자신이 해방자 유다의 역할을 하고 그의 대적들이 당시의 사악한 대제사
장과 결탁한 이교도 니카노르의 역할을 하는 것으로 만들고자 했다면 그
가 더 좋은 무대나 대본을 선택할 수는 없었을 것이다.

예레미야 7장도 예수가 성전에 들어간 순간에 매우 적절했다. 예언자
예레미야가 야웨의 말씀을 말하는 그 구절도 길게 인용될 가치가 있다.

[5] 너희가 만일 길과 행위를 참으로 바르게 하여 이웃들 사이에 정의를 행하
며 [6] 이방인과 고아와 과부를 압제하지 아니하며 무죄한 자의 피를 이곳에
서 흘리지 아니하며 다른 신들 뒤를 따라 화를 자초하지 아니하면 [7] 내가 너
희를 이곳에 살게 하리니 곧 너희 조상에게 영원무궁토록 준 땅에니라. [8] 보
라, 너희가 무익한 거짓말을 의존하는도다. [9] 너희가 도둑질하며 살인하며

---

15 마카베오상 7:34-38.
16 Catchpole 1984: 320; Wright 1996: 492-93.

간음하며 거짓 맹세하며 바알에게 분향하며 너희가 알지 못하는 다른 신들을 따르면서 [10] 내 이름으로 일컬음을 받는 이 집에 들어와서 내 앞에 서서 말하기를 "우리가 구원을 얻었나이다" 하느냐? 이는 이 모든 가증한 일을 행하려 함이로다. [11] 내 이름으로 일컬음을 받는 이 집이 너희 눈에는 도둑의 소굴로 보이느냐? 보라, 나 곧 내가 그것을 보았노라. 여호와의 말씀이니라. [12] 너희는 내가 처음으로 내 이름을 둔 처소 실로에 가서 내 백성 이스라엘의 악에 대하여 내가 어떻게 행하였는지를 보라.[17]

예레미야를 통한 야웨의 비난은 당대의 예루살렘 사람들이 십계명의 계명들을 깨뜨렸다는 데 근거한다(8절). 그들은 어떻게 십계명을 위반했는가? 그들은 과도한 자신감으로 들뜬 공허한 종교성을 가지고 "다른 신들을 따랐고" "이방인과 고아와 과부를 압제했다"(6절). 예레미야는 그들이 이 길을 계속 간다면 첫 번째 성전의 끝은 실로의 성전의 최후와 같이 완전한 멸망이 될 것이라고 선언했다(12절). 예레미야의 엄중한 메시지의 예봉은 불가피하게 이스라엘의 지도자들에게 떨어졌다. 결국 이들은 이방인과 고아와 과부들에게 가해졌다고 주장된 불의에 관해 모종의 조치를 취할 위치에 있는 사람들이었다. 자기의 전과 후의 예언자들과 마찬가지로 예레미야는 종교 지도자들이 언약에 충실하지 않은 것이 유배의 결정적인 계기였다고 보았다.[18] 그들이 회개하지 않을 것이라는 점이 명백해지자 예레미야는 단순히 사람들의 주의를 끄는 수단으로서만이 아니

---

17   렘 7:5-12.
18   사 3:12; 9:15; 29:10; 겔 13:2-16; 미 3:5-12; 슥 10:3 등. 참조. 렘 2:26-30; 4:9-10; 5:13-31.

라 하나님이 하나님의 집을 버리려고 한다는 상징적인 표시로서도 성전의 임박한 파멸을 선포했다.

예레미야와 마찬가지로 예수는 그의 사역에서 반복적으로 십계명에 호소했다. 도둑질, 살인, 거짓 증언 및 우상숭배에 대한 경고는 모두 예수 전승의 중요한 부분이었다.[19] 따라서 성전에서의 행동이 예수의 윤리적 메시지의 일종의 누적적인 절정으로 이해된다면 예레미야 7장이 참으로 잘 들어맞을 것이다. 그리고 만일 예수가 특히 비슷한 선상에서 예루살렘 지도자들을 비난하는 데 관심이 있었다면 우리는 그가 언어상의 공격을 가급적 최고조로 높이기를 원했을 경우 예레미야 7장이 적절한 텍스트였다고 말할 수 있을 것이다.[20]

이사야 56장과 예레미야 7장은 모두 타락한 지도자를 통렬히 비난한다. 두 텍스트 모두 저주와 경고 사이의 중간으로 여겨질 수 있다. 두 텍스트는 정확히 우리가 성전 경내에서 상을 뒤집는 예언자적 인물에게서 기대할 만한 텍스트다. 마카베오상 7장의 렌즈를 통해 예수의 맥락에서 굴절된 이사야 56장은 성전을 위협하는 이교도 군주들을 타도하는 것을 상기시킨다. 예레미야 7장은 얄궂게도 계속되는 체계적인 죄 때문에 성전이 파괴될 것을 읊조린다.[21] 그 두 텍스트는 예수의 상황이라는 공식

---

19 막 3:4과 병행 구절; 4:18-19과 병행 구절; 7:8-23과 병행 구절; 10:1-12과 병행 구절; 10:19-21과 병행 구절; 12:1-10과 병행 구절; 12:40과 병행 구절 등.

20 Bockmuehl(1996[1994]: 63-64)은 예수가 렘 7장을 사용한 것과 한 세대 후 성전 당국에 도끼를 들이댄 예슈아 벤 하나냐의 사용 사이의 유사성을 올바로 지적한다. 그 점은 앞서 조사된 성전 반대 텍스트인 「솔로몬의 시편」에 확장될 수 있다. 「솔로몬의 시편」에서 렘 7장을 여러 차례 언급하는 점에 관해서는 본서의 65쪽과 Atkinson 2001: 72, 89, 90, 209, 214, 271, 273, 313, 324 및 326을 보라.

21 따라서 나는 Buchanan(1991: 284)이 "막 11:17에는 예수가 그의 청자들이 그 성전이 파괴

적인 차원에서 자연스러운 짝을 형성한다. 즉 그 텍스트들은 "내 집"이라는 표제어를 통해 결합되며, 구술로 제시된 유대의 설교에서 그 텍스트들의 결합은 그 장르에 완벽하게 들어맞을 것이다. 그렇다고 해서 마가가 우리의 텍스트에 자신의 지문을 남겨 놓았음을 부인하려는 것은 아니다. 하지만 예수는 자기가 죽기 며칠 전에 경악한 성전 인사들 앞에 서서 바로 이 구절들과 더 많은 구절들을 인용했다. 이 점을 부인하기보다는 믿기가 더 쉽다.[22]

(3) 성전에서의 행동 배후에 있는 예수의 의도

대안에 대한 조사

만일 당신이 그 산이 실제로 존재한다고 결정했고 예수의 전망을 지향한 성서의 수평선을 받아들이게 되었다면 다음 단계는 정상에서 그를 만나기 위한 가장 좋은 경로를 택하는 것이다. 일반적으로 학자들은 두 방법 중 하나를 고려하는데 하나는 비종말론적이고 다른 하나는 종말론적이다. 비종말론적인 접근법을 취하는 학자들에게 예수가 성전에서 한 행동은 무엇보다 "성전 정화", 즉 성전 구역 안에서 일어나고 있던 모종의 오용을 강조하고 궁극적으로 그것을 개혁하려는 시도다. 이 틀에서 예수의

될 것이라고 이해하기를 원했다고 암시하는 메시지가 없다"고 한 말을 이해할 수 없다.

22 막 11:15-17과 관련해서 Eppstein(1964: 44)은 다음과 같이 적절하게 결론짓는다. "이 구절을 피상적으로 편집된 것으로 보는 경향이 있음에도 불구하고 우리가 그 텍스트에서 예수의 생애에서 실제로 발생한 일을 발견할 수 있다고 주장하는 것은 타당성이 없지 않다." 그 말은 특히 17절에 대해서도 똑같이 잘 적용된다. 예컨대 다음 학자들도 그렇게 생각한다. Borg 1984: 173; Crossan 1991: 357-58; Evans 1995[1993]: 362-63; Wright 1996: 418; Bockmuehl 1996[1994]: 63-64; Betz 1997: 467-68; Ådna 2000: 267-87.

목표는 성전이 파괴되거나 대체되는 것과 관련이 전혀 또는 거의 없다. 산의 다른 쪽으로 올라가는 사람들은 성전에서의 행동을 이스라엘의 제의 지형에 임박한 커다란 변화를 예고하는 진동으로 간주한다. 이 접근법에서 예수의 목표는 성전에서의 변화를 요구하는 것이라기보다는 이스라엘이 성전이 전혀 불필요해지거나 아예 파괴되는 것과 관련된, 구원사에서 위기의 시기에 놓여 있음을 선언하는 것이었다. 물론 정상으로 가는 도중에 길이 산의 두 면을 통과할 수도 있듯이 대략적인 이 두 가지 접근법이 반드시 상호 배타적인 것은 아니다. 하지만 그런 경우 선의의 개혁 요구가 어떻게 임박한 파괴 선언과 조화될 수 있는지를 설명하는 것은 그런 **중용**을 추구하는 사람들의 의무다.

이번 장의 나머지 부분에서 나는 바로 그 일을 하려고 한다. 사실 나는 성전 사건의 종말론적 해석을 비종말론적인 해석과 대립시키는 것이 완전히 정당한 것은 아니라고 주장할 것이다. 구속사적 전환은 대개 (예컨대 신명기 역사에서 명확하게 나타나듯이) 이스라엘의 도덕적 토대가 급격하게 기우는 시점과 겹치며 역으로 성전의 정결을 회복할 필요는 종말론적 갱신을 암시했다. 따라서 나는 가장 유망한 접근법은 성전 정화를 그것이 성전과 관련된 사안들에 대한 하나님의 주권적이고 결정적인 침입의 전조가 되었다는 점에서 "종말론적"으로 보는 동시에, 그것이 회개에 대한 진정한 요구로서 의도되었다는 점에서 "비종말론적"으로 보는 것이라고 생각한다. 많은 예언자의 선포와 마찬가지로 성전에서의 그 행동은 예측과 전망 모두를 제시한다. 즉 그 행동은 성전의 멸망이 이미 정해졌다고 예측하고 사람들이 변한다면 그 재앙을 피할 수 있다고 전망한다. 신적 주관과 인간의 자유 사이의 이 긴장은 우리에게 특정한 질문들(예컨대 예수는 성전 엘리트들이 회개할 희망이 있다고 생각했는가? 만일 그들이 회개했다면 그것이 성전에 대한 야웨의 목적에 어떤 의미가 있었겠는가?)을 남겨 두지만 전체로서 제2성전기 유대교는 이런 긴장을 받아들이게 되었다.[23] 예수는 하나님이 뭔가를 할 것을 기대했고 인간이 뭔가를 할 것도 희망했다. 아마도 현대성 자체가 긴장과 신비에 대한 포용력이 낮기 때문에(예수와 그 시대의 유대인들보다 훨씬 낮다) 너무 많은 학자가 종말론을 윤리로부터 기꺼이 분리했다. 그리고 아마도 역사적 예수가 자신에 관한 오늘날의 글을 읽는다면 그는 "종말론적" 입장과 "비종말론적" 입장 사이의 대조가 잘못이라고 여길 것이다. 결국 수직적 실재를 수평적 실재로부터 떼어놓으려는 우리의 보편적인 성향은 예수의 목표에 관해서보다 우리 자신에 관해 훨씬 많은 것을 말해준다.

하지만 비종말론적 접근법과 종말론적 접근법을 구분하면 다른 학자들이 성전 사건에 어떻게 접근했는지에 관해 논의하기 위한 편리한 출발점을 제공한다. 나는 우선 비종말론적 사건으로서의 성전 정화에 초점을 맞추는 학자들을 언급한다. 예수가 성전에서 일어나고 있었다고 상정된 부정한 비즈니스 관행에 못마땅해했다고 보는 해석이 이 노선에서 가장 잘 알려진 해석이다. 최근에 이 입장은 헹엘, 보컴, 후커 같은 학자들을 통해 전개되어왔다.[24] 이들은 성전의 가축 노점에서의 폭리와 성전에

---

23 따라서 나는 예컨대 성전 행동과 관련하여 "'종말의 존재'는 단순한 개혁 범주를 완전히 초월한다"고 말하는 Meyer(1992: 261)에게 이의를 제기한다. 설사 예수가 이스라엘의 회개에 관해 별로 기대하지 않았다고 하더라도 예언의 조건성은 언제나 호의적인 반응을 통해 심판이 취소될 수 있다는 약속을 허용했다. 제2성전기 유대교에서 신적 주권과 인간의 자유 사이의 긴장에 관해서는 Carson 1981을 보라.

24 Hengel 1971: 15-16; Bauckham 1988; Hooker 1988. 다음 문헌들도 보라. Bockmuehl

서의 터무니없는 환율에 대한 특정한 역사적 증거에 비추어 볼 때[25] 예수
의 입장은 궁극적으로 성전 지도자들의 탐욕의 연장선상에 놓인, 성전에
서 일하는 자들의 탐욕과 관련이 있다고 주장한다. 이 해석 방법은 예수
가 성전 제의의 정결을 훼손한 관행을 반대했다는 두 번째 틀로 연결된
다. 이 위배들은 성전 일반의 상업화와 관련이 있을 수도 있는데(예레미아
스, 베츠, 케이시) 이 점은 특히 성전에서 사용되는 동전이 신성모독적인 인
간의 초상을 담고 있다는 사실이나(리처드슨) 성전 뜰에 길을 낸 관행에서
(메이어) 잘 드러났다.[26]

세 번째 노선은 **레스테스**(*lēstēs*)라는 단어에 주의를 기울인다. 이 단
어는 전통적인 성경 번역에서 "도둑"이나 "강도"로 해석되지만 "게릴
라", "산적" 또는 "폭력배" 같은 것을 가리킬 가능성이 더 크다. 여기서
예수의 비판의 요점은 성결 이데올로기와 유대의 호전성이 밀접하게 연
결되었다는 것이다(뷰캐넌, 보그).[27] 이와 다소 반대되는 견해는 예수가 군
사 반란을 일으키기 직전이었다고 본다(브랜든, 호슬리).[28] 이 모든 해석에

1996[1994]: 69-71; Tan 1997: 231-32; Herzog 2000: 111-43.

25 예컨대 *m. Ker.* 1:7에서 입증되었다. Eppstein 1964도 보라

26 Jeremias 1971b: 145, 219 각주 92; Betz 1997; Casey 1997; Richardson 1992; Meyer 1992:
    263-64.

27 Buchanan 1991; Borg 1984: 163-70. 초기의 Borg(1984)는 "종말론 진영"으로 분류될 수
    있었지만 이후의 저술들(Borg 1995, 2006)은 종말론적 지평을 비교적 고려할 가치가 없
    는 것으로 본다. Wright(1996: 413-28)는 예수가 이스라엘의 종교적 호전성에 대해 우려
    하는 것을 강조한다는 점에서 Borg 1984와 상당히 가깝지만 그럼에도 불구하고 Borg와
    달리 그 비평을 특정한 종말론적 틀 안에 둔다.

28 Brandon 1967: 332-34; Horsley 1987: 297-300. 후에 Horsley(2008: 197-204)는 그 행
    동을 지금까지는 자기의 저항을 감춰왔던 예수가 그의 속내를 드러내기 위한 시도였음을
    강조했다.

존재하는 차이에도 불구하고 그것들은 모두 예수의 비판이 이스라엘의 구속사에서 근본적인 전환점이 도래했다는 기대와는 거리가 멀다고 주장한다.

좀 더 일관성이 있는 종말론적 해석 중 가장 대표적인 해석은 예수가 특정한 그의 동시대인들이나 그들의 관행을 비판한 것이 아니라 단지 새로운 종말론적 성전을 세우기 위한 준비로서 현재의 성전이 제거될 것을 알려주었을 뿐이라고 본다(샌더스, 프레드릭슨).[29] 이 관점의 이형은 예수가 성전과 이스라엘 일반에서의 부정들로 말미암아 상심**했지만** 이 열정적인 회개 요구는 하나님 나라와 새로운 성전에 대한 고지(告知)에 거의 완전히 포함되었다고 본다(메르클라인, 메이어, 죄딩).[30] 이 입장과 밀접하게 병행하는 견해는 예수가 이방인들의 시대가 도래했고 그들이 시온으로 오는 것과 관련된 예언들이 지금 성취되고 있다는 그의 믿음을 전하기를 원했다고 본다(예레미아스, 던).[31] 예수가 자신의 행동을 사용해서 아마도 속죄와 정결을 위한 새로운 토대를 시행함으로써(뉴스너, 칠튼) 현재의 성전 제의의 중지와 임박한 초월을 선언하고 있었다(트라우트만, 크로산)고 생각할 수도 있을 것이다.[32] 마지막으로, 몇몇 주석가는 그 행동을 그의 메시아직에 대한 자기 선언으로 본다. 그것을 성경의 성취로서든(위더링턴), 성전에 대한 자신의 권위를 암시함으로써든(라이트) 자기를 새로

---

29   Sanders 1985: 61-70; Fredriksen 1990, 2007.
30   Merklein 1989: 135-38; Meyer 1992: 262-63; Söding 1992
31   Jeremias 1958: 65-66; Dunn 1991: 48. 두 저자들 모두 좀 더 후의 저술들(Jeremias 1971b, Dunn 2003)은 반드시 그 입장을 철회하지는 않으면서도 거기서 물러나는 것으로 보인다.
32   Trautmann 1980: 119-28; Neusner 1989; Crossan 1991: 357-58; Chilton 1992: 121-36.

운 속죄제물로 지정함으로써든(오드나) 말이다.[33]

완전하지 않은 이 압축된 대안 목록만으로도 어지러울 지경이다. 그 문제에 관해 완전히 새로운 각도에서 접근하지 않는다면 우리가 그 대안들을 어떻게 다룰 수 있는가? 우리는 어디에서 시작해야 하는가?

나는 우리가 예수의 성전 행동이 그의 많은 행동과 가르침처럼 **비유적인** 표현으로서 틀림없이 신중하게 조율되었으리라는 점을 인식하는 데서 시작할 것을 제안한다. 이 경우 예수의 비유들이 일반적으로 (윌리허의 견해와는 달리 그의 청자들에게 오직 한 가지 해석만을 요구하는 것이 아니라) 동시에 여러 차원의 의미들을 만들어내기 위해 계산된 모호성으로 특징지어진다면, 우리는 예수가 의도적으로 자신의 성전 시위가 몇 가지로 해석될 수 있는 여지를 남겨 두었을 가능성을 고려할 필요가 있다. 이렇게 이끌어진 대답들이 양립할 수 있고 예수의 목적에 일치하는 한 성전 행동같이 그것이 무엇을 의미하는지 완전히 결정되지 않은 사건은 예수가 즉각적으로 체포되지 않도록 보호할 뿐만 아니라, 예수가 무엇을 의미했고 왜 그랬는지에 대한 모호하지만 그럼에도 불구하고 누적적인 진술을 제공하는 전략적인 이점을 갖고 있었다. "들을 귀 있는 자는 들을지어다." 이런 의미에서 나는 성전 정화를 예수가 마지막으로 두드러지게 드러낸 말로 본다. 그것은 오리게네스가 아주 오래전에 제안했듯이 예수의 사역과 메시지 전부를 완전히 이해한 말이었다.[34]

---

33 Witherington 1990: 111-15; Wright 1996: 490-93; Ådna 2000: 335-76. Wright는 성전에서의 그 행동이 새로운 성전 건립에 대한 신호를 보냈다고도 주장한다(426, 612-53).
34 나의 방법론은 현대의 논의에서조차 원칙적으로 새로운 것이 아니다. 반드시 명시적으로 그렇게 밝히는 것은 아니지만 많은 현대 주석자들이 이미 다양한 차원의 교부들의 해석을

하지만 그렇다고 해서 산의 모든 길이 정상으로 이어지는 것은 아니다. 우리의 모든 대안적 해석이 똑같이 타당한 것도 아니다. 모든 경로가 역사적 예수의 의도로 되돌아간다는 주장은 어불성설이다. 만일 모든 주석자가 똑같이 옳다면 실제로는 아무도 옳지 않은 셈이고 우리가 그 이야기의 주인공에 대해 배울 내용이 아무것도 없게 된다. 그리고 설사 예수가 복수의 실재를 나타내기 위해 주의 깊게 고안된 작전을 성전에서 수행했다고 하더라도(나는 그렇다고 생각한다) 그가 한두 가지 요점만을 중요한 것으로 간주했을 가능성이 차단되는 것은 아니다.

나는 지금으로서는 다음과 같이 주장하는 것이 최선이라고 믿는다. 예수는 그날 성전에 들어갈 때 주로 두 가지에 관심이 있었다. 첫째, 그는 재무적 남용에 기초해서 현재의 성전 관리를 예언자적으로 기소했다. 둘째, 그는 종말론적 성전 (재)건축자로서의 자신의 역할을 나타냈다. 두 의제 항목 모두 현재와 미래에 대해서 말한다. 둘 모두 제의에 대한 우려에서뿐만 아니라 사회경제적·정치적 정의에 대한 관심에서 나왔다. 이런 주장은 이미 이전의 학자들에게서 전개되었고 나는 여기서 확실히 그들의 성과 위에 논의를 진행하고 있지만, 나의 최종 목표는 하나의 성전을 청소하고 또 다른 성전을 소개한 예수의 행동은 그의 좀 더 넓은 의제에서 빗나간 것이 아니라 밀접하게 연결된 것임을 보여주는 것이다. 더욱이 그 행동들은 예수의 성전으로서 자기 이해의 본질적인 측면이다.

따라서 성전 사건에 다양한 의미를 부여한다. Metzdorf 2003: 254-56의 결론을 보라.

3. 성전 행동의 디자인

(1) 성전에 반대하는 신호

몇몇 사람의 회의주의에도 불구하고 예수가 성전 산업의 좀 더 어두운 면에 빛을 비추는 데 큰 관심이 있었다는 것은 의심의 여지가 없는 것처럼 보인다. 이 어둠의 근원은 우상숭배적인 탐욕, 즉 성전에 기반한 이스라엘의 삶에서 다른 방식으로 나타난 탐욕이었다. 이 점은 세 가지 증거—예수의 행동의 핵심 요점, 그가 인용하는 성서, 성전의 탐욕을 입증하는 역사적 증거—를 통해 드러난다.

성전에서의 예수의 행동이 재무적인 문제와는 관계가 없다는 견해의 중요한 난점 중 하나는 예수가 다른 방법으로 그리고 다른 장소에서 성전 활동을 교란할 수도 있었지만 모종의 이유로 재무적 거래의 최전선에 있는 사람들에게 초점을 맞추기로 했다는 점이다. 달리 말하자면 예언자적인 인물이 갑자기 그리고 불가해하게 자리와 상을 엎으면서 자기가 그곳에 위치한 사람들에 대해 못마땅하게 생각하고 있다는 뚜렷한 인상을 주지 않았다고 생각하기는 어렵다. 예수가 개인들을 연루시키기를 원하지는 않으면서 성전 제도나 직무에 대해서 항의하는 데만 관심이 있었더라면 우리는 그가 나중에 자기가 망신을 준 사람들에게 원래는 "시스템"을 겨냥한 잘못된 항의 행동으로 말미암아 비롯된 부수적인 피해에 대해 사과했을 것으로 생각해야만 할 것이다. 예수는 확실히 돈을 다뤘던 사람들을 겨냥했는데, 성전에서의 예수의 행동에 대한 설명이 설득력이 있으려면 예수가 그들을 다룬 이유가 설명되어야 한다.

나는 이미 위에서 이사야 56장과 예레미야 7장이 어떻게 이스라엘의 지도자들을 비난했으며 예수가 자기 시대의 지도자들에 대한 우려를 표명했는지를 언급했다. 탐욕이라는 죄는 두 텍스트 모두에서 두드러지게 나타난다. 이사야서 56장에서 이스라엘의 파수꾼들은 "족한 줄을 알지 못하기" 때문에 몰지각하며 "다 자기 길로 돌아가며 사람마다 자기 이익만 추구했다"(11절). 그들은 "게걸스럽게 먹는…들짐승들"과 같다(11절). 마찬가지로 예레미야 시대의 지배자들은 사회·경제적 소외계층인 이방인과 고아와 과부를 압제한다는 비난을 받는다(렘 7:6). 흥미롭게도 마가복음은 예수가 성전의 파괴를 예언하기(막 13장) 직전에 군중에게 "과부의 가산"을 삼키는 서기관을 조심하라고 경고했다고 기록한다(막 12:40). 우리가 예수의 성전 행동 및 그의 예언과 놀라울 정도로 연속성을 지니는 마가복음 12:40의 진정성을 인정한다면 그 구절은 이사야 56장이나 예레미야 7장 같은 구절에 대한 예수의 관심이 부분적으로는 그 구절들이 탐욕이라는 악에 대한 주제를 다루는 데서 나온 것임을 추가로 보여준다.

확실히 예레미야 7장은 사회 정의 문제의 모든 범위를 다루는데 탐욕은 그중 하나일 뿐이다. 그러나 예수 시대의 해석 전통을 반영할 가능성이 큰 예레미야 타르굼의 증거를 통해 판단할 때 이미 예레미야 7장과 특히 탐욕의 죄 사이에 연결 관계가 확립되어 있었던 것으로 보인다. "너희가 도둑질하며 살인하며 간음하며 거짓 맹세하며"라고 말하는 예레미야 7:9의 히브리어 텍스트에 대해 「타르굼 예레미야」 7:9은 "**도둑들** (*gānōbîm*), **살인자들, 간통자들,** 거짓 맹세하는 **자들**…"로 해석한다.[35] 히브

---

35   Hayward 1987: 70; 원저자의 강조 표시는 아람어 텍스트가 히브리어 텍스트와 다른 부분

리어 텍스트에서 아람어로 고쳐 쓴 변화는 미묘하지만 매우 중요하다. 히 브리어에서 도둑질은 일련의 위반 중 하나이지만 타르굼에서 취급되는 사람들은 특히 그들의 절도죄를 통해 규정된다. 한편 예레미야 23:11의 마소라 사본에는 "여호와의 말씀이니라. '**선지자와** 제사장이 다 **사악한 지라.** 내가 내 집에서도 그들의 악을 발견하였노라'"(개역개정)라고 기록 된 반면 **타르굼**에서는 "**서기관**과 제사장 모두 **도둑질했기** 때문이다. 그 리고 **바로** 나의 **성소**의 집에서 그들의 사악함이 **내 앞에서 드러났다**"라 고 쓰였다.[36] 거짓 예언자가 서기관으로 바뀌었고 그에 대한 비난은 더 이 상 사악함 일반이 아니라 "도둑질했다"는 것인데 아마도 이것은 뇌물을 가리킬 것이다. 위의 예는 「타르굼 예레미야」 안에서의 전형적인 경향을 나타낸다. 대개 아람어 번역은 원전인 히브리어 텍스트를 재작업해서 백 성의 죄에 대한 강조를 성전에 기반을 둔 서기관과 제사장들의 죄에 대 한 강조로 옮기고, 재무적 부정과 관련된 죄를 강조한다.[37]

　예수가 특별히 제사장 계층의 탐욕에 관심을 기울였다는 해석이 도 전을 받지 않은 것은 아니다. 그것이 마가복음 11:17의 "강도의 소굴"과 결합해서 그 요점을 증명하는 데 도움이 된다는 해석은 특히 더 도전을 받았다. 늦어도 뷰캐넌의 1959년 논문 이후 "강도"(*lēstēs*)라는 단어가 실 제로는 수수료를 과도하게 징수하는 사무원 개념과는 별 관계가 없다는 이의가 제기되어왔다. 요세푸스의 글에서 사용된 그 단어의 용례를 통해

을 가리킨다.

36　Hayward 1987: 112, 강조는 원저자의 것임.

37　다음 문헌들을 보라. Evans 1995[1989]: 320; Hayward 1987: 37.

판단할 때 그 단어는 "게릴라"나 "폭력배" 등에 더 가깝다.[38] 이 관찰은 나아가 예수가 예레미야 7:11을 사용한 것을 유대인의 호전성에 대한 분노의 증거로 보는 사람들의 논거에 크게 기여했다.[39] 제1차 유대-로마 전쟁 때 자유 전사들이 성전을 로마인들로부터의 은신처로 삼았다는 사실이 잘 알려져 있다. 그렇다면 예수의 비판은 틀림없이 그 당시의 그런 유사한 활동 및 이념과 모종의 관련이 있을 것이다.

마가복음 11:17(렘 7:11)에 대한 이런 해석의 문제는 기본적으로 두 가지다. 첫째, 제1차 유대-로마 전쟁에 이르기 직전 몇 년 동안 확실히 혁명의 바람이 감지되었고 이 바람은 성전에도 불었지만 30년대의 분위기는 이와 사뭇 달랐다. 증거에 의하면 예수 당시의 성전 체제는 매우 자의식적으로(그리고 매우 이기적으로) 로마의 지방 당국을 지지했는데, 이 사실로 미루어 보면 성전이 호전적인 민족주의의 상징이었을 가능성이 낮으며 원시 열심당의 은신처였을 가능성도 낮다.[40] 언뜻 보기에 당시의 정치 상황은 우리가 성전을 혁명 활동의 온상으로 생각하는 것을 정당화하지 않는 것 같다.

둘째, 예수의 근본적인 문제는 성전 지지자들의 폭력분자 같은 태도였다고 주장하려면 우리는 **레스테스**(*lēstēs*, 즉 "민족주의적 반란군" 또는

---

38 Buchanan 1959; 큰 영향을 끼친 문헌인 Barrett 1975: 15-16도 보라.
39 Borg 1984: 185-86; Wright 1996: 417-21.
40 Applebaum(1989: 254)이 다음과 같이 주장한 것처럼 말이다. "정치적으로 당시의 대제사장들은 로마 정부가 임명한 사람들이었고 소수의 예외는 있었지만 로마 정부에 굴종했다." 기본적으로 같은 요점이 Horsley(1986, 1995)를 통해 확인되는데 반로마적인 제사장이라는 Smallwood의 틀에 대한 그의 비판은 그 틀을 상당히 수정하는 데 기여한다. 양 당사자 모두 상호 정치적·경제적 이익을 위한 불편한 동맹을 맺고 있었다는 사실에 비추어 볼 때 확실히 제사장과 로마 당국의 관계는 이기적인 아첨과 두려워하는 증오로 가득 찼다.

"게릴라")라는 단어에 큰 비중을 두어야 한다. 그러나 예수가 예레미야 7:11("그러나 너희가 그것을 강도들[lēstōn]의 소굴로 만들었다")을 인용했다고 해서 이것이 반드시 이 복음서 저자가 성전에서의 예수의 행동에 대한 해석의 열쇠를 "강도들"이라는 이름의 방석 아래 숨겼음을 의미하는 것은 아니다. 그리스어 단어 **레스테스**(*lēstēs*) 자체가 그 문제를 한 단어로 요약한 역할을 한다는 뜻은 더더욱 아니다. 나는 앞서 예레미야 7장 전체의 관심 주제와 이사야 56장 전체의 관심 주제가 이스라엘의 지도자들이 악해졌고 회복이 진행 중이라는 예수의 확신과 잘 어울린다고 주장했다. 예수가 참으로 환전상들과 가축 판매자들을 군사 반란의 공동 공모자라고 고소하기를 원했다면 이사야 56장과 예레미야 7장의 텍스트는 호전적인 민족주의 문제에 대해 전혀 언급하지 않는데도 불구하고 마가복음 11장의 구절에 그 텍스트들이 왜 등장하는가?

마지막으로, 우리가 아는 한 예수는 자기의 동료 유대인들에게 그리스어로 말하지 않았고 아람어로 말했기 때문에(그리고 구약성서를 인용할 때 그는 히브리어 텍스트를 언급했을 수도 있다) 성전 시위를 **레스테스**(*lēstēs*)에 기반해서 설명하려는 시도는 예수가 아니라 마가에 관해서만 신빙성이 있을 수 있다. 그리스어 **레스테스**(*lēstēs*)와 예수가 인용한 예레미야 7:11에 사용된 히브리어/아람어 **파리심**(*pārîsîm*, "도둑들"이라는 뜻) 사이에 개념상의 중첩이 있다면 혹자는 아마도 마가와 예수 모두 유사한 중첩을 의도했다고 주장할 수 있을 것이다. 그러나 바레트 자신이 인정하듯이 히브리어 **파리심**(*pārîsîm*, "도둑들")이나 이에 해당하는 아람어 단어는 그리스어레스테스(*lēstēs*)에 부착된 "게릴라"라는 의미를 전달하지 않는다.[41] 이는 예수가 성전 관계자들이 **레스테스**("게릴라들")나 그 단어에 해당하는 아람어(그것이 무슨 뜻이든)라는 것을 암시하지 않고서 예레미야 7:11을 인용했음을 의미한다. 만일 예수가 그럴 의도였다면 예레미야 7:11을 사용하지 않았을 것이다. 셈어를 사용하는 예수가 예레미야 7장을 인용하고 **동시에** 자신의 대적을 게릴라로 부를 의도였다는 것은 어불성설이다.

예수가 성전의 경제적 부정의에 대해 불만을 품었다는 점에 대한 마지막 증거는 주요 자료들의 증거다. 예수의 성전 행동이 있던 때로부터 몇 년 이내의 시기인 대략 30년 경에 쓰인 것으로 보이는 「모세의 유언」에서 인용한 아래의 텍스트는 뛰어난 예를 제공한다.

폭로의 시기가 가까워지고 (비록) 그들의 죄를 공유함에도 불구하고 그들을 처벌하는 왕들을 통한 처벌이 이루어질 때 그들은 진리에 관해 갈라질 것이다. 따라서 그들이 정의를 멀리하고 불의에 접근할 것이고, 그들이 자기들의 예배처를 이방 민족들의 관습으로 더럽힐 것이며, 그들이 이방 신들을 좇아 매춘행위를 할 것이라는 말이 성취되었다. 그들이 하나님의 진리를 따르지 않고 그들 중 몇몇이…그들이 주 앞에 두는 제물을 통해 제단을 오염시킬 것이다. 그들은 (전혀) (참된) 제사장들이 아니라 노예들, 실로 노예들의 자손들이다. **이런 시기의 지도자들, 그들의 교사들이 탐욕스러운 자들의 찬미자가 되어 (오염된) 제물을 받아들이고 뇌물을 받음으로써 정의를 팔 것이기 때문이다.** 그러므로 그들의 도시와 그들의 거처가 모두 범죄와

---

41 Barrett 1975: 17.

불법으로 가득 찰 것이다.[42]

이 대목에서 모세라는 인물은 "미래"를 들여다보고 하스몬 왕조 때부터 헤롯 대왕 때까지의 제사장직을 묘사한다(「모세의 유언」 6:1-2). 이 제사장 왕조에 대해 제기된 비난 중 탐욕의 죄가 현저하다. 제물을 관리하는 자들은 탐욕과 부정 이득으로 말미암아 자격이 없다.[43] 그 문서는 이런 수치스러운 상태가 고쳐질 조짐이 보인다는 어떤 징후도 제공하지 않기 때문에 이 "모세"는 이전의 불미스러운 제사장들에 대해서와 마찬가지로 [당시의 대제사장이던] 가야바의 도덕적 성품을 별로 존경하지 않았을 것이다. 하지만 이렇게 말하는 것은 받아들이기 어렵다. 「모세의 유언」 저자는 초연한 역사가로서 이스라엘의 더러운 역사에 관심이 있는 것이 아니라, 그런 텍스트는 더러운 현재를 지적하기 위해 쓰였기 때문이다.

1세기 제사장들의 부패에 대한 가장 확실한 증거 중 몇몇은 랍비 문헌에 기록되었다. 성전 파괴 후 예수 시대의 제사장직 성찰에 관한 크레이그 에반스의 매우 철저한 연구에서 우리는 탐욕에 대한 비난이 사실상 중심 사상임을 알 수 있다.[44] 예컨대 「유월절」(*Pesahim*)에서 성전이 "엘리의 아들들"(성전 제물을 좀도둑질한 악명 높은 성경 인물들을 언급한다)로 말미암

---

42 「모세의 유언」 5:1-6a. 영어 번역은 Priest, *OTP* 1.929-30을 사용한 것임; 강조는 덧붙인 것임.

43 하스몬 왕조의 제사장들이 탐욕스럽다는 인식이 널리 퍼졌다. 이 점은 우리가 본서 1장에서 살펴본 「솔로몬의 시편」이나 쿰란의 특정한 텍스트들에서 뿐만 아니라 다음 텍스트들에서도 확인된다. 「희년서」 23:21; 「레위의 유언」 14.:1-6; 17:11; 「에녹1서」 89-90장.

44 Evans 1989, 1992, 1995[1989], 1995[1993].

아 더럽혀진 것으로 기록된다.[45] 그 랍비 문헌은 안나스의 제사장 왕조(기
원후 1세기)가 이미 매우 부유했지만 폭력적으로 착취하곤 해서 낮은 계층
의 제사장들을 기아 상태에 처하게 했다는 것도 암시한다.[46] 그런 보고들
이 처음에는 믿을 수 없는 것으로 보이지만 그 내용이 요세푸스를 통해
확인되기 때문에 그것들은 랍비의 전설일 수가 없다.[47] 오히려 이미 상당
한 성전 기금(고위직 제사장들은 기금을 마음껏 사용했다)을 극대화하기 위해
대제사장 가문이 폭력배 스타일의 폭력을 채택했다는 것은 널리 알려진
사실이었다. 설상가상으로 대제사장 가문은 규칙적으로 뇌물에 의존해
서 유대의 정치 조직 안에서 이미 굳건하게 자리 잡은 그들의 지위를 공
고하게 했기 때문에 그 왕조의 통제는 확고부동했다.[48] 이 역시 궁극적으
로 폭로되어 예루살렘의 많은 사람으로 하여금 치를 떨게 만들 관행이었
을 것이다. 대제사장의 탐욕은 결코 충족되지 않는다는 인식과 하위 계층
의 경제적 궁핍 경험이 결합되어 제1차 유대-로마 전쟁의 반란자들은 대
제사장을 처형하기 전에 부채 기록과 넓은 대제사장의 저택을 불사르는
상징적인 보복행위를 했을 것이다.[49] 성전이 파괴된 후의 유대교가 1세기
제사장의 탐욕을 성전이 더럽혀진 뿌리이자 성전의 멸망을 촉진한 원인
으로 회상했다는 것이 놀랄 일은 아니다.[50]

---

45 *B. Pesaḥ.* 57a. 홉니와 비느하스의 이야기는 삼상 2-4장에 등장한다.
46 Evans 1989: 258-9에 수록된 참고 문헌들을 보라(*t. Menaḥ* 13:21-22; *t. Zebaḥ* 11:16-17; *b. Yebam.* 86a-b; *b. Ketub.* 26a; *y. Ma'aś. Š.* 5:15).
47 *Ant.* 20.8.8 §§180-81; 20.9.2 §§204-7. 이 점은 반란 때 낮은 계층의 제사장들이 고위급 제사장들을 전복시키는 데 참여했다는 사실을 통해 추가로 입증된다.
48 『유대 고대사』 20.9.4 §213.
49 『유대 전쟁사』 2.17.6-9 §§425-41.
50 *t. Menaḥ* 13:22b-d를 보라: "예루살렘의 첫 번째 건물과 관련해서, 무엇 때문에 그것이 파

우리가 예수가 성전 바깥 뜰에서 비즈니스를 교란한 것과 성전 관계자들이 하나님의 집을 "강도의 소굴"로 만들었다고 비난한 말을 대제사장을—현대의 유비를 사용하자면—마약 거래 조직과 과도한 보상을 받는 회사 이사회 사이에 위치한 사람으로 본 1세기의 인식과 정렬시키면 우리는 사실상 증거가 자명하다는 것을 알게 된다. 내가 보기에는 우리가 예수가 그의 성전 행동을 통해 성전 경영진을 불경스러운 재무 관리에 연루시킬 의도였다고 믿을 충분한 이유가 있느냐가 문제가 아니다. 오히려 문제는 그 사건을 관찰한, 절반쯤 알고 있는 유대인이 제사장의 부패에 대한 몇몇 참고 자료를 생각하지 않을 수 있었겠는지 여부다.[51] 나는 그렇게 연결하지 못했을 사람이 별로 없었다고 생각한다.

이 점에서 예수의 성전 행동이 "성전 정화"로 불리는 것이 매우 적절하다. 예수의 목적에는 불가피하게 수평적인 요소가 존재하기 때문이다. 성전 엘리트를 예레미야 식으로 "강도의 소굴"이라고 비난함으로써 예수는 불가피하게 이 재무적 남용으로 남겨진 인간의 피해—이 경우 그들의 실정의 예봉을 가장 심하게 느낄 가난한 사람들—를 대변하고 있다. 부당 이득을 통해 성전 지도자들에게 돌아간 불로소득이 재빨리 극빈자들에 대한 과도한 이율의 대출로 바뀌었기 때문에 횡령 문제는 특히 간신히 살

괴되었는가? 그 안에 존재하던 우상숭배와 음탕함과 피 흘림 때문이었다. 하지만 우리가 알기로 토라에 헌신했고 십일조에 관해 꼼꼼했던 두 번째 건물에 관해서는 무엇 때문에 그들이 유배되었는가? **그들이 돈을 사랑했고** 서로 미워했기 때문이었다"(강조는 덧붙인 것임).

51 Snodgrass(2009: 460)가 자신의 증거를 열거한 후 "부패가 하나의 요인이 아니었다고 주장하는 것은 순진한 처사일 것이다"라고 요약하듯이 말이다.

아가는 사람들에게 심각한 영향을 주었다.[52] 고리의 고위험 대출을 이용할 위치에 있었던 성전 금융업자들은 생계를 꾸려나가기 위해 분투하던 토지 소유자들의 땅을 신속하게 그리고 효과적으로 몰수할 수 있었다. 성전의 토지 소유 증가는 궁극적으로 제사장 엘리트들의 더 많은 부를 의미했고, 더 많은 부는 더 많은 고금리 대출을 의미했으며, 더 많은 고금리 대출은 더 많은 토지 몰수를 의미했고 이 사이클이 계속되어 경제 사다리의 밑바닥 계층이 황폐해졌다.[53] 이 관행에 더해서 헤롯 치하 때부터 로마의 지지를 받는 지배층이 강제로 토지를 징발하여 그것을 예루살렘 귀족(그들은 성전 권력층과 상당히 겹쳤다)에 대한 호의로서 그들에게 넘겨주었으며 불의의 소용돌이가 악화되기만 했다.[54] 이 끊임없는 재무적 추문의 위반자들을 비난함으로써 예수는 불가피하게 그 피해자들의 곤경에 주의를 기울이도록 요구한 셈이다. 그렇다면 우리는 성전 정화에서 끊임없는 탐욕으로 가난한 사람들의 등골이 휘도록 악랄하게 이익을 취하는 성전 엘리트에 대

---

52 Goodman(1982: 418-25)은 1세기 전반에 예루살렘 사회의 상류 계층의 금고로 들어간 재무 자본이 하위층에 치명적인 영향을 주었다고 주장한다. 독점적인 신용 공급자였던 상위직 제사장들은 자기들에게 유리한 방향으로 신용 시장을 통제할 수 있었고 이는 궁극적으로 토지 수용이라는 그들의 목표 달성에 도움을 주었다. 이 자금 유입의 효과가 "유익할 수도 있었겠지만 실제로는 소수의 부자만 이익을 누렸다. 부자들, 특히 부유한 제사장들은 더 부유해졌고 성전의 독점이나 서비스 산업에 관여하는 사람들도 더 부유해졌다.…자선 형태 외에는 궁핍한 사람들에게 부를 흘려보내는 다른 장치가 없었다"(419-20).

53 Goodman 1987: 56-9; Applebaum 1989: 241. 제2성전이 고대의 다른 성전들과 마찬가지로 자체의 토지를 보유할 수 있었는가라는 의문이 제기되어왔지만 이 점에 대해서는 거의 의심할 수 없다. 다음 문헌들을 보라. Blenkinsopp 2001: 61-68; Buth and Kvasnica 2006: 68 각주 60. Klawans(2006: 222-41)는 예수의 성전 행동을 그의 좀 더 넓은 사회 경제 윤리와 (올바로) 연결하는 소수의 학자 중 한 명이지만 그가 제사장의 탐욕에 대한 충분한 증거를 발견하지 못했다는 점으로 인해 그의 주장을 납득시키지 못한다.

54 Josephus, 『유대 전쟁사』 1.24.5 §§483-84; 2.6.3 §98.

한 열정적인 항의뿐만 아니라 그런 압제를 당하는 사람들을 위한 열렬한 항의도 보게 된다. 예수는 가난한 사람들을 희생시키는 사람들 반대편에 섬으로써 중요한 의미에서 가난한 사람들 편에 섰다.[55]

이스라엘의 땅은 왕이신 야웨께 속했고 이스라엘의 지파들은 그의 소작인이라는 이해에 비추어 볼 때 이 상태는 특히 당혹스러웠다. 이스라엘에서 토지를 소유하는 것은 성전의 지리적 플랫폼에 지분을 갖는 것이었다. 따라서 토지를 소유하는 것은 정치적·종교적 실재로서 이스라엘에 완전히 참여하는 자가 되는 것을 의미했다. 하지만 자기의 땅을 빼앗기는 것은 그 땅의 성스러운 장소에서 멀어지는 것이었고 어떤 의미에서는 이스라엘의 범위 밖으로 떨어지는 것이었다. 이는 소외계층이 부담해야 할 경제적 부담 외에도 땅을 빼앗긴 가구주가 가족 차원에서 이 유배의 수치에 해당하는 것을 견뎌야 했음을 의미한다. 유배는 지리적 추방이나 정치적 예속 상태에서만 표출된 것이 아니었다, 그것은 가구주의 유산 몰수를 통해서도 실현되었다. "가난해진"상태, 즉 땅이 없거나 파산하기 직전에 있는 상태는 동시에 경제적·사회적·정치적·신학적 현실이었다. 경제적으로 한계 상황에 처해 있는 사람들을 유산을 빼앗기는 상태로 몰아감으로써 제사장적 지배자들은 사실상 참된 이스라엘의 경계를 제멋대로 바꾸고 유배로부터의 완전한 귀환을 방해하고 있었다. 예수는 한편으로는 환전상들과 그들이 지원했던 부패한 시스템을 힐난하듯이 가리키면서, 다른 한편으로는 그 부패로 말미암은 성전의 임박한 파괴를 가리켰다. 이 심판은 성전 시스템이 가난한 사람들에게 미친 영향에만 임하는

---

55   예수가 그렇게 하는 실제적인 방식은 다음 장에서 한층 더 전개될 것이다.

것이 아니라 그 시스템의 신성모독적인 유해성에도 임하는 것으로 보였을 것이다. 역사적 증거는 예수 당시의 성전 제도가 성전 기금에 손을 대고, 하위 제사장들을 착취하고, 뇌물을 받고, 십일조를 소홀히 하고, 성전 예배를 필요로 하는 신실한 유대인들에게 대체로 과도하게 부과하는 관행이 있었음을 보여준다.[56] 이런 위반의 빈도와 심각성은 다양했지만 그런 행동 각각은 의심할 나위 없이 한 가지 지배적 범죄인 성전에서 훔치는 것(ma'al)의 여러 기소 항목으로 여겨졌을 것이다. 유대인의 사상에서는 성전에서 훔치는 것은 성전을 모독하는 것이었다.[57] 좀 더 일반적으로는 탐욕이 제사장들을 규정하게 되었다는 판단만으로도—사실 탐욕은 정의상 우상숭배였다[58]—예수는 성전이 완전히 신성모독적으로 되기 직전이라고 여겼을 것이다. 부에 대한 비정상적인 태도가 성전 문화 안에서 정상화되었기 때문에, 그리고 성전에서 신성모독적인 활동이 제도화되었기 때문에 예수는 그 제의의 멸망이 임박했다고 확신하게 되었다. 성전 정화에서 그는 그 확신을 상징적으로 표현했다. 예수가 성전에 대해 그런 태도를 취한 것은 원리 때문이 아니라 특정한 태도와 관행 때문이었다. 그러나 현재의 제사장들이 실패했음이 명백해지자 종말론적 지평에 시선을 고정한 사람들은 신적으로 개시된 파수꾼 교체가 임박했는지 여부를 궁금해하지 않을 수 없었다.

---

56 사악한 소작농 비유가 부분적으로는 십일조 회피—이것은 확실히 예수 시대의 실제적인 우려의 원천 중 하나였다—를 겨냥했다는 흥미로운 가능성에 관해서는 Buth and Kvasnica 2006을 보라.

57 Milgrom 1976: 236-37, 245-47.

58 고대 유대인이 탐욕과 우상숭배를 동일시한 것은 Rosner 2007에서 잘 논의되었다.

(2) 성전에 찬성하는 신호

예수는 현재 상태의 성전에 대해 반대하는 한편 미래에 시선을 고정하고서 성전에 찬성하기도 했다. 이를 통해 내가 의미하는 바는 예수가 성전이 계속 더럽혀지는 것을 통해서 환난이 임박했고 따라서 새 시대가 동터오고 있다고 확신했음을 의미한다. 그것은 예언자들이 고대했던 시대로서 참된 예배가 회복되고, 흩어졌던 지파들이 다시 모이고, 이방인들이 시온으로 오고, 무엇보다도 새 성전이 세워질 시대다. 예수는 또한 자신이 이 새 성전의 건물, 후원자, 대표자일 뿐만 아니라 그것의 건축자가 될 것이라는 점도 확신하게 되었다. 이 점에서 예수가 그 성전이었다. 예수는 자신을 그 성전이 미래로 확장된 존재로 보았다. 이 점은 역사적 데이터를 통해 지지된다.

① 재판 증거와 그 지류: "거짓 증인들"의 증언

이 대목에서 복음서 저자들이 예수의 이야기들을 모두 제공하려고 한 것이 아니라 예수에 관한 교회의 집단적 기억을 보존하려고 했다는 점을 명심할 필요가 있다. 기억의 회상은 역사 기술 자체와 마찬가지로 필연적으로 선택적인 과정이다. 우리는 예수가 상을 엎은 날 일어난 일에 관한 상세한 기록을 갖기를 원하는 만큼이나 우리가 그 사건들에 대해 갖고 있는 조각들을 열심히 짜 맞춰야 한다. 예수의 재판 기록에서 그런 "조각"의 하나가 발견될 가능성이 있다. 마가복음 저자는 그 장면을 다음과 같이 기록한다.

⁵⁵ 대제사장들과 온 공회가 예수를 죽이려고 그를 칠 증거를 찾되 얻지 못하니 ⁵⁶ 이는 예수를 쳐서 거짓 증언하는 자가 많으나 그 증언이 서로 일치하지 못함이라. ⁵⁷ 어떤 사람들이 일어나 예수를 쳐서 거짓 증언하여 이르되 ⁵⁸ "우리가 그의 말을 들으니 '손으로 지은 이 성전을 내가 헐고 손으로 짓지 아니한 다른 성전을 사흘 동안에 지으리라' 하더라" 하되 ⁵⁹ 그 증언도 서로 일치하지 않더라. ⁶⁰ 대제사장이 가운데 일어서서 예수에게 물어 이르되 "너는 아무 대답도 없느냐? 이 사람들이 너를 치는 증거가 어떠하냐?" 하되 ⁶¹ 침묵하고 아무 대답도 아니하시거늘 대제사장이 다시 물어 이르되 "네가 찬송 받을 이의 아들 그리스도냐?"**⁵⁹**

그 일화는 여러 난제를 제시하는데 그중 첫 번째 난제는 "거짓 증언"을 한 사람들과 관련이 있다. 이 증인들은 질문을 받자 예수가 "인간의 손으로 지은" 성전을 헐고 3일 안에 "인간의 손으로 짓지 않은" 또 다른 성전을 짓겠다고 말하는 것을 들었다고 주장한다. 아마도 그랬을 것이다. 하지만 마가는 예수가 이 말을 했다고 기록하지 않는다. 성전 정화를 통해서 마가복음에 묘사된 예수는 하나님이 성전을 파괴하려 한다고 암시했을 수도 있다(나는 이미 그렇게 주장했다). 하지만 이는 예수가 "**내**가 성전을 허물겠다"고 말한 것과는 다르다. 예수가 3일 안에 또 다른 성전을 짓겠다고 주장했다는 말은 훨씬 더 이해하기 어렵다. 마가가 서술한 내용에 비춰보면 이 말은 완전히 날조된 것으로 보인다. 하지만 아마도 예수가 한 말이 매우 이례적이었기 때문에 마가가 예수의 그 약속을 기록하지

---

59 막 14:55-61.

않았을 수도 있다. 아니면 마가가 그 주장을 명시적이지 않은 용어로 여러 방식으로 기록했을지도 모른다. 무엇이 증인들로 하여금 그런 말을 하도록 자극했는가? 특히 그 거짓 증인들은 어디에서 예수가 성전을 다시 지으리라는 아이디어를 얻었는가?

그 고소를 뒷받침하는 역사적 증거(반드시 그 고소의 진실성이 아니라 그 고소의 역사성)가 강함을 고려할 때 그 문제는 한층 더 흥미로워진다. 가장 현저한 점은 그 고소가 다음과 같은 구절에서 널리 증명된다는 점이다. 마가복음 14:58//마태복음 26:61, 마가복음 15:29-30//마태복음 27:39-40, 요한복음 2:19, 사도행전 6:14, 「도마복음」71. 거짓 증언이든 아니든 그처럼 혁명적인 어조를 지닌 말을 하는 것은 확실히 그리스도인들의 최상의 이익에 합치하지 않을 것이기 때문에 그 말은 당혹성 기준을 통해서도 입증된다. 예수의 처형 때 보고된 그 조롱(막 15:29-30//마. 27:39-40)은 특히 실제로 그렇게 말했을 개연성이 매우 높다. 그 사건이 있은 지 몇 년 뒤에 최초로 복음서를 기록하면서 부정확성을 논박할 위치에 있었을 마가가 그 일이 적대적인 증인들 앞에서 공개적으로 일어났다고 보고한다는 사실은 우리로 하여금 그 복음서 저자가 올바로 기록했을 가능성이 크다고 추론하게 만든다. 다른 사람들이 예수가 "사람의 손으로 지은" 성전을 헐고 "사람의 손으로 짓지 않은" 성전을 짓겠다고 주장하는 것을 들었다는 말은 거의 부인할 수 없다.

예수가 실제로 그런 말을 했는지는 물론 별개의 문제다. 하지만 우리가 이 문제를 다루기 전에 거짓 증인들의 두 부분으로 이루어진 진술의 중요성에 관해 몇 가지 언급할 필요가 있다. 흥미롭게도 그 증언의 두 부분, 즉 성전의 파괴를 언급하는 한 부분과 성전의 재건축을 언급하는 다른 부분이 일관성 있게 함께 등장한다. 확실히 예수에 반대한 사람들의 관점에서는 죄를 씌우는 증거로서든 조롱거리로서든 두 진술 모두 중요하다. 하지만 그 두 진술이 모든 청중에게 똑같이 중요하리라고 가정될 필요는 없다. 확실히 로마인들은 공공연하게 성전의 파괴에 관해 말하는 유명한 인물에 관해 걱정했을 것이다. 마찬가지로 가야바의 체제를 지지하는 사람들에게는 성전 파괴에 관한 말은 대제사장에 대한 직접적인 공격이고 따라서 신성모독의 잠재적인 토대로 여겨졌을 것이다. 예수가 참으로 성전 파괴에 관해 말했다면 그것은 로마인과 유대인 모두에게 가볍지 않은 문제였을 것이다. 그러나 혹자가 3일 안에 성전을 다시 짓겠다고 주장하는 말에 대한 로마인들의 반응을 상상하기란 완전히 다른 문제다. 우리가 예측할 수 있는 한 로마의 어떤 행정 장관도 "내가 3일 안에 성전을 다시 짓겠다"라는 주장을 대수롭지 않게 여겼을 것이다. 그것은 지나치게 열성적인 유대인의 호언장담에 지나지 않는 것으로 무시되었을 것이다. 그러므로 두 진술 모두 확실히 예수를 연루시키기 위해 고안되었고, 두 번째 진술은 로마 행정 장관에 관한 한 큰 문제가 아니었을 것이기 때문에 두 번째 고소에 관해서는 특히 유대인의 감성에 거슬리고 첫 번째 주장의 심각함에 방불한 요소가 있었을 것이다. 아니면 우리 모두 알듯이 연속적인 타격으로서 괘씸한 첫 번째 진술("내가 성전을 허물겠다")은 훨씬 더 놀라운 주장("내가 3일 안에 성전을 짓겠다")을 위한 준비 단계였을 수도 있다.

　나는 이것이 우리가 갖고 있는 내용이라고 믿는다.[60] 만일 첫 번째 진

60　Juel 1977: 123도 그렇게 믿는다.

술이 사람들의 숨을 멎게 했다면 두 번째 진술의 취지는 유대인 청중의 말문이 막히게 만들었을 것이다. 제2성전기 유대교의 상당한 사람들에게 성전을 재건할 인물은 메시아였기 때문이다. 이 확신은 궁극적으로 고대의 성경에서 성전 건축과 메시아를 연결시킨 것에 기초했다.

> 네 수한이 차서 네 조상들과 함께 누울 때에 내가 네 몸에서 날 네 씨를 네 뒤에 세워 그의 나라를 견고하게 하리라. 그는 내 이름을 위하여 집을 건축할 것이요 나는 그의 나라 왕위를 영원히 견고하게 하리라.[61]

> "내 목자라. 그가 나의 모든 기쁨을 성취하리라" 하며 예루살렘에 대하여는 이르기를 "중건되리라" 하며 성전에 대하여는 "네 기초가 놓여지리라" 하는 자니라. 여호와께서 그의 기름 부음을 받은 고레스에게 이같이 말씀하시되…[62]

> 만군의 여호와께서 이같이 말씀하시되 "보라, 싹이라 이름하는 사람이 자기 곳에서 돋아나서 여호와의 전을 건축하리라. 그가 여호와의 전을 건축하고…"[63]

"씨"(삼하 7장 7절), "목자"(사44-45장), "싹"(슥 6장)은 모두 도래할 메시아에 대한 암시로 인식되었고 이 성경 구절들에 따르면 메시아가 올 때 성

---

61 삼하 7:12-13.
62 사 44:28-45:1a; 참조. 대하 36:22-23
63 슥 6:12-13a.

전도 재건될 것이다. 우리는 이전의 이 전통들에 예수 시대와 좀 더 가까운 다음과 같은 증언들을 추가할 수 있다. 집회서 50:1-2, 5-6, 「단의 유언」 5:10-12, 「에녹1서」 53:6; 90:29, 「솔로몬의 시편」 17:21-23a, 30; 「시빌의 신탁」 5:414-27, 432-33, 「타르굼 이사야」 53:5; 「타르굼 스가랴」 4:7, 6:12.[64] 미래의 성전이 어떤 형태를 취할 것인지에 관해 유대교 내부에서 의견이 일치하지 않았고 이 텍스트들은 하나님이 단독으로 성전을 다시 지을 것이라는 인상을 준다는 사실에도 불구하고 기대된 메시아적 인물이 성전을 지을 것으로 보는 여러 전통이 유지되었다.[65] 예수 시대에 많은 유대인은 메시아가 수행할 과제로 인정되는 일들 중에서 이스라엘의 성소 재건축을 당연한 일로 받아들였다. 예수는 "사람의 손으로 만든" 성전을 "사람의 손으로 만들지 않은" 성전으로 대체하겠다고 약속하기—좀 더 정확하게는 약속했다고 주장되기—때문에 이 성전은 평범한 성전이 아니다. 이는 그리스적인 구분이 아니라 출애굽기 15:17-18(그리고 단 2:34)에서 구상된 성전에 소급하는데 그것은 종말론적 성전을 가리키는 것으로 이해되었다. "내가 이 성전을 헐고 3일 안에 그것을 다시 짓겠다"라고 말했다고 보도된 예수의 진술은 1세기에 유대인이 제기할 수 있는 가장 강력한 메시아 주장이었을 것이다.[66]

---

64 확실히 덜 명백한 에녹의 텍스트에 관해서는 다음 문헌들을 보라. Sanders 1985: 81-82; Ådna 2000: 43; Horbury 1991a: 112 각주 12; 참조. Gaston 1970: 114. 예수 시대 후에 쓰인 텍스트로는 다음 문헌들이 포함된다. b. Meg. 18a; Lev. Rab. 9:6; Amidah §14.

65 물론 이 대목에서도 주의할 필요가 있다. 하나님이 단독으로 종말론적 성전을 건축한다는 견해가 신적 중재자가 존재할 가능성을 배제하지는 않는다. 고대 유대교에서 신적 원인과 신적 대행자 사이의 관계는 신적 존재와 신적 중재자 사이의 관계처럼 묘사하기 어려울 수 있다.

66 메시아적 성전 건축자에 관한 추가 논의는 다음 문헌들을 보라. Juel 1977: 198-99;

이 점은 앞서 인용된 재판 장면에서 가야바가 왜 표면적으로는 갑작스러워 보이는 질문을 하는지에 관해 상당한 빛을 비춰준다. 대제사장은 예수에게 그가 성전을 파괴하고 다시 짓겠다고 했다는 말에 대해 스스로를 변호하라고 부추긴다(막 14:60). 그러고 나서 그는 예수가 실제로 메시아인지 여부를 묻는다(막 14:61). 이 질문은 지금까지의 논의와 관계가 없는 엉뚱한 질문이 아니다. 대제사장이 올바로 추측한 바대로 예수가 실제로 자신이 성전을 다시 지을 자라고 주장했다면 그는 사실상 자기가 메시아라고도 주장한 셈이다. 증인들의 죄를 씌우는 증언을 들은 후 가야바는 더 이상 신문을 계속할 이유가 없다고 보았다. 어느 한쪽으로 명확하게 선언하면 예수의 생명은 아니라 할지라도 그의 경력이 끝나는 것은 물론이고 함축적인 주장의 중요성도 해결될 터였다.

이 고려사항들에 비추어 볼 때 증인들이 주장한 것처럼 예수가 실제로 성전을 헐고 다시 짓겠다고 말했는지 여부는 한층 더 중요해진다. 그 질문은 마가가 그 증인들이 위증하고 있다고 한 주장(막 14:56-57)을 논의할 여지가 있는 것으로 만들지도 않는다. 증인들의 고소에 전혀 근거가 없을 수는 없다. 만일 그 증인들이 미리 공모해서 실제와는 부합하지 않는, 합의된 줄거리를 이야기했더라면 우리는 그들의 이야기가 완벽하게 일치할 것으로 예상할 것이다. 하지만 마가는 우리에게 그들의 이야기가 일치하지 않았다고 전해준다(막 14:56b). 이는 마가의 관점에서 보았을 때 그 증언들이 "거짓"인 이유는 그것들이 위조되었기 때문이 아니라 그것들이 악의를 갖고 서로 다른 방향으로 왜곡되었기 때문이다.

Fitzmyer 2007: 62-64; Perrin 2010; 그리고 Ådna 2000: 91-100, 382.

이 점은 데이터를 통해 확인된다. 성전을 청소한 뒤에도 예수가 암묵적으로든 명시적으로든 성전의 파괴와 관련하여 한두 가지를 넌지시 언급했다고 믿을 좋은 이유가 있다.

누구든지 이 산더러 "들리어 바다에 던져지라" 하며 그 말하는 것이 이루어질 줄 믿고 마음에 의심하지 아니하면 그대로 되리라.[67]

포도원 주인이 어떻게 하겠느냐? 와서 그 농부들을 진멸하고 포도원을 다른 사람들에게 주리라.[68]

네가 이 큰 건물들을 보느냐? 돌 하나도 돌 위에 남지 않고 다 무너뜨려지리라.[69]

그런 진술들은 헤롯 성전에 대한 길조가 아니다. 그런 진술들은 정치 권력을 쥐고 있는 사람들의 비위를 맞출 기회를 찾는 이런 증인들에게 유망한 출발점이었을 것이다. 하지만 우리가 마가의 설명에 등장하는 요소들을 고수한다면 예수에게 불리하게 증언한 사람들은 예수가 성전의 파괴를 예언했다는 정확한 인식으로부터 예수 자신이 그 파괴에서 적극적인 역할을 하려고 했다는 불필요한 추론으로 도약했다. 따라서 그 고소들은 전혀 근거가 없지는 않았지만 완벽한 사실도 아니었다. 마가복음 저자

---

67 막 11:23과 병행 구절.
68 막 12:9과 병행 구절.
69 막 13:2과 병행 구절.

가 사실을 완전히 왜곡한 것이 아니라면 증인들이 제시할 수 있는 최대 치는 정황상의 추측이었다.

그렇다면 성전을 짓겠다는 예수의 메시아적 주장은 어떻게 된 것인가? 그 고소는 느닷없이 나온 것인가, 아니면 성전 파괴에 관한 말처럼 그 비난에 진실의 요소가 있었는가? 나는 후자라고 믿는다. 특히 예수의 생애의 마지막 주간의 몇몇 시점에 예수가 이런 개념에 관한 씨를 뿌렸을 가능성이 있다. 예수가 성전 건축자라는 개념이 나왔을 수 있는 씨앗의 몇 가지 자취 또는 적어도 몇 가지 가능성이 있다. 한 가지 가능성은 예수가 시편 118편에 근거해서 사악한 소작농 비유를 말한 것, 좀 더 구체적으로는 그가 버린 돌인 **에벤**(*'eben* = 아들[*ben*])이 머릿돌이 되리라고 단언한 것(막 12:10과 병행 구절)과 관련이 있을지도 모른다. 예수가 자신을 "아들"과 동일시한 것이 새로운 성전 건축자라는 주장의 토대가 되었을 수도 있다.[70] 확실히 예수의 대적들은 자기들이 이 비유에서 이기는 쪽에 있지 않다는 것을 인식했다. 아마도 그들은 예수가 지신에게 머릿돌의 지위를 부여한 것을—특히 "전체로 드리는 모든 번제물과 기타 제물보다 나은"(막 12:33) 뭔가에 관한 그의 주장과 결합해서—자기들이 예수가 성전을 다시 지으려 한다고 추론하는 데 필요한 모든 증거로 보았다.

이 설명이 얼마나 타당하든지 간에 예수가 말했다고 주장되는 두 가지 도발적인 진술("내가 성전을 헐겠다"와 "내가 성전을 다시 짓겠다")이 그 고소에서 일관성 있게 짝을 이루어 나타나는 이유를 제시하는 설명이 더

---

70 Kim 1987: 134-48은 우리가 막 12:10-11이 예수의 음성을 반영하는 것으로 가정할 경우 그렇게 이해될 수 있다고 주장한다.

나은 설명일 것이다. 달리 말하자면 예수의 생애의 마지막 주간 동안에 그가 성전에 반대하여 한 말들이 자기들의 논거를 준비하는 사람들의 마음속에서 여러 가지를 결합했을 수도 있지만, 파악하기 어려운 결정적인 증거는 예수가 두 주장 모두에 대한 근거를 준 것으로 인식되었을 수 있는 어느 시점으로 추적될 수 있다. 이 경우 우리는 여러 가능성에 대한 문이 열려 있는 성전 행동으로 돌아가는 것이 가장 좋다.

예컨대 예수가 이사야 56:7을 인용한 것(막 11:17과 병행 구절)이 진짜라고 가정할 경우(나는 그렇다고 주장했다) 예수의 반대자들이 그의 말을 분명하게 들었고 나아가 행간의 의미를 쉽게 알아차렸을 가능성이 있다. 만일 성전의 그 선동가가 자신을 이사야 56장의 전령이자 그 구절에 묘사된 구원사 사건들의 복합체를 위한 촉매로 제시하고 있었다면 그 말을 듣는 사람들은 이방인들의 임박한 순례뿐만 아니라—이 점이 가장 중요한데—그의 성전 재건축 역시 추론했을 것이다. 확실히 이런 추론이 가능하기는 하지만 그것을 증명할 수는 없다.

대안적으로 성전 건축자로서 예수의 지위가 이사야 56:7과 별도로 도출될 수 있었겠는가? 성전 파괴에 관한 예수의 예언은 필연적으로 새로운 성전 건축을 함축한다는 E. P. 샌더스의 주장[71]을 우리가 인정한다면 그럴 수 있다. 아마도 거짓 증인들은 샌더스의 것과 동일한 추론을 사용해서 이 논리를 한 걸음 더 밀고 나가 새로운 성전의 건축을 예고한 사람이 그 성전의 건축에도 책임이 있을 것으로 추론했을 수도 있다. 이 시나리오 역시 왜 "성전 건축자로서의 예수" 개념이 매우 빠르게 회자되었

---

71   Sanders 1985: 69-76.

는지를 그럴듯하게 설명할 수 있다.

그러나 이 제안들보다 조금 더 설득력이 있는 설명은 요한복음 2:18-19의 증언이다. "이에 유대인들이 대답하여 예수께 말하기를 '네가 이런 일을 행하니 무슨 표적을 우리에게 보이겠느냐?' 예수께서 대답하여 이르시되 '너희가 이 성전을 헐라. 내가 사흘 동안에 일으키리라.'" 요한복음 저자가 이 말을 기독론적인 목적을 위해 기록한 것은 사실이지만 그렇다고 해서 그것이 그 말의 진정성에 반대하는 결정적인 논거는 아니다. 다른 곳에서 우리는 최초의 전승을 반영하는 요한복음의 성전 어록을 역사적으로 예수가 한 말로 믿을 수 있다고 주장했다. 나는 예수가 요한복음이 보고한 선상을 따라 말했을 개연성이 있을 뿐만 아니라 그랬을 가능성이 매우 크다고 생각한다.[72] 아무튼 그것은 우리에게 예수에 대한 비난을 일리 있게 만들어 주는, 잃어버린 퍼즐 조각을 제공해준다. 다른 어떤 증거보다도 요한복음의 성전 정화 설명은 예수가 왜 성전을 헐겠다고 주장했고 **또한 다시 짓겠다**고 주장했다는 고소와 조롱을 받았는지에 대한 최상의 설명을 제공한다.

지금까지의 나의 논거에 비추어 우리는 예수가 성전 정화를 통해 자신의 메시아 지위를 넌지시 암시했다고 볼 수 있다. 성전을 건축할 존재는 바로 "기름 부음 받은 자"일 것이다. 물론 어떤 면에서는 이 주장이 나왔을 때 그것이 듣는 사람들에게 완전히 놀라운 주장으로 다가오지는 않았을 것이다. 불과 하루 전에 예수는 사람들이 "호산나!"를 외치는 가운

---

72 다음 학자들은 요한복음에 수록된 어록을 [진정한 것으로] 신뢰할 수 있다고 여긴다. Meyer 2002[1979]: 180-81; Sanders 1985: 72-73.

데 나귀를 타고 예루살렘에 입성함으로써 군중으로 하여금 그가 메시아라고 오인할 이유를 공개적으로 제공했다. 소위 승리의 입성은 확실히 메시아로서 예수의 정체성 문제를 제기하지만(내가 이후의 장들에서 다룰 다른 활동들도 마찬가지다) 엄밀하게 말하자면 그것 자체는 어떤 결론도 수반하지 않는다. 성전 정화라는 행동과 그 행동이 성전의 파괴**와** 재건축에 초점을 맞춘 것이 예수의 정체성 문제를 부각시켰다. (성전들이 왕에 의해 건축되는 경향이 있었던 한에 있어서는) 성전 정화가 왕의 과업으로 여겨질 수도 있었지만 예수의 말과 행동은 유다 마카비나 스룹바벨 또는 심지어 솔로몬조차 열망할 수 있는 수준을 넘어서는 지위에 대한 권리를 주장한다. 예전의 왕적인 인물들은 왔다가 사망했다. 예전의 성전들은 건축되었다가 파괴되고 더럽혀지고 회복되었다. 하지만 예수는 구경꾼들로 하여금 자기가 결코 더럽혀지거나 파괴되지 않을, "사람의 손으로 짓지 않은" 성전 건축자로 예정된 독특한 존재라고 믿도록 인도하고 있었다. 메시아가 종말론적 성전에 위대성을 수여하는 것이 아니라 성전의 영광이 메시아적 성전 건축자에게 중요성을 부여하기 때문에 이것이 가장 중요한 요점이다.[73]

---

73 Snodgrass(2009: 471-72)는 여러 해석 중 예수가 성전에서 한 행동을 "미래의 종말론적 희망을 향한 예언자적 시위"로 보는 해석을 "가장 설득력이 있는 대안"으로 판단한다. 그 해석은 "메시아가 성전 건축자일 것이라는 기대"와 관련이 있지만 "그 증거의 초점은 **누가** 지을 것인가에 놓인 것이 아니라 미래의 영광스러운 성전이 **지어질 것**이라는 사실에 놓여 있다"(강조는 덧붙인 것임).

② 새로운 성전: 3일 동안의 프로젝트

제4복음서와 마가복음에 기록된 "거짓 증인들"에 따르면 예수는 자기가
최종적인 성전을 짓겠다고 주장했을 뿐만 아니라 그것을 "3일 안에" 짓
겠다고 주장했다. 얼핏 보면 우리가 그 증언의 이 부분을 부활 후 공동체
가 끼워놓은 말로 간주할 유혹을 받기 쉽다. 하지만 이 경우 스캇 맥나이
트가 무미건조하게 지적하듯이 "예수는 3일 후에 부활하지 않았기" 때문
에[74] 그것은 다소 조잡하게 끼워놓은 말일 것이다. "3일" 공식에 대한 최
초의 증인인 바울은 예수가 "사흘 만에"("3일 째에") 살아났다고 말하는
데(고전 15:4; 참조. 눅 18:33), 우리는 이것을 첫날과 마지막 날을 포함하는
고대의 날짜 계산 관행으로 생각할 수도 있다. 하지만 가장 초기의 전승
은 시간적으로 덜 정확한 "3일 후에"라는 표현을 사용한다(막 8:31; 9:31;
10:34; 마 27:63). 만일 이 어구가 몇몇 영리한 초기 신자들이 예수가 한 말
로 꾸며낸 부산물이었다면 우리는 그렇게 영리한 사람들이 왜 예수가 자
신이 임할 시기를 좀 더 정확하게 예언한 것으로 표현하지 않았는지 의
아해할 수 있다. 결코 교회가 신학화한 표현이 아님을 보여주는 "3일 후
에"라는 어구는 아마도 바울 서신보다 전에 나왔을 것이고, 확실히 마가
복음보다 전에 나왔으며, 그것이 가장 원시적인 전승에서 비롯된 것임을
보여주는 표시일 것이다.[75]

　　요한복음 2:19에 기록된 "3일 후에" 성전을 짓겠다는 예수의 주장은

74　McKnight 2005: 233. 아마도 금요일과 일요일 사이의 실제 날짜 수보다 더 중요한 점은
　　요한이나 마가가 수난-부활 내러티브를 이 시간 구조 안에 집어넣으려고 노력하는지 여부
　　일 것이다. 우리가 아는 한 그들은 그렇게 하지 않는다.
75　다음 학자들도 그렇게 생각한다. Patsch 1972: 187; Strecker 1979: 60-61.

마가복음에 기록된 3개의 수난 예언에서 추가적인 역사적 발판을 발견한다(막 8:31; 9:31; 10:32-34). 이와 관련해서 네 가지를 관찰할 필요가 있다. 첫째, 마가복음에 기록된 세 곳의 수난 예언 모두에 "3일 후에"라는 정확한 어구가 내장되어 있다. 따라서 그 어구는 역사적으로 그 예언들 자체와 흥망을 같이한다. 둘째, 그의 사역에서 높아진(특히 성전 사역에서 결정적으로 높아진) 위험에 비추어 볼 때 예수가 너무 이른 죽음의 가능성이 크다고 생각했고 그 예감을 자기의 제자들과 공유했을 가능성이 그러지 않았을 가능성보다 크다. 셋째, 예수가 자신의 소명은 하나님의 지지를 받는 반면 그의 반대자들은 의롭지 않다고 생각했다면 그는 자신의 임박한 죽음을 "의롭게 고난받는 자" 또는 죽을 운명인 예언자로서 자신의 역할에 필수적인 것으로 해석했을 가능성이 있다.[76] 넷째, 예레미아스가 지적하듯이 "3일"이라는 어구는 예수가 그 말을 통해 "짧은 시간 안에"를 말하려고 한 셈어의 구성 개념을 나타낼 수도 있다.[77] 완전히 믿을 수 있는 수난 예언들로 확증되는, 예수가 성전을 짓겠다고 공개적으로 말했고 3일 안에 그렇게 하겠다고 공개적으로 약속했다는 요한복음의 보고는 견고한 역사적 주장을 담고 있다.

하지만 우리는 허황하지는 않다고 하더라도 신비한 이 말을 어떻게 이해해야 하는가? 나는 우리가 예수의 말을 시간에 관한 진술이라고 생각한다면 그가 한 말의 의미를 놓칠 것으로 믿는다. 하나님의 의인은 무

---

76 고전적으로 다음 학자들이 그렇게 생각한다. Steck 1967, Ruppert 1972, Kleinknecht 1984.
77 Jeremias 1971b. 오늘날 이스라엘에서 택시 운전자가 당신에게 "'10분 안에' 가겠습니다"라고 말한다면 그 말은 구체적으로 아무것도 의미하지 않을 가능성이 있다. 그 말은 짧지만 정해지지 않은 시간에 대한 완곡한 표현이다.

도한 악인의 음모로 3일을 초과하여 고통당하지 않을 것이라는, 널리 퍼져 있던 유대인의 개념에 비추어 볼 때 예수가 일반적인 차원에서 자신이 고통의 어두운 터널과 심지어 죽음까지 통과하는 것이 마침내 터널의 끝에서 신원될 것으로 예상했을 가능성이 크다.[78] 좀 더 구체적으로는 예수가 특정한 구약성서의 배경을 염두에 두었을 가능성이 있는데 이는 바로 앞에서 지적한 내용과 양립 불가능하지 않다. "3일"이라는 배경과 관련해서 맥나이트는 다음과 같이 언급한다.

나는 다니엘 7장이 고통 받는 인자의 맥락일 수 있다고 생각하기를 거부하는 학자들로 말미암아 놀란다. 다니엘은 고통을 다음과 같은 말로 예언한다. "그가 장차 지극히 높으신 이를 말로 대적하며 또 지극히 높으신 이의 성도를 괴롭게 할 것이며 그가 또 때와 법을 고치고자 할 것이며 성도들은 그의 손에 붙인 바 되어 **한 때와 두 때와 반 때**를 지내리라." 다니엘 8장의 인자는 지극히 높으신 이의 성도를 나타내는 인물인 인자가 고난을 당했기 때문에 신원된다.[79]

이 대목이 (벌 방호복을 단단히 입고서) 인자에 관한 학자들의 논의라는 벌집 안으로 들어갈 장소는 아니지만 우리는 예수의 3일 공식에 관한 맥나이트의 설명이 인자 논쟁(인자는 예수가 기대한 사람이었는가? 예수 자신이었는가? 일반적인 대명사에 대한 완곡한 표현이었는가?)에 관해 어떤 특정한 입장도

---

78 다음 학자들도 그렇게 생각한다. Jeremias 1971a: 228; Bayer 1986: 206-7.
79 McKnight 2005: 234; 강조는 원저자의 것임. 인용된 성구는 단 7:25이다.

전제하지 않는다는 점을 주목해야 한다.[80] 특히 "법을 고치고자 할" 사람이 예수의 눈에는 제사장에 대한 묘사에 부합했을 가능성이 있기 때문에 그 주장은 명백히 매력적이다. 한편 성전 건축에 선행하는 3일은 성도들이 "그의 손에 붙인 바 되어 한 때와 두 때"와 그 이상을 지내는 기간이다. 실제로 예수가 성전 권력 구조의 변화에 관한 자신의 비전을 인식할 수 있는 용어로 묘사하기 위해 다니엘서의 환상에 의존했을 수도 있다. 그 구절의 남은 부분 역시 예수의 상황 이해에 대한 섬뜩한 병행을 담고 있다.

> 그러나 심판이 시작되면 그는 권세를 빼앗기고 완전히 멸망할 것이요, 나라와 권세와 온 천하 나라들의 위세가 지극히 높으신 이의 거룩한 백성에게 붙인 바 되리니 그의 나라는 영원한 나라이라. 모든 권세 있는 자들이 다 그를 섬기며 복종하리라.[81]

그 구절에서 하늘의 법정은 악한 "네 번째 짐승"에게서 권력을 빼앗아 왕국을 "지극히 높으신 이의 거룩한 백성"에게 주기로 결정한다. 따라서 다니엘 7장의 줄거리는 예수가 임박했다고 본 상황—하나님의 목적에 반대하는 제사장의 권위가 제거되고 참되고 영원한 나라가 남은 자들에게 주어진다—과 같은 임박한 상황을 묘사하는 것으로 마무리된다. 이는 사실상 우리가 본서의 앞에서 만났던 텍스트의 내러티브 논리와 동일하다.

---

80 끝이 없는 그 논쟁에 관해서는 다음 문헌들을 보라. Burkett 1999; Reynolds 2008: 1-36.
81 단 7:26-27.

「솔로몬의 시편」 17편에 따르면 메시아가 와서—다니엘 7장을 연상시키는 언어로 표현되었다—사악한 성전 관리들의 정체를 폭로하고 하나님의 통치하의 새로운 나라를 세울 것이며, 그 나라의 건설적인 구성 요소의 하나로서 새로운 돌(단 2:44-45), 즉 새로운 성전을 세울 것이다.[82] 이 점에서 나는 맥나이트가 다니엘서의 인자를 예증으로 드는 것이 성전 정화에 나타난 예수의 격노의 배경을 이해하기 위한 탁월한 "방법"이라고 생각한다.

우리가 다니엘서에서 "멸망의 가증한 것"(단 9:27; 11:31; 12:11), 즉 성전의 모독과 제사 중지를 예언하는 부분을 고려할 때 다니엘서가 예수의 행동에 대한 영감을 주었다는 점이 추가로 확인된다.[83] 다니엘 9:26이 장차 성전이 파괴될 것을 가리키듯이 예수가 상을 엎은 것도 그렇게 한다. 다니엘이 예언한 파괴가 성전의 신성 모독을 통해 촉진되듯이(단 9:27) 예수는 신성 모독을 넌지시 암시하는 두 텍스트(사 56장과 렘 7장)를 인용함으로써 동일한 토대를 쌓는다.[84] 하지만 그것이—다니엘에게나 아마도 예수에게—이야기의 끝은 아니다. 그 예언에 따르면 이 모든 것의 목적인 70주간의 절정은 "위반을 끝내고, 죄를 끝장내고, 부정을 속죄하고,

---

82 「솔로몬의 시편」 17:3, 6.
83 막 13:14에 예수가 동일한 "멸망의 가증한 것"에 관해 말했다고 기록되어 있다. 다니엘서와 막 13장 간의 연결이 사소한 것은 아니지만 지면 부족으로 이 대목에서 이에 관해 논의할 수는 없다. 특히 다음 문헌들을 보라. Wright 1996: 348-52, 358-65; Pitre 2005: 303-9.
84 나는 예수나 1세기의 모든 독자가 다니엘 9장(26-27절)의 성전을 파괴하는 "왕"을 메시아적 인물로 이해했다는 Pitre의 주장에 다소 회의적이지만, 그런 "가설이 예수의 행동과 말을 설명할 뿐만 아니라 그가 성전을 헐겠다고 말했다고 주장하는 전통이 등장한 것을 이해하는 데 도움이 되기도 한다"는 그의 말은 옳다(2005: 374 각주 364, 강조는 원저자의 것임).

영원한 의를 가져오고, 환상과 예언을 보증하고, 지극히 거룩한 곳에 기름을 붓는" 것이다(단 9:24. 개역개정을 사용하지 아니함). 만일 예수가 그 기간에 성전을 짓겠다고 말했다는 "3일 **후에**"가 다니엘서의 "때들"과 동일한 개념이라면 우리는 예수가 자신의 행동을 새롭고, 적합하게 대속되었고, 기름 부음을 받은 성소에 대한 극적인 선언으로 해석했을 가능성을 심각하게 고려할 수 있을 것이다. 더욱이 다니엘서는 성전의 파괴(단 9:27)를 특히 극심한 환난의 기간(단 9:25-27. 단 8:11-17도 보라)과 밀접하게 관련시키기 때문에 예수의 성전 행동은 격화된 환난이 임박했다는 결론을 촉진했을 수도 있다. 혹자는 심지어 예수가 상을 뒤엎은 행동이 예상된 연이은 환난, 즉 메시아적 고통의 최종적이고 가장 어두운 시간을 시작했다고 말한다.[85] 그렇다면 예수의 성전 행동의 근저에 예레미야 7장과 이사야 56장이 놓여 있고 더 깊은 수준에는 다니엘서의 텍스트가 놓여 있는 셈이다. 이 경우 예수는 자신의 대적들 안에서 하나님 나라에 의해 대체될 거짓된 나라가 표출된 것을 인식했다. 부패한 제사장에게 강탈당한 현재의 성전은 "인간의 손으로 짓지 않은" 성전 돌로 대체될 것이다. 예수가 암시하는 것으로 보이는, 인간의 손으로 짓지 않은 성전으로서 그의 지위는 환난의 다른 측면에서 보면 충분히 명확해질 것이다.

---

85   Pitre 2005: 373-74를 보라.

4. 이번 장의 결론

1장과 2장에서 강의 양쪽 부두를 살펴보았으니 이제 이것을 나의 가설에서 그 중간에 있는 것과 비교해 보자. 성전 반대 운동으로서 세례 요한과 초기 교회에 관해 우리가 알고 있는 내용에 비추어 볼 때 우리가 예수와 그의 제자들이 그 중간에 위치한다고 단언할 근거가 있는가? 간단히 말하자면 나는 그렇다고 믿는다. 예수는 자기 앞의 세례 요한 및 자기 뒤의 초기 교회와 마찬가지로 성전이 신성모독적인 부패에 빠졌다는 것과 이는 환난이 임박했다는 확실한 표지라는 것을 확신했다. 그리고 예수는 자기 앞의 세례자 및 자기 뒤의 원시 기독교와 마찬가지로 이 상황에 대한 응답으로서 자기와 그의 추종자들을 어느 정도는 참된 성전의 도래로 이어지는 신적으로 지정된 전환에 필수적인 것으로 보았다. 이것은 한가한 기다림이어서는 안 되었다. 예수는 세례 요한 및 초기 교회와 마찬가지로 참된 성전을 위한 자신의 고난이 하나님의 영원한 나라를 선도하는 것으로 보았다—"**내가** 그것을 3일 안에 지으리라." 가난한 사람들에 대한 세례 요한의 특별한 관심과 그들에 대한 초기 교회의 유별난 관심은 힘이 없는 사람들에 대한 사회·경제적 불의에 대한 분노로 말미암아 촉발되었다는 점에서 예수의 성전 행동과 궤를 같이한다. 마지막으로, 현재의 성전 제도가 불필요하다고 선언했다는 점에서 예수는 암묵적으로 계속되는 이스라엘과 새로운 우주의 시간표를 자신을 중심으로 재배치하는 정치적 운동을 한 셈이다. 그의 선구자인 세례 요한과 후임자인 초기 교회 역시 이스라엘과 정해진 때, 신성한 공간을 다시 생각했다. 이 모든 점에서 (내가 정의한) 성전 반대 운동의 창시자로서 예수는 그의 선임자와 후임자의 연속선상에 위치한다. 두 부두 사이의 물 위에 있던 안개가 걷히기 시작함에 따라 우리는 확실히 같은 재료—종말론적인 성전 반대 운동이라는 벽돌—로 지어진 다리를 이해하기 시작한다.

우리가 예상할 수 있는 바와 같이 (예수라는) 그 다리와 (세례 요한 및 초기 교회라는) 두 부두는 각자의 독특한 형태와 구조도 갖고 있다. 결국 세례 요한이 결정적인 종말론적 절정을 고대했다면 예수는 이사야 56장의 성취가 임박했다는 것과 지금이야말로 이스라엘이 다시 모이고 이방인들이 수렴될 때라는 것을 선포했다. 후에 초기 그리스도인들은 그들의 제사장 역할에 따라서 이방인들에 대한 선교를 적극적으로 수행하게 된다. 초기 그리스도인들은 부활 후의 관점을 지녔고 그 관점에서 매우 이른 시기부터 예수의 메시아 직분과 부활을 결부시켰다. 부활한 예수와 빈 무덤을 본 부활 후 공동체는 성전을 다시 짓겠다는 예수의 메시아적 주장을 회고적으로 성찰하고 곧바로 최종적인 성전 건축자로서 예수의 자기 제시가 죽은 자 가운데서의 그의 부활을 통해 옹호되었다는 결론을 내렸을 것이다. 부활한 예수는 자신이 참되고 영원한 성전의 참되고 영원한 머릿돌임을 증명했다. 초기 그리스도인들은 자기들을 부활한 그리스도에게 부착시킴으로써 자기들이 드러난 종말론적 성전과 연합했음을 선언했다. 이 초기 그리스도인들은 자기들을 예수를 통한 하나님의 자녀로 봄으로써 부활한 그리스도와 동역하고 그의 고난에 동참하는 동료 제사장들로 자처했다. 세례 요한의 추종자, 예수 운동, 초기 교회 모두 대체로 유사한 틀과 성전에 대한 태도를 공유했지만 그들은 구속사 사건의 순서에서 다른 곳에 위치하기 때문에 자연히 각각의 집단이 자신의 성전 소명을 수행하는 방식이 달랐다.

이런 식으로 그 궤도를 묘사했으니 이제 우리는 특히 예수의 사역의 범위와 성격뿐만 아니라 성전 정화에서 그의 의도를 이해하고자 할 때 예수 자신이 성전 반대 운동의 지도자였다고 생각할 몇몇 근거를 갖게 되었다. 나는 우리가 그의 성전 행동의 요지를 이해하면 많은 것이 명확해진다고 믿는다. 이 지점에서 우리는 동시에 여러 방향을 볼 수 있는데 그러면 우리 앞에 좀 더 넓은 전경이 펼쳐진다. 본질적으로 성전에 반대하는 행동으로서 성전 정화는 예수가 대표했고 초점을 맞춘 모든 것의 소우주를 구현한다.

확실히 그는 현재의 제의 상태와 소외된 가난한 사람들의 상태에 중점을 두었다. 예수의 공개적인 시위를 성전 생활의 일상적 활동과는 거의 관련이 없는 엄격하게 종말론적인 행위로 보는 주석가들과 달리 나는 예수가 현재의 제사장들의 관행, 좀 더 정확하게는 이스라엘의 종교 지도자들의 뿌리 깊은 탐욕을 비판했다는 입장을 취한다. 이 탐욕은 모든 방식으로 표현되지만 체계적인 성전 기금 횡령에서 절정에 이른다. 탐욕 자체와 더불어 이 가증한 짓이 제사장들의 자격을 박탈하지만 그것은 또한 성소를 불결하게 만들고 따라서 파괴에 취약하게 만든다. 게다가 재정적으로 약탈적인 제사장들의 관행으로 말미암아 점점 많은 이스라엘의 가난한 사람들이 극빈자가 되고 이스라엘의 땅에서 소외되었다. 이스라엘에서는 땅을 가진 사람만이 이스라엘에 속한 것으로 여겨졌기 때문에 이 소외는 궁극적으로 정치적인 함의를 지녔다. 예언 문헌이 일관성 있게 사회·경제적 정의와 제사장들로부터의 정치적 의로움을 요구하지만 성전 관계자들이 이 요구 중 어느 것도 지키지 못했다는 점은 그들이 부적합하다는 것을 증명했다. 제사장의 탐욕의 수직적인 결과와 수평적인 결과로 말미암아 고통을 당할 많은 이유가 있었다.

　예수는 비참한 현 상황뿐만 아니라 좀 더 밝은 미래의 지평도 바라보았다. 따라서 나는 성전 정화에 포함된 즉각적인 비판만 인식하는 학자들과는 다른 관점을 취한다. 이사야 56장과 예레미야 7장 및 "멸망의 가증한 것"에 관한 다니엘의 환상과 관련된 성구에 영감을 받은 성전 행동은 심원한 종말론적 중요성을 지녔다. 승리의 예루살렘 입성은 강한 메시아주의의 색조를 지닌 반면 예수가 성전의 파괴와 성전의 궁극적인 재건축을 예언한 것은 모든 의심을 제거했다. 구약성서의 줄거리에 따라 메시아 고난의 가장 극심한 단계의 본질적인 부분으로서 성전의 모독과 타락이 발생할 것이고, 그것은 또한 배교와 의인에 대한 박해로 특징지어질 터였다. 성전의 궁극적인 재건축은 이 고통의 절정에서 그리고 유래 없는 축복의 새 시대의 시작으로서 발생할 것이다. 그리고 이 시대는 열두 지파의 회복과 이방인들을 불러 모으는 것, 즉 왕국의 도래로 특징지어질 것이다. 성전 정화를 목격한 사람으로서 조금이라도 통찰력이 있는 사람이라면 그것이 성전의 파괴와 종말론적 재건축의 표지, 즉 현재의 성전에 대한 반대와 미래의 성전에 대한 찬성의 표지로서 행해진 비유였다는 점을 인식했을 것이다. 가난한 사람들의 압제에 관심이 있었던 예수는 그 관심에 못지않게 이스라엘의 주권자인 하나님의 임박한 행동을 강조한다. 특정한 현대 역사가는 성전 행동을 "비종말론적"인 동시에 "종말론적"인 것으로 해석하기를 주저할지도 모르지만 신학자들은 수 세기 동안 그런 양립성에 편안함을 느꼈다. 나는 예수 역시 성전에 반대하는 그의 선임자들과 마찬가지로 이런 양립성에 편안함을 느꼈다고 생각한다. 결국 우리의 사고방식이 아니라 그의 사고방식이 중요한 요소다.

성전을 관리하던 책임자들은 성전 정화의 강력한 요점을 알아차렸다. 예수가 의도한 바대로 그 행동은 현재의 제의 제도와 또 다른 성전의 도래를 선포하는 신생 공동체 사이의 결정적인 충돌을 가져왔다. 전자의 타락에 주의를 기울이고 자신을 후자 안에 위치시킴으로써 예수는 본질적으로 자기가 성전이라고 주장한 셈이었는데 또 다른 의미에서는 그의 추종자들 역시 성전이었다. 성전으로서 예수와 성전으로서 예수의 공동체라는 두 개념은 모순이 없이 결합되었다. 사실 그 두 개념은 서로를 필요로 했다.

우리가 회고적으로 예수의 사형 선고와 성전 정화를 연결해보면 우리는 그의 성전 행동이 절정의 행동이었음을 알게 된다. 장사꾼들과 환전상들을 몰아냄으로써 예수는 다음과 같이 말한 셈이었다. "오늘날 너희가 보고 있는 이 성전은 탐욕스러운 관리자들로 말미암아 더럽혀졌다. 그러므로 나는 성경에 따라서 환난이 임박했고 성전이 파괴될 것이라고 선언한다. 나에 관해서는 환난의 '3일 후에' 내가 새로운 성전, 즉 다른 성전들과 달리 인간의 손으로 짓지 않은 성전을 지을 것이다." 헤롯 성전의 파괴와 메시아가 자신의 운동과 궤를 같이하는 새로운 성전을 세우는 것이 가까이 임했다고 선언함으로써 예수는 본질적으로 오랫동안 기다려왔던 종말론적 사건을 단호하게 현재의 실존적 위기로 재구성했다. 한편으로 [그렇지 않다는] 예수의 항의에도 불구하고 현재의 성전 관리인들의 나무랄 데 없는 정당성을 믿은 사람들은 예수의 메시지가 체제 전복적이고 심지어 매우 위험하다는 데 동의해야 했을 것이다. 만일 예수가 틀렸다면 그는 참으로 틀렸다. 다른 한편으로 만일 예수가 옳았다면 이는 사람들로 하여금 그의 운동, 즉 예수가 다니엘서의 "나라"와 동일시했고 사실상 줄곧 선포해온 운동에 보조를 맞출 것을 요구할 것이다. 만일 예수가 옳았다면 그는 참으로 옳았다. 이 점에서 성전에서의 예수의 행동은 그가 자기 주장의 정당성 또는 부당성에 관해 "마무리 짓는" 방식이었다.

특히 예수의 시위는 환난을 통해 모든 것이 명확해질 것을 암시했기 때문에 이 사건보다 중요한 사건이 있을 수 없었다. 하나님은 언제나 자신의 신실한 자들을 위해 싸웠고 언제나 거짓된 자들을 제거했기 때문에 그의 권위의 최종 증거는 두 성전 각각의 미래 모두와 연계될 터였다. 강력한 반대에 직면해서 존속하는 성전은 하나님이 거하는 임재와 승인으로 특징지어지는 성전이 될 것이다. 어느 성전이 파괴되든 그것은 신에게서 버려진 성전임이 입증될 것이다.[86] 예수는 성전을 급습함으로써 추상적인 신학 논쟁을 자극한 것이 아니다. 오히려 그는 그 사건에 관해 듣는 모든 사람을 난국에 빠뜨렸다. 예수가 보기에 볼 눈과 들을 귀가 있는 사람은 이 성전 반대 운동이 진리임을 점점 더 명확하게 인식할 터였다. 그런 눈과 귀를 갖지 못한 사람은 충분한 관심을 계속 기울이지 않거나 적대감이 점점 더 강해질 터였다.

한편 경악한 목격자들은 엎어진 상 옆에 서 있었다. 예수가 한 일을 회상하면서 그가 무엇을 약속하려고 했을지를 상상한 그들은 자기들이 순식간에 자신의 산꼭대기에 있는 예수를 따라잡은 것을 발견했다. 그들은 또한 분기점에 있었다. 그들이 이 새로운 성전이라는 실재를 받아들일지 또는 그것을 거절할지는 각자가 결정할 문제였다. 중간 지점에 대한

---

86 이 논리가 다음과 같은 다양한 텍스트를 뒷받침한다. 렘 7장; 겔 8-10장; 「에녹1서」 90장; 「아브라함의 묵시」 27장; 「바룩4서」 1-4장; 4Q174.

여지는 없었다. 성전 행동을 목격한 사람들은 예수와 예수가 대표한 모든 것에 반대하든지 아니면 끝까지 용감하게 예수 및 그의 운동과 함께 서든지 간에 어느 쪽으로든 반응해야만 했을 것이다. 하지만 예수는 잘못 선택하는 사람에게 화가 있을 것이라고 암시한다.

결국 이 모든 것은 "누가 성전을 올바로 대변하는가?"와 "성전이 된다는 것은 무엇을 의미하는가?"라는 두 개의 기본적인 질문으로 귀착된다. 물론 이 두 질문은 밀접한 관련이 있다. 참된 대제사장을 참된 제사장적인 삶으로부터 분리시킬 수 없었을 것이다. 예루살렘의 종교 지도자들은 그들의 공적인 행동을 통해 이미 자신의 소명에 대한 그들의 관점, 즉 불가피하게 사회·경제적 함의와 정치적 함의로 가득 찬 관점을 드러냈다. 물론 예수 역시 자신의 관점을 갖고 있었다. 그 관점 역시 사회·경제적 실재와 정치적 실재에 관련된 관점이었다. 누가 성전을 올바로 대변하는가? 성전이 된다는 것은 무엇을 의미하는가? 예수는 이 질문들에 관해 말했던 것처럼 그 질문들에 대한 자신의 답변을 **보여주려는** 것처럼 행동했다. 사실 이 두 질문이 그가 한 모든 행동을 견인했다고 말해도 과장이 아니다. 자신을 실패한 거짓 제사장 제도와 그것이 대표하는 사회 풍조에 반대하는 지점에 위치시킨 예수는 자신이 한 일을 통해 참된 성전을 깨닫는 사람들이 적절한 시기에 나올 것으로 기대했다. 그런 운동이 의미가 있으려면 그것은 필연적으로 이스라엘이 하나의 백성으로서 어떻게 처신해야 할지에 관한 자체적인 관점을 포함해야 했을 것이다. 그렇다면 예수의 관점은 무엇이었는가? 그의 사회·경제적, 정치적 이상은 무엇이었고 이 이상들이 그가 자신을 성전과 동일시한 것에 어떻게 관련되는가?

어렴풋이 나타나는 이런 질문 중에서 좀 더 즉각적으로 다뤄져야 할

몇 가지 질문이 있다. 지금으로서는 그중 두 가지가 두드러진다. 첫째, 예수는 가난한 사람들에게 어떤 희망을 제시했는가? 제사장의 압제에 의해 희생된 자들에게 장래의 가망이 있었는가? 그들이나 그들의 자녀나 그들의 손자들에게 어떤 희망이 있었는가? 그들이 자신들의 상황이라는 감옥에서 구출될 전망이 있었는가? 둘째, 압제적인 제사장들은 어떻게 될 것인가? 예수는 어찌할 도리가 없이 난감해 하면서 단순히 그들을 비난하는 손가락질을 하고 있었는가? 이 거짓 제사장들을 다루고 제의 직분을 적절한 경로로 되돌리기 위해 무슨 조치가 취해질 수 있는가? 적어도 지금으로서는 질문은 많은데 답은 적다.

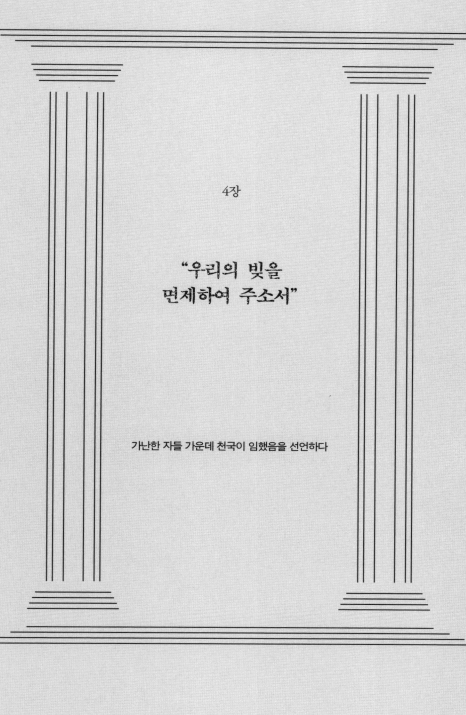

4장

"우리의 빚을
면제하여 주소서"

가난한 자들 가운데 천국이 임했음을 선언하다

1. 서론

예수는 아버지의 집은 "기도하는 집"이 되기로 정해져 있다고 말했다. 예수가 보기에는 어떤 활동이 성전에서의 일상생활의 특징이 되었든 간에 기도는 그런 활동 중 하나가 아니었다. 그렇다고 해서 사람들이 성전에서 기도하지 않았다는 뜻은 아니다. 사람들은 실제로 성전에서 기도했다. 하지만 예수의 광범위한 성전 비난은 만일 그 종교가 가난한 사람들에게 등을 돌린다면 기도하는 집이라는 성전의 기능이 훼손될 것임을 암시하는 것으로 보였다. 제2성전기 유대교에서 기도와 가난한 사람 돌보기(대개 자선을 통해 표현되었다)는 밀접한 관련이 있었다.[1] 고대 유대교는 기도를 결코 마법적이거나 기계적인 관점에서 보지 않았기 때문에 이는 놀라운 일이 아니다. 야웨와 지정된 제사장들의 나라 사이의 소통, 하나님과 그분의 백성 사이의 소통은 언약 관계의 맥락 안에서만 가능했다. 하나님의

---

[1] 예컨대 토비트 12:8-9a을 보라: "기도와 금식은 좋은 일이지만 자선과 의로움은 그것들보다 낫다. 재산이 적으면서 의로운 것이 부유하면서 악을 행하는 것보다 낫다. 황금을 쌓아 두는 것보다 자선을 베푸는 것이 낫다. 자선은 죽음에서 구원하고 모든 죄를 일소하기 때문이다"(공동번역을 사용하지 아니함); 예컨대 다음 구절도 참조하라. 단 4:27; 토비트 4:7-11; 집회서 7:10; *'Abot* 1:2; *b. Bat.* 10a.

백성이 언약의 조항—언약의 조항은 가난한 사람들을 돌보는 것을 명시적으로 포함했다—을 어기면 그들은 기도가 응답될 것으로 기대하지 않는 것이 좋을 것이다. 성경이 기도를 들어주기를 열망하는 이스라엘의 하나님의 은혜로움과 자비를 거듭 주장한다는 것은 사실이지만, 그 하나님은 가난하고 궁핍한 사람들의 부르짖음에 귀를 닫는 사람들을 모방하여 그들의 부르짖음에 귀를 닫는다고 알려진 것 역시 사실이다.[2] 같은 원칙이 제사장들에게는 한층 더 적용된다.[3]

물론 이스라엘의 멸망이 그 민족이 가난한 사람들을 다룬 방식에 엄격하게 연계된 것으로 보이지는 않는다. 오히려 냉담한 태도는 냉혹한 상황의 징후였다. 이를 에스겔의 용어로 표현하자면 "돌의 마음"이었다(겔 36:26). 유대인의 역사를 되돌아보면 유대 전통은 소외계층에 대한 이스라엘의 태도를 일종의 언약상의 지표로 여겼는데, 이 점에서 예수의 관점은 예언자들의 관점이나 (예수 당시와 좀 더 가까운 시기의) 쿰란 공동체의 성전 반대자들의 관점과 별로 다르지 않았다. 예수 등이 보기에 성전에서의 강도질과 가난한 사람들에 대한 압제는 상부에서부터 일어나고 있었고 성전 위계의 상위층에 긍정적으로 영향을 줄 수도 있는 신실한 신자들이라는 비판적인 집단이 없어서 대제사장직은 기능적으로 쓸모가 없게 되었다(또는 쓸모가 없어지는 중이었다). 이제 이스라엘이 그 토대 위에서 자신의 소명을 수행할 새롭고 신적으로 시작된 토대, 즉 새로운 의로움이 절실하게 필요했다.

---

2   그 개념은 매우 오래된 것이다. 사 1:11-17; 시 66:18.
3   말 2:1-9; 렘 2:8-9; 6:13-20; 겔 22:25-31 등.

이 새로운 의로움의 장소는 우리가 다음과 같은 예수의 확신을 고려할 때 의심의 여지가 있을 수 없었다. (1) 현재의 성전은 거의 돌이킬 수 없을 정도로 부패했다. (2) 예수 자신이 새로운 성전 질서의 창시자였다. (3) 그는 이스라엘의 장래의 제사장적 삶이 이미 자기와 자신의 공동체에 의존한다고 생각했다. 따라서 예수 운동의 최초의 형성이나 이후의 부활 선포가 제2성전을 즉각적으로 불필요한 것으로 만들지는 않았지만 그 두 사건은 나름의 방식으로 통상적인 성전 비즈니스가 끝나기 시작했음을 예고했다. 우리가 알 수 있는 한 그 갈릴리 사람은 자기와 자신의 공동체를, 우상숭배와 체계적인 부정의로 망쳐진 성전을 참된 예배와 의로움을 보이는 다른 성전으로 이어주는 유일한 다리로 보았다. 예수의 사역 과정에서 그 다리가 초점이 될수록 그의 메시지의 색조가 점점 더 강해졌다 (그 색조는 밝은 면도 있었고 어두운 면도 있었다).

새롭고 과격해진 이 의로움의 옹호자들은 "옛 의로움"이 어디서 실패했는지를 모르지 않았다. 현재의 제사장들이 자격을 상실한 가장 현저한 지점이 그들에게 맡겨진 부를 잘못 다룬 것과 가난한 사람들을 착취한 것이라면 우리는 예수가—예수 전에 있었던 다른 성전 반대 분파들처럼—이 두 영역 모두에서 의식적으로 현저하게 다른 접근법의 모범을 보였으리라고 예상할 수 있을 것이다. 예수는 경건한 유대인으로서 홍보 전략으로 그렇게 한 것이 아니라 하나님과 하나님의 백성 앞에서 참된 성전이 되기 위한 노력에서 그렇게 했을 것이다. 나아가 우리는 예수가 이를 위해서 자기의 운동이 의로운 성전 공동체의 살아 있는 구현이 될 것을 보장하기 위해 할 수 있는 모든 노력을 기울였으리라고 예상할 수 있을 것이다. 우리가 예수가 당시의 다른 종교 지도자들이 어떻게 행동하고 있는지에 관해 전혀 무관심한 영지주의자 스타일이었다고 미리 전제하지 않는 한, 부에 대한 예수의 접근법은 부분적으로는 현재의 관행에 대한 공개적인 비판으로 의도되었던 점에 의문의 여지가 거의 없을 것이다.

하지만 예수의 전략에는 또 다른 측면인 수직적인 차원도 존재하는 것으로 보인다. 나는 한편으로는 종말론적인 세례 요한과 다른 한편으로는 똑같이 종말론적인 초기 교회 사이에 위치한 예수가 역시 성격상 철저하게 종말론적인 메시지를 설교했고 그것을 구현했다는 입장을 취한다. 그리고 그 종말은 이미 도래해 있었다. 예수 전에 활동했던 사람들과 마찬가지로 예수는 성전의 곤경이 이미 환난의 시간과 임박한 종말론적 위기의 신호를 보냈다고 믿었다. 이는 특히—이전의 성전 반대자들에게 그랬던 것처럼—헤롯 성전이 빠르게 쇠퇴하고 있고 이스라엘의 예언자들이 약속한 모든 것의 초점인 새로운 성전이 다가오고 있음을 의미했다. 이 성전이 임할 때까지 하나님의 임시적인 거처 역할은 고난당하는 신실한 자들을 통해 수행되어야 할 터인데, 그들은 공식적인 반대에 직면해서도 흔들리지 않고 결연하게 그들의 소명 의식을 다졌다.

그러나 예수의 경우 하늘에서 보낸 이 성전이 현실화할 때 그 성전은 독특한 특징을 보일 것이다. 이 성전은 역사의 끝에 갑자기 시작되는 것이 아니라 현시점에서 형태를 취하기 시작할 것이다. 그러는 동안 그 성전은 현재 상황과 역설적인 관계를 맺을 것이다. 한편으로 새 성전 운동은 미래의 영광스러운 상태를 가리킴으로써 현재의 종교 생활에 스며든 유해한 이념—주위의 이교도 문화의 사회·경제적 및 정치적 습관—을 초월하고 그것에 물들지 않을 것이다. 다른 한편으로 현재의 진정한 성전 사회가 미래의 질서가 현재 실현된 것인 한, 그 사회는 그러한 어두운 이념들 및 그 이념들과 연결되어 있고 그것들을 통해 지탱되는 모든 구조에 준엄한 도전을 제기했다. 예수의 사고에서 수직적인 실재는 결코 수평적인 실재로부터 최종적으로 분리될 수 없기 때문에, 또는 이것을 신학적인 관점에서 표현하자면 창조주 하나님에 대한 적절한 예배는 그 구성원들이 창조세계와 올바른(의로운) 관계를 맺고 있고 상호 간에도 올바른(의로운) 관계를 맺고 있는 예배 공동체를 전제하기 때문에, 임하고 있는 하늘 성전은 필연적으로 이스라엘 안에서 사회적 관계들이 적절하게 자리 잡을 것을 요구했다. 이에 미치지 못한다면 어떤 것도 충분치 않을 것이다.

나는 예수가 이 틀 안에서 자신의 사역 전체와 그것의 목표를 이해했다고 주장한다. 그의 사역은 무엇이었는가? 그것은 성전—단지 "종교적" 임무를 띤 "종교" 기관이 아니라 이스라엘의 집단적인 기반을 재형성할 운동—이 되는 것이었다. 예수에게 있어 그 성전이 된다는 것은 인간 관계에서 하나님의 성품을 반영하는 이상적인 대제사장으로서뿐만 아니라 참된 인간의 역할을 취함으로써 인간을 대표한 제사장적 아담의 재연으로서 삶을 사는 것을 의미했다.[4] 하나님의 성품을 반영하는 동료이자 원상태로 회복된 인간에 공동으로 참여하는 자들인 예수의 추종자들에게 있어 성전이 된다는 것은 올바른 관계들로 특징지어지는 이상적인 사회를 구현하는 것이었다. 그의 목표는 무엇이었는가? 제사장직의 목표는 아주 명쾌했다. 그것은 제사를 통해 불의가 있는 곳에 정의를 가져오고, 불결함이 있는 곳에 정결을 가져오고, 하나님의 뜻을 선포하고, 신과

---

4   Fletcher-Louis 2002: 92-103; Beale 2004: 66-70.

인간 사이의 관계를 유지하는 것이었다. "하나님의 뜻"에 대한 예수의 이해는 종말론적인 측면과 윤리적인 측면을 모두 갖고 있었지만 "하나님은 역사의 이 지점에서 무엇을 하고 있는가?"와 "그렇다면 우리는 어떻게 살아야 하는가?"라는 각각의 질문에 대답하는 일 중에서 전자가 예수의 근본적인 출발점 역할을 했다. 논리적으로 하나님의 구속 행위가 신실한 자들의 적절한 반응을 결정했다. 이 "반응"은 (우리가 "종교적"이라는 말에 대해 생각하는 경향이 있다는 의미에서) 종교적인 반응이 아니라 개인적으로나 집단적으로 인간 실존의 모든 영역에 관련된 삶 전체의 반응이었다.

우리가 1장에서 들었던 다른 성전 반대 운동의 음성들과 마찬가지로 예수는 이스라엘 백성의 삶이라는 졸렬한 모조품의 한가운데서 사역했다. 예수는 그의 사역 기간 내내―그의 생애의 마지막 순간에 행한 성전 정화가 매우 강력하게 선언하듯이―더럽혀진 헤롯 성전의 때가 끝나가고 있다는 것(렘 7장)과 흠 없는 최종적인 성전이 임하고 있다는 것(사 56장)을 일관성 있게 선언했다. 이것은 더 이상 가까운 장래에 안전하게 격리될 사건이 아니었다. 오히려 "인간의 손으로 지은 성전"이 토대를 두고 있는 참된 성전인 하늘 성전이 이제 지상의 권력 구조에 개입할 채비를 갖췄고 지상의 실존 영역 안으로 들어올 터였다(단 7장). 이 끼어듦이 절정에 달할 때 이스라엘은 유배로부터 최종적으로 그리고 완전하게 구속되고, 이스라엘의 지파들이 다시 모이고, 야웨에 대한 참된 예배가 회복될 것이다. 첫 번째 출애굽과 가나안 정복의 전체 요점이 야웨가 예배를 위해 준비할 "장소"를 점령하는 것이었듯이 이제 예수에게도 이 일련의 종말론적 사건들은 참되고 영원한 성전을 전제하며 그 지점에서 결정

적인 종착점을 발견한다.[5]

하지만 이스라엘의 사회·경제 구조에서 찢어진 부분을 수선하려는 상응 조치가 없다면 이 성전 제도를 확립하려는 모든 노력은 잘못된 방향으로 향할 것이다. 이스라엘이라는 신정 국가에서 뭔가가 잘못되었다. 가난한 사람들이 조상에게서 물려받은 땅을 빼앗기고 그 땅에서 분리되었다. 한편 점점 더 많은 땅이 비교적 소수의 지주에게 집중되었다.[6] 예수는 이런 상황을 잘 알았고 이 모든 점이 그가 성전을 청소해야겠다고 결심한 강력한 요인 중 하나였다. 성전 사건 자체가 명확히 보여주듯이 예수는 다음과 같이 말하는 것을 하나의 대안으로 여기지 **않았다**. "이런! 요즘에 가난한 사람들에게 일어나고 있는 일은 참으로 수치스러운 일이다. 우리는 그들의 안녕을 기원해 주고 야웨를 올바로 예배하는 우리의 영적인 일을 계속해 나가는 것이 좋을 것이다." 오히려 그의 요점은 하나님의 백성이 내부의 체계적인 불의를 교정하지 않아서 하나님께 받아들여질 수 있는 예배가 차단되었다는 것이었다. 같은 선상에서 나는 예수 자신의 공동체에서 시작해서 이 사회·경제적 상태를 뒤집는 것이 예수의 대제사장으로서의 의제에서 현저하게 드러났다고 제시할 것이다. 달리 표현하자면 종종 지적되는 예수의 "가난한 사람들에 대한 편애"는 새 성전을 시작한다는 그의 소명에 궁극적인 근거를 두고 있다.

---

5   출애굽과 가나안 정복의 절정으로서 성전 건축에 관해서는 Clements 1965: 50-51에 수록된 고전적인 진술을 보라.

6   그 시기의 땅의 분배와 그것의 경제적 효과에 관해서는 다음 문헌들을 보라. Oakman 1986; Freyne 1988; Fiensy 1999; Pastor 1997. 이차 문헌에 관한 간략한 개관은 Harland 2002: 520-21을 보라.

물론 이 "성전의 일"과 별도로 가난한 사람들에 대한 예수의 관심은 사랑하라는 그의 명령[7]의 연장으로 설명될 수 있다는 이의가 제기될 수 있을 것이다. 한편으로 이는 확실히 옳은 말이다. 하나님 사랑과 이웃 사랑이 가장 큰 계명이라면(막 12:31b) 확실히 경제적으로 및 사회적으로 궁핍한 사람들을 위하는 예수의 마음이 그 이중의 명령과 어떤 관계가 있을 것이다. 실제로 틀림없이 그랬을 것이다.

"사랑이 그것과 무슨 관계가 있는가?"라는 질문에 대한 답이 "아무 관련이 없다"일 수는 없다.[8]

동시에 사랑 자체가 예수가 궁핍한 사람들에 대해 사역한 근본적인 토대였다면 이는 몇몇 질문에 답하지 못하는 결과를 초래한다. 예컨대 예수는 왜 스스로 가난해졌는가? 혹자는 "예수가 가난한 사람들을 사랑하기 위해서는 정말로 가난한 사람들과 같이 될 필요가 있었는가?"라고 의아해할 수도 있을 것이다. 혹자가 이 질문에 대해 "그렇다"라고 답한다면 부자에 관한 문제가 더 심각해질 뿐이다. 만일 예수가 가난한 사람들을 사랑했기 때문에 그들에게 가난한 사람으로 왔다면 이는 우리가 아는 한 **상대적으로** 간과된 부자들을 예수가 똑같이 사랑하지 않았음을 의미하는가?[9] 사랑을 주도적인 동기로 보면 우리는 너무 많이 답변하는 동시에

---

7   막 12:28-34과 병행 구절; 마 7:12; 요 13:34-35 등.

8   예수의 사회 윤리가 사랑의 원리를 통해 포괄적으로 결정된다는 견해는 현대의 학계에서 확고하게 자리 잡고 있다. Harnack 이후 그 견해의 가장 중요한 옹호자에는 다음 학자들이 포함된다. Wernle 1916; Headlam 1923; Scott 1924; Manson 1943.

9   예수가 "가난한 자를 편애"했다고 해서 (Buchanan[1964]이 올바로 지적했듯이) 그가 부자들과도 어울렸다는 사실이 무색해져서는 안 된다. 동시에 그는 적어도 자신이 가난한 사람들을 위한 중개인으로 활동하는 것에 관한 관심과 별개로 이 연결을 유지하지 않았다.

너무 적게 답변하게 된다. 그것은 역사적 관점에서 문제가 있다.[10]

예수가 두 가지 큰 계명을 강조하고 하나님에 대한 사랑과 이웃에 대한 사랑에 초점을 맞췄다는 사실에도 불구하고 문제가 남는다. 확실히 역사적 예수가 사랑에 관해 말했을 때 그는 "모든 번제물과 기타 제물보다 나은"(막 12:33), 가장 중요한 원리로서 사랑에 관해 말했다. 하지만 예수가 이 두 계명이 "모든 번제물과 기타 제물"보다 중요하다고 한 것은 그가 마치 "내면적인" 종교만 중요하고 "외면적인" 종교는 중요하지 않다는 듯이 성전은 적실성이 없음을 의미한 것이 아니다. 오히려 예수는 유대교의 종말론적 기대의 선상에서 앞으로 올 것에 대한 구체적이고 가시적인 표현으로서 모세의 제도에 적실성을 부여하는 동시에 "앞으로 올 것", 즉 종말론적 성전과 그것에 수반하는 실재들의 적실성을 강조했다.[11]

이 경우 예수의 이중의 사랑 명령은 지속적이고 성전을 매개로 한 하나님의 자기 계시를 설명하는 좀 더 넓은 내러티브 안에 쉽게 자리 잡을 수 있다. 이는 나아가 예수에게 있어 사랑은 독립적인 명쾌한 원리가 아니었음을 의미할 것이다(사랑이 독립적인 명쾌한 원리였다는 해석이 주어진 순간에 사랑이라고 생각되는 것에 기초해서 이루어진 선택을 정당화하려는 우리의 문화적 성향에 아무리 잘 들어맞을지라도 말이다). 사랑은 야웨가 이스라엘을

---

10 나는 현대의 예수 연구에서 이 틀이 지속된 것은 우리가 기독론에 "하나님의 속성" 신학 (하나님이 무엇을 하는가라기보다는 본질들을 통해서 플라톤식으로 하나님을 정의한다) 을 투사하려는 경향과 모종의 관계가 있다고 의심한다.

11 마찬가지로 랍비들이 "성전 재건축보다 토라 연구가 더 위대하다"라고 한 말(*Meg.* 16b)은 과거 또는 미래의 성전의 중요성을 파기하려는 것이 아니라—Klawans(2006: 172)가 쿰란 공동체와 관련해서 언급하듯이—"그 집단이 자신의 활동들을 제의 관점에서 묘사함으로써 동시에 제의의 중요성을 단언하려는 것이다."

다루기 전부터 마르키온식으로 기능해 온, 자유롭게 움직이는 추상적 개념도 아니었다. 나는 우리가 마치 사랑이 예수의 윤리의 모든 행로의 출발점이라도 되는 것처럼 사랑에서 출발하면 잘못된 지점에 도착할 것으로 믿는다. 결국 이 설명은 우리의 낭만주의적인 본능과는 공명하지만, 예수가 1세기의 토라를 읽는 유대인이었다는 사실을 진지하게 고려하지 않는다.

예수가 가난한 사람들과 사귄 것에 관한 다른 설명들은 역사적으로 조건지어진 그의 목표를 좀 더 진지하게 고려한다. 그런 견해 중 하나는 예수 운동이 스스로 부여한 가난은 하나님께 대한 신뢰의 본보기가 되려는 노력이었다는 입장을 취한다(타이센). 또 다른 학자는 이 견해에 동의하지만 신뢰 개념에 자기 보호의 부인을 포함한다(호프만).[12] 또 다른 가능성은 예수의 독특한 소명이 그 나라에 대한 그의 개념과 연결되었다는 것이다. 예수는 가난한 사람들과 함께함으로써 "단순히 그들이 가난하고 궁핍하고 멸시받는다는 이유로…하나님이 가난한 사람들 편을 든다고 주장"했기 때문이다(쇼트로프와 슈테게만).[13] 이는 궁극적으로 가난한 사람들이야말로 하나님의 자비에 열려 있는 사람들이라는 이전의 입장(불트만)[14]과 동떨어진 것이 아니다. 예수와 가난한 사람들에 관한 다른 해석자들은 좀 더 정치적인 해석을 해석을 채택하는 경향이 있었다. 좀 더 정확하게는 많은 학자가 예수가 자신을 가난한 사람들과 동일시한 것을 지역적(갈릴리/유대) 갈등 및 인구학적(시골/도시) 갈등과 밀접하게 겹치는 계

---

12   Theissen 1978, 2004; Hoffmann 1994.
13   Schottroff and Stegemann 2009[1986]: 36.
14   Bultmann 1934[1926].

급 투쟁을 지지하는 것으로 보았다(크로산, 헤르초그, 아르날, 호슬리).[15] 예수가 가난한 사람들과 함께한 것은 원리에 의해 유발된 것이 아니라 그 환경에 특수한 특정 고려사항에 의해 유발되었다는 전제가 이 모든 접근법의 공통점이다.

"예수가 왜 가난한 사람들 가운데서 사역했는가?"라는 질문에 답변함에 있어 나는 선험적으로 가장 좋은 대답은 이 활동을 예수의 영원한 토라 요약 전통에서 잘 입증되는 그의 개인적인 사랑의 윤리 및 드러나고 있는 이스라엘의 하나님의 종말론적 목적에서 그의 특수한 역할 모두와 연결시키는 해석이라고 주장한다. 나는 더 나아가 이 선상의 해석이 예수가 맡은 야웨의 대제사장이자 종말론적 성전 건축자로서의 정체성과 합쳐진다고 주장한다. 정당하게 임명된 지상의 야웨의 대표자로서 예수는 신이 인간과 관련하여 의도한 모든 것을 자신에게서 구현했는데 여기에는 특히 사랑의 덕목이 포함되며 그것은 자연스럽게 궁핍한 사람들에게 표출되었을 것이다. 메시아적 성전 건축자로서 예수는 새롭게 재구축된 백성 안에서 사회·경제적 균형을 새롭게 확립함으로써 이스라엘에서 그 균형을 회복할 책임을 짊어졌다. 많은 해석이 토라에 기반한 예수의 (지혜) 윤리를 그의 종말론과 연결하기 위해 애썼는데, 성전으로서 예수도 양자를 잘 통합하는 설명 모델이다.[16] 예수가 가난한 사람들에게 왔을 때 그는 야웨의 사랑과 의로움을 구현한 제사장적 대표자로서 **및** 그의 조용한

---

15 Crossan 1991, Herzog 2000, Arnal 2001: 203; Horsley 2008.
16 Theissen and Merz(1998 [1996]: 379)가 다음과 같이 언급하듯이 말이다. "학자들은 종종 예수의 윤리의 핵심을 토라와 독립적일 수 있는 지혜 **또는** 토라를 초월하는 종말론에서 찾으려고 한다. 하지만 특히 이 대목에서는 잘못된 판단을 내리기 쉽다"(강조는 덧붙인 것임).

출정이 최종적인 성전을 위한 새로운 공간을 깨끗이 정리할 것이라고 약속한 제사장적 전사 모두로서 온 것이다.

이 두 가지 요점을 확고히 하기 위해 나는 우선 예수가 가난한 사람들에게 특별한 관심을 보였다는, 논란이 없는 주장을 살펴보고자 한다. 이 점은 역사적으로 복구할 수 있는 특정한 조우들(반쯤은 사적인 대화들)과 관행들을 통해 입증된다. 둘째로, 나는 이 관심의 성격을 탐구해보고자 한다. 자아 정체성이 거의 전적으로 친척과 친족에게 의존했던 1세기 팔레스타인 같은 사회에서 가난한 사람들과 함께한다는 것은 중요한 의미에서 가난해지는 것이었다. 달리 말하자면 예수는 추상적인 개념으로서 가난한 사람들에 관해 가르치지도 않았고 멀리 거리를 두고서 그들에게 자선을 베풀지도 않았다. 그는 사회적으로 같은 계급으로서 그들과 얽혔다. 이 점은 자체로서 중요할 뿐만 아니라 향후의 논의를 위한 의제도 설정한다. "예수와 가난한 사람들"에 관한 어떤 설명이 설득력이 있으려면 그것은 반드시 예수가 왜 가난한 사람들을 **위해** 서 있었는지뿐만 아니라 그가 왜 가난한 사람**으로서** 서 있었는지도 설명해야 한다. "위해"와 "으로서"의 이 두 측면은 우리가 그의 제사장적 소명을 참조할 때 가장 잘 설명된다.

나는 나의 연구를 조우들과 관행들만으로 좁히는 것은 많은 관련 자료를 부당하게 대우하는 처사라는 점을 인정하지만 지금까지 보존된 전승에 의하면 예수가 다른 어떤 문제에 관해서보다 재정 문제에 관해서 더 많이 말했다는 점은 말할 필요도 없다. 이 점에서 부와 가난에 관한 그의 의식은 복음서 전승 도처에서 표현된다.[17] 하지만 이 자료들을 철저하게 다루다 보면 곁길로 너무 멀리 벗어날 수 있으므로 나는 자제할 것이다. 이 자료들은 예수의 음성을 제시하고 있는 것으로 널리 인정되고 있기 때문에 특히 중요하다.

2. 어떤 부자(막 10:17-22)

이것은 당시의 랍비들에게 이례적이지 않은 질문을 갖고서 예수에게 다가온 어떤 사람에 관한 3중의 전승에 보존된 조우를 전해준다.[18] 복음서들에서 종종 그러듯이 그 대화는 예기치 않은 반전을 취한다.

> 예수께서 길에 나가실새 한 사람이 달려와서 꿇어앉아 묻자오되 "선한 선생님이여, 내가 무엇을 하여야 영생을 얻으리이까?" 예수께서 이르시되 "네가 어찌하여 나를 선하다 일컫느냐? 하나님 한 분 외에는 선한 이가 없느니라. 네가 계명을 아나니 '살인하지 말라, 간음하지 말라, 도둑질하지 말라, 거짓 증언하지 말라, 속여 빼앗지 말라, 네 부모를 공경하라' 하였느니라." 그가 여짜오되 "선생님이여, 이것은 내가 어려서부터 다 지켰나이다." 예수께서 그를 보시고 사랑하사 이르시되 "네게 아직도 한 가지 부족한 것이 있

---

17 이 선상의 연구를 발견하기는 어렵지 않다. 특히 다음 문헌들을 보라. Esler 1987; Moxnes 1988; Petracca 2003; Oakman 2008. 좀 더 이른 시기의 연구들에 대한 개관은 Donahue 1989를 보라. 좀 더 최근의 연구는 Phillips 2003을 보라.
18 병행 구절 눅 18:18-23//마 19:16-22.

으니 가서 네게 있는 것을 다 팔아 가난한 자들에게 주라. 그리하면 하늘에서 보화가 네게 있으리라. 그리고 와서 나를 따르라" 하시니 그 사람은 재물이 많은 고로 이 말씀으로 인하여 슬픈 기색을 띠고 근심하며 가니라.[19]

이 구절은 진정성의 모든 표지를 갖고 있다. 예수가 자신이 선함을 암묵적으로 부인한 것("하나님 한 분 외에는 선한 이가 없느니라")이나 신성으로부터 거리를 둔 것은 초기 교회의 신학적 본능을 반영한 것으로 보이지 않는다. 더욱이 최초의 질문과 핵심 계명들의 열거는 랍비식 대화의 평범한 형식으로 보인다. 그렇다면 표면상으로 그 장면은 예수가 활동했던 세계를 사실적으로 반영한다.

(1) 핵심 용어 정의하기

마태복음과 누가복음에서는 약간만 다른, 그 대화에 관한 기사는 즉각적으로 두 가지 질문을 제기한다. 첫째, 그 사람에게 소유를 나눠주라고 요구된 "가난한 자들"은 누구를 의미하는가? 어떤 학자는 이 질문에 대해 순전히 신학적인 관점에서 답변하는 반면(영적으로만 가난한 자들) 다른 학자는 엄격하게 사회적 관점에서만 답변하고(사회적 지위 면에서만 가난한 자들) 또 다른 학자는 그 범주를 경제적 관점에서(말 그대로 가난한 자들) 보는 경향이 있지만, 이 문제에 관해서는 이 개념들 사이의 구분을 없애지 않으면서도 그 모든 범주를 포함해야 한다.[20] 한편으로 "가난한" 자들은 물

---

19   막 10:17-22.
20   그 구절에 나오는 "가난한 자들"이 경건한 빈자라는 관점에 관해서는 Lohse 1981과 Dietrich 1985를 보라. 사회적 묘사로 보는 관점은 Sabourin 1981과 Green 1994를 보라.

질적으로 다른 사람들의 자선에 의존하는 "지극히 궁핍하고 핍절한" 사람들이었다. 예수 시대에 이들은 대체로 소작 농부들과 땅이 없는 사람들로 구성되었다.[21] 이 의미의 가난은 단순히 경제적 현실이기만 했던 것이 아니라 불가피하게 사회적 함의도 수반했다.[22] 다른 한편으로 "가난한" 자들은 이스라엘 안의 남은 자들로서(예컨대 사 61:1-3; 시 18:27) 그들은 힘있는 악인들에게 고통을 당하는 자들이거나(시 9:18; 10:2; 12:5) 이스라엘을 대표한 의인들(슥 9:9)이었다. 주로 이 의미에서 쿰란 분파와 「솔로몬의 시편」 공동체는 "가난한" 자들로 자처했다.[23] 이 후자의 신학적 의미는 사회·경제적 의미와 겹칠 수 있고 실제로 겹쳤지만 (마치 가난 자체가 미덕이기라도 한 것처럼) 가난과 의로움 개념을 하나로 통합하는 것은 그 용어에 내재된 의미상의 일련의 함의를 무시하는 처사일 뿐만 아니라 물질적인 결핍이 피해야 할 악이라는 명확한 유대인의 가르침에도 어긋난다.[24] 부에는 확실히 숨겨진 덫이 있기는 하지만 유대교는 결코 가난이 본질적

경제적 관점에서 보는 견해는 Bammel 1968과 Albertz 1983을 보라.

21 Schottroff and Stegemann 2009[1986]: 16. 다음 학자들도 유사한 입장을 보인다. Hengel 1974: 15-19; Karris 1978: 112-13; Kvalbein 1987; Berges and Hoppe, 2009: 60. "스스로 밥벌이를 하는 가난한 자들과 구제에 부분적으로나 전적으로 의존한 가난한 자들" 사이의 Jeremias의 구분(1969: 110)은 실제로는 중요한 구분이 아니었을 수도 있다.

22 Green 1994에서 강력하고 올바르게 강조되었듯이 말이다. "가난한"이라는 용어가 주로 사회적 지위와 관련이 있다는 Green의 주장이 옳을지도 모른다. 그렇다고 해서 이 개념이 신학적인 구성 개념으로서 "가난한" 자들과 반드시 상충하는 것은 아니다.

23 다음 텍스트들을 보라. 4Q171 2:9-10; 1QM 11:8-9, 13; 「솔로몬의 시편」 5:2, 11; 10:6. 동일한 교차 사용이 역사적 예수의 가르침에서도 흔하게 탐지된다. "예수의 설교를 검토해보면 우리는 예수에게 있어 '사회적 질문'은 동시에 '신학적 질문'이기도 하다는 것을 알 수 있다"(Berges and Hoppe 2009: 79).

24 많은 예 중 다음 텍스트를 보라. 잠 6:11; 10:4; 30:8; 토비트 4:14; 집회서 11:14. 랍비 문헌에서 유사한 정서는 Str.-B. 1:818-26을 보라.

으로 유익하다고 가르치지 않았고 예수도 그렇게 가르치지 않았다. 우리
가 살펴보고 있는 구절에서 "가난한"이라는 단어에 숨어 있는 신학적 함
의를 잘라낼 수는 없지만 이 대목에서 그 단어는 주로 구제의 수혜자로
생각된 사람들을 가리킨다. 구제의 수령인으로서 이 가난한 자들은 사회
의 주변부에 붙어 있는, 반쯤 굶주린 곤궁한 사람들이다.

우리가 주의를 기울여야 할 두 번째 질문은 다음과 같다. 예수가 "하
늘에 보화(thēsauros)"가 있을 것이라고 제의한 것(막 10:21)은 무슨 뜻이었
는가?" 이 질문에 답변하기 위해 우리는 먼저 그 사람의 주된 관심사가
"영생", 즉 부활한 상태의 달성에 놓여 있었음을 주목한다.[25] 예수가 빵
을 달라는 그 질문자의 요청에 대한 응답으로 돌을 주려고 의도하지 않
은 한 "하늘에 있는 보화"는 틀림없이 부활에서 절정에 도달하는 구원과
밀접한 관련이 있는 어떤 것을 가리켰을 것이다. 그렇다면 예수에게 "하
늘에 있는 보화"를 가지는 것은 일반적인 부활, 즉 예수 자신과 유대교의
상당히 많은 사람이 기대했던 부활에서 입지를 확보하는 것이었다.

이 대목에서 중요한 배경이 있었다. "하늘에 있는 보화"에 대해 언급
함으로써 예수는 기원전 2세기의 집회서 같은 텍스트에 입증된, 잘 확립
된 전통을 암시했다.

계명대로 가난한 사람을 돕고 궁핍한 사람을 빈손으로 돌려보내지 말아라.
형제나 친구를 위해서라면 손해를 봐도 좋다. 돈을 돌 밑에 두어 썩혀버리

---

25 "영생"을 부활한 상태로 보는 관점에 대해서는 다음 텍스트들을 보라. 「솔로몬의 시편」
3:16; 「에녹1서」 37:4; 40.9; 58.3; 「아셀의 유언」 5:2.

는 것보다 형제나 친구를 위하여 손해보는 것이 낫지 않겠느냐? 지극히 높으신 분의 명령대로 네 재물(thēsauron)을 써라. 그것이 황금보다도 너에게 더 유익하리라. 네 곳간(tameiois)을 적선으로 채워라. 그러면 네가 모든 불행에서 벗어나리라.[26]

확실히 예수의 지시는 구제와 구원론적 가치 사이의 널리 퍼진 상관관계에 뿌리를 두고 있다.[27] 하지만 예수는 거기서 몇 가지를 비튼다. 현재의 구제가 향후 하늘의 보상을 위한 길을 닦는다는 보편화된 개념을 잘 알고 있는 예수는 반드시 이 연결 관계를 에누리하지는 않으면서도 "하늘에 있는 보화"와 자신의 운동에 가입하는 것 사이의 분리할 수 없는 연결 관계를 암시함으로써 그것을 넘어선다. 더욱이 1세기의 특정한 랍비들은 구제에 상한선을 둔 반면 예수는 한도가 없는 구제를 요구한다.[28] 예수는 적어도 이 경우에 자신의 운동에 가입하는 것은 그 사람이 자신의 자산을 가난한 사람들에게 나눠주는 것과 별도의 선택이 아니라는 점을 명확히 한다. 앞서 언급한 바대로 그것은 중간 지대에 대한 여지가 전혀 없는 절대적인 궁지 또는 금지된 경로 중에서 하나를 고르거나 정할 선택지였다. 그 요구의 총체적인 성격과 이 세 가닥—완전한 경제적 청산, 하늘에 있는 보화, 그리고 예수 운동에의 참여—의 결합은 그 선한 교사가 단순

---

26 집회서 29:9-12.

27 다음 문헌들을 보라. Posner 2007[1970-1]; Anderson 2007: 51-52.

28 기원전 2세기 우샤 공의회(Council of Usha)에서 내려진 판단이 전해져 내려온 것이라고 주장되는 b. Ketub. 50a(m. 'Arak. 8:4도 참조하라)는 세대주가 자신의 부의 20%를 초과하여 기부하는 것이 허용되지 않는다고 규정한다. Hengel 1974: 20-21을 보라.

히 표준적인 유대인의 질문에 대해 표준적인 유대교의 답변을 반복하고 있는 것이 아님을 암시한다.[29] 오히려 예수가 그 질문을 다룬 것은 결코 표준적이지 않았다.

이는 "하늘에 있는 보화"라는 어구가 이상하게 다시 만들어지고 있었을—사실 그것을 요구하기조차 했을—가능성을 제기한다. 이 연결에서 한층 더 흥미로운 점은 **테사우로스**(thēsauros)가 "보물"을 의미하는 것이 아니라 "귀중품 보관실" 또는 "귀중품 창고"를 의미한다는 것이다. 예수가 종종 가정사에 관한 직유법으로 소통했고 일상의 은유가 일반인들의 심금을 울릴 수 있다는 말에는 일말의 진실이 있지만 우리는 이 대목에서 그 규칙에 대한 예외를 만난다. 1세기 팔레스타인 가정의 대다수가 서서 드나들 수 있는 현대의 옷장보다 그리 넓지 않은 공간에서 살았다는 점에 비추어 볼 때 개인적인 "귀중품 보관실"이 이런 "일상의 은유들" 중 하나로 여겨질 수는 없다. 팔레스타인의 몇몇 가정은 귀중품 보관실(tameion)로서 두 배로 만들어졌을 수도 있는 옷장을 가졌던 것으로 보이지만, 그렇다고 해서 예수가 "하늘에 있는 **테사우로스**(thēsauros)"에 대해 언급했을 때 사람들이 이것을 환기하지는 않았을 것이고 그 말은 듣는 사람들에게 색다르게 들렸을 것이다. 사실 잉여물이 있는 사람들은 일반적으로 자신의 부를 가정에 보관하지 않고 성전에 예치했기 때문에 가정에 있는 개인적인 **테사우로스**(thēsauros)에 대한 언급은 이상하게 들렸을

---

29 Sanders(1993: 237)는 예수가 그 논의를 재구성한 것을 다음과 같이 잘 요약한다. "그는 자신의 사명을 참으로 중요한 것으로 여겼다. 사람들이 할 수 있는 일 중 가장 중요한 것이 그를 영접하는 것이었다면 비록 예수가 다른 요구들은 무가치하다고 말하지 않았을지라도 그 요구들의 중요성은 축소되었다."

것이다.[30] 사실 성경에서 약 80번 나오는 **테사우로스**(*thēsauros*, 히브리어로는 '*ōcar*)는 몇 번을 제외하고 모두 성전의 보고를 가리킨다. 이 때 성전은 대개 시온에 있는 성전을 가리키지만 하나님의 우주적 창고, 즉 하늘에 있는 성전을 가리키는 경우도 있다.[31] 이 창고는 모든 지혜와 의로움의 원천이자 본질적으로 참된 토라를 숨겨둔 곳이다.[32] 그것은 물론 종말론적 유대교가 하늘에서 이뤄진 것같이 땅에서도 이뤄지기를 보기 원했던 창고이기도 했다.

우리가 이 사건을 예수가 하나의 성전의 멸망에 대한 신호를 보내고 다른 성전의 건축을 약속하는 성전 정화를 예견하여 읽을 경우 우리는 "하늘에 있는 보화"가 개인화된 하늘의 보상이나 유익을 가리키는 것이 아니라 매우 무거운 종말론적 하중을 지니고 있을 가능성을 진지하게 고려해야 한다. 달리 말하자면 우리는 이 대목에서—다른 많은 대목에서와 마찬가지로—예수가 비유적으로 하늘나라에 관해 말하고 있다고 생각할 준비가 되어 있어야 한다. 따라서 그 구절은 한편으로는 구제의 구원론적 유익에 관해 넌지시 언급하면서 다른 한편으로는 하늘 성전이 예수의 사역을 통해 잠정적으로 계시되고 있는 지금 그 성전에 참여하는 것에 관해 언급할 것이다. 예수에게는 "하늘에 보화를" 제공하는 것은 도래하고 있었고 지금 막 도래한 종말론적 성전에 지분을 투자하는 것이었다.

---

30 Hamilton 1964: 365-70; Stevens 2006: 136-66. 성전에 보관된 돈의 양은 막대했다. 요세푸스(『유대 고대사』 14.4.4 §72; 『유대 전쟁사』 1.7.6 §152; 1.8.8 §179)에 의하면 신성한 돈은 2,000달란트에 달했는데 이는 오늘날 노동자의 임금으로 환산할 경우 약 7억 달러에 해당한다. Binder 1999: 427을 보라.

31 신 28:12; 렘 10:13; 참조. Hauck 1965: 136-38.

32 잠 8:1-21.

"하늘에 있는 보화"의 현세적인 측면은 마태복음(6:19-20)과 누가복음(12:32-34)에 보존된, 같은 어록의 다른 버전일 수 있는 구절을 통해 확인된다. 이 대목에서 우리는 예수가 다음과 같은 두 부분의 명령을 내리는 것을 발견하는데 이는 재구성하여 추정된 Q 자료와 매우 가까웠을 가능성이 크다.[33]

> 너희를 위하여 보물을 땅에 쌓아 두지 말라. 거기는 좀과 동록이 해하며 도둑이 구멍을 뚫고 도둑질하느니라. 오직 너희를 위하여 보물을 하늘에 쌓아 두라. 거기는 좀이나 동록이 해하지 못하며 도둑이 구멍을 뚫지도 못하고 도둑질도 못하느니라.[34]

부유한 질문자에 대한 대답과 마찬가지로 이 구절 역시 물질적인 부의 무상함을 환기하는 집회서 29장을 상기시키는데 이는 부식시키는 "동록"에 대한 언급을 빠뜨림으로써 그 연결을 느슨하게 하는 누가복음에서보다 마태복음에서 더 두드러진다(참조. 집회서 29:10). 그러나 우리는 유대 지혜 문학에서 진부한 모티프인 이 철학적 개념이 요점의 전부라고 너무 성급하게 결론을 내리지 말아야 한다. 사실 도적이 구멍을 뚫고 들어와 훔치는 하나의 보물(우리가 누가복음을 선호할 경우 일련의 "보물들")과 그런 일이 일어나지 않는 "하늘에 있는" 다른 보물 사이의 세 번째 비교는 예수의 취지가 단순히 형이상학적인 것이 아니라 이스라엘 자체의 최근 역

---

33 Johnson 2007: 2 이하의 논의를 보라.
34 Q 12:32-34.

사에서 똑같이 강력한 준거점을 갖고 있음을 암시한다.[35] 사실 예수가 성전의 강도에 대해 언급한 것이 어떤 점에서든 그 말을 듣는 사람들의 집단적 기억을 자극했다면 그것은 그들의 성전이 대개 외국인 통치자들과 행정 장관들의 손에 여러 번 악랄하게 뚫림으로써 더럽혀졌다는 고통스러운 사실이었을 것이다.[36] 동시에 내가 앞 장에서 주장한 바와 같이 예수의 청중은 대제사장들이 그 당시까지도 체계적으로 성전 강도질을 해오고 있었다는 것을 잘 알았다. 그렇다면 나는 예수가 이 대목에서 매우 모호한 방식으로 성전 엘리트가 성전 모독의 오랜 궤도를 따르고 있다고 암시한다고 주장한다.[37] 예수는 지상의 보관실에서는 형이상학적·도덕적 부패가 당시의 풍조였다고 말하고 있는 것으로 보인다.

---

35 예수가 유명한 그리스 철학이나 냉소주의에서 발견되는 것과 유사한 정서를 표출하고 있을 수도 있지만(Desmond 2006을 보라) 그것은 계보상의 관계에 관해 거의 아무것도 말해주지 않는다. 나는 예수와 당시의 냉소주의 철학자들 사이의 비교는 진부하다는 것이 입증되었다고 생각한다. 예컨대 다음 문헌들을 보라. Betz 1994; Wright 1996: 66-74.

36 이 대목에서 우리는 예컨대 안티오코스 4세(마카베오하 3장), 크라수스(『유대 고대사』 14.7.1 §105; 『유대 전쟁사』 1.8.8 §179), 사비누스(『유대 고대사』 17.10.2 §264; 『유대 전쟁사』 2.3.3 §50) 또는 그 당시에 좀 더 가까운 예로는 필라투스(『유대 고대사』 18.3.2 §60; 『유대 전쟁사』 2.9.4 §175)의 도적질을 생각할 수 있을 것이다. Schaper(1997: 203-5) 역시 적어도 유배 후 초기 때부터 성전의 귀중품 보관실(ʾōcar)이 십일조뿐만 아니라 "세속적"인 세금도 받았음을 보여준다. 이 관행이 헤롯 시대까지 계속되었다면(아마도 그랬을 것이다) 우리는 마 6:19-20에 수록된 예수의 말이 순조롭게 운영되는 로마의 과세 제도에 일격을 가하려는 의도도 있지 않았을지 궁금해하지 않을 수 없다.

37 특히 예수가 실제로 "속여 빼앗지(aposterēsēs) 말라"(막 10:19)고 말했다면 그가 그 부자를 암시한 것일 수도 있다. 중요한 어떤 사본들에는 그 어구가 없지만 그 어구가 빠진 것은 역사적 차원(제사장의 권위에 대한 예수의 주된 불평은 그들이 가난한 사람들을 속여 빼앗는 것이었다)이나 내러티브 차원(apostereō는 예수와 그의 전기 작가인 마가에게 특별한 관심 대상인 말 3:5에 등장한다)에 잘 들어맞지 않는다. 흥미롭게도 이전 시기의 고전 그리스어에서 그 단어는 보관을 위해 맡겨진 돈을 돌려주기를 거절하는 것을 가리켰다. Lane 1974: 362 각주 31을 보라.

따라서 "하늘에 있는 보화"는 두 차원에서 작동한다. 예수는 명백한 차원에서는 관대한 기부를 통해 보물을 쌓아두는 데 가치가 있다는, 유대교에서 평범한 사항을 말하고 있다. 하지만 그는 다른 차원에서는 현재의 성전 제도의 타락에 관해 얇게 가려진 예리한 비판을 가하고 있다. 이 점이 가장 중요한데, 그는 대안을 제시하고 있다. 이는 헤롯 성전과 공간적으로나 시간적으로 멀리 떨어져 있는 하늘 성전 사이의 선택이 아니다(그것은 사실 전혀 "대안"이 아니었을 것이다. 일반적으로 사막이 누군가가 앉아서 저녁 식사를 할 대안적인 장소로 여겨지지 않듯이 말이다). 예수가 훗날 성전 정화에서 좀 더 명시적으로 요구하듯이 그는 자기의 말을 듣는 사람들에게 지금 결정하도록 요구하면서 성전에 대한 충성에 위기를 조성하고 있다. "예루살렘에서" 예수는 자기 앞에 있는 부자에게 다음과 같이 말한 것으로 보인다. "당신은 인간의 손으로 만들어졌고(따라서 썩기 쉽고) 인간의 죄로 오염된(따라서 신성이 모독된) 성전을 갖고 있다. 하지만 나는 당신에게 잘 알려진 하늘 성전에 있는 성전의 창고를 제시한다. 만들어지고 있는 이 종말론적인 성전은 당신의 인정을 요구할 뿐만 아니라 당신의 존재, 즉 당신의 마음과 부도 요구한다. 당신은 둘 중에서 선택해야 한다." 확실히 더 나은 성전의 보물과 그것과 더불어 더 나은 성전을 제시하는 것은 예수나 다른 누구라도 공개적으로 할 수 있는 일이 아니었다. 적어도 만일 그가 성전과 관련을 맺고 있는 회당들에서 자신의 말을 듣는 사람이 존재하기를 원했다면 말이다. 추상적인 모호성이 필요했다.

(2) 예수의 요구의 사회·경제적 성격

우리는 그 부자가 이 모든 내용을 어느 정도로 이해했는지를 결코 알 수 없을 것이다. 하지만 명확한 장애물이 있었다는 한 가지는 우리와 1세기의 그에게 확실하다. 이 질문자가 자신의 자원, 특히 그의 부동산을 처분해서 그 수령액을 가난한 사람들에게 줄 의향이 없는 한 그는 예수 운동에 가입할 수 없을 것이다.[38] 그리고 그것이 자신의 소유에 애착을 느끼는 사람에게 실망스럽지 않은 대안이 되려면 확실히 예수 운동에 가입함으로써만 영생, 즉 이제 존재하고 있는 종말론적 성전에서의 입지에 대한 보장이 있어야 할 것이다. 그는 영생, 순종적인 자기 부인, 제자도 중에서 어느 한 가지가 없이는 다른 것들을 소유할 수 없었다.

우리가 가난을 자기들의 제사장적 소명의 필수적인 부분으로 수용했던 「솔로몬의 시편」 분파를 생각하든 입회자들이 자신의 소유를 공동의 기금에 넘기도록 요구되었던 쿰란 공동체를 생각하든 간에 우리가 본서에서 고려하고 있는 다른 성전 반대 운동에 관해 알고 있는 바에 비추어 볼 때 이는 완전히 놀라운 요소는 아닐 것이다. 그럼에도 불구하고 예수가 이 대목에서 가난을 새로운 성전, 즉 구원에 참여하기 위한 필요조건으로 요구하는 것에 대한 충격이 누그러지지는 않는다. 우리가 에르네스트 르낭 이후의 많은 저자가 한 말을 믿을 경우 형제 사랑의 따뜻한 윤리를 설교하면서 팔레스타인의 시골 지역을 돌아다닌 예수 같은 사람이 이 말을 했다는 것은 그다지 따뜻하게 들리지도 않고 형제를 사랑하는

---

38 막 10:22에서 복음서 저자는 그 사람이 **크테마타 폴라**(*ktēmata polla*, 많은 재물)를 가졌기 때문에 슬프게 갔다고 개인 의견을 적어 넣는다. **크테마**(*ktēma*)라는 단어는 대개 토지를 가리킨다.

것으로 들리지도 않는다. 우리는 이 심한 최후통첩을 어떻게 이해해야 하며 이 말이 우리가 역사적 예수에 관해 알고 있는 나머지 사실들과 어떻게 조화되는가?

수백 년 동안 주석가들은 이 구절과 씨름하고 그런 질문에 관한 자신의 대답을 제시했지만 그 답변들이 모두 동일하게 만족스러운 것은 아니다.[39] 한편으로는 예수가 그 사람의 마음의 우상숭배적인 상태를 진단했고 그의 도전을 통해서 유일한 치료책을 처방하고자 했다는 전통적인 설명은 확실히 어느 정도는 사실이다. 이것은 단지 마가가 취한 입장만은 아니다. 이 설명은 원래의 배경에서 충분히 타당하다. 이렇게 하기 위해서 반드시 예수 편에서 초자연적인 통찰력이 있어야 하는 것도 아니고 그저 어느 정도의 분별력만 있으면 충분하다. 예수의 조건은 특히 그의 질문자에게 맞춰진 것으로 보이기 때문에 그 사건이 회심과 제자도에 관한, 누구에게나 들어맞는 예수의 조건으로 여겨질(또는 전용될) 수도 없다. 예수가 이끌었던 운동에는 그를 후원할 재산이 있는 동조자들을 포함하여(눅 8:2-3) 다양한 사회·경제적 계층 출신의 많은 구성원이 있었던 것으로 보인다. 따라서 그 사람을 영생과 성전에 대한 적절한 충성에서 분리하는 데 기여한 것은 그의 부 자체가 아니라 부에 대한 그의 태도였다. 전통적인 해석은 그 자체로는 틀리지 않았다.

---

39 예컨대 알렉산드리아의 클레멘스(*Strom*. 3.6)는 그 사람이 황금률을 지키지 못했기 때문에 예수가 궁극적으로 그의 목표를 박탈했다고 말하지만 나는 우리가 그렇게 해석한다고 해서 예수가 실제로 더 친절해지고 더 온화해진다고 생각하지 않는다. 다음 문헌들을 보라. Hays 2009: 261-62; Oden and Hall 1998: 136-37. Cranfield 1951은 다양한 시기의 해석자들의 견해를 잘 보여준다.

하지만 그 해석은 충분히 더 나아가지 않는다. 즉 그것은 그 난제의 사회적·정치적 함의를 다루지도 않고 예수가 그 사람에게 요구하는 바에 충분한 주의를 기울이지도 않는다. 후자를 소홀히 하지 않으려면 우리는 "초연함은 애착을 위한 것이다"라는, 이 구절에 관한 메이어의 간결한 의견에 주의해야 한다.[40] 우리가 그 사람이 선한 교사 자신은 그렇게 할 용의가 없는 어떤 일을 하라고 요구받았다는 이상한 시나리오를 상상하지 않는 한, 예수가 그 사람에게 소유를 포기하라고 요구할 때 그는 자신과 그의 핵심적인 추종자들이 이미 채택한 삶의 방식을 요구하고 있었음이 거의 확실하다. 그렇다고 해서 예수의 모든 추종자가 자발적으로 가난을 취했다는 뜻은 아니다. 예수의 지지자 상당수가 그렇게 하지 않았으며 그들의 선택 때문에 덜 존중받은 것으로 보이지도 않는다. 그러나 역사로서 일리가 있으려면 그 사건은 필연적으로 예수 운동의 핵심이 소박하게 살고 가난한 사람들에게 적어도 어느 정도의 관심을 보임으로써 자신을 주변의 사회와 구분한 인상적인 금욕주의로 특징지어졌다는 것을 전제한다. 이 경우 그 사람에게 자기의 소유를 포기하라는 요구는 아마도 물질을 소유함으로써 누릴 수 있는 다양한 편의뿐만 아니라 그것보다 더 중요한 사회적 지위도 포기하는 것을 포함했을 것이다. 땅이 권력이고 소유가 힘이었던, 자원이 희소한 세계에서 예수 운동에 가입하기 위해 파산 상태를 선택한다는 것은 적어도 팔레스타인 세계의 사회·경제적 계층에 관한 한 일종의 사회적 죽음을 선택하는 것이었다. 그렇다면 사회적 정체성은 필연적으로 외부적인 사회·경제적 요인들에 따라 정의되는 것이

---

40   Meyer 2002 [1979]: 145.

아니라 예수 자신과 그의 가상의, 계급이 없는 사회에 따라 규정되어야 할 것이다.

　　이것이 전부가 아니다. 예수 운동에 가담하면 정치적인 파급효과도 있었을 것이다. 우리는 이 사람이 부유하고 자신을 신실한 유대인으로 여겼다는 것 외에는 그 사람에 관해 아는 것이 거의 없다. 그러나 그가 경제적으로 상류층에 속했기 때문에 유대 지역에서 로마의 지지를 받는 광범위한 귀족 계층과 확고한 연결 관계가 있는 귀족이었을 가능성이 상당히 크다.[41] 예수의 도전을 숙고했을 때 그는 확실히 제의된 기준선을 넘는 것은 카이사르가 그의 군대를 이끌고 루비콘강을 건너 이탈리아로 들어간 것과 유사한, "기득권층"에 대한 정치적 저항 행위라는 결론을 피할 수 없었을 것이다. 재산을 버리는 것은 그와 같은 지위에 있는 사람에게 부가된 상당한 정치적 이점을 버리는 것이었다. 그가 예수 운동 같은 성전 반대 운동에 동조하는 것은 자기들의 친구가 (그의 마음과 더불어) 그의 소유뿐만 아니라 정치적인 현재 상태와 그것을 지지하는 사람들과의 유대를 유지하는 데 대한 관심도 포기하는 것이라는 결론을 내릴 수밖에 없는 그의 동료 귀족들에게 온갖 의문을 제기했을 것이다.[42] 예수 운동으

41　이 점은 그 사람이 "관리"(*archōn*)였다는 누가의 보고를 통해 확인된다.

42　이 점에서 그 사람이 예수의 정신을 채택한다면 그는 암묵적으로 지배적인 문화의 정신을 거절하는 셈이 될 터였다. 이 점에 관해서 Freyne(1992: 88)이 길게 인용될 가치가 있다. "가난한 사람의 십일조 같은, 유대 법의 부 분배 장치는 궁극적으로 삶의 방식, 의복, 건물을 통해 영속화된, 헤롯-로마 지배의 불평등에 도전하지 않았다. 예수 운동의 가치 체계가 채택되었더라면 그것은 당대에 지배적이었던 규범과는 반대되는, 하나님의 이름으로 시행되는 이상을 제안했을 것이다.…헤롯의 가치 체계와 예루살렘의 가치 체계 모두 공격을 받았고 그것들 모두 왜곡하고 소외시키는 가치 체계로 여겨졌다." 다음 문헌들도 참조하라. Herzog 2000, Horsley 2008.

로 전향하는 것이 재구성된 정치적 전망 관점에서 무엇을 의미할지가 (나의 논의의 이 대목에서) 완전히 명확한 것은 아니지만 사회적·정치적 유대를 잘라냄으로써 특정한 대안들이 배제된다는 점은 확실하다. 예수와 그의 질문자가 믿을 수 없을 정도로 근시안적이었을 가능성을 배제한다면 우리는 두 사람 모두 제안된 요구가 수용될 경우 그것은 강력한 힘을 행사해서 그 사람을 이전의 모든 제휴 관계로부터 돌이킬 수 없게 분리하리라는 것을 잘 알았다고 생각해야 한다. 자신의 운동의 의제를 늘 의식하고 있던 예수는 곧바로 그런 단호한 조치가 일어나지 않고는 이 사람이 이 의제를 공유할 수 없으리라고 판단했다. 이 난국이 야기한 실존적 위기는 단지 재산의 소유에 관한 것만이 아니라 자아 정체성에 대한 근본적인 투자와 더 관련이 있었다. 예수는 어떤 타협도 용인하지 않을 터였다. 예수의 요구를 받은 사람은 [과거와] 깨끗이 단절하고 새롭게 형성되고 있는 예수의 세계, 즉 부 및 지위와 관련된 정신적인 우상의 기둥들을 자의식적으로 쓰러뜨린 사회 안으로 들어가든지 현재의 세상 체계와 영원히 결합한 채로 머물러 있어야 한다.

만일 이 모든 것이 사실이라면 이는 예수의 소위 "경제적 이중 기준" 문제를 한층 더 돋보이게 할 뿐이다. 예수의 제자들이 그들의 **모든** 소유를 완전히 버리지는 않았다고 할지라도(예수가 죽은 뒤 특정한 제자들이 고기 잡는 일로 돌아갔다는 요 21장의 보고에 비추어 볼 때 제자들이 소유를 모두 포기하지는 않은 것으로 보인다) 예수와 그의 제자들이 자발적으로 가난한 순회 설교자의 삶을 살았음을 확인하는 증거가 존재한다.[43] 다른 한편으로 예수

---

43 Theissen 1978이 주장한 바와 같이 본질적으로 그러했다.

의 핵심 제자 집단 밖의 모델 제자들로서 다른 추종자들은—적어도 복음서 저자들이 보기에—그들의 부와 지위를 모두 유지한 것으로 보인다. 확실히 하나의 기준이 아니라 두 개의 기준이 있었다. 예수가 사회·경제적으로 평등한 사회를 건설하는 데 관심이 있었다는 이론에서 볼 때도 예수가 왜 금욕적인 기준을 일관성 있게 일괄적으로 적용하지 않았는지는 수수께끼로 남아 있다.

　나는 우리가 자신의 공동체에 대한 예수의 미묘한 목적을 적절히 이해할 때 그 질문에 대한 답이 찾아온다고 생각한다. 내가 보기에 그 공동체의 평등주의의 이상은—아무리 휘청거렸을지라도—그 자체로 목적이 아니었고 쿰란의 성전 반대 운동에서 유비가 발견되는 더 근본적인 근거에 필수적이었다. 널리 인정되는 것처럼 사해 공동체는 그들의 자원을 공동으로 관리했을 뿐만 아니라 제사장과 평민이라는 두 계층의 구성원을 전제한 위계 제도에 따라 그렇게 했다. 몇몇이 지적하듯이 쿰란에서 제사장 계급의 공동 재산 관행은 성전에 드린 제물을 공유해서 살았던 제사장의 관행에 근거했는데 그 관행 자체는 레위 지파가 이스라엘 백성 가운데서 유산을 받지 않은 것으로 말미암아 필요했다. 그들에게는 땅이 없어야 했다(신 18:1-8).[44] 제사장 역할을 맡은 쿰란의 "아론의 자손들"은

44　Gärtner(1965: 10)도 그렇게 생각한다: "그 공동체에서 시행된 것과 같은, 공동의 재산을 소유하는 관행은 단순히 금욕적인 경건을 표현하는 것 이상이었다. 그것은 아마도 제의의 순결이라는 이상과 관련이 있었을 것이고, 성전 자체에서 발생한 성전의 수입을 다양한 제사장들 사이에 분배한 데서 유래했을 수도 있다." Rost 1955: 6-7을 참조하라. 마찬가지로 그녀의 방대한 연구의 결론에서 Murphy(2002: 455)는 다음과 같이 진술한다: "그 분파는 자신들을 신적 관대함과 인간 또는 적어도 인간의 남은 자들이 구속될 수 있는 가능성 모두에 대한 증인으로서 재물을 공유하는 제사장적 백성으로 보았다."

그들이—적어도 이론적으로는—다른 사람들의 제물에 의존하는 장치를 고안했다. 이와 유사하게 나는 예수 운동의 모든 지지자는 그들의 공통적인 단체가 제사장 기능을 수행했다는 의미에서 제사장이었던 반면 그의 가장 가까운 추종자들은 강화된 제사장 역할을 한 것으로 보인다고 제안한다. 핵심적인 제자들은 그 공동체의 대표로서 이상적인 레위 지파의 제사장을 본받기 위해 자기의 재산을 버리고 다른 사람들의 호의에 자신을 맡겼다. 열두 제자와 아마도 예수와 가까웠던 다른 몇몇에게는 포기와 가난이 그들의 제사장적 소명의 표지였다.[45]

예수 공동체 안의 이러한 이중적인 경제 체제가 내가 묘사해온 사회적 평등주의에 어떻게 조화되는지는 다소 미묘한 측면이 있다. 확실히 예수 운동은 모종의 평등주의로 특징지어졌다. 하지만 우리는 그 점을 과장하지 않도록 조심해야 한다. 복음서 전통이 우리를 완전히 속인 것이 아니라면 예수의 사회는 여러 계층과 관련된 광범위한 추종자, 열두 제자라는 내부 진영, 그리고 이 진영 안에서 베드로, 야고보, 요한으로 구성된 좀 더 밀접한 진영이라는 일종의 계급 사회로 특징지어졌다. 예수를 위대

---

45 Yoder(1994: 75)는 의심할 나위 없이 아퀴나스를 염두에 두고서 그 질문을 그러한 자기 포기가 "모든 시대 모든 장소의 모든 그리스도인을 위한 것이었는가 아니면 그것이 단지 성인들을 겨냥한 '완벽을 위한 조언'이었는가?"로 구성한다. (영적 엘리트에게 적용되는) 복음적 권고가 (모든 사람에게 적용되는) 교훈보다 우위에 있고 그것과는 다르다는 중세의 구분은 최초기 그리스도인들의 경험에는 낯선 엄격한 이분법을 전제하고 그것을 강화했다. 바울이 레위기의 관행에 빗대어 복음 설교자들은 헌물에 의존해서 생활해야 한다고 주장했지만(고전 9:13-14) 그렇다고 해서 그가 평신도 신자들이 가난해질 지경까지 구제한 것을 칭찬하지 않은 것은 아니다(고후 8:1-5). 만일 초기 그리스도인들이 "복음을 전하는 사람들"을 위한 특별한 유급 직책을 구분하지 않았다면 이 역할은 한쪽 극단으로는 평신도의 삶의 양식과 완전히 달랐을 것으로 보이지 않으며 다른 한쪽 극단으로는 그런 삶의 양식과 전혀 구별될 수 없었을 것으로 보이지도 않는다.

한 평등주의자로 묘사하는 경향이 있지만 그가 직책 개념을 승인하지 않았다거나 절대적인 의미의 평등주의(라는 말로 의미하는 내용)에 관심이 있었다는 아무런 암시도 없다. 그 운동은 사실 평등주의**와** 계급 제도로 특징지어졌다.[46]

쿰란 공동체가 명시적으로 이용한 성전 건물 자체의 유비에 의하면 예수 공동체의 모든 구성원은 그들이 동등하게 성전을 구성한다는 점에서 동등한 지위에 있었다. 동시에 그 성전 구조에서 특정한 구성원은 독특한 접근권과 책임을 지닌 특별한 제사장 역할을 했다. 1세기 유대교라는 지형에 위치했던 예수 운동은 동등한 지위라는 점 때문에 두드러졌을 것이다. 원칙적으로 예수는 자기 공동체 안의 사회관계를 새로운 성전의 임박한 침입의 기능으로 보았는데, 그 성전에서 모든 구성원은 우상숭배적인 맘몬 숭배를 피하는 것(그것은 사회적으로 맘몬 숭배에 의해 규정되기를 거절하는 것에 해당했다)과 한 분 하나님에 대한 예배를 그들의 온 힘을 다해 수용하는 것(그것은 자신의 개인 재산을 바치는 것에 해당했다)을 요구했다. 제사장적 소명에 대한 예수의 관점은 원칙적으로 계급 제도를 배제하지는 않았지만 외부의 사회 질서 원칙 부과를 배제했다. 더 나아가 예수의 관점은 적어도 이론상으로는 신적 임재가 이제 새로운 방식으로 모두에게 임했다는 경외감을 고취하는 확신으로 말미암아 모든 적법한 계급 제도가 완화되게 만들었다.[47]

---

46   예컨대 다음과 같은 다양한 학자들은 예수 운동의 리더십 구조에 내재된 계급 제도를 간과한 것으로 보인다. Theissen 1978, Schüssler Fiorenza 1984, Crossan 1991.

47   쿰란 공동체에 관한 Murphy(2002: 449)의 다음과 같은 발견은 예수의 성전 반대 운동에 적실성이 있다. "그 공동체는 부의 공유를 통해 더 이상 외부 경제의 특징인 탐욕과 폭력

(3) 요약

실제로 발생한 사건이라는 모든 흔적을 갖고 있는 예수와 부자에 관한 복음서 기사들은 예수의 목적에 상당한 빛을 비춰준다. 예수가 무릎을 꿇은 사람에게 그의 재산을 땅이 없는 가난한 사람들에게 넘겨주라고 한 요구는 예수 운동에 가입하려는 사람 모두에게 영구적으로 적용되는 원칙으로 보이지 않는다. 하지만 기록된 역사로서 그의 명령은 성전 반대 운동으로서 자아 인식과 자발적인 부의 재분배와 관련된 그 운동의 관련 프로젝트에 빛을 비춰준다. 침입해 들어오고 있는 새로운 성전인 그 공동체는 가난한 사람들을 자기들의 관심과 에너지와 자원을 집중할 특별한 대상으로 여겼다.

물론 예수 앞에 있던 그 사람이 이 점을 어느 정도로 이해했는지는 명확하지 않지만 만일 그가 이해했다면 그는 예수의 요구에 상당히 많은 것이 걸려 있음을 인식했을 것이다. 상류 사회에서 나오라는 요구와 하류 사회로 들어가라는 요구는 별개였다. 사람이 자신의 친족 집단을 통해 규정되는 한(그리고 고대에는 확실히 이 역학 관계가 작동했다), 이 요구는 본질적으로 가난해지는 것을 의미했다. 그 사람에게는 매우 당황스럽게도 예수는 두 가지 모두를 무조건적으로 요구했다. 사회·경제적 힘의 재분배라는 예수의 목적은 가난한 사람들을 낭만적으로 고상하게 만드는 것이나 소박성 자체를 위한 소박성을 치하하는 것과는 거의 아무런 관계가 없었다. 실제적인 차원에서 그의 추종자들은 스스로를 남에게 의존하는 가난

으로 찢기지 않고 충성과 목적에서 연합된 단일한 실체인 **야하드**(*yahad*)가 된다. 그들의 언약적 충성 덕분에 그들은 성령이 거주하기에 적합한 성소가 된다."

한 사람들과 동일시할 뿐만 아니라(이는 그들의 제사장적인 지위를 나타냈다) 맘몬에 의해 견인되는 사회 구조를 피하려고 했다(이는 야웨의 제사장들에게 요구되는 일편단심의 헌신을 나타냈다). 복구할 수 있는 역사적 데이터에 비추어 볼 때 예수와 그의 운동은 이것을 옹호한 것으로 보인다. 이는 우리가 마가복음 10:17-22에서 만나는 사람이 최종적으로 수용할 수 없었던 내용으로 보인다. 혹자가 예수의 종말론적 성전에 참여하는 것이 지금 그 성전의 철저한 요구에 기꺼이 동조하는 것에 의존했다면 그 사람은 더 좋은 제의가 그를 기다리고 있다고 추론했어야 했다.

3. 베다니의 여인(막 14:3-7)

(1) 가난한 자들을 위한 배후의 관행

예수가 가난한 사람들을 대한 방식을 볼 수 있는, 믿을 수 있는 또 다른 역사적 렌즈가 있다. 예수의 생애의 마지막 주간에 일어난 사건에서 우리는 예수 운동 사역의 이유에 대한 추가적인 단서를 발견한다. 아래의 일화는 유월절 이틀 전에 일어났다고 전해진다.

예수께서 베다니 나병환자 시몬의 집에서 식사하실 때에 한 여자가 매우 값진 향유 곧 순전한 나드 한 옥합을 가지고 와서 그 옥합을 깨뜨려 예수의 머리에 부으니 어떤 사람들이 화를 내어 서로 말하되 "어찌하여 이 향유를 허비하는가? 이 향유를 삼백 데나리온 이상에 팔아 가난한 자들에게 줄 수 있었겠도다" 하며 그 여자를 책망하는지라. 예수께서 이르시되 "가만 두라. 너희가 어찌하여 그를 괴롭게 하느냐? 그가 내게 좋은 일을 하였느니라. 가난한 자들은 항상 너희와 함께 있으니 아무 때라도 원하는 대로 도울 수 있거니와 나는 너희와 항상 함께 있지 아니하리라."[48]

어떤 여성이 예수에게 기름을 부은, 잘 알려진 이 장면은 실제로 일어난 사실을 기록한 것으로서의 특질을 갖고 있다. 이 이야기가 누가복음 7:36-50에 기록된 것과 동일한 사건이든 아니든 간에(이에 관한 판단은 갈린다) 마태복음 26:6-13과 요한복음 12:1-12에 기록된 병행 구절은 복수의 증언이라는 기준을 충족한다. 예수나 초기 교회에 관해 부정적으로 묘사하는 자료가 진정성에 관한 비교적 강력한 근거라는, 당혹스러운 요소란 기준의 측면에서 그 일화는 높은 점수를 받는다. 그곳에 있던 "어떤 사람들"은 아마도 제자들이었을 것이다. 그들은 그녀를 꾸짖은 후 곧바로 자기들이 꾸지람을 듣는다.[49] 그 이야기는 베다니의 나병환자 시몬이라는 실제 목격자와 연결되어 있다. 마가복음이 이런 목격자들을 언급함으로써 그런 기사의 사실성을 보증한 것으로 보인다는 보컴의 흥미롭고 도발적인 논지의 힘을 우리가 인정한다면 이는 대수롭지 않은 요소가 아니다.[50] 마지막으로 그 사건은 마가복음이 제공하는 시간 순서에 잘 들

---

48   막 14:3-7.
49   마가가 제자들의 무모함을 강조한 것은 그 구절이 마가가 꾸며낸 것이라는 주장에 유리한 요소가 아니다. 모든 복음서는 다양한 지점에서 기꺼이 제자들을 책망하기 때문에 제자들에게 부적당한 모든 말이나 행동을 후대의 교회에 기반한 변증에 뿌리를 둔 편집비평의 렌즈에 의존하는 것은 다소 의문스럽다. 이 대목에서 복음서 저자가 "제자들"이라는 말 대신 "어떤 사람들"이라는 완곡한 표현을 사용함으로써 충격을 완화하기 때문에 이 점이 한층 더 적용된다.
50   Bauckham 2006(『예수와 그 목격자들』, 새물결플러스 역간); Schenk 1974: 70도 유사하게

어맞는다. 예수의 승리의 입성과 성전 정화 이후 군중이 메시아에 대한 추측에 열중한 것으로 묘사되었다는 것과(막 14:1), 우리가 그 여성이 자신의 행동을 새롭게 선언된 예수의 제사장-메시아 지위에 대한 상징으로 의도했다고 판단할 수 있다는 것에 비추어 볼 때, 그 기름 부음은 단순히 이러한 열정에 대한 개별적인 예일 것이다.[51] 동시에 예수는 그 동작을 매장을 위한 기름 부음을 예기하는 행동으로 재해석한 것으로 보인다(막 14:8). 이 점 또한 역사적 상황에 부합한다. 확실히 이때쯤에는 예수의 운명이 거의 정해졌는데 이 통렬한 장면에서 그가 부활에 대해 어떤 암시도 없이 자신의 임박한 죽음에 대해 불길하게 얘기했다는 것이 부활 후 전설에서 나왔을 법한 소재로 보이지 않는다. 우리가 이미 예수가 자신의 죽음을 예상했을 가능성을 인정했다면 이 일화가 목격자의 회상이 아니라 초기 교회에서 나온 것으로 돌려져야 할 이유가 없다.

그 사건을 역사적으로 믿을 만한 것으로 받아들인다면 우리는 그 여성에 대한 제자들의 불만과 제시된 불만의 이유에서 유용한 실마리를 발견한다. 예수와 함께 있던 "어떤 사람들"은 그녀의 낭비를 주목하고서 화가 났다. 이는 그들이 속으로 그 여성이 사용한 향유의 가치를 재빨리 계산해보고서 그것이 가난한 사람들에게 주어졌을 수 있었음을 깨달았기

주장한다. Bauckham의 논지에 관해 주의할 점이 Schröter 2008과 Patterson 2009을 통해 제기되었다.

51 그 기름 부음이 메시아적이었다는 견해는 다양한 학자들에게 지지를 받지만(예컨대 Schüssler Fiorenza 1984: xiii-xv) 때때로 논란이 되었다. Collins(2007: 642)에게는 올리브 기름 대신 향유를 사용했다는 점이 이 사건을 메시아적으로 보는 것을 문제가 있게 만든다. 그 이의는 설득력이 없다. 같은 물질이 아론의 제사장직을 위해 유보되었고 다른 사람들에게는 사용이 명시적으로 금지되었기 때문에(출 30:23-33) 그 여성이 예수의 메시아-제사장 지위에 대한 자신의 믿음을 나타냈을 개연성이 있다.

때문이었다. 마가가 이 사건을 통해 의도한 것은 부분적으로는 제자들의 둔함에 비추어 그 여성의 이해를 돋보이게 하는 것이었지만 기록된 세부 내용은 예수 운동의 정서에 관해 부수적이지만 중요한 증언도 제공한다. 제자들은 모두 일반적인 상황에서는 그런 귀한 상품은 현금화해서 가난한 사람들을 위해 사용되어야 한다고 가정한 것으로 보인다. 이는 중요한 세부 사항이다. 제자들의 이의 제기는 이 시점까지는 그들이 재화를 얻으면 그것을 팔아서 그 값을 궁핍한 사람들에게 기부했음을 암시한다. 그 텍스트가 역사적으로 일리가 있게 되는 유일한 다른 대안은 제자들이 예수나 그 여성에게 알리지 않고 천연덕스럽게 궁핍한 사람들을 위해 그 향유를 현금으로 바꿀 계획을 세웠다고 상상하는 것이다. 하지만 이 경우 그들의 질책은 어리석은 짓이었을 것이다. 훨씬 더 그럴 법한 시나리오는 값비싼 향유를 쏟아부은 행동이 그들의 행동 방식에 어긋났기 때문에 제자 무리가 참으로 화가 났다는 것이다. 확실히 그들은 "가진 자들"에게 받아서 "가지지 않은 자들"에게 전달해주는 일종의 중개인으로 기능하는 데 익숙했다.

예수 운동이 가난한 사람들을 위해 그런 역할을 맡았다는 점은 요한복음의 상세한 수난 내러티브에서 좀 더 확인된다. 제4복음서의 마지막 장면에서 가룟 유다가 예수와 우호적으로 함께 있는 모습이 등장하는데 그는 곧 예수를 배반하게 될 자다.

이에 예수께서 유다에게 이르시되 "네가 하는 일을 속히 하라" 하시니 이 말씀을 무슨 뜻으로 하셨는지 그 앉은 자 중에 아는 자가 없고 어떤 이들은 유다가 돈궤를 맡았으므로 "명절에 우리가 쓸 물건을 사라" 하시는지 혹은

"가난한 자들에게 무엇을 주라" 하시는 줄로 생각하더라.[52]

그 내러티브의 앞에서 이 복음서 저자는 이미 유다가 공동의 돈궤를 맡은 자임(그리고 그가 그 안의 돈을 마음껏 유용했음)을 언급했다(요 12:6). 이제 그 저자는 제자들이 예수가 유다에게 그 안의 돈을 유월절과 관련된 물품을 사거나 가난한 사람들을 위해 주라고 요청하는 것으로 오해하고 있다고 보고한다. 나는 그 내러티브에서 돈궤에 대해 우연히 언급한 것을 꾸며낸 세부 사항으로 생각하지 않는다. 오히려 그 운동의 공산주의적인 성격에 비추어 볼 때 돈궤는 정확히 우리가 예수의 무리가 보유했을 것으로 예상하는 품목이다. 그리고 제자들 사이에 공동 기금이 존재했으리라고 예상한다면 우리는 그 기금이 가난한 사람들을 위해 집행되었다는 요한복음의 세부 내용의 진정성에 이의를 제기할 수 없다.

우리가 마가복음 14:3-7로 돌아오면 이 점은 그 여성의 낭비를 옹호하는 주님의 진술을 통해 확인된다. "가난한 자들은 항상 너희와 함께 있다."[53] 우선 예수의 말은 마치 거의 덤덤하게 "해가 뜨고 지는 한 언제나 가난한 사람들이 있을 것이다"라고 말하는 것처럼 삶에 관한 일반적인 관찰로 의도된 것이 아니라는 사실이 제대로 인식될 필요가 있다. 그 말의 취지는 그의 추종자들의 특수한 사명에 적용된다. 예수는 그의 공동체의 미래의 삶을 예견하면서 제자들은 항상 가난한 사람 중에서 살 것이라는 점을 전제하고 나서야 비로소 자기가 항상 그들과 함께 있지는 않

---

52 요 13:27-29.
53 예수의 진술은 세 개의 기사 모두에 보존되어 있다(막 14:7//마 26:11//요 12:8).

을 것이라고 지적한다. 이는 우리가 부자 이야기에 대한 분석에서 이미
뚜렷하게 알 수 있었던 바와 같이 예수의 추종자들은 안전하고 사회적으
로 초연한 거리에서 그들의 사역을 수행한 것이 아니라 가난한 사람들과
규칙적이고 밀접한 접촉을 유지했다는 우리의 인상을 강화해준다.[54] 예수
에 관한 한 가난한 사람들에게 주는 것으로는 충분치 않았다. "가난한 사
람들과 함께" **있는 것**이 그 집단의 표준적인 관습이었던 것으로 보인다.
그는 자기가 죽은 뒤 자신의 제자들이 당연히 이전과 똑같이 행동할 것
으로 가정했다. 가난한 사람들과 어울리는 것이 역사적 예수와 그의 운동
에는 그들을 규정하는 특징 또는 오늘날의 용어로 말하자면 "핵심 가치"
였다.

(2) 제사장직과 종말론적 희년

역사가 관습을 묘사하는 것만으로는 충분치 않다. 우리는 이론에도 관심
이 있다. 나는 예수의 추종자들은 가난한 사람들에게 자원을 나눠줌에 있
어 그들 가운데서 그 당시 성전에 관련된 관습과 매우 유사한 관습을 관
행화했다고 제안한다. 늦어도 기원전 3세기부터 성전 기반의 유대교는
소위 "제3의 십일조"에 의존하는 자선 시스템을 실행해서 고아와 과부들
에게 기금을 공급했다. 우리가 아는 한 기금을 모아서 가난한 사람들에게

---

54 이 점은 아마도 예수와 그의 제자들이 나병 환자 시몬의 초대를 받았다는 사실을 통해 충
    분히 명백해졌을 것이다. 그의 별명은 적어도 사회적 의미에서는 그를 "가난한" 사람으로
    분류했을 것이다. 이와 관련해서 우리는 베다니가 문자적으로 "가난한 사람들의 집"으로
    서 피부병("나병")으로 추방당한 사람들을 위한 공간을 제공했다는 Capper(1995, 2006)
    의 흥미로운 가설을 신뢰해야 할 것이다.

분배할 책임을 맡은 사람은 성전의 제사장들(그리고 성전 파괴 후 유대교에서는 회당의 장로들)이었다. 이 역할은 성전이 이스라엘의 자원의 중심점이자 이스라엘의 법제화된 의로움의 출발점이어야 한다는 원칙에서 도출된 것으로 보인다. 예수와 그의 제자들은 기부금을 받고 그 돈을 가난한 사람들에게 나눠줌으로써 본질적으로 성전의 기능을 수행하고 있었다.

그러나 세례 요한의 운동과 초기 교회 사이에 있었던 예수의 제자들은 이 제사장적 소명을 종말론적 관점에서 이해했을 것이다. 마가복음 14:7은 예수의 사역의 성격이 일상적인 토대에서뿐만 아니라 지배적인 토대로서도 어떻게 보였을지에 대한 빛을 비춰 준다. 예수는 "가난한 자들은 항상 너희와 함께 있다"고 말하면서 명백히 신명기 15:1-11을 언급하는데, 그 구절에서 모세는 일곱 번째 해를 빚을 면제해주는(*shemittah*) 해로 명령한다.[55]

신명기의 이 부분은 주목할 만하게도 이상주의, 현실주의, 비관주의가 결합되었다. 그 텍스트는 "네가 만일 네 하나님 여호와의 말씀만 듣고 내가 오늘 네게 내리는 그 명령을 다 지켜 행하면" "너희 중에 가난한 자가 **없으리라**"고 약속한다(신 15:4-5). 하지만 그 텍스트는 좀 덜 확신하는 어조로 "가난한 형제가 너와 함께 거주**하거든** 그 가난한 형제에게 네 마음을 완악하게 하지 말며 네 손을 움켜쥐지 말라"고 계속한다(신 15:7). 마지막으로, 우리는 다음과 같은 다소 불길한 표현을 발견한다. "땅에는 언제든지 가난한 자가 그치지 아니하겠**으므로** 내가 네게 명령하여 이르노

---

55 몇몇 해석자는 이 대목에서 **쉐미타**(*shemittah*)가 빚의 연기를 가리킨다고 주장하지만 이는 개연성이 낮아 보인다. 다음 문헌들을 보라. Cardellini 1981: 270; Chirichigno 1993: 272-75.

니 너는 반드시 네 땅 안에 네 형제 중 곤란한 자와 궁핍한 자에게 네 손을 펼지니라"(15:1-3, 11). 토라는 확실히 신명기 29-32장에서 모세가 이스라엘의 반역을 예상하기 오래전에 그 땅에 가난한 사람들이 있을 것을 예측하는데 이는 언약에 대한 불순종과 관련이 있고 7년 주기에 빚을 면제해 주지 않는 것과 직접적으로 연결된다(신 15:1-6). 예수가 잘 알았던 성서에 따르면 이스라엘 경제의 건강은 이스라엘의 개별적인 채권자들이 채무 상환을 기꺼이 면제해주는 것과 밀접하게 연결되었다. 같은 맥락에서 예수는 "가난한 자들은 항상 너희와 함께 있다"고 말하면서 그가 다른 곳에서 다른 경로를 통해 말해왔던, 이스라엘이 여전히 유배 상태에 머물고 있다는 그의 내적 확신을 표출하고 있는 셈이다.

예수가 인용하는 동일한 텍스트는 이 유배의 근본 원인이 경제적 불의라고 암시한다. 이는 유배와 이스라엘이 "일곱 번의 7년", 즉 레위기 25장에 기록된 희년의 요구 사항에 규정된 채무 면제라는 급진적인 프로그램을 준수하지 않은 것을 연결시키는 예언자들의 증언과 궤를 같이한다. 성경의 이 장은 우리 자신의 성경 신학 이해에 핵심적인 것으로 보이지 않지만 희년은 유대교의 종말론에서 가장 중요한 요소다. 일곱 번째 해에 땅이 휴경되어야 했고(출 23:10-11), 노예가 된 히브리인들이 풀려나야 했으며(출 21:2-6), 그 "민족의 달력"의 일곱 번째 해(49년)마다 채무가 취소되어야 했다(신 15:1-11).

일곱째 달 열흘날은 속죄일이니 너는 뿔나팔 소리를 내되 전국에서 뿔나팔을 크게 불지며 너희는 오십 년째 해를 거룩하게 하여 그 땅에 있는 모든 주민을 위하여 자유를 공포하라. 이 해는 너희에게 희년이니 너희는 각각 자

기의 소유지로 돌아가며 각각 자기의 가족에게로 돌아갈지며[56]

희년법은 다른 모든 의무를 무효로 하고, 채무가 면제되고, 속박된 사람이 풀려나고, 가장 중요한 요소로서 땅을 빼앗긴 사람들이 그들이 물려받은 땅을 회복할 것을 보장했다(레 25:39-55). 이 모든 일은 49년(또는 50년)마다 속죄일에 일어나게 되어 있었다.

속죄일(yom kippur)에 시행되는 땅의 구속과 죄의 용서는 근본적인 유대의 창조 교리와 부합하기 때문에 유대인의 모든 날 중에서 정점인 희년의 날은 임의로 정해진 것이 아니었다. 매년 속죄일에 대제사장이 지성소에 들어가 속죄를 얻고 그것을 통해 우주의 적절한 질서를 회복하곤 했다면 희년의 날에 대제사장이 땅과 인간 사이의 진정한 관계가 창조 때의 균형 상태로 회복되게 해야만 했다.[57] 안식년(출 23:10-11)과 마찬가지로 희년은 파종하거나 수확하지 않아야 하는 해였다. 원시적인 아담 때의 상태와 마찬가지로 이스라엘 백성은 직접 밭에서 난 것만을 먹어야 했다(레 25:11-12). 희년을 쉬는 날인 속죄일과 마찬가지로 희년은 적어도 이론상으로는 성전에 중심을 둔, 종말론적인 새로운 창조를 얼핏 들여다보는 날이었다.

반복하자면 적어도 이론상으로는 이스라엘이 실제로 희년을 준수

---

56 레 25.9:10.
57 대제사장이 희년의 나팔을 불어야 할 책임은 (희년과 관련하여 땅과 노동력의 상대적인 가치를 평가할 제사장의 직무를 규정하는) 레 27:16-25뿐만 아니라 (기름 부음을 받은, "여호와의 은혜의 해"인 희년을 선포하는 제왕-제사장을 상상하는) 사 61:1-2을 통해서도 추론될 수 있다. 11Q13도 보라.

한 실적은 매우 초라하며 적어도 유배 후의 특정한 성찰에 따르면 이스라엘이 그 땅에서 쫓겨난 것은 이 실패—탐욕이라는 민족적 전염병의 징후—때문이었다. 역대기 저자는 역사 해석에서 유배와 희년 사이의 연결 관계에 초점을 맞춘다.

> 칼에서 살아 남은 자를 그가 바벨론으로 사로잡아가매 무리가 거기서 갈대아 왕과 그의 자손의 노예가 되어 바사국이 통치할 때까지 이르니라. 이에 토지가 황폐하여 땅이 안식년을 누림 같이 안식하여 칠십 년을 지냈으니 여호와께서 예레미야의 입으로 하신 말씀(렘 25:11-12)이 이루어졌더라.[58]

확실히 이스라엘은 490년 동안 70번의 땅의 안식년 또는 10번의 희년을 위반했다. 그러나 역대기 저자에 따르면 그 민족은 해방을 얻을 것이고 이미 오래전에 기한이 지난 해방을 얻기 시작했다. 이것이 바로 역대기 저자가 그 땅 전체에 울려 퍼져야 하는 희년 나팔의 본을 따라 제왕적인 해방자의 음성이 왕국 전역에 미친 것으로 묘사하고(대하 36:22. 참조. 레 25:10) 유배를 아담으로부터 50번째 세대로 구성한 이유다(대상 1:1-9:1). 희년이 중대한 다른 두 사건과 연결된 것은 한층 더 흥미롭다.

> 바사의 고레스 왕 원년에 여호와께서 예레미야의 입으로 하신 말씀을 이루시려고 여호와께서 바사의 고레스 왕의 마음을 감동시키매 그가 온 나라에 공포도 하고 조서도 내려 이르되 "바사 왕 고레스가 이같이 말하노니 하

---

[58] 대하 36:20-21.

늘의 신 여호와께서 세상 만국을 내게 주셨고 나에게 명령하여 '유다 예루
살렘에 성전을 건축하라' 하셨나니 너희 중에 그의 백성된 자는 다 올라갈
지어다. 너희 하나님 여호와께서 함께 하시기를 원하노라" 하였더라.[59]

다른 곳에서 주장된 바와 같이 이 텍스트에서 우리는 유배에서 돌아갈
것을 요구하는 고레스의 칙령(기원전 537년)과 성전 재건축 그리고 희년
사이의 암묵적인 관련을 발견한다.[60] 이는 특이한 것으로 보이지 않는다.
소위 제2이사야서(사 44-45장, 61장)에서도 유사한 개념들이 함께 나타난
다. 유배로부터의 귀환은 소원해진 땅의 해방과 동시에 일어났다. 이어서
이 요소들은 이스라엘의 존재 이유인 성전 건축이라는 절정의 사건을 준
비했다. 제2성전기 유대인의 마음에서는 유배로부터의 귀환, 희년의 시
행, 그리고 이 모든 것의 요점인 성전 재건축이 불가분하게 결합되었다는
점이 명확했다.

　　그 이야기는 거기서 끝나지 않는다. 성전 재건축은 예레미야가 예언
한 70년의 유배(렘 29:10-14)가 끝났다는 신호를 보냈지만 다니엘 9:24-
27의 렌즈를 통해서 볼 때 이 성취는 부분적일 뿐인 것으로 보이기 때문
이다. 70년의 유배 전의 열 번의 희년에 상응하여 이 유배가 완료되고 나
서 열 번의 희년이 있어야 할 것이다. 다니엘서는 그 기간의 끝에 황폐
한 때에 이어 "죄가 끝나며" 영원한 의가 드러날 것이라고 약속한다(단
9:24). 우리가 열 번의 희년 기간의 시작을 언제로 정하든 간에(현대의 주

59　대하 36:22-23.
60　다음 문헌들을 보라. Johnstone 2000: 311; Bergsma 2007: 210-11.

해와 고대의 주해 모두에서 의견 차이가 있어 왔다) 유배 후 시기의 시작부터 10번의 희년(490년)을 계산하면 우리는 예수의 시대에 도달한다. 그렇다면 그 시기에 열 번의 희년 기간의 완성에 관한 왕성한 추측이 있었던 것도 이해할 만하다.[61]

예수의 시대와 가까운 시기에 그런 추측을 반영하는 가장 흥미로운 문서는 쿰란 문서 11Q13이다. 그 텍스트는 레위기 25장의 희년 규정에 관한 해석적 페쉐르인 것으로 보인다. 다른 쿰란 문서와 마찬가지로 구별되지만 관련이 있는 성경의 개념들을 결합한 그 텍스트는 주로 희년과 **쉐미타**(*shemittah*, "해방")의 실현에 관련된다.[62] 가장 관련이 있는 부분은 다음과 같다.

> [그 해석은] 그것이 [마]지막 날들에 적용되고 포로들에 관련된다는 것이다. [이사야가 "포로들에게 희년을 선포하고"(사 61:1)…라고 말했듯이 말이다. 그리고 그들의 교사들은 멜기세덱의 유산에게서조차 숨겨지고 비[밀로] 유지되었다.[…]그리고 그들은 자신의 것을 돌려받을 [멜기세]덱의 유[산이다]. 그는 그들에게 희년을 선포하고, 그럼으로써 그들을 그들의 죄[라는 모든 부채로부터] 해방할 것이다.[63]

---

61 Beckwith(1981)를 염두에 두면서 Wright(1992: 313)는 다음과 같이 언급한다. "단 9:24-27에 언급된 '일곱 주간의 해들'을 한편으로는 유배 때와 다른 한편으로는 예루살렘의 건축과 '기름 부음을 받은 왕'의 도래 사이의 시간으로 보는, 관련 인물들을 계산하는 하나의 방법에 의하면 기원후 60년대 중반이 그 주간들의 마지막 '주'에 해당된다고 설득력 있게 주장되어왔다." 이렇게 1세기까지로 세는 것은 확실히 현대에 등장한 개념이 아니다. Beckwith 1996: 217-75에 수록된 제2성전기 텍스트에 대한 조사를 보라.

62 11Q13 2:2-4. 다음 텍스트들도 보라. 1Q22; 1QS 10:6-8.

63 11Q13 2:4-5.

우리가 몇 가지를 살펴볼 필요가 있다. 첫째, 상상된 희년은 "마지막 날들"에 관련된 종말론적 개념이다. 이는 그 텍스트의 저자가 이 절정의 순간을 많은 희년 중 하나로 본 것이 아니라 그의 공동체가 참여하기를 고대했던 최종적이고 결정적인 희년으로 보았음을 암시한다. 둘째, 이 종말론적 해방의 배후 조종자는 창세기 14장과 시편 110편에 등장하는 어렴풋한 인물인 멜기세덱이다. 그는 아마도 그의 직무(시 110편) 및 아브라함이 소유를 되찾았을 때 했던 일(창 14장)로 말미암아 이 역할을 부여받았을 것이다. 쿰란의 저자가 "여호와의 은혜의 해"를 "멜기세덱의 은혜의 해"로 바꾼 것으로 보아서(11Q13 1:9) 우리는 이 멜기세덱이 매우 높여진 인물이라는 점에 대한 추가적인 증거를 필요로 하지 않는다. 그는 사실상 주님이다. 흥미롭게도 그는 이사야 52:7의 종인 인물과 다니엘 9:25의 기름 부음을 받은 왕 모두와 동일시된다(11Q13 15, 18). 이 동일한 멜기세덱이 최종적인 희년을 선포하고 그럼으로써—이것이 나의 세 번째 요점이다—그들의 죄의 유산을 해방할 것이다. 사해문서 공동체에서는 죄 용서와 그 땅으로의 귀환이 상호 교대로 사용될 수 있다고 가정되었던 것으로 보이기 때문에 이 점은 아마도 덜 놀라운 요소일 것이다.[64] 성전 반대 운동 중 하나였던 쿰란 공동체는 이스라엘의 기본적인 문제가 유배 문제이며 유배는 무익한 예배로 귀결되었다고 보았다. 새로운 제사장이 그 문제를 해결할 중추적인 인물이 될 것이다. 그 제사장은 영원한 희년을 선포할 터인데 이는 죄 용서와 각기 자기 땅으로 돌아갈 것을 암시한다.

다양한 분파들이 희년 달력의 세부 내용을 계산하는 자체적인 방식

---

64 예컨대 1Q22 3:5-11을 보라.

을 갖고 있었지만 대략적인 윤곽에서는 10번의 희년 주기가 유대인의 종말론에서 매우 중요했음이 명백하다. 따라서 이 동일한 전망의 정신에 젖은 1세기 유대교는 자기들이 매우 중요한 순간을 맞이하고 있다고 생각했다. 즉 야웨가 큰 해방을 가져오리라는 열렬한 기대가 만연했다. 쿰란 공동체의 서약자들은 이 공기를 호흡했다. 세례 요한 역시 희년의 색조를 띤 종말론의 공기를 호흡한 것으로 보인다. 마지막으로, 만일 우리가 예수를 최종적인 해방을 완성하려고 한 사람으로 본다면 이는 그 자체로는 이례적이겠지만 예수가 결코 유대인의 기대에서 동떨어진 것은 아니다.

그런 비교를 토대로 우리는 예수가 신명기 15장을 언급한 것(막 14:7)을 새로운 시각에서 볼 수 있다. "가난한 자들은 항상 너희와 함께 있다"는 말은 단지 그 집단의 사명을 반복한 말이 아니고 체념하는 현실주의의 표현은 더욱 아니다. 오히려 그것은 종말론적 비전에 대한 단호한 단언이다. 공관복음 텍스트에서 전해져 내려온 여러 전통을 통해 뒷받침된 그 비전은 가난한 사람들에 대한 예수의 사역의 추진력, 즉 희년과 연결되어 있다.[65] 이는 가난한 사람들을 위한 예수 운동의 노력이 그 자체로 제사장적이기는 했지만 그 일들이 여느 제사장의 임무가 아니었음을 의미한다. 예수는 자신의 추종자들이 정태적인 의미에서 제사장들로 기능하리라고 생각하지 않았다. 예수의 성전 반대 프로젝트는 신적으로 정해진 시간표 안에서 동태적으로 이해되어야 한다. 유대 민족에 대한 저주(신 15:6; 28:44)를 추가로 확인해주는 현상인 땅 없는 가난한 사람들의 존재를 너무도 잘 아는 예수는 임박한 하나님의 행동을 통해 그 저주가 번

---

65 마 5:5; 18:21-35; 눅 4:18-19; 11:4 등.

복되려고 하고 있고 따라서 그에 대해 적절한 유일한 반응은 관대한 기부와 빚진 자들의 구속을 위한 노력을 집중하는 것이라고 추론한 것으로 보인다. 이 노력은 단순히 개인적인 차원에서나 우발적으로 행해질 것이 아니라(그런 구제는 이미 규정된 의무였다) 집단적 차원에서 체계적으로 시행되어야 했다. 유배로부터의 임박한 귀환과 율법의 저주에서 풀려날 것을 고대한 예수는 자신의 운동이 유배에서 귀환한 이스라엘을 구현하는 것으로 보았고 따라서 그 공동체는 구성원들 사이에서 유배의 증상인 착취와 부채를 공식적으로 뒤엎는 일을 시작할 임무를 띠었다.

이 점은 우리가 예수 운동 안에서 이미 관찰한 사회·경제적 균등화에 추가로 빛을 비춰 줄 수도 있다. 그런 평등주의는 이제 인권 교리의 표현으로서가 아니라(현대의 평등주의는 예수에게는 완전히 낯설었을 것이다) 레위기 25장에 나타난 해방의 상징적 구현으로서 일리가 있다. 결국 희년은 (18,000일이 넘는 날 중에서) 부채, 예속, 부에 기반한 계급이 전혀 없는 한 날이었다. 예수 운동의 사회·경제적 평등주의가 제자들이 공유한 제사장 지위와 모종의 관련이 있었다면 그것은 급진적인 재분배 관습을 통해 땅의 회복이라는 예수의 목표를 한층 더 강력하게 표현하는 데 기여했을 것이다. 이는 전혀 새로운 것이 아니다. 같은 원리가 예수 이전의 성전 반대 운동인 쿰란 공동체에 적용된 것으로 보인다.[66]

이와 관련하여 예수가 사역하는 동안 직업을 가지지 않았으며, 결혼

---

66 Murphy(2002: 448-49)는 쿰란 공동체의 서약자들은 그들의 공동체주의를 통해 "일상에서 안식년과 희년의 비전을 실현하려고 했다"고 진술한다. 따라서 "그 분파는 급진적인 율법 해석에 바탕을 둔 대안적인 경제를 창조함으로써 자기들이 성화의 중개자로서 성전을 대체하고 따라서 그 땅을 위한 속죄와 번영을 확보할 수 있다고 주장한다."

하지 않았고, 다른 추종자들에게도 할 수 있다면 결혼하지 말라고 요구한 것(마 19:10-12) 역시 이 안식년의 속죄일에 대한 상징으로 의도된 것이었다고 주장될 수 있을 것이다.[67] 만일 희년이 도래했다면 그날은 가장 거룩한 날에 지키게 되어 있기 때문에 속죄일도 도래한 것이다(레 25:9). 토라에 따르면 속죄일 자체가 금욕을 통해 따로 구별되어야 했다. "일곱째 달 열흘날은 속죄일이니 너희는 성회를 열고 스스로 괴롭게 하며…"(레 23:27; 참조. 민 29:7). 속죄일은 일을 마치고 안식하는 것과 태초의 창조 시 아담의 상태로 돌아가는 것을 상징했기 때문에 그날에는 일이나 성행위를 하지 않아야 했다(마찬가지로 아담과 이스라엘 모두를 대표하는 대제사장이 지성소에 있는 하나님의 직접적인 현존 안으로 들어갈 때도 어느 정도 창조 당시로의 복귀가 일어난다). 아마도 그런 특이한 요소를 규정함으로써 예수는 자신과 그의 추종자들이 희년의 속죄의 선구자 역할을 하기를 원했을 것이다.

그 운동이 희년의 원칙에 헌신했다는 점은 복음서들에 기록된, 예수가 죄를 용서했다는 암시에 새로운 빛을 비춰 준다.[68] 예수가 죄 용서를 수여하는 것으로 묘사될 때 그 텍스트가 초기 교회 내에서 속죄 신학("개인적인 죄 용서는 예수를 통해서만 온다")이나 기독론("예수가 죄를 용서하는데 하나님 외에는 죄를 용서할 수 없으므로 예수는 하나님임이 틀림없다")을 덧붙인 몇몇 편집자의 음성으로 돌려지지 않아야 한다. 훗날 교회의 전통이 예수를 이런 식으로 해석하게 되었을 수는 있지만 이것이 예수의 최초의 의도였

---

67 예컨대 Levine 2005: 520-22를 통해 주장된 바와 같이 말이다. Allison(1998: 172-210)은 더 많은 동기를 인정하지만 예수의 독신은 "말세(*Endzeit*)에 직면하여 태초(*Urzeit*)를 되찾으려는 시도의 일환이었다고 주장함으로써 그의 논의를 요약한다(210).

68 막 2:1-12과 병행 구절; 4:12과 병행 구절; 눅 7:47-48; 요 20:23.

던 것으로 보이지는 않는다. 그 땅으로부터의 추방은 야웨의 분노의 표지였기 때문에 전면적인 죄 용서 발표는 적어도 부채의 취소와 그에 상응하는 자기 땅의 회복과 별도로 생각될 수 없었을 것이다. 용서는 야웨에 대한 마음이 바로 잡히는 것뿐만 아니라 자기 조상의 땅에서 새롭게 시작하는 것 역시 의미했고 그 역도 성립했다. 예수가 세례 요한과 마찬가지로 성전이라는 기구 밖에서 죄를 용서했다는 점은 예수에게 자신이 성전으로 부름을 받았다는 의식이 있었음을 나타낸다. 하지만 새로운 성전 구성 자체는 뭔가 참으로 중요한 것, 즉 유배로부터의 완전한 귀환 및 참된 이스라엘과 그들의 땅 간의 재결합이 가까워졌다는 표시였다. 다시 말하지만 이런 요소들은 이스라엘의 최종 목적인 예배의 회복을 위해 필요한 단계들일 뿐이었다.

하지만 이 모든 점은 어떻게 그렇게 놀라운 부동산 이전이 일어날 수 있었는가라는 문제를 제기한다. 가난한 사람들이 어떻게 그들의 부채의 족쇄를 벗어 던지고 사회 전체의 부채 위기를 통해 몰수당한 그들의 땅으로 돌아갈 수 있었는가? 예수는 남은 자들이 그 땅으로 돌아가게 만들 전략을 갖고 있었는가 아니면 용서의 약속은 단순한 희망 사항과 유사했는가?

확실히 예수에게 활짝 열려 있었고 그가 사용하도록 유혹을 받았을 수도 있는 전략 중 하나는 폭력 혁명의 길이었다. 적어도 로마 세계에서는 그 전략이 선택된 적이 있었다. 예수 이전의 수백 년 동안과 수십 년 동안에 일어난 소작농 기반의 반란 운동은 대체로 실패했지만 그런 반란이 항상 실패한 것은 아니었다. 실제로 반란이 성공했을 때 그런 운동은 대개 강제적인 땅의 재분배, 노예 해방, 채무 면제를 시행했다.[69] 특히 예수가 이전 시기의 대중 운동 지도자들과 마찬가지로 때때로 외진 곳에서 군중들에게 둘러싸여 있었기 때문에 이 역사적인 양상만으로도 팔레스타인의 귀족층은 예수와 그의 활동에 관해 신경을 쓰고 그를 감시했을 것이다.[70]

만일 우리가 한번은 군중이 예수를 왕으로 삼으려고 했다는 요한복음의 진술(요 6:15)을 믿을 경우 이런 모임이 항상 무해한 사건이기만 한 것은 아니었기 때문에 귀족층의 두려움에는 어느 정도 근거가 있다. 입증된 정보는 아니지만 요한복음 저자의 그 진술은 확실히 변화에 대한 준비가 되어 있었고 더욱이 예수를 자기들이 고대했던 변화의 대행자로 기대했던, 불만에 찬 소작농들의 그림에 잘 부합한다.[71]

예수처럼 사실상의 지도자 지위에 있는 사람은 유혈 폭동을 통해 경제적인 공평을 달성할 것으로 기대될 수 있었기 때문에 그가 계속 이 선택지를 만족시키기를 거부한 것은 한층 더 주목할 만하다. 땅을 재분배하라는 예수의 요구의 독특성과 그런 재분배를 성사시키기 위해 널리 사용

---

69 플루타르코스(*Life of Cleomenes*)는 그런 반란 중 좀 더 유명한, 기원전 244년 아기스 4세 치하에서 일어난 반란을 기록한다. 그 결과 아기스의 후계자들은 채무를 면제허고 땅을 재분배해야만 했다. 추가적인 예와 논의는 다음 문헌들을 보라. de Ste Croix 1981: 608-9; Oakman 2008: 13-15.

70 고대 자료에서는 반항적인 군중이 외진 장소에 모이는 것을 위험하다고 여겼다. (Tacitus) *Ann.* 15:44; (Josephus)『유대 고대사』18.5.2 §118. Crossan 1994: vii을 보라.

71 Fiensy(1999)는 예수가 군중과 관련을 맺은 것이 이전의 농민 봉기를 토대로 판단할 때 어떻게 최악의 상황의 모든 특징을 보였을지를 보여준다. 경제적 동기의 봉기가 드물지 않았는데 그것은 확실히 제1차 유대-로마 전쟁의 주요 요인이었다. 참조. Hengel 1968; 1974: 16.

된 전략 간의 긴장은 그의 비폭력 윤리에 중요한 배경을 제공한다.[72] 예수는 바로 이 점에 관해 명확히 해 둘 필요가 있었다. 땅과 부채의 강제적인 재분배는 예수가 가려고 하는 길이 **아니었다.**

이 대목에서 흔히 예수는 참으로 땅이 열두 지파에게 회복될 희년을 상상했지만, 땅과 열두 지파 모두를 그것들을 초월하는 방식으로 재정의한다고 주장된다. 널리 말해지는 이 해석에 따르면 예수는 이스라엘과 땅의 의미를 영적인 것으로 만들어서 땅에 대한 장기적인 권리가 없는 사람들에게 땅이 양도되게 하는 동시에 이스라엘을 위한 "참된" 희년을 확언할 수 있었다. 나는 이 해석이 설득력이 없다고 생각한다. 첫째, 그렇게 영적으로 해석하는 것은 예수의 가르침에서는 별로 나타나지 않는 일종의 이원론에서나 이용될 수 있다. 둘째, 1세기의 경건한 유대인들이 하나님을 통해서 시행되는 실제적인 땅의 재분배를 고대했다는 증거는 많지만 팔레스타인의 유대인들이 "땅"이 무형의 뭔가를 의미하도록 그 의미를 변화시켰다는 증거는 미미하다.[73] 예수가 땅을 재해석해서 땅이 "천국"이나 그것과 유사한 어떤 것을 의미하게 되었다는 전통적인 주장은 역사적인 환경에 들어맞지 않는다. 1세기 유대교는 일반적으로 땅의 회복을 기대했기 때문에 예수의 경우 다른 견해가 타당하다고 주장하기를

---

72 산상 설교에서 다음과 같이 전형적으로 표현된 것처럼 말이다. "나는 너희에게 이르노니 악한 자를 대적하지 말라. 누구든지 네 오른편 뺨을 치거든 왼편도 돌려 대며 또 너를 고발하여 속옷을 가지고자 하는 자에게 겉옷까지도 가지게 하며…"(마 5:39-40).

73 이 점은 예컨대 막 10:17-22에 등장하는 부자에게도 해당한다. "상속이라는 말은 '원래 그리고 거의 배타적으로 땅의 소유를 가리키는'" 반면(Collins 2007: 476을 보라. 그는 Hermann 1965: 774를 인용한다) 우리는 그 사람의 질문("내가 영생을 상속하기 위해 무엇을 해야 합니까?", 개역개정을 사용하지 아니함)을 "내가 지금 갖고 있는 부동산을 내세로 가져가도록 확보하기 위해 무엇을 해야 합니까?"에 해당하는 것으로 해석해야 한다.

원하는 사람에게 입증의 책임이 있다.

내가 보기에 예수는 실제로 하나님이 참된 희년, 즉 실제의 흙과 바위의 작은 구획들을 남은 자에게 이전해줄 것이라고 기대했다. 물론 그가 이 일이 정확히 언제 일어날 것으로 기대했는지에 관해서는 암시하는 바가 거의 없다. 그의 생애 동안에 결정적으로 일어날 것인가? 그렇지는 않을 것이다. 그렇지 않다면 그가 왜 체포되기 전날 밤에 "가난한 자들은 너희와 항상 함께 있을 것이다"라고 말했겠는가? 먼 미래에 일어날 것인가? 그 가능성도 낮아 보인다. 그럴 경우 예수가 왜 희년의 실재가 자신의 시대에 곧 나타날 것이라고 암시했겠는가?

우리는 예수의 성전 정화에서 추가적인 통찰을 얻을 수 있다. 적어도 제2성전기 유대교의 상당한 부분에서 회복과 희년이라는 장래의 사건들은 성전 건축과 동시에 발생한다는 점이 기억되어야 한다. 만일 앞 장에서 논의된 바와 같이 예수가 자신을 사람들이 오랫동안 기다려온 성전 건축자로 보았다면 그 성전은 미래적인 측면과 현재적인 측면을 모두 포함한 성전이었다. 그것은 하늘 성전이 시공의 실재 안으로 결정적으로 침입해 들어오기를 고대했다는 점에서 "미래적"이었다. 그것은 예수의 추종자들이 그가 살아 있을 때 및 심지어 그가 죽은 뒤에도 그 성전을 지탱할 제사장으로서의 소명을 수행해야 한다는 점에서 "현재적"이었다.

예수가 이해한 희년에서도 현재의 범주와 미래의 범주가 결합하는 것으로 보인다. 이는 자칭 성전 건축자가 야웨가 상징적인 관점에서 그 땅을 회복할 것으로 기대한 한편, 희년을 현재 시점에도 적용할 가능성을 고려할 가치가 없는 것으로 보지 않았음을 의미한다. 그의 노력들은 상징적이면서도 실제적이었다.[74] 예수가 자신의 시대에 진정한 변화와 진정한 부채 경감의 전망을 상상했다는 암시가 있다. 예수가 다음과 같이 말한 것으로 기록된 누가복음에서 그렇게 추론될 수 있다.

> 네가 점심이나 저녁이나 베풀거든 벗이나 형제나 친척이나 부한 이웃을 청하지 말라. 두렵건대 그 사람들이 너를 도로 청하여 네게 갚음이 될까 하노라. 잔치를 베풀거든 차라리 가난한 자들과 몸 불편한 자들과 저는 자들과 맹인들을 청하라. 그리하면 그들이 갚을 것이 없으므로 네게 복이 되리니 이는 의인들의 부활 시에 네가 갚음을 받겠음이라.[75]

확실히 이 구절에서 누가의 흔적이 발견되지만 확대된 그 말이 전적으로 누가나 그가 사용한 자료에 의해 꾸며진 것으로 보이지는 않는다. 저녁 식사 때 문제가 있는 다양한 계층의 사람들과 어울리는 것이 예수의 삶의 뚜렷한 특징 중 하나였다는 점이 널리 인정된다. 예수에게 이 이상한 사회적 행동에 대해 설명하라는 압력이 있었을 것으로 예상되기 때문에 우리가 자료에서 그런 설명을 발견할 때 그것의 역사적 가치를 일축하기 전에 다시 한번 생각해보는 것이 좋을 것이다. 적어도 몇 가지 지표가 그 반대 방향을 가리킨다. 첫째, "가난한 자들과 몸 불편한 자들과 저는 자들과 맹인들"이라는 예수의 목록은 그가 의심하는 사촌 세례 요한에게 돌려보내는 답변—이 장면은 대체로 진정한 것으로 여겨진다—에 나오는

---

74 Yoder(1994: 76)가 다음과 같이 쓴 말은 적절하다. "기원후 26년인 바로 지금 여기에서 '만물의 회복'을 예시하는 '원기 회복'으로서의 희년 규정이 시행되어야 했다."

75 눅 14:12-14.

유사한 순서를 닮았다.[76] 둘째, 그 구절은 Q 자료에서 유래했다고 생각되고 많은 학자에게 역사적 예수의 비유로 인정되는[77] 누가복음의 뒤에 수록된 단락(눅 14:15-24//마 22:1-14)과 주제와 용어 면에서 밀접한 관련이 있다. 마지막으로, 이 대목에서 부활과 부를 다루는 것이 밀접하게 연결된 것은 마가복음 10:17-22에서 그 두 가지가 연결된 것과 잘 조화된다. 그 구절의 핵심적인 취지가 예수의 사역에서 중요한 역할을 했을 가능성이 인정되어야 한다. 이 모든 점으로부터 우리는 예수가 자신의 계획의 일환으로서 부자들에게—그들 자신은 답례로 대접할 수 없는—가난한 사람들을 대접하도록 장려했다는 비교적 명백한 추론을 할 수 있다.

그리고 예수는 규칙적으로 그렇게 한 것으로 보인다. 이 말이 어쩌다 한번 같이 식사한 손님 몇 명이 모인 자리에서 준비 없이 끄집어낸 말로서 되풀이되지 않은 1회성 발언이었다면 그것이 예수의 전승에 들어갔을 가능성이 작을 것이다. 나는 이 가르침이 예수의 많은 가르침과 마찬가지로 "1회성" 가르침이 아니라 반복된 주요 연설에 가까울 개연성이 크다고 생각한다. 그럴 경우 예수는 아마도 이 비호혜성 전략이 개인적인 차원에서 채택될 것이 아니라 예수 운동의 사명에 필수적인 것으로 여겨지도록 기대했을 것이다. 그의 추종자들이 그의 말을 곧이곧대로 받아들여 자기들이 가난한 사람들을 대접하면 부활 시에 보상을 받을 것으로 믿었다고 가정하면 우리는 예수 운동 공동체 전체가 이 방향으로 협력했으리라고 상상해야 한다.

---

76 눅 7:22//마 11:5. 본서 1장 각주 90의 논의를 보라.
77 Meier 1994: 376. 그런 "많은" 학자에는 예컨대 다음과 같은 학자들이 포함된다. Crossan 1991: 261-62; Dunn 2003: 235-36; Horsley 2003: 91.

현대의 해석자들은 예수의 말들을 감상적으로 다루지 않도록 조심해야 한다. 그렇지 않으면 그 말들이 소박한 도덕주의로 축소될 것이다. 우리가 이 대목에서 예수가 기본적으로 그의 청자들에게 (1세기의 상당어로 말하자면) 다음번 성탄절에 노숙자들에게 쉴 곳을 제공해주도록 자원하라고 요청하고 있다고 생각함으로써 그런 가르침을 오늘날 서구의 언어로 번역할 유혹을 받기 쉽지만, 예수의 원래 청중들이 그의 말을 이런 식으로 이해했을 것으로 보이지는 않는다. 그 비전은 훨씬 더 계획에 입각한 것이었다. 자기의 제자들에게 모든 경우에 "준 만큼 받는다"는 계산과 관련된 호혜성의 족쇄를 벗어버리라고 요구함으로써 예수는 집단적으로, 하지만 자발적으로 자원을 아래로 흘려보내라고 명령한다. 이것이 반드시 사소한 도움인 것도 아니었다. 잉여는 들어본 적이 없고 가난한 가계의 수입 대부분이 음식에 지출되는, 근근이 생계를 꾸려가는 경제에서 가난한 사람들에게 규칙적으로 식사를 제공하는 계획은 적어도 이론적으로는 이 가난한 사람들이 저축하는 것을 가능하게 만들었을 것이다. 저축을 하면 가난한 사람들에게 결여된 자본이 생긴다. 그리고 자본이 있으면 경제적 자유와 이스라엘 안에서 상실한 지위를 되찾을 가능성이 있다. 만일 이것이 참으로 예수의 가르침의 최종적인 계획이었다면 그 목표는 우연히 실행하거나 생색을 내는 자선이 아니라 국지적 차원(local scale)에서 경제적 해방을 도모하는 것이었다. 초기 기독교의 관행으로 미루어 판단하건대 이것이 바로 예수의 첫 추종자들이 이런 사안을 생각했던 방식으로 보인다.

구상된 해방이 단순히 경제적이기만 했던 것이 아니라 사회적이기도 했을 것이라는 점이 반복해서 강조될 필요가 있다. 나는 위에서 예수가 부유한 질문자에게 한 요구는 사실상 그에게 경제적 계급에 따른 사회 질서가 해체된 사회로 들어가는 것을 수반했다고 주장했다. 이 점은 예수가 가난한 사람들과 사귀는 통로로서의 식사를 권장했다는 위 구절(눅 14:12-14)의 발견사항을 통해 간접적으로 입증된다. 예수는 그렇게 함으로써 가난한 사람들을 자기 진영의 일부로 받아들였을 뿐만 아니라 식사와 그가 이런 상황에서 명령한, 문화에 반하는 좌석 배열을 사용해서 엄격한 사회적 계급을 흔들려고 했다.[78] 1세기에 가난한 자, 지체 장애인, 시각 장애인은 사회적 주변인에 속했다. 그러나 식사 관행과 식사 이야기들을 통해 상징적으로 만들어진, 예수가 만들고 있는 사회에서 명예로운 손님으로 선별된 사람들은 이러한 가난한 자, 지체 장애인, 시각 장애인 등이었다. 이것은 식사 때 사회적 약자들을 향해 베푸는 호의 이상이었다. 예수가 잘 알고 있었듯이 가난한 사람들이 부자들과 더불어 또는 그들 대신에 사회적 서열의 최상부에 자리를 잡는다면(그리고 식사만큼 이 사회적 서열을 강화하는 것도 없었다) 궁극적으로 사회적 서열 자체가 퇴화될 것이다. 예수는 자신의 추종자들에게 일생의 상징적인 거동을 통해서 사실상 조용한 혁명을 부추기고 있었다.

(3) 요약

베다니에서 예수께 기름을 부은 여성의 기사는 예수 운동이 사회적으로 급진적인 것이었다는 점뿐만 아니라 여러 면에서 그 운동의 몇 가지 상황도 밝혀준다. 첫째, 그 사건은 예수 운동이 가난한 사람들의 필요를 충

---

78   눅 14:7-11; 마 22:1-14; 23:6a; 요 13:1-17.

족시켜주는 일종의 물품 공급소였다는 사실에 대한 훌륭한 증거를 제공하며 이 점에서 마가복음 10:17-22(젊은 부자)의 증거로부터 도출된 첫 인상을 확인해준다. 둘째, 그 문맥에서 예수가 신명기 15장을 인유했다는 점에 비추어 우리는 가난한 사람에 대한 이러한 관심을 빚을 면제해 줄 성서의 의무를 이행하려는 노력의 일환과 동일시하는 것에 대한 확고한 근거를 갖게 된다. 이 점은 나아가 종말론적 희년이라는 좀 더 넓은 배경에 비추어 이해되어야 한다.

나는 여기서 더 나아가 예수의 희년 계획은 근본적으로 종말론적 대제사장으로서 자기 이해에 근거하고 있다고 주장한다. 쿰란 문서 11Q13 배후의 공동체가 그 땅을 구속하고 이스라엘을 해방시키며 사악한 자들을 심판할 대제사장 멜기세덱에 대한 소망을 품었던 것과 마찬가지로 예수도 그렇게 했다. 그러나 예수의 경우 그 소망은 자신을 기초로 전개되었다. 예수가 종말론적 성전 건축자라는 암시에 비추어 볼 때 이는 그다지 놀라운 일이 아니다. 메시아적인 성전 재건축자는 종말론적 대제사장 직무 역시 수행할 것이다. 이는 예수가 새로 만들어낸 개념이 아니었다. 제2성전기 유대교에서 메시아직과 대제사장직은 일관되게 병행했다.[79]

---

79   Fletcher-Louis 2006, 2007을 보라.

4. 종합

예수와 그의 직계 추종자들은 가난한 삶의 방식을 수용했고 가난한 사람들을 섬겼다. 그들이 이런 삶의 방식을 채택했다고는 해도 그것이 절대적인 빈곤을 의미한 것은 아니었다. 예수는 사회적으로 고립된 금욕주의자가 아니었고 "가난하다"고 여겨졌을 사람들과 식탁 교제를 유지했다. 여기서 가난한 사람들은 경제적으로나 사회적으로 소외된 계층이었고 그들은 대부분의 경우 양쪽 모두에 해당했다. 더욱이 예수와 그의 운동은 자선을 중개함으로써 궁핍한 사람들의 경제적 필요를 충족시키고자 했다. 그는 다른 사람들에게 재물의 자발적인 재분배 실행에 참여하도록 요청했다. 예수는 그의 가르침과 행동 모두를 통해서 가난한 사람들을 위했고, 그들 중에 있었으며, 그들에 관해 말했다. 이는 그의 운동을 규정짓는 특징이었다.

이에 대한 이유는 하나님이 이스라엘의 체계적인 실패를 교정하기 위해 무언가를 하실 것이라는 예수의 확신으로 거슬러 올라간다. 빚, 종살이, 조상에게서 물려받은 땅의 상실을 궁극적으로 희년을 통해 되돌려서 그것을 일시적인 상태로 만들려는 성서의 규정들에도 불구하고 제2성전기에 대제사장들이 이 명령들을 시행했다는 어떤 증거도 없다. 예수의 관점에서 볼 때 상황이 곧 나아지리라는 어떤 증거도 없었다. 시간이 지날수록 점점 더 많은 땅이 쫓겨난 가계들로부터 예루살렘에 기반을 둔 비교적 소수의 가족의 수중에 떨어졌다. 부자들은 점점 더 부유해지는 반면 권리를 상실한 사람들은 ─만일 그들이 운이 좋아서 소작농이 될수 있었다고 하더라도─ 점점 더 멸시당하고 가난해졌다. 극심한 빚의 무게에서 빠져나올 수 없는 가난한 사람들은 어쩔 수 없이 불리한 고금리 대출 계약을 맺게 되고 지급불능에 빠져 유산과 근본적인 자본을 되찾을 수 없는 손실을 입었다. 물론 레위기에 규정된 율법이 적용되었더라면 이 모든 상황이 회피될 수 있었겠지만 그 법이 소홀히 취급됨으로써 빈부 간의 격차가 더 악화되었다.

이스라엘의 지도자인 대제사장 계층은 가난한 사람들의 빈곤을 되돌릴 책임을 저버리고 그 상황을 영속화할 조치를 취함으로써 이스라엘의 기본적인 존재 이유를 훼손했다. 땅에 대한 야웨의 소유권은 희년의 충실한 실천을 통해서만 허용될 수 있었기 때문에 대제사장이 물려받은 땅을 빼앗긴 사람들에게 그 땅을 계속 돌려주지 않은 것은 하나님께 "이 땅은 우리의 땅입니다. 그것은 당신의 땅이 아닙니다"라고 말하는 것이나 마찬가지였다. 이렇게 희년을 시행하지 않고 빠뜨린 것은 암묵적으로 그 땅의 거룩성을 박탈했을 뿐만 아니라 완전한 회복의 선결 조건인, 이스라엘의 유배로부터의 귀환도 억제했다. 이스라엘의 지도자들은 희년의 시행을 완고하게 거부함으로써 예배하는 백성으로서 이스라엘과 예배 장소로서 이스라엘을 결정적으로 훼손했다. 예수는 이 상태가 지속하는 한 참된 예배가 불가능하다고 추론했다. 그의 관점에서는 이스라엘을 그들에게 정해진 예배할 과제로부터 분리하는 주된 요인은 역설적이게도 제사장 자신이었다.

예수는 새로운 제사장이 필요하다고 생각했다. 그런 제사장은 제사장 직무의 핵심 요건과 현재의 제사장들이 하나같이 결여하고 있는 의로움—가난한 사람들을 돌보는 데서 구체적으로 드러나는 의로움—을 입증할 필요가 있었다. 희년을 준수하지 않은 것이 그 민족의 예배의 소명을 좌절시켰기 때문에 그런 제사장은 어떻게든 땅의 재분배도 적용해야 할 터였다. 그것은 예배 공동체의 재통합과 땅의 회복 모두를 위해 필요했다. 이 모든 것은 최종적인 성전의 도래를 위해 필요한 준비였다. 사악한 제사장들을 포함하여 이 회복 프로그램에 반대한 사람들에 관해 예수는 예언서의 텍스트들에 따라 이들이 장차 야웨의 진노를 당할 것이라고 추론한 것으로 보인다. 그 전승에 보존된 묵시론적 독설에 비추어 볼 때 예수는 이 심판을 확실한 언어로 말한 것으로 보인다.

물론 이 새로운 제사장은 예수 자신이었고 예수가 일상에서 이 제사장 직무를 수행한 기본적인 방법 중 하나는 그가 자신을 가난한 사람들과 동일시하고 그들 가운데 현존하는 것이었다. 첫째, 예수는 "의를 행하는 것"(자선)에 전념함으로써 대제사장의 억압적인 관행을 무색하게 했을 뿐만 아니라 자신을 참된 제사장의 한 명—좀 더 정확하게는 **바로 그** 제사장—으로 확증했다. 이 점에서 예수의 행동들은 그의 제사장으로서 신임장을 공공연하게 과시하는 것이었다. 둘째, 예수는 가난한 사람들의 편에 섰던 특정한 성서 인물들의 본을 따름으로써 그들을 위한 대표로서 자신의 역할을 상징화하려고 했는데 그 역할은 제사장적이고 따라서 구속적인 고난을 수반했다. 이는 역사적 예수의 그림에 부합한다. 다양한 증언의 무게에 비추어 볼 때 예수가 고난을 자신의 사역에 필수적인 요소로 보았다는 것과 자신을 그 고난의 중심점으로 보았다는 것, 그리고 자기의 제자들 역시 모종의 방식으로 이 고난을 공유하리라고 기대했다는 것을 우리는 거의 부인할 수 없다.[80] 성서의 논리에 따르면 고난이 가난

---

80 막 2:20과 병행 구절; 8:34-38과 병행 구절; 10:38-40.

한 사람들을 위한 하나님의 구속 목적에 필수적이었기 때문에 미래의 성전에 대한 서막으로서 고난이 필요했다. 간단히 말하자면 예수는 자신을 훨씬 가난한 자로 보았기 때문에 예언된 "가난한" 자 중 한 명으로서 고난을 당해야 했다. 예수는 자신을 이런 식으로 규정짓고 이로써 자신의 삶에서 이스라엘의 남은 자 이야기를 재연함으로써 유배로부터의 귀환과 압제받는 신실한 자가 압제자들의 멍에로부터 구원받는 유명한 이야기의 성취를 보여주었다. 그것은 예수에게 영감을 준 자료였음이 확실한 예언서 텍스트들의 주제가 변형된 것이었다.[81]

자선 기부금을 받아서 그것을 가난한 사람들에게 재분배하면서 예수는 희년 또한 시행하고 있었기 때문에 오래 지연된 석방을 통한 유배로부터의 귀환과 회복에 대한 극적인 선언은 그림의 떡 같은 문제가 아니었다. 가난한 사람들에게는 확실히 그들이 매일 먹을 빵이 필요했지만 그들의 경제적 운명의 장기적인 개선을 위한 가장 큰 필요는 잉여를 획득할 수 있는 능력에 놓여 있었다. 나는 예수 운동이 기부금을 중개한 것은 당장 급박한 필요만을 겨냥한 것이 아니라 장기적으로 빚의 악순환을 벗어나기 위한 도약판도 제공했을 것이라고 주장했다. 이 돈의 공급은 잉여를 갖고 있는 사람들은 그들의 식사를 나눠야 한다는 예수의 선언으로 말미암아 촉진된 자선, 즉 가난한 사람들에 대한 부의 이전을 통해 나온 것으로 보였다. 지방의 가난한 사람들이 이 공개적인 식사의 잠재력을 어느 정도로 실현할 수 있었는지에 관한 언급은 없지만 예수가 사회의 통례에 반하는 관행을 확립했고 그것이 자원이 충분하지 않은 사람들에게

---

81   사 25:1-10; 41:17-20; 61:1-6; 겔 22:29-31; 46:18; 슥 7:10-14; 9:8-12; 13:1-9 등.

재투자를 위한 최초의 조치를 할 수 있게 해준 것으로 보인다. 계급 계층 사이에 놓여 있는 사회·경제적 장벽을 무너뜨리고 이 계급들 사이에 자원이 흐를 수 있게 함으로써 그 공동체는 개인의 빚 면제를 진정한 가능성으로 만들려고 했다.

자신의 운동의 희년적인 성격을 상징적으로 전달하고 같은 원칙을 실제적으로 나타냄으로써 예수는 야웨를 예배하기 위한 땅과 사람을 회복하고자 했다. 결코 이집트나 아시리아로부터의 해방 자체가 목적으로 여겨지지 않았듯이 희년 역시 그것 자체가 목적은 아니었다. 땅의 재분배와 채무 면제의 주된 요점은 하나님의 성전이 중단된 지점에서 그것이 곧 회복되는 것이었다. 하지만 유배 기간의 정점에 맞이하게 되는 열 번째 희년인 이번에는 이스라엘이 그들의 성전이 완전히 새로운 모습을 띠고 있음을 발견할 것이다. 이스라엘의 하나님은 메시아를 통해서 그곳의 보물이 썩거나 없어지지 않을 성전을 짓고 있었다. 예수의 동시대인들에 대한 깜짝 놀랄 뉴스는 그 성전 건축이 현재 일어나고 있다는 그의 주장에 놓여 있었다.

5. 이번 장의 결론

앞 장의 끝부분에서 나는 성전 정화에 의해 제기된, 다음과 같은 두 가지 질문을 제시했다. (1) 가난한 사람들에게 어떤 희망이 남아 있는가? (2) 제사장들과 그들이 갖고 있던 직무는 어떻게 될 것인가? 이번 장을 마무리하면서 나는 이 질문들에 답변할 입장에 놓여 있는데 뒤의 질문부터 답변할 것이다.

첫째, 대제사장들과 대제사장직 자체는 어떻게 될 것인가? 예수가 가난한 사람들의 옹호자에 관한 성서의 이야기를 자신에게 적용했을 가능성에 비춰 볼 때, 우리는 예수가 자기의 반대자들에게 예언서 텍스트들에서 사악한 자들에 관해 말한 부분을 할당했으리라고 추론할 수 있다. 달리 말하자면 그들은 하나님으로부터 응분의 대가를 받을 것이다. 대제사장직은 이제 예수에게 속한다. 예수의 관점에서는 이제 자신이 언약적 의로움의 전형이며, 대제사장으로서 최종적인 희년을 선포할 역할은 그에게 맡겨진다. 예수는 이 임무 교대가 언제 일어날지를 특정하지 않는다. 그는 단지 부분적으로는 그의 대리인을 통해서 이 일이 현재 일어나고 있고 또한 미래에 일어날 것이라고 암시할 뿐이다.

둘째, 대제사장에게 억압받은 가난한 사람들의 운명은 어떻게 될 것인가? 예수의 행동과 가르침은 이에 관해 명확하게 말한다. 유배로부터의 귀환이 진행 중이었기 때문에 이는 가난한 사람들이 낯설고 예기치 않은 정의를 통해 그들의 땅을 되찾는 것을 의미했다. 이것은 결정되지 않은 미래의 어느 시점에 땅이 참으로 회복되는 것과 관련된 진정한 희망이었다. 이것은 또한 부분적으로는 예수 운동의 의도적인 나눔을 통해 예기적(豫期的)으로 실현된 현재의 실재이기도 했다. 현재 초회 납부금을 지급하는 관행을 통해 미래의 완전한 지급에 관한 소망이 무르익고 있었다.

자신을 신적으로 위임을 받은, 예루살렘의 대제사장에 대한 반대자로 본 예수는 자선에서 가장 명확하게 드러난 의로움에 높은 가치를 부여했다. 그리고 종말론적 희년이 진행 중이라고 확신한 그는 자신의 운동이 가난한 사람들 가운데 존재감을 확보하게끔 하는 한편 빼앗긴 땅의 재분배를 시행하려고 했다. 가난한 사람들이 그들의 조상의 땅에서 조직적인 방식으로 쫓겨나는 한, 그리고 희년법이 무시되는 한, 땅과 성전은 더럽혀진 상태로 있을 것이다. 자신의 추종자들에게 가난한 사람들과 사회적으로 동일시하고 자발적인 부의 재분배에 참여하라고 요구함으로써 예수는 무너진 이스라엘의 종교 생활의 사회·경제적 토대를 회복하려고 했다. 이 토대가 갖춰지지 않으면 성전이 재건축되더라도 아무 소용이 없을 것이다. 야웨의 희년 기준이 이스라엘 전체에서 준수될 수 없었다고 할지라도 예수 운동 자체 안에서 시작하는 것으로 충분했다. 이런 의미에서 예수는 자신을 중심으로 이스라엘을 재구성하고 있었다. 이스라엘이 자신을 통해 계속되고 있었기 때문에 성전 예배를 회복하는 것은 예수의 의도가 아니었다. 오히려 예수가 이스라엘의 성전을 회복하고 있었기 때문에 자신의 집단 가운데 이스라엘이 계속되고 있음을 증언하는 것이 그의 의도였다.

그러나 예수의 희년 프로젝트가 그 이야기의 전부는 아니다. 재구성된 사회·경제적 구조는 세상의 제사장으로서 이스라엘을 재임명하기 위한 필요조건이었지만 충분조건은 아니었다. 희년법에 내재된 사회·경제적 원리에 대한 순종이 제의상으로 순결한 예배 회복에서 중심적인 구성요소였을 수도 있지만 그것 자체로는 충분하지 않았다. 다른 무언가가 요구되었다. 만일 제사장 계층의 엘리트들이 신봉한 정치 철학이 제자리를 벗어났다면 이것 역시 사라져야 했다. 새로운 성전은 통치 체제를 요구했고 그것과 더불어 새로운 정치적 이상을 요구했다.

5장

"주의 나라가 임하소서!"

불결한 자들 가운데서 하나님 나라 운영하기

1. 서론

희년의 해방은 엄밀하게 유대인의 아이디어도 아니었고 유대인의 독창적인 아이디어도 아니었다. 그것은 고대 근동의 왕적 이데올로기의 맥락에서 대두되었다. 고대에는 군주가 등극할 때 새로운 통치자가 사실상 모든 빚을 무효로 하는 칙령(**미샤룸**[*misharum*] 또는 **안두라룸**[*andurarum*]으로 불렸다)을 공표하는 일이 드물지 않았다.[1] 원래 정치적 편의에서 유래한 그 관행은 적어도 몇몇 문화에서는 삶의 제의적인 주기에 내장된 상설적인 전통이 되었다. 예컨대 우리는 메소포타미아의 **아키투**(*akitu*) 축제를 주목할 수 있는데, 이 정규적인 축전은 예수의 시대까지 1,000년을 이어져 내려왔다. 2년마다 열리는 이 전통의 초점은 상연되는 드라마에 맞춰졌다. 이때 우선 그 지역의 신이 그 도시로 제의상으로 다시 들어오고, 이어서 사람들이 그 신의 성전을 청소하고, 성전에서 제의상의 즉위식이 거행되고, 가난한 사람들을 위한 정의의 행동이 시행되는데 이 모든 것을 대제사장이 감독한다. 마지막으로 대제사장이 "왕을 신 앞에" 끌고 가면 "왕

---

1   이런 칙령의 주된 목적은 사회를 안정시키고 낮은 계층의 지지를 얻기 위해 극심한 빈부 격차를 줄이는 것이었다. 다음 문헌들을 보라. Weinfeld 1985; Bergsma 2007: 19-52.

은 엎드려 제의적인 사안과 사회적 정의의 집행 모두에 관해 설명해야 했다."[2] 적어도 제의화된 그 사건은 제사장적인 왕이 지상에 있는 신의 대리자이며 따라서 그런 대리자답게 행동할 의무가 있음을 상기시켜주는 기능을 했다. 고대의 통치자가 수직적(제의상의) 실재와 수평적(사회적) 실재에 대한 책임을 수행하는 방식은 사사로운 문제가 아니었다.

아키투 축제에서 극으로 표현된 줄거리는 예수의 생애의 마지막 주간에 벌어진 사건들과 놀라울 정도로 병행을 이룬다. 예수는 이스라엘의 하나님의 대리자로서 예루살렘에 입성한 후 성전을 청소하고, 그렇게 함으로써 가난한 사람들과 같은 편에 서고, 성전의 통치자들이 제의를 잘못 집행하고 사회적 정의를 소홀히 한 데 대한 책임을 추궁한다. 내가 **아키투** 축제와 예수의 생애의 마지막 주간을 비교하는 목적은 그 축제가 예수의 대본에 영감을 주었다고 주장하려는 것이 아니라(예수가 메소포타미아의 관행을 알았다는 증거를 제시하는 것조차 불가능할 것이다) 그가 고대 근동에서 널리 공유되었던, 제왕-제사장의 역할이라는 공통의 요소에 의존했다고 제안하려는 것이다. 국가를 통치했던 사람들(메소포타미아의 경우에는 왕들이었고 유대의 경우에는 대제사장들이었다)은 한편으로는 백성을 위한 사회 정의를 확보할 임무와 다른 한편으로는 하나님을 대표하는 기관으로서 충실한 감독의 임무를 띠는 것으로 여겨졌다. 예수는 일관성 있게 자신의 행동의 계기를 이스라엘의 성서에서 발견했지만, 그의 항의는 좀 더 일반적인 차원에서는 이스라엘에서—주변 국가들의 왕적인 제사장들에 신세를 지고 있는—이방의 정의 기준조차도 위반되었다는 확신을 통해

---

2   Bergsma 2007: 31.

자극받았다. 이제 의로운 대제사장인 예수가 성전을 청소하고, 그 지역의 통치자들에게 책임을 묻고, 사회 정의를 실현하고, 자신의 운동을 시작해야 할 때였다.

성서에 펼쳐진 좀 더 구체적인 줄거리에 따라 움직였던 역사적 예수와 그의 운동의 입장에서는 더 많은 것이 걸려 있었다. 예수가 파악한 이스라엘의 상황은 매우 단순했다. 성전 엘리트들은 우상숭배적인 탐욕 가운데 성전의 돈궤에서 마음대로 가져갔고 담보물 몰수를 통해서 가난한 사람들로부터 그들이 물려 받은 땅을 빼앗았다. 전자의 행동은 성전을 더럽히는 효과가 있었고, 후자의 행동은 가난한 사람들을 경제적으로 황폐화시켰을 뿐만 아니라 신성을 모독하는 효과도 있었다. 즉 희년을 지키지 않은 것—참으로 반(反)희년에 상당하는 체계적인 몰수—은 그 땅이 성전과 마찬가지로 더럽혀졌음을 의미했다. 그 당시의 경건한 많은 유대인들에게 있어 더럽혀진 성전의 터와 그 땅은 이스라엘의 속담에 나오는 거실 안의 코끼리, 즉 뾰족한 수가 없는 커다란 문제가 되었다.

당시의 성전에 반대했던 이전의 분파들과 마찬가지로 예수와 그의 추종자들은 그런 현실을 인식했지만 이스라엘의 하나님이 곧 과감하게 응답할 것이라고 확신했다. 따라서 예수는 이 운동을 시작하는 사람들에게 현재의 제의 관행에 무엇이 잘못되었는지를 지적하고, 성전 생활이 어떠해야 하는지에 관한 생생한 그림을 제시할 이중의 과제를 떠안고 있었다. 그는 우리가 1장에서 검토한 성전 반대자들과 동일한 논조를 많이 채택했다. 그들이 많이 연구한 모델, 즉 종말론적인 성전은 예수의 모델이기도 했다. 동시에 예수의 비전은 독특했기 때문에 그는 그들과 완전히 같은 모습을 띠지는 않았다. 유대교 안의 예언자적인 음성으로서 예수의 독특성은 그가 그것을 어떻게 보았는지에 놓인 것이 아니라 그가 자신의 시대에 도래하고 있는 이 성전을 어떻게 대표했는지에 놓여 있었다. 예수는 자기 앞서 있던 다른 성전 반대자들과 마찬가지로 자신과 자신의 공동체를 새로운 성전으로 보았다. 그러나 우리가 제2성전기 유대교에서 만나는 다른 분파들과 달리 예수는 자신의 임시적인 성전 프로젝트와 최종적인 종말론적 성전 사이에 확고한 경계를 두지 않는다. 오히려 예수의 급진적인 이해에 따르면 하늘 성전이 이미 지상에 임했고 그 자신의 공동체 안에서 연합을 이루기 시작했다.

이러한 재구성이 개연성이 있기는 하지만 우리는 아직 적어도 두 가지 문제를 해결하지 않았다. 첫 번째 문제는 예수의 핵심적 은유인 하나님 나라와 관련이 있다. 사실상 모든 학자들이 동의하듯이 역사적 예수는 그 나라를 중요시했다. 만일 갑자기 나타난 갈릴리인의 상징적인 채무 면제 행동이 제도 변화의 시초라는 무서운 요소를 제기했다면, 그가 그 나라에 관한 설교와 연결하여 그렇게 한 것은 그의 기본적인 기대를 명확하게 했다(그 나라의 성격은 다소 신비로운 상태로 남아 있었지만 말이다). 여기에 이 예수가 예루살렘에 입성할 때 사람들이 "호산나!"라고 소리친 것과 그가 성전의 파괴에 관해 공개적으로 암시한 것이 더해지면, 그의 최후의 시간이 다가왔을 때쯤에는 그의 동시대인들 중에서 가장 둔한 사람들에게조차도 그가 약속된 나라를 안내하고 있다고 주장하고 있었다는 점이 분명해졌을 것이다. 그러나 만일 이 나라가 예수의 공개적인 의사소통에서 반복되는 주제였다면 이 모든 것이 종말론적인 성전과 무슨 관계가 있는가? 이 나라와 내가 묘사해온 실재 간의 관계가 다뤄질 필요가 있다.

두 번째 문제가 있는데 그것은 나의 역사적 예수 재구성과 관련이 있는 것이 아니라, 나의 설명이 정확할 경우 우리가 틀림없이 직면하게 될 장애물과 관련이 있다. 그것은 땅과 땅의 정결이 침해된 문제다. 예수가 성전 엘리트들을 제사장을 참칭하는 자로 보았고 자기의 추종자들을 그 예배의 정당한 상속자로 보았다고 하더라도 이러한 역할 재할당이 필연적으로 현재의 제사장직이 더럽혀진 것이 어떻게 바로잡힐 것인지를 설명하는 것은 아니다. 그 목수가 주로 그의 본토 팔레스타인의 주민들이 희년을 준수하지 않음으로 말미암아 그곳이 약탈 당했다고 생각했다는 가정하에, 우리는 그의 운동이 참된 의로움의 성격을 명확히 하기만 한 것이 아니라 더럽혀진 땅이 회복될 수 있는, 또는 적어도 회복된 것으로 보일 수 있는 모종의 장치도 명확히 밝혔을 것으로 예상할 수 있을 것이다. 희년의 선포와 그에 상응하는 상징적인 땅의 재분배가 이스라엘에서 갱신된 예배를 위한 필요조건이었지만 이것들은 그 자체로는 충분조건이 아니었다. 더럽혀진 땅이 사실상 새롭게 성결해진 공간으로 바뀌었다는, 어느 정도 가시적인 보장이 있어야 했다. 그 당시의 유대교에 그런 보장이 어떤 모습일지에 관한 손쉽거나 합의된 기대가 없었기 때문에 이 일은 특히 어려웠을 것이다. 야웨가 그 땅을 다시 성별하려고 **했다는 것**은 의문의 여지가 없지만 이 일을 **언제** 그리고 **어떻게** 하려고 하는지—또는 했는지—에 관해서는 이론이 많았다.[3]

이번 장에서 나는 하나님 나라와 종말론적 성전 간의 관계와 제의상

---

[3] 이 점에 관한 제2성전기 유대교의 모호성은 예컨대 마카베오상에서 구체적으로 표현된다. 안티오코스 4세의 학살 때 더럽혀진 제단을 어떻게 해야 할지를 확신하지 못한 하스몬 왕조는 "그 제단을 헐어버리고⋯그 돌들은 예언자가 나타나 그 처리 방법을 지시할 때까지 성전 산 적당한 곳에 쌓아두는" 것이 최선이라고 생각했다(마카베오상 4.45-46).

으로 불결한 땅이라는 이 두 가지 문제가 예수의 가장 특징적인 두 가지 활동 안에서 수렴되고 서로에 관해 알려주는 것으로 해석될 수 있다고 주장할 것이다. 그 활동은 첫째는 예수가 고통당하는 많은 사람을 치유하거나 축귀한 일이고, 둘째는 그가 상당히 불미스러운 사람들을 포함하여 다양한 식탁 교제 대상자들과 함께 식사한 일이다. 존 도미니크 크로산은 "마법과 식사"라는 분류를 사용해서 예수의 생애의 이 두 측면을 묘사한다. 나의 범주도 거의 동일할 것이다. 즉 나는 먼저 치유와 축귀를 다루고 나서 식사를 다룰 것이다. 나는 예수의 목표에 관한 특정한 진술부터 시작해서 좀 더 일반적인 진술로 나아갈 것이다. 나는 이 두 종류의 행동이 그 나라의 시작과 갱신된 성스러운 공간의 창조를 알린다는 점을 보여주기 위해 노력할 것이다. 치유/축귀와 식사를 적절히 고려하면 우리는 궁극적으로 하나님 나라가 실제로는 현재화되고 있는 종말론적 성전과 동일한 것임을 알게 될 것이다. 이 둘의 동일시는 중요한 배경을 제공한다. 즉 이 둘을 동일시함으로써 우리는 예수가 그의 종말론(마지막에 대한 관점)과 윤리(선한 삶)를 어떻게 통합했는지를 더 잘 이해하게 된다. 궁극적으로 예수가 자신을 성전으로 보았다는 나의 주장은 그것이 데이터를 설득력 있게 설명하고 신학적 및 윤리적 성찰에 귀납적으로 유익할 경우에만 지속적인 관심을 끌 것이다.

2. 치유와 축귀

(1) 치유

예수가 치유했는지 또는 치유할 수 있었는지 여부는 많은 역사 기술상의 문제 및 철학상의 문제를 제기하는데, 우리가 이곳에서 그 문제들을 완전히 해결할 수는 없다. 나는 축귀(이 대목에서 우리의 현대적인 과학적 감수성이 심각한 모욕감을 느낄 것이다)에 관해 논의할 때 이런 문제들을 간단히 다루겠지만 지금으로서는 예수가 자신을 치유자로 인식했으며 대중이 그 인식을 공유했다고 가정하는 것으로 충분하다. 이 점들에 관해서는 오늘날 학자들 간에 별 논란이 없다.[4]

치유자로서 예수에 관해 말하자면 1세기 세계에서 사람들을 치유한 인물은 그만이 아니었다. 유대교 안팎의 다른 사람들도 온갖 종류의 병을 치유한 것으로 알려졌다. 많은 경우 치유의 원천은 치유자 본인에게 내재하는 것으로 생각되었다. 그런 사람은—모종의 특정한 제의나 주문을 수반한—특정한 내재적인 힘 덕분에 병에 걸린 사람의 몸에 진정한 변화를 가져올 수 있었다고 전해진다. 우리는 이런 종류의 치유를 마법적이라고 부를 수도 있을 것이다.[5]

---

4   예컨대 다음 문헌들을 보라. Crossan 1991: 320; Blackburn 1994; Davies 1995; Theissen and Merz 1998[1996]: 281-315; Twelftree 1999; Eve 2002. Meier(1994: 630-1)는 그 문제를 다음과 같이 잘 요약한다. "극적으로 표현했지만 너무 많이 과장하지는 않았다. 만일 예수의 공개적인 사역에서 기적 전승이 깡그리 비역사적인 것으로 부정된다면 그에 관한 다른 모든 복음서 전통도 부정되어야 한다. 만일 기적 전승의 경우에 역사성 기준이 충족되지 못한다면…그 문제가 포기되어야 할 것이기 때문이다."

5   Crossan(1991: 304-10)은 원래 "마법"이라는 용어를 순전히 사회·정치적 관점에서 사용했지만 Powell(1998: 97)이 지적하는 바와 같이 후에는 공격을 받는 이 입장을 철회한 것

대안적으로는 치유가 특정한 신과 관련하여 수행될 수도 있었는데 그럴 경우 흔히 장소가 적실성이 있었다. 좀 더 정확하게 말하자면 고대의 마법적이지 않은 치유의 경우 성전의 역할을 아무리 강조해도 지나침이 없을 것이다. 유대교에서는 그리스-로마의 이교도들에서와 마찬가지로 환자들이 의사나 약물로 차도를 보지 못할 경우 종종 자기들의 치유신의 성전으로 가곤 했다. 성전 방문은 치료를 간구하는 사람이 참으로 진지하다는 것을 보여주기 위해 중요했을 뿐만 아니라 고대 세계가 성스러운 공간 개념을 진지하게 여겼기 때문에도 중요했다(성스러운 공간 개념은 서구화된 우리의 판단과는 달리 그 신이 특정한 장소에서 특정한 방식으로 일할 수 있는 권리를 미리 유보한다). 특히 고대의 사고에서는 거룩한 공간이 사실상 치유 공간이었기 때문에 "원천으로", 즉 그 신의 지상의 보좌로 가는 것이 일리가 있었다.[6]

성전은 창조와 재창조의 힘의 현장으로 이해되었기 때문에 고대 유대교에서 제의 공간과 치유 사이의 연결이 특히 강하게 드러난다. 신체의 치유가 재창조의 한 형태가 아니라면 무엇이었겠는가? 2차 문헌에서 방대하게 입증되는, 유대교의 성전과 창조 개념 사이의 중복을 언급했으니 나는 이 점에 대해서는 장황하게 언급하지 않을 것이다.[7] 성전 건축은 어떤 의미에서는 창조**였기** 때문에 성전이 건축되었을 때 성전이 창조의

으로 보인다.

6 다음 문헌들을 보라. Hogan 1992; Avalos 1995: 56-72, 192-222, 299-394; Petsalis-Diomidis 2005.

7 본서 4장의 281-82쪽을 보라. 고대 유대교 문헌에서 창조 이미지와 제의 이미지 간의 유동성에 관해서는 다음 문헌들을 보라. Levenson 1984; Hayward 1996; Beale 2004: 31-38; Klawans 2006: 111-44.

소우주로 설계되었다고 말하는 것으로 충분하다. 물 두멍, 제단, 성전 휘장—성전 구역의 주요 고정물들—은 모두 우주의 구성 요소들을 상징했다. 그것들은 각각 바다와 땅과 하늘에 해당했다. 지성소 안에 신비롭게 감추인 궤는 하나님의 발판이었다. 하나님은 보이지 않기 때문에 궤 위에는 아무것도 없었다.[8] 하나님은 역설적으로 위에 있는 하늘 성전에서 그의 보좌에 앉지만 성전의 내소에서 창조세계에 거주하고 그것을 유지하며 다스린다. 시온의 거주자로서의 야웨께 기도할 때 유대인 간구자들은 본질적으로 빛과 생명 그리고 존재하는 모든 것의 창조자께 창조의 대본을 바꿔 달라고 요청하는 셈이었다.[9] 신적 치유에 관해서는 (그리고 모든 치유는 궁극적으로 신의 대리인을 통해 발생하는 것으로 여겨졌다) 성전보다 그런 치료를 모색하기에 좋은 장소가 없었다.[10]

예수의 치유 행위는 손쉽게 이 제의 맥락 안에서 해석될 수 있었다. 복음서 저자들은 예수가 시각 장애인을 보게 하고, 걷지 못하는 사람을 걷게 하고, 나병환자를 건강해지게 하고, 청각 장애인을 듣게 하고, 죽은 사람을 다시 살렸다고 보도한다(마 11:5//눅 7:2). 이런 단언 중 몇몇 또는 전부가 은유적인 의미로 의도되었는지 여부와는 별도로 복음서들은 예수의 치유가 실제로 진정한 신체적 변화를 가져온 것으로 묘사한다. 독립적인 다른 자료에도 유사한 증언이 기록되었다.[11] 이런 치유 기사들에

---

8   대상 28:2; 시 99:5; 132:7; 「에스라4서」 6:1.
9   그의 성전에 계시는 야웨께 기도하는 것에 관해서는 예컨대 다음 구절들을 보라. 시 5:7; 11:4; 18:6; 20:2; 대하 6:20.
10   Levenson 1986[1976]: 11–13도 보라.
11   다음 문헌들을 보라 *Hul.* 2.22–23; *b. Sanh.* 43a; 참조. Sanders 1985: 166.

서 실제로 어떤 일이 발생하고 있었건 간에(그리고 특정한 학자들은 그들의 형이상학적인 전제로 말미암아 미리 특정한 의견을 취하거나 특정한 의견을 완전히 배척한다), 내가 말했듯이 예수가 자신이 치유자라고 주장했다는 것과 그에게 가장 강력하게 반대한 자들조차 그 점을 인정했다는 것은 확실하다. 순회 설교자였던 예수가 주로 그의 치료 능력을 통해서 명성을 얻었다는 점과 유대교 내에서 성전이 치료를 위한 중요한 장소였다는 점을 우리가 아울러 고려할 때, 예수의 치유 사역─그는 명백히 이 사역을 그의 제자들과 공유했다(마 10:1; 막 3:15)─은 그 운동을 움직이는 성전의 구현으로 보이게 하려는 의도였을 개연성이 있다. 예수의 치유 행동이라는 증거에만 기초해서 예수가 자신을 성전과 동일시했다고 추론하기는 어렵지만, 우리는 예수가 치유자로서 역할을 수행함으로써 그의 기본적인 주장을 상징적으로 강화했다고 말할 수 있다. 나의 전반적인 논증에서 예수의 치유 행동은 주된 증거가 아니라 보강 증거를 제공한다.[12]

(2) 축귀

이전 시기의 역사적 예수 연구는 예수의 축귀에 관한 복음서 저자들의 기사를 비신화화하려는 고질적인 경향을 보였다. 즉 학자들은 귀신에 들렸다는 "1세기의 민간" 사상을 "계몽된 인간"이 이제 정신병이나 신경증

---

12 Herzog(2000: 131)가 이 점을 다음과 같이 좀 더 설득력 있게 제시하는 것처럼 말이다: "하나님이 '사람의 아들'을 선택해서 용서를 선언하고 치유 능력을 중재한 한에 있어서 하나님은 성전의 제사장들을 거절하고 대안적인 길을 열었다." 나는 예수의 치유에 대한 종말론적인 맥락 역시 확립될 수 있다고 생각한다. 그 점은 확실히 나의 논증에 적실성이 있지만 나의 즉각적인 관심사와 다소 거리가 있으므로 다른 곳에서 다뤄져야 한다.

으로 보는 것으로 바꾸려고 했다. 하지만 이제 시대가 변했다. 좀 더 최근의 신약 학자들은 인식론적으로 남의 눈을 의식하지 않는, 합리주의라는 가정의 속박에서 벗어나려는 조짐을 보여왔다. 몇몇 현대 해석자들에게는 예수의 행동을 이해하기 위해 신학적 차원 및 역사적 차원 모두에서 이러한 비신화화가 필요한 것으로 보일 것이다. 그러나 이 위험한 절차에 일반적으로 수반되는 복잡한 사항들이 도출될 수 있는 성경 해석상의 유익을 능가한다. 우리 학자들은 축귀자 예수에 대해 역사비평적인 설명을 제시할 때 예수와 그의 동시대인들을 그들에게 낯설고 그들이 인식할 수 없는 문화적 지도 위에 올려놓는다는 어려움에 직면한다.

그런 시대착오 및 그것에 수반하는 축소주의—이는 찰스 테일러가 "배타적 인본주의"라고 부르는 것에서 유래한다—에 맞서서 나는 예수를 이해하고자 한다면 우리가 예수를 그 자신의 관점에서 그리고 그 자신의 맥락에서 생각해야 한다고 제안한다.[13] 축귀자 예수에 대한 우리의 분석에서 이 방향으로 한 걸음 나아가려면 우리가 귀신이나 귀신 들림 같은 것들에 관해 어떤 이론적 오해나 도덕적 오해를 갖고 있든 간에 유대인들은 이것들을 의심할 여지가 없는 실재로 가정했다는 점을 우리가 인정해야 할 것이다. 예수 시대보다 몇 세기 전에 쓰인 토비트서의 기록을 통해 유대교는 이미 상급의 귀신론을 발전시켰다. 그리고 기원전 1세기에 대다수의 그리스화된 유대인들과 이교도인 그리스인들 모두 영적

---

13 Taylor(2007: 569)는 "오늘날 물질주의의 힘은 과학적 '사실들'에서 나오는 것이 아니라 물질주의를 도덕적 전망과 결합시키는 특정한 꾸러미, 즉 우리가 '무신론적 인본주의자' 또는 '배타적 인본주의'라고 부를 수 있는 꾸러미의 힘의 관점에서 설명되어야 한다"고 주장한다.

세계에 악의적이고 인격적인 힘들이 거주한다고 믿었다. 따라서 그리스 역사가와 랍비 역사가 모두 위축되지 않고서 그들이 가장 선호하는 1세기의 축귀자인 랍비 하니나 벤 도사 또는 신피타고라스 학파의 아폴로니오스를 회상했다.[14] 역사적으로 예수만 귀신을 쫓아낸 것으로 기록된 것은 아니었다.

축귀자로서 예수의 활동은 또한 그가 죽은 지 오랜 후에 그의 추종자들 가운데서 수행된 궤적 안에 놓여야 한다. 정경 텍스트와 비정경 텍스트 모두 초기 교회에서 행해진 축귀 관행에 관해 많이 언급한다.[15] 초기 교회가 실제로 축귀자로서 예수의 역할을 떠맡았다는 점은 명백하다. 모종의 이유로 예수와 그의 부활 후 추종자들이 그들 자신이 같은 선상에 있는 것으로 보지 않았다고 가정하는 것은 초기 교회의 특징적인 관행에 대한 가장 가능성이 큰 설명을 제거하는 처사일 뿐만 아니라 자의적이고 역사적으로 근거가 없는 균열을 부과하는 처사다. 축귀는 초기 교회의 삶과 관행의 필수적인 부분이었던 것처럼 역사적 예수에게도 그러했다. 예수의 축귀에 관한 복음서의 기록을 선험적으로 가공의 신화로 일축하는 역사가는 교회 역사에서 계속 시행되어온 축귀에 대해서도 같은 칼을 들이대야 한다. 물론 역사가는 이 대안을 실행할 수도 있지만 그(녀)는 그럴 경우 문제들이 설명되기보다는 설명되지 않은 채로 남게 된다는 점을 인식해야 한다. 만일 역사의 목표가 건설적인 것이라면 무뚝뚝한 합리주의

---

14 전자에 관해서는 다음 문헌들을 보라. *y. Ber.* 1.9d; *y. Ma'as Š.* 5.56; *b. Ber.* 34b; *Eccl. Rab.* 1. 후자에 관해서는 Philostratus, *Life of Apollonius of Tyana*를 보라. 다음 문헌들을 보라. Twelftree 1993: 23-6을 보라.

15 Twelftree 2007(『초기 기독교와 축귀 사역』, 새물결플러스 역간).

라는 도구는 우리를 목표 가까이에 데려다주지 못한다.

　이는 복음서들을 시대착오적이고 무비판적으로 읽기를 권고하는 것이 아니라 서구의 독단주의가 텍스트를 배제하는 무제한적인 면허로 사용되기를 거부하자는 것이다. 예수의 축귀에 관한 복음서 저자들의 기사를 곧바로 허위로 선언하는 것은 공정한 역사가들의 역할이 아니다. 그런 태도는 거의 불가피하게 고대의 저자들은 관찰할 수 있는 현상과 신화 기술을 구분하는 데 큰 어려움을 겪었다고 잘못 가정하기 때문이다. 사실 그런 가정은, 우리 현대인들을 우리가 연구하는 비현대인들로부터 구분하는 점은 과학적 관찰 사항을 부적의 해석과 구별할 수 있는 우리의 독특한 능력이라는 진부한 계몽주의 신화를 반복한 것에 지나지 않는다(물론 그 신화는 스스로를 정당화한다. 우리가 일단 그것을 벗어나면 역사에 대한 독특한 접근법을 포함한 계몽주의 프로젝트 전체의 토대가 무너지기 시작한다). 나는 1세기 세계의 사람들은 우리 못지않게 자기들이 사실의 세계에서 살고 있다는 것과 실재를 설명하려는 그들의 노력에서 궁극적으로 이 동일한 사실로 말미암아 제약을 받는다는 것을 알았다고 주장하고자 한다. 우리 21세기 역사가들은 자체의 인식을 갖고 있는 1세기의 해석에 동의하지 않을 권리나 고대의 사상 세계가 이 인식을 보존할 때 그것을 어떻게 왜곡했을 수 있는지에 관한 특정한 가설을 제시할 권리를 유보해야 한다. 그러나 우리로 하여금 형이상학적으로 깔끔하지 않은 사실들을 제쳐두게끔 허용하는 것은 인식론적 오만일 뿐이다. 많은 신약 학자들은 이제 마침내 보고된 사실들에 관한 낡은 편견을 치우고 있는데, 지금은 바로 그렇게 해야 할 때다.

① 역사로서 거라사 귀신 이야기

이제 보고된 사실 중 하나의 사례를 살펴보기로 하자. 마가복음 5:1-
20에 보고된 이 일화는 예수가 "군대"라는 이름으로 다닌 귀신 들린 사
람(또는 그의 귀신들)을 만난 일을 설명한다.[16] 그 텍스트는 다음과 같다.

> 예수께서 바다 건너편 거라사인의 지방에 이르러 배에서 나오시매 곧 더러
> 운 귀신 들린 사람이 무덤 사이에서 나와 예수를 만나니라. 그 사람은 무덤
> 사이에 거처하는데 이제는 아무도 그를 쇠사슬로도 맬 수 없게 되었으니 이
> 는 여러 번 고랑과 쇠사슬에 매였어도 쇠사슬을 끊고 고랑을 깨뜨렸음이러
> 라. 그리하여 아무도 그를 제어할 힘이 없는지라. 밤낮 무덤 사이에서나 산
> 에서나 늘 소리 지르며 돌로 자기의 몸을 해치고 있었더라. 그가 멀리서 예
> 수를 보고 달려와 절하며 큰 소리로 부르짖어 이르되 "지극히 높으신 하나
> 님의 아들 예수여, 나와 당신이 무슨 상관이 있나이까? 원하건대 하나님 앞
> 에 맹세하고 나를 괴롭히지 마옵소서" 하니 이는 예수께서 이미 그에게 이
> 르시기를 "더러운 귀신아, 그 사람에게서 나오라" 하셨음이라. 이에 물으시
> 되 "네 이름이 무엇이냐?" 이르되 "내 이름은 군대니 우리가 많음이니이다"
> 하고 자기를 그 지방에서 내보내지 마시기를 간구하더니 마침 거기 돼지의
> 큰 떼가 산 곁에서 먹고 있는지라. 이에 간구하여 이르되 "우리를 돼지에게
> 로 보내어 들어가게 하소서" 하니 허락하신대 더러운 귀신들이 나와서 돼
> 지에게로 들어가매 거의 이천 마리 되는 떼가 바다를 향하여 비탈로 내리달

---

16   마 8:28-34과 눅 8:26-39에 수록된 병행 기사들은 마가복음에 실린 기사보다 짧으며 마
     가복음보다 후에 기록된 것으로 추정된다.

아 바다에서 몰사하거늘, 치던 자들이 도망하여 읍내와 여러 마을에 말하니 사람들이 어떻게 되었는지를 보러 와서 예수께 이르러 그 귀신 들렸던 자 곧 군대 귀신 지폈던 자가 옷을 입고 정신이 온전하여 앉은 것을 보고 두려워하더라. 이에 귀신 들렸던 자가 당한 것과 돼지의 일을 본 자들이 그들에게 알리매 그들이 예수께 그 지방에서 떠나시기를 간구하더라. 예수께서 배에 오르실 때에 귀신 들렸던 사람이 함께 있기를 간구하였으나 허락하지 아니하시고 그에게 이르시되 "집으로 돌아가 주께서 네게 어떻게 큰일을 행하사 너를 불쌍히 여기신 것을 네 가족에게 알리라" 하시니, 그가 가서 예수께서 자기에게 어떻게 큰일 행하셨는지를 데가볼리에 전파하니 모든 사람이 놀랍게 여기더라.[17]

여러 학자가 이 놀라운 일화의 역사성을 인정했지만 그 내러티브의 특정한 부분들과 그것들의 역사적 가치에 관해서는 여전히 의문이 제기된다.[18] 첫째, 그 사건이 일어난 정확한 장소를 특정하는 데 어려움이 있었다. 세 개의 가장 나은 텍스트 대안을 숙고한 주석가들은 일반적으로 마가복음이 원래 이 모든 사건이 "거라사인의 지방"에서 일어났다(막 5:1)고 언급한 것으로 여기는데 그곳은 현대의 제라시(Jerash) 인근이다. 이는 이론적으로는 가능하지만 갈릴리 바다에서 동남쪽으로 약 50km 떨어진 마을이 어떻게 돼지 2,000마리가 그 바다에 빠져 죽는 장면으로 끝나는 배경을 제공할 수 있었겠는가라는 문제가 남는다. 바위투성이의 언

---

17 막 5:1-20.
18 이러한 평가에 내재된 방법론적 어려움에 관해서는 Craffert 2008: 3-76을 보라.

덕과 골짜기를 달리다 보면 가장 건장한 돼지조차도 물가에 가까이 가기도 전에 지쳐서 죽었을 것이다! 둘째, 고랑을 깨뜨리는 사람과 스스로 물에 빠져 죽는 돼지에 대한 마가복음의 묘사는 믿기 어려워 보인다. 그 기사는 인간의 경험과는 전혀 유사하지 않고 초인적인 영웅 만화에 등장하는 내용에 더 가깝다고 말해진다. 몇몇은 이런 세부 사항은 그 기사가 사실적인 보고가 아니라 축귀의 환상적인 효과성을 강조하기 위한 초기 교회의 노력이라고 설명한다. 셋째, 그 이야기의 대단원(막 5:16-20)—예수가 전에 귀신 들렸던 사람을 다시 데가볼리로 돌려보내며 그에게 "주께서 네게 어떻게 큰일을 행하사 너를 불쌍히 여기신 것을 네 가족에게 알리라"(막 5:19)고 한 것—은 초기 교회의 선교론의 냄새가 나며, 따라서 그 이야기 전부는 아니라 해도 그 부분의 역사성에 의문을 제기한다. 이런 이유의 하나 또는 그 이상으로 인해 많은 학자가 그 단락을 사실과 공상의 조합으로 보거나 전적인 공상으로 보게 되었다.

마가복음 5:1-20을 통일된 역사적 기사로 보는 것에 대한 반대 목록은 얼핏 보면 심각해 보이지만, 나는 그 텍스트를 합리적으로 정확한 역사적 보고로 받아들이는 데 특별한 변증이 필요한 것은 아니고 우리가 굳게 확립된 몇몇 예단을 떨칠 용의만 있으면 된다고 믿는다. 마가복음 5:1에 대한 사본 증거가 상충하기 때문에 우리가 최상의 텍스트를 정하기 어려워 이 기적이 일어난 장소는 특정하기가 어렵다. "거라사인의 지방"이라는 텍스트가 좀 더 어려우므로(따라서 이론상으로는 훗날 삽입된 것일 가능성이 더 작으므로) 좋은 대안이라는 점은 사실이다. 그러나 나는 이 대목에서 좀 더 어려운 이 특정한 독법을—이 경우 이 독법은 우리를 그 기적이 일어나기에는 너무 큰 무대에 남겨둔다—그 지방의 지리를 잘 알지 못하는 필사자의 탓으로 돌리는 것이 더 나은 해석이라고 제안한다. 마가복음 5:1-20이 속하는 기적 사이클은 마가복음이 기록되기 전에 나왔고 따라서 팔레스타인의 지리를 잘 아는 사람에게서 나왔다는, 널리 퍼져 있는 가정에 따르면 우리는 사실상 그 전승을 처음 전한 사람들은 어느 마을이 어느 마을인지를 잘 알았다고 가정해야 한다.[19] 이 이유로 마가복음 5:1에 대한 두 가지 대안인 "가다라"나 "게르게사"가 선호되어야 한다. 전자의 대안에 따르면(사본 A와 C에서 입증된다) 그 사건이 일어난 장소는 현대의 움 케이스(Um Qeis)로서 거라사보다 물에 약 40km 가깝다. 그러나 이 독법은 마태복음 8:28의 영향을 통해 그런 사본 전승 안으로 쉽게 들어왔을 수도 있기 때문에 "게르게사"라는 대안이 남게 된다. 그 독법은 가장 중요한 사본에 나오는 것은 아니지만 세 가지 가능성 중에 가장 널리 퍼진 독법이다. 오리게네스와 에우세비오스 모두 그 기적이 이마을 인근에서 일어났음을 지지한다. 그곳이 1세기에 존재했다는 사실은 랍비 문헌과 고고학적 증거를 통해 확인된다.[20] 이 장소(갈릴리 바다 북동쪽 해안의, 현대의 쿠르시[Kursi]로 파악된다)는 아래에 있는 물로 떨어지는 가파른 경사를 자랑할 뿐만 아니라 히포스에 있는 헤롯의 중요한 요새들 중하나와 나란히 위치한다(나는 곧바로 이 점에 관해 다시 다룰 것이다).[21]

  귀신 들린 사람과 돼지들의 별난 행동들에 관해 우리는 성급한 회의주의를 경계해야 한다. 귀신의 세력이 실재하는지 여부는 차치하고 우리

---

19 막 5:1-20을 좀 더 넓고 인접하는, 마가복음 이전의 전승으로 보는 견해에 관해서는 Achtemeier 2008: 67-68을 보라.
20 Edwards 2002: 153-4에 수록된 간략하지만 훌륭한 논의와 참고문헌을 보라.
21 본문비평 문제에 관한 추가 논의는 Annen 1976: 201-6을 보라.

는 정신 건강 분야에서 초인간적인 힘을 보이는 사건들이 없지 않은 것을 관찰할 수 있다. 그리고 돼지들이 떼를 지어 우르르 몰려가 익사하는 것이 유별난 일일 수 있다는 것은 사실이지만(회의주의자들은 돼지들은 독립적으로 생각하는 동물이고 헤엄을 잘 친다는 점을 우리에게 상기시켜준다), 우리는 마가가 의식적으로 이 모든 것을 기적적인 사건으로 묘사하고 있으며 그 동물들의 행동이 유별났다는 데 충심으로 동의했으리라는 사실을 놓치지 말아야 한다. 하지만 "유별나다"는 것이 불가능하다는 것과 같은 뜻은 아니다. 우리들 대다수가 인간이 심지어 우르르 몰려가 익사하기까지 한다[22]는 보고를 받아들이는 마당에 흥분한 돼지 떼가 그런 행동을 할 리가 없다고 주장하는 것은 설득력이 없다. 이런 맥락에서 돼지들의 익사는 초기 교회가 축귀자로서 예수의 효과성을 증명하기 위해 뒤늦게 꾸며낸 하위 줄거리였다고 생각하는 것도 그 장면을 오도하는 것이다.[23] 우리는 고대의 축귀자들에게는 악령들을 쫓아내는 것이 대개 일의 전반에 지나지 않았다는 점을 기억할 필요가 있다. 다음 단계는 흔히 귀신의 영이나 질병을—그것이 물이나 나무든 아니면 개나 돼지든—다른 매개체로 옮기는 것과 관련이 있었다.[24] 예수가 다른 축귀 기사에서 이러한 옮김을 실행한 것으로 묘사되지 않았다고 해서 그가 그렇게 한 적이 없다거나 그가 이 대목에서는 그렇게 하기로 결정한 것이 부적절했던 것은 아니다.

---

22 유감스럽게도 내가 본서를 집필하기 몇 달 전인 최근에 인도의 바라나시에서 이런 일이 발생했던 것처럼 말이다.

23 특히 Annen(1976: 192)은 돼지들이 우르르 몰려가는 반응을 보인 것이 지나치게 극적이며 따라서 그 기사의 역사성에 관한 장애 요인이라고 생각한다.

24 다음 문헌들을 보라. Twelftree 1993: 75-6; Collins 2007: 270.

마지막으로, 교회가 이방인 선교를 자극하기 위해 이 사건을 극적으로 재구성했다는 주장의 논거 역시 제한적이다. 거라신의 귀신 들린 사람이 이방인이었고 이 점이 마가에게는 중요한 문제였을 개연성이 있기는 하지만 이 복음서 저자가 이 이야기에서 **주로** 이 점을 강조하는 데 관심이 있었다는 조짐은 별로 없다. 수로보니게 여인의 경우(막 7:24-30)에는 그랬던 것으로 보이지만 말이다. 그리고 그 일화가 "이방인의 영토"에서 발생했다는 점이 종종 지적되는 것은 사실이지만 이 점이 지나치게 강조되어서는 안 된다. 갈릴리 바다 동쪽 지역은 폼페이우스 휘하의 로마군이 침입하기 전에 원래 유대인의 영토였고 예수 시대까지도 많은 유대인이 살고 있었다(고고학이 그렇게 말해준다).[25] 더욱이 전에 귀신 들렸던 사람이 "데가볼리에서" 자신의 이야기를 말할 때 그는 뚜렷한 "이방인의 지역"에만 간 것이 아니라 "유대인의 지역"에도 갔을 것이다.[26] 그 이야기는 초기 그리스도인들이 선교를 위해 노력할 때 서로에게 동기를 부여하는 데 적합했을 수도 있지만 그 텍스트에는 그것이 이 목적을 위해 꾸며졌다고 암시하는 명시적인 징후가 거의 없다.

예수에 관한 역사적인 기록으로서 이 단락의 기본적인 무결성에 대한 이의들은 불충분하다.[27] 그런 이의들의 힘은 대개 근거 없는 상황에 뿌리를 둔 전승 층들과 관련된 불확실한 자료비평 가설에서 나올 뿐만 아

---

25 Meyers 1997: 62; Collins 2007: 267.
26 데가볼리에서 가장 중요한 도시들 중 하나는 요단강 서쪽의 무역로에 나란히 위치한 스키토폴리스였다. Parker 1975: 437-41을 보라.
27 종교사의 배경(특히 고대의 축귀 기법)에 대한 불완전한 이해로 말미암아 역사적 핵심을 인정하지 않지만 Bultmann(1968[1921]: 210)은 "확실히 이 이야기는 원래의 형태에 있어 본질적으로 손대지 않은 채 그대로 보존되어 있다"고 인정했다.

니라[28] 그 당시에 명백히 유명하게 여겨졌던 예수를 주목할 만한 행동으로부터 분리시키려는 이상한 결정에서도 나온다. 유기적인 통일체로서 마가복음의 기사는 중요한 구성 부분에서 팔레스타인 지리의 세부 사항과 잘 조화되며 예수에게 축귀 능력을 돌리는 좀 더 넓은 전통에 부합한다. 역사적 예수 연구에 관한 데이터로서 그 단락의 유용성은 손상되지 않은 채로 유지된다.

② 예수와 "더러운 귀신"

그렇다면 애초의 흥미로운 점은 그 귀신들린 사람이 "더러운 귀신"을 가진 것으로 묘사된다는 사실에 놓여 있다(막 5:2, 8). 1세기 유대교는 이미 귀신과 불결함 사이의 관계를 충분히 알고 있었지만 그 어구는 귀신들을 언급하는 방법으로서 비교적 자주 사용되지 않는다는 점 때문만이 아니라 공관복음 전통에서 자주 사용된다는 점 때문에도, 그리고 특히 그 점 때문에 유별나다.[29] 복음서들에 그 어구가 분포된 것으로 볼 때 우리는 그 표현이 마가복음에 특유한 것이라고 생각할 수 없다. 그 표현을 공관복음 텍스트에 폭넓게 영향을 준, 상당히 안정적인 마가복음 이전의 전승에 돌리는 것이 가장 일리가 있다.[30] 누가 귀신에 대한 칭호로서 이 용어를 일

---

28 다음 학자들도 그렇게 생각한다. Collins 2007: 266; *pace* Pesch 1972; Meier 1991: 650.

29 "더러운"과 귀신의 영 사이의 명목적인 연결은 예컨대 1QapGen 20.16-28에서 나타나지만 확실히 슥 13:2에서 유래한 "더러운 귀신"은 제한된 범위와 빈도로만 나타난다. 1QS 4.22; 4Q444; 11Q5; 「베냐민의 유언」 5.1-2(Wahlen 2004: 24-68에 수록된 논의를 보라). 그 표현이 다른 곳에서는 별로 사용되지 않았지만 공관복음 전승에서는 놀라울 정도로 비교적 많이 사용된다. 공관복음에서 막 5:1-20 외에 이 표현이 사용된 예는 다음 구절들을 보라. 마 12:43; 막 1:23, 26; 3:30; 7:25; 9:25; 눅 4:33; 9:42; 11:24.

30 다음 문헌들도 같은 입장을 보인다. Klutz 1999: 161; Wahlen 2004: 88.

반화시켰는지에 관해서는 이 표현이 최초의 공동체, 심지어 예수 자신에 게서 유래했을 것이라고 생각하는 것이 최선일 것이다.

몇 가지를 고려할 때 이 표현이 예수에게서 유래했을 가능성이 커진다. 첫째, 학자들이 15년쯤 전부터 인정하고 있듯이 예수의 사역을 정함과 부정이라는 제의적 정결 관점에서 틀을 짠 존재는 바로 예수 자신이었다(그리고 초기 교회가 아니었다).[31] 1세기 팔레스타인 유대교의 맥락에서 제의적 정결은 율법을 준수하는 유대인들 및 예수에게—반대로 보이는 특정한 몇몇 요소에도 불구하고—명백히 매우 중요한 문제였다는 사실은 규칙에 대한 예외로 보이지 않는다. 더욱이 정함과 부정함 문제를 둘러싼 논의는 초기 교회에서 점차 이론의 여지가 있는 것으로 되었고(막 7:19; 행 11:9) 팔레스타인 밖의 신약성서 문헌에서는 그 용어가 변화된 윤리적 의미 외에는 매우 드물다. 요컨대 만일 우리가 "더러운 귀신"이라는 어구의 기원을 예수와 초기 기독교 중에서 선택해야 한다면 우리는 위에 언급된 요소들을 근거로 그 어구가 예수에게서 유래했다고 보고자 한다.

"더러운 귀신"이라는 어구를 도입한 존재가 예수였는지 아니면 초기 교회였는지는 성서의 맥락에서 그 표현의 의미에 대한 고려에도 의존한다. 그 표현은 스가랴 13장에서만 나타난다.

만군의 여호와가 말하노라. 그날에 내가 우상의 이름을 이 땅에서 끊어서 기억도 되지 못하게 할 것이며 거짓 선지자와 **더러운 귀신**을 이 땅에서 떠

---

31   Chilton 1996; Kazen 2002; Klawans 2006.

나게 할 것이라.[32]

그러나 이 구절의 의미를 그 맥락 안에서 고찰하기 전에 우리는 먼저 예수가 그 구절에 관심을 가졌을 가능성을 조사해야 한다. 나는 예수가 관심을 두었다고 생각하며, 스가랴서의 신탁에 대한 간략한 개관과 예수의 행동에서 그것이 극화된 것을 통해 이 점이 입증될 수 있다고 생각한다. 스가랴 13:2 자체는 성서의 좀 더 넓은 단락(슥 9-14)에 포함되었다. 신실한 자들을 위한 길을 만들기 위해 그 땅에서 이스라엘의 적들을 제거할 것이라고 보증하는 심판의 말씀(슥 9:1-7)에 이어 그 신탁은 다음과 같이 계속한다.

> 내가 내 집을 둘러 진을 쳐서 적군을 막아 거기 왕래하지 못하게 할 것이라. 포학한 자(*yiggoś*)가 다시는 그 지경으로 지나가지 못하리니 이는 내가 눈으로 친히 봄이니라. 시온의 딸아, 크게 기뻐할지어다. 예루살렘의 딸아, 즐거이 부를지어다. 보라, 네 왕이 네게 임하시나니 그는 공의로우시며 구원을 베푸시며 겸손하여서 애처럼 나귀를 타시나니 나귀의 작은 것 곧 나귀 새끼니라.[33]

스가랴서에서 이 구절들은 역설적으로 승리를 거두면서도 겸손한, 또는 좀 더 나은 표현을 사용하자면 가난한(*'āni*) 제왕적인 인물에 초점을 맞추

---

32 슥 13:2.
33 슥 9:8-9.

는 장(chapter)의 일부를 구성한다. "아니"(äni) 중의 한 명으로서 이 제왕적인 인물은 유력한 자들의 손에 고난을 당하고(슥 7:10) 자신을 잡혀 죽을 양 떼(슥 11:7)로 여기는 사람들의 범주에 속한다. 스가랴 9:8-9에서 가난한 목자-왕의 도래는 자신의 성전을 약탈자, 즉 "압제하는" 자들로부터 지키는 야웨와 관련이 있다.[34] 흥미롭게도 스가랴 9:8에서 "포학한자"(oppresor)로 번역된 단어 배후의 동사의 어근(ngś)은—이 어근은 히브리어 성서에서 별로 사용되지 않는다—출애굽기 이야기 및 채무 면제와 관련된 신명기의 율법 모두를 환기시킨다. 이 텍스트들에서 압제의 대리인들은 각각 바로의 공사 감독자들(출 3:7; 5:6, 10, 13-14)과 동료 이스라엘 백성의 채무를 면제해 주기를 거절하는 자들(신 15:2-3)이다. 현대의 주해학자가 그렇게 넓게 퍼진 연결로부터 어의상 너무 많은 내용을 추론하지 않는 것이 좋겠지만 우리는 역사적 인물인 스가랴가 그 구절에서 무엇을 의미했는가보다는 그 구절이 예수 같은 유대인들에게 어떻게 이해되었을지에 더 관심이 있다. 그리고 1세기 유대인 독자들에게는 언제나 성서가 성서를 해석했다. 따라서 스가랴 9:8에 나타난 "포학한 자"(압제자)는 매우 자연적으로—심지어 필연적으로—이집트의 감독과 탐욕스러운 이스라엘의 채권자에 대한 예시로 간주되었을 것이다. 특히 목자-왕은 야웨를 대신하여 소외된 가난한 자들을 괴롭히는 불공정한 상황을 바로잡고(슥 7:8-9), 그들의 적들에게 보복하고(슥 9:10-15; 10:1-3 등), 심지어 타락한 목자들과 성전의 파괴를 증언할(11:1-3) 존재였기 때문에, 아무튼 그런 의미가 예언자 스가랴의 생각과 동떨어진 것은 아니었을 것이다. 일단

---

34 이 인물의 메시아적 중요성에 관해서는 Schmidt 1997을 보라.

그 가난한 의인들이 환난을 통해 목자와 더불어 구원받게 되면(슥 13:7-9) 참된 예배가 회복될 수 있을 것이다(슥 14:6-21). 변화무쌍한 예언자의 이미지 가운데서 설득력 있는 메시아 이야기의 줄거리가 출현하기 시작한다. 즉 목자-왕이 와서 가난한 자들을 유배와 이방인 채권자들의 노예 상태에서 해방하고, 이상적으로 변화된 성전에서 드리는 적절한 예배를 회복한다는 최종적인 목적을 성취할 것이다.[35]

그리고 이 점들이 매우 중요한데, 스가랴서에 나타난 목자-왕은 감람산으로부터(슥 14:4) 나귀를 타고 예루살렘에 들어갈 것이고(슥 9:9), 이 모든 일을 "언약의 피" 때문에(슥 9:11) 그렇게 할 것이다. 달리 말해서 그는 역사적 예수가 예루살렘에 들어온 것과 흡사한 방식으로 온다. 그렇다고 해서 야웨의 가난한 자들이 "포학한 자"에 대항하는 좀 더 넓은 스가랴서의 줄거리가 예수의 사회·경제적 개혁 및 공식적인 지도자들에 대한 비판과 관련이 있다는 뜻은 아니다. 예수는 자신의 행동들을 목자-왕의 행동들과 원자론적인 방식으로 연결시키지 않았다. 오히려 예수는 자신의 성전 운동에서 좀 더 넓은 예언자적 내러티브에 따라 성서의 줄거리를 재상연했다. 이 점은 그 당시에 같은 마음을 가진 혁명적인 인물들과 궤를 같이한다. 크레이그 에반스가 다음과 같이 말하듯이 말이다.

제2성전기 말 다른 유대인들이 성서의 패턴과 신탁들을 상연했다는 관찰에 비추어 볼 때 우리는 복음서의 내러티브들에 나타나는 성서와의 관련성을 복음서 저자들(또는 그들 전의 구술 전승 전달자들)에게 할당하려는 "비평

---

35 유사한 이야기가 겔 40-48장에서 펼쳐진다.

적인" 욕구에 저항해야 한다. 나는 예수가 예루살렘에서 한 행동은 스가랴서에 나타난 요소들 및 주제들을 통해 인도되었을 개연성이 있다고 생각한다.[36]

"예루살렘에 있을 때"뿐만 아니라 그의 공생애 전체에서 예수는 의식적으로 포로 후 예언자들에 많이 의존했다. 여기서 우리는 예수가 자신과 성전 사이의 갈등을 다른 텍스트들보다 스가랴 13장에 비추어 해석했다고 생각하지 않을 수 없다. 이 장에는 한편으로는 다윗 가문의 참된, 야웨의 "목자"(7절)와, 다른 한편으로는 "더러운 귀신"(2절)을 따라 임무를 수행하면서 그 임무를 남용하는 "거짓 선지자" 사이의 충돌에 관해 말하는 구절이 있다. 예수와 성전 고위 성직자들 사이의 갈등은 물론 예수의 체포에서 무르익는데, 마가복음 14:27//마 26:31에 따르면 그는 스가랴 13:7에 비추어 이 순간을 예기하고 해석한 것으로 보인다. 오늘날 많은 학자들은 이 구절을 예수께 귀속시키는 것을 흔쾌히 받아들이는데, 이는 부분적으로는 스가랴 13:7-9이 예수가 맡은, 환난을 당하는 목자의 역할에 더할 나위 없이 잘 들어맞기 때문이다.[37] 스가랴 13장의 내러티브는 예수의 자기 이해를 위한 배경으로서 개연성이 있을 뿐만 아니라 명백히 그럴 가능성이 있다.

예수가 특히 스가랴 13장을 포함하여 스가랴서에서 반복적으로 자신의 역할을 찾아냈다는 점에 비추어 나는 스가랴 13:2에서 "더러운 귀

---

36 Evans 1999: 388; 다음 문헌들도 같은 입장을 취한다. Kim 1987: 138-40; Wright 1996: 586; McKnight 2005: 177-205.

37 Meyer 2002[1979]: 216; Wright 1996: 599-600; Theissen and Merz 1998[1996]: 107-8; Dunn 2003: 89; Pitre 2005: 466-78.

신"이라는 표현을 끌어내 그 공동체의 의식 전면에 둔 인물은 바로 주님 자신이었다고 결론짓는다. 최초의 전통에서 그 용어를 한목소리로 적용한 데 대해 더 나은 설명이 없을 뿐만 아니라 그것은 내가 재구성한 바와 같이 예수의 자기 이해에도 잘 들어맞는다. 예수는 자신과 성전 간의 갈등을 스가랴서의 목자-왕과 거짓 예언자들 간에 발생한 갈등과 비교해서 자기가 칭찬한 성서 해석의 틀을 준수하기 위해서뿐만이 아니라, 자신의 축귀 능력에 독특한 중요성을 부여하기 위해서도 "더러운 귀신"이라는 어구를 적용했다.

예수가 스가랴 13장(그리고 특히 13:2)에 의존한 것을 "과도하게 해석할" 위험은 있지만 우리는 이로부터 예수의 축귀 사역에 빛을 비추는 특정한 함의를 도출할 수 있다. 최초의 예수 전기 작가들이 귀신에 대한 그의 힘을 그의 메시아적 권위(*exousia*)로 강조하는 경향이 있었고, 역사적 예수에 대한 **주된** 관심은 다른 곳에 놓인 것으로 보인다는 점은 사실이다. 야웨가 그 민족 전체를 용서하는 것에 대한 비유적인 상징으로서 개별적인 이스라엘 사람들에게 용서를 베푼 존재인 예수에게 축귀는 두 가지 목적을 수행한 것으로 보인다. 그것들은 단지 개인들을 위해서만 의도된 것이 아니라 스가랴서 13장에서 상상된, 임박한 격변에 대한 공적인 상징이기도 했다. 그 시대의 대다수 복음서 저자들은 "더러운 귀신"에게 고통을 당하는 것이 엄격하게 개인적인 차원에서만 일어나는 것으로 생각했던 반면, 우리는 이 축귀 사역이 뭔가 더 깊고 넓은 것—그 땅 전체를 귀신 들리게 하는 영을 종말론적으로 제거하는 것—을 암시하는 것으

로 생각할 좀 더 확고한 토대를 갖고 있을 것이다.[38]

나아가 이 통찰은 예수의 사역 전체 및 특히 성전 정화에 대한 우리의 이해를 증진한다. 다시 생각해보면 예수가 성전에서 행한 행동의 최종적인 대상은 대제사장직을 점령한 "거짓 선지자들"이 아니었던 것으로 보인다. 진짜 적은 그들을 고취한 보이지 않는 어둠의 세력이었다. 이 점은 스가랴 13:2에서 추론될 수 있다. "내가 [1] 우상의 이름을 이 땅에서 끊어서 기억도 되지 못하게 할 것이며, [2] 거짓 선지자와 [3] 더러운 귀신을 이 땅에서 떠나게 할 것이라." 스가랴서의 무서운 3인방은 이 텍스트에 독특한 것이 아니고 단지 유대교가 사실로 간주한 내용에 대한 재진술일 뿐이다. 이스라엘에서 거짓 지도자들이 발견되는 곳마다 그리 멀지 않은 표면 아래 더러운 귀신과 덫에 걸리게 하는 우상들이 있다.[39] 이 노선에 따르면 예수의 성전 정화에서 극적으로 강조된 최고의 종교적·정치적 차원에서의 이스라엘의 도덕적 실패는 국가적 차원의 배교에 대한 징후였다. 그러나 그것의 아래와 뒤, 안과 주위 모두 악의적인 영적 세력의 영향을 받고 있었다. 귀신들과 우상들은 공생 관계에 있는 것으로 생각되었기 때문에 예수는 그 땅의 정결을 회복하려는 어떤 노력이든 간에 "더러운 귀신"과 그것이 추앙받는 소굴에 대한 정화를 포함해야 한다는 것을 알았다. 이는 예수가 그의 성전(聖戰)을 일반적인 인간의 인식을

---

38 이 의미는 이곳을 포함한 공관복음 전통에 보존되어 있다. 여기서 역설적으로 더러운 귀신이 귀신 들린 사람 안에 거주하지만(막 5:8) 좀 더 원칙상으로는 귀신 들린 사람이 문자적으로 "더러운 영 안에서" 산다(막 5:2). 따라서 그 영은 감염이라기보다는 총력화하고 우주적인 세력이다.

39 시 106:34-39; 겔 13-14장.

뛰어넘는 비가시적인 실재의 영역에서뿐만 아니라 관찰할 수 있는 현상의 영역—더러운 영이 만들어내는 우상들인 가시적인 상징들과 공개적인 관행들—에서도 수행하려고 했음을 암시한다.

③ 축귀의 의미

예수의 축귀 활동을 스가랴 13장의 맥락 안에 위치시킬 때, 즉 그것을 우상의 땅과 어두운 영적 세력을 정화시키려는 야웨의 절박한 의도로 볼 때 우리는 그것이 1세기의 맥락에서 불가분적인 정치적 함의를 갖고 있다는 점을 인식한다. 확실히 예수나 그의 공동체 안의 누구라도 보이지 않는 "더러운 영"의 문제를 그 땅에 있는 가시적인 로마의 현존으로부터 분리할 수 없었을 것이다. 로마의 이방인들은 그들이 누구였는가 때문이 아니라 그들이 한 일 때문에 유대의 신정정치의 정결을 위협했다. 즉 기본적인 문제는 민족의 문제가 아니라 거짓된 예배의 문제였다.[40] 살인 및 특정 형태의 성적인 범죄와 마찬가지로 우상숭배는 본질적으로 신성을 모독하는 것으로 여겨졌다.[41] 유배 이후 시대 내내 이방인들과의 가까운 관계(통혼이나 식탁 교제)를 생각할 수 없는 일로 만든 요인은 그들이 우상숭배를 통해 고질적으로 더럽혀진 상태로 살고 있다는 가정이었다. 그런 교류는 개별적인 유대인이 성전 뜰에 들어갈 자유의 관점에서뿐만 아

---

40   확실히 예수 시대의 적어도 특정한 유대인들은 이방인들을 본질적으로 부정하다고 여겼지만 그것은 단지 간접적인 의미에서 그랬을 뿐이었다. 다음 문헌들을 참조하라. Alon 1977: 146-89; Kazen 2002: 8.

41   레 19:31; 20:1-3을 보라. Klawans(1998)는 이 죄들로 인한 신성 모독은 단순히 은유적인 것이 아니라 실제적인 것이었다고 설득력 있게 주장한다.

니라 이스라엘이 그 땅에 머물 장기적인 자유의 관점에서도 문제가 될 소지가 있었다(레 18:24-25). 유배 이후 공동체를 괴롭혔던 통혼 증가(스 9-10장)와 마찬가지로 우상숭배는 (비록 그것이 참으로 개인적인 문제이기는 했지만) 개인적인 문제라기보다 사회적인 결과를 가져오는, 사회적인 문제였다.[42] 1세기의 경건한 유대인이 보기에는 로마인들과 손을 잡는 것은 우상숭배, 더러운 영, 그리고 궁극적으로 유배를 촉진했던 핵심적 원인 중 하나였던 그 땅의 더럽혀짐의 나락으로 떨어지는 급경사였다.

그러나 로마인들이 이스라엘에게 경보를 울린 것은 단순히 그들이 우상을 숭배하는 이방인으로서 특성을 지녔기 때문이 아니라 자체적인 특성을 지녔기 때문이었다. 예수 시대에 그 거대한 제국은 장기간에 걸친 유혈의 역사를 확립했다. 로마 제국은 자신의 이익을 확대하거나 확보하기 위해 필요하다면 단호하게 어떤 힘이라도 사용했다. 이런 맥락에서 영국의 부족장 칼가쿠스가 로마인들에 관해 다음과 같이 말하면서 그의 군대를 결집시킨 것은 단순한 수사라기보다는 엄연한 현실이었다.

> [로마인들은] 지구상의 강도들이다. 그들은 땅을 약탈함으로써 고갈한 뒤 바다를 약탈하기 때문이다. 그들은 부유한 적에게는 탐욕스럽고 가난한 적에게는 무자비하다. 동쪽도 서쪽도 그들을 만족시키지 못했다. 모든 민족 중에서 독특한 그들은 가난한 자들과 부유한 자들을 지배하기를 갈망하고 동일한 욕망을 갖고서 그렇게 한다. 그들은 강도, 학살, 강탈을 제국이라는 거짓

---

42 Hayes 1999를 보라.

된 이름으로 부른다. 그들은 불모의 땅을 만들고 그것을 평화라 부른다.[43]

나는 예수 자신을 포함한 예수 시대의 거의 모든 유대인이 확실히 칼가쿠스의 이 요약에 충심으로 동의했을 것으로 생각한다. 어떤 의미에서는 이스라엘이 언약에 대한 불순종을 통해 정치적인 문제를 자초했다는 것이 사실이지만, 유대인들의 마음속에서는 그 나라(아마도 다른 많은 나라들과 함께)가 미래의 어느 날 훨씬 높은 권세를 통해 보복을 받고 로마인들이 그들의 잔인한 탐욕에 대해 책임져야 할 것이라는 점 역시 명백했다. 그것은 (경제적인 면에서는) 세금을 통해서 및 (정치적인 면에서는) 가까운 곳에 제국의 주둔지가 있다는 사실을 통해서 일상의 차원에서 예리하게 느껴지는 탐욕이었다. 한편 이념적인 차원에서는 절대권의 엄격함이 특정한 종교적·정치적 텍스트를 통해 드러났는데, 어떤 텍스트는 로마 지배의 실제적인 이득과 그 지배의 내재적(이라고 주장되는) 적절성을 강조하려고 했다. 로마 제국의 핵심적인 선전 기구는 안전과 평화라는 유익에 호소함으로써 그렇지 않았더라면 비도덕적이었을 경제적·군사적 지배의 추구를 합리화하려고 했다. 그러나 훨씬 더 깊은 차원에서는 제국의 도시와 그 지지자들은 알려진 세계의 나머지를 "그 도시"의 위성으로 간주하고 모든 역사를 영광스러운 원수(元首) 정치 체제의 확립에 이르는 사전 준비로 봄으로써 로마의 착취를 정당화했다. 한편으로는 줄곧 로마인의 인종적 우월성이 가정되었다. 시간, 공간, 인류를 "절대권 중심"으로 배열함으로써 무제한적인 지배와 부의 추구가 정당화되었는데 이 모

---

43   Tacitus, *Agr*. 30. 영어 번역은 저자의 것이다.

든 것이 "시민들"(*cives*)의 종교적 정체성 안으로 완전히 통합되었다. 예배와 이념의 분리는 현대에 접어든 뒤에야 발생했다. 1세기 세계에서는 이일이 가능하지 않았다. 예수와 그의 동료 팔레스타인 유대인들은 틀림없이 모두 귀신들에 의해 고취된, 로마의 국가 종교와 그들의 지배 추구가 같은 동전의 양면에 지나지 않는다는 점을 인식했을 것이다. 억압적인 군사력 과시는 단지 귀신의 활동의 발현이었을 뿐이고 귀신의 활동의 발현은 군사력 과시로 나타났다.

이 점과 관련해서 마가복음 5:1-20에 기록된 축귀는 히포스에 있는 헤롯의 장엄한 요새의 바로 북쪽인 갈릴리 바다의 북동쪽 해안에서 일어났다는 점을 다시 살펴볼 가치가 있다. 그곳은 예수나 예수와 같은 정서를 가진 사람이 자연스럽게 들를 만한 장소가 아니기 때문에 애초에 이기적이 일어난 장소가 중요하다. 그 구절에 따르면 예수와 그의 제자들이 배에서 내리자 그들은 묘지에 가깝고 돼지 떼를 위해 유보된 공간에 도착한다. 유대인인 예수는 그런 환경이 자기와 그의 제자들을 죽은 자나 부정한 짐승 또는 그 둘 모두와 관련된 불결함에 오염시킬 수 있는 가능성이 있다고 보았을 것이다.[44] 예수가 휴식처로 팔레스타인의 이 먼 땅을 찾아갔을 가능성은 확실히 작을 것이다. 쿠르시 주변은 1세기 유대인에게 물러나 휴식할 장소나 "머물 장소"로 생각되지 않았을 것이다. 이 점으로 미루어 나는 우리가 예수가 갈릴리 바다 동쪽 해안으로 간 데는 어느 정도 의도성이 있다고 가정할 수 있다고 생각한다. 달리 말하자면 그

---

44 죽은 자와 그들의 휴식 장소는 특히 엄청난 부정함의 근원지로 여겨졌다. *m. Kelim* 1.1-4를 참조하라.

는 특정한 목적—혹자는 사명이라고까지 말할 수 있을 것이다—을 갖고 거라사에 도착했다. 이 점과 더불어 귀신 들린 사람의 극단적인 상황을 고려하면, 그가 자신이 살던 곳과 그 외의 지역에서까지 유명해졌을 가능성이 있다는 점으로 미루어 볼 때, 예수는 명백히 그곳에서 누구를 만나고 무슨 일을 당할지를 알았기 때문에 그곳으로 배를 몰고 갔다. 그렇다면 그는 자기가 무슨 일을 하려고 하는지를 상당히 잘 알았을 가능성이 크다.

그렇다면 예수가 귀신 들린 사람에게 접근한 목적은 무엇인가? 귀신 들린 사람이 예수께 한 말에서 한 가지 단서가 나타난다. **"지극히 높으신 하나님**의 아들 예수여, 나와 당신이 무슨 상관이 있나이까?"(막 5: 7) 자주 지적되는 바와 같이 "지극히 높으신 하나님"이라는 어구는 신을 지칭하는 특정한 이방인의 방식이며, 이 맥락에서 그 어구는 야웨와 정당하게 임명된 야웨의 대리인으로서 예수의 우월성을 인정한다.[45] 그렇다면 마가복음이 제시하는 그 단락의 구성 요소들이 결합해서 한편으로는 "지극히 높으신 하나님"의 대표자 예수와 다른 한편으로는 "더러운 귀신"의 신들 간의 거대한 충돌을 묘사한다. 물론 그 내러티브가 명확히 보여주는 바와 같이 그 싸움에서 예수/야웨가 결정적으로 승리한다. 예수가 갈릴리 바다의 동쪽 해안에서 귀신 들린 사람을 만난 것을 신적인 대결로 묘사하려는 시도가 이론상으로는 복음서 저자의 창작일 수도 있었겠지만, 내가 생각하기로는 복음서 저자가 그 만남을 신적 힘이 귀신의 힘을 이긴다는 것을 보여주는 틀로 삼기로 했음을 인정하지 않고서는 우리가 역사적 예

---

45   Lane 1974: 183 각주 14; Collins 2007: 268.

수의 여행 배후에 있는 의도성을 받아들이기가 매우 어렵다. 달리 말하자면 마가복음에 보존된, 궁극적으로 순회 축귀자에 의해 시작된 예수와 귀신 들린 자 간의 대화는 그 상황 자체에 내재된 역학을 확인하는 것으로 보인다. 즉 예수는 자기가 야웨의 힘을 통해 대중으로 하여금 "더러운 귀신"을 알아차리도록 도움을 주는 것으로 보았다.

　이 대목에서 그 귀신 들린 사람을 점령한 귀신(또는 귀신들)의 이름이 "군대"(Legion)였음을 주목할 가치가 있다. 그 귀신 들린 사람의 극단적인 상황 이상의 것에 관련된 "군대"라는 단어는 귀신의 세계와 로마 군대 사이의 상응 관계에 특별한 주의를 끌었을 것이고 이 점은 어떤 경우에든 암묵적으로 이해되었을 것이다.[46] 나는 그 전통이 그 귀신의 이름을 보존하려고 애썼다는 점과 로마인들이 히포스 바로 옆에 제10군단(*Fretensis*)의 파견대를 유지했다는 사실이 함께 고려될 경우 이 이름을 포함시킨 것이 정치적으로 순진한 것이 아니었다고 생각한다. 여기서 "군대"라는 단어가 등장하는 것이 마가가 삽입한 것인지 실제로 귀신이 대답한 단어인지 또는 그 중간의 어떤 것인지는 좀 더 어려운 문제다. 제10군단이 다른 군대와 함께 제1차 유대-로마 전쟁에 참여했다는 것은 사실이지만, 그 군단은—그리고 오직 이 군단만이—그보다 훨씬 전인 아르켈라오스의 폐위(기원후 6년)에 이어 일어난 유대인의 봉기를 무자비하게 진압한 군대이기도 했다. 이 봉기와 이후의 무력 진압은 예수가 소년 시절일 때 일어났고 따라서 틀림없이 그의 세대의 집단적인 기억에 계속 영향을 주었을

46　막 5:9에 나타난 "군대"와 로마 사이의 연결은 특히 다음 문헌들을 통해 전개된다. Winter 1961: 129; Hollenbach 1981; Theissen 1983: 255; Wengst 1987: 65-8; Crossan 1991: 313; Myers 2008[1988]: 190-3.

것이다. 이런 맥락에 비추어 "군대"라는 단어가 발설되었을 때 가져오는 효과는 마가복음 5:1-20을 정치적으로 읽을 것을 요구한다. 이 정치학이 예수의 것인지 마가의 것인지는 별개 문제다.

몇 가지 이유로 나는 그 배후에 예수가 있다고 생각한다. 첫째, 내가 주장해온 것처럼 귀신 들린 사람과의 이 조우가 사실상 이교도인 로마의 "더러운 귀신"이 쫓겨나야 한다고 선언하는 예언자적인 언어 행위(speech act)라면 그 말이 마가나 마가 이전의 전승이 만들어낸 것이 아니라 예수의 상상력의 산물이라고 생각하는 것이 훨씬 더 일리가 있다. 나는 위에서 돼지 떼의 몰살에 관한 세부적인 내용이 역사적으로 근거가 있다고 주장했다. 그렇다면 예수의 축귀는 가축이라는 재산의 상당한 손실을 가져왔을 뿐만 아니라 인근의 히포스에 주둔한 로마 군인들이 돼지를 식품으로 사용했을 가능성에 비추어 봤을 때 그 군대로부터 진미를 빼앗는데도 기여했을 것이다. 이 점에서 예수가 취한 조치는 비록 간접적이기는 하지만 정치적인 파괴 활동에 해당했다. 현장에 있던 사람들은 그 상징적인 역설을 놓칠 수 없었다. 그 돼지들의 몰살은 로마가 사람들이 믿고 있는 것보다 취약하다는 사실과 그 취약성의 정도가 대체로 인식되지 못하고 있다는 점에 대한 미묘하지만 현저한 암시였을 것이다. 그러나 마가복음의 기사에 나타난 이 모든 세부 내용—인근에 로마 군대가 있다는 점, 그들이 돼지 고기를 즐겼다는 점, 돼지들의 몰살이 파견대의 식사를 악화시키는 효과가 있다는 점—은 요긴한 단서로 받아들여지지 않는다. 예수의 배경에 관한 역사적 재구성은 우리에게 마가나 그의 이전 전통이 기꺼이 활용하고자 하는 것보다 훨씬 단호한 반(反)로마적인 변증을 남겨준다.

내가 그 일화의 정치적인 색채가 예수에게서 비롯된 것이라고 여기는 두 번째 이유 역시 돼지 떼와 관련이 있다. 갈릴리의 축귀자 자신이 잘 알고 있었겠지만 멧돼지는 로마의 힘에 대한 상징이었던 것 만큼이나 토라에 기반한 불결함의 상징이기도 했다. 첫째, 멧돼지는 팔레스타인을 점령했고 따라서 히포스도 점령했던 제10군단의 마스코트였다.[47] 둘째, 멧돼지는 로마와 로마의 힘 모두를 상징했는데 이 점은 카이사르 아우구스투스의 동전에서 같은 동물을 보여주는 화폐 증거를 통해 확인된다. 스포츠 전문가가 아니더라도 지나치게 광적인 팬이 상대 팀의 마스코트를 향해 눈덩이를 던진다면 그 팬이 공격하는 대상이 사실은 마스코트 자체가 아니라 그것이 나타내는 팀이라는 것을 알 것이다. 말하자면 예수는 2,000마리의 살아 있는 로마의 마스코트를 바다에 빠져 죽게 함으로써 자신의 눈덩이를 던진 셈이다. 물론 그는 잘 알려진 하나의 극적인 순간을 활용해서 또 다른 순간을 묘사한다. 하나님이 성스러운 장소를 확립하기 위해 바다에서 자기의 대적을 이기는 이야기들을 담고 있는 창조 내러티브와 출애굽 내러티브를 염두에 둔 예수는 멀리 떨어진 해안에서의 상황을 기회로 보았고 그에 따라서 계획을 세웠다. 그것은 예수가 우주적인 차원의 폭풍—자신의 시대에 그리고 자신의 운동을 통해 불어닥칠 준비가 되어있는 폭풍—을 극적으로 표현하기 위해 조종한 요인들의 완벽한 수렴이었다. 그리고 예수는 폭우의 끝에 갱신되고 정화된 공간이 나타나리라고 추론한 것으로 보인다. 약속된 땅에서 더러운 귀신과 그것의 인

---

47 멧돼지 마스코트의 지위는 그 군단의 깃발에 새겨진 이미지로부터 추론될 수 있다. 멧돼지는 제1군단(*Italica*)과 제20군단(*Victrix*)의 군기 이미지이기도 했다.

간 앞잡이들의 본질적인 상징을 제거한 행동에서 예수는 신성한 공간을 청소하고 사실상 그 땅을 정결케 했다.

④ 귀신을 쫓는 대제사장 예수

신성한 공간을 확립하는 것은 물론 대제사장의 소관 사항이었다. 앞 장에서 나는 예수가 쿰란 공동체와 마찬가지로 최후의 희년을 가져올 최종적인 멜기세덱을 고대했다고 주장했다. 하지만 예수의 확신의 경우 그 대제사장적인 인물은 예수 자신이었다. 희년의 시행이 고대된 대제사장의 유일한 책임인 것은 아니었다. 그 종말론적 인물은 야웨의 대적들과 그들의 영도 처리해야 했다. 마찬가지로 예수는 스가랴서의 목자-왕에게 귀속된 역할만 하는 것이 아니라 멜기세덱 계열의 대제사장에게 돌려진 역할도 수행한다. 11Q13은 다음과 같이 말한다.

성서가 "너희가 불공평한 판단을 하며 악인의 낯 보기를 언제까지 하려느냐?(셀라)"(시 82:2)라고 말하는 것과 관련해서 그 해석은 벨리알과 그에게 속하기로 예정된 영들에게 적용된다. 왜냐하면 그들 모두 반역했고 하나님의 계율을 등졌고 따라서 완전히 사악해졌기 때문이다. 따라서 멜기세덱이 하나님의 법령으로 말미암아 요구되는 보복을 시행할 것이다. 그날에 그가 그들을 벨리알의 힘으로부터 및 그에게 속하기로 예정된 모든 영의 힘으로부터 구원할 것이다.…"주님의 신적 존재"는 그들을 벨리알의 힘으로부터 구원할 멜기세덱이다.[48]

---

48 11Q13 2:11b-13, 24b-25.

종말론적 대제사장은 남은 자들을 귀신의 힘으로부터 구원하고 이방인들(즉 하나님의 원수들)의 심판석에 앉음으로써 이스라엘을 회복할 것이다. 멜기세덱 내러티브의 이 두 요소 모두 시편 110편에서 유래하는데 그 시편은 대제사장이 이스라엘의 적들(그들이 인간이든 귀신이든 간에)을 정복하는 것(1-2, 5-6절)에 대해서뿐만 아니라—아마도 이 점이 가장 중요할 텐데—적절한 예배의 회복(3절)에 대해서도 말한다. 그 시편에서 신성한 공간을 준비하는 것은 사실 그 대제사장의 임무의 절정이다. 그것이 멜기세덱의 임무의 절정이었듯이 말이다. 고대 유대인들이 종말론적인 희년을 가져올 존재에게 축귀 역할을 부여하기로 한 결정은 나름의 설득력 있는 논리를 가진 것으로 보인다. 희년의 해방을 통해 그 땅을 정당한 상속자들에게 재분배한다는 사회경제적 목표는, 그에 상응하여 이스라엘을 억압하는 동시에 그들을 유혹한 귀신들과 그들의 이념을 제거하지 않고서는 공허해질 것이다. 그 땅은 다시 분배될 필요가 있었을 뿐만 아니라 다시 정화될 필요가 있었다. 정화된 땅에서만 순수한 예배를 드릴 수 있을 것이기 때문이다. 쿰란의 언약자들뿐만 아니라 예수 자신도 이스라엘의 향후 구원에 매우 중요한 두 과제가 종말론적 대제사장인 멜기세덱에게 귀속되는 것으로 여겼다.

예수의 정화하는 힘의 원천을 알아내려고 할 때 혹자는 예수의 독특한 기원 스타일(또는 그것의 부재)과 그가 명백히 주변의 부정에 개의치 않았다는 두 가지 재미있는 데이터를 살펴보고자 할 것이다. 첫째, 예수가 축귀를 시행한 방법에 관해 몇 가지 언급하는 것이 적절하다. 고대의 축귀 관행은 거의 하나의 규칙으로서 기원, 주문, 부적 등을 필요로 했지만 우리는 예수의 전통에서 그런 제의나 절차들이 없다는 뚜렷한 특징을 발견한다. 우리는 예수의 말 자체만 발견한다. 크리스티안 슈트레커는 하버멜에 의존해서 이 점에 관해 다음과 같이 논평한다.

> 앞서 언급되었듯이 나사렛 예수의 축귀 시행에는 이렇다 할 기법들이 없었다. 예수 전통에 따르면 축귀 행동은 본질적으로 소위 **아포포메**(*apopomé*)라는, 귀신에게 나오라고 하는 명령에 국한되었다(*exelthe ex*: "~에서 나오다." 막 1:25; 5:8; 9:25). 그 외에는 이름을 물은(막 5:9) **에피포메**(*epipomé*, 막 5:13에 따르면 귀신이 사람에게서 떠나 돼지에게 들어감)와 다시 들어가지 말라는 금지(막 9:25)만 언급되었다. 매개자로서 기능한 축귀자답게 예수의 효과성은 어느 모로 보나 그의 현존에 기인했는데 그것은 **그의 안에서 명백히 나타난 좀 더 높은 힘의 현존**으로 간주되었다. 달리 말하자면 귀신을 쫓아낼 때 나사렛 예수는 **신적인 힘의 매개자**로 나타났다.[49]

이 점은 사소한 것이 아니다. 예수는 귀신 들린 사람을 다루는 자신의 능력을 확신했는데, 이는 궁극적으로 그가 자신의 운동에 신적 힘이 있을 뿐만 아니라 특히 자신 안에도 불가사의하게 그 힘이 있다고 확신했기 때문이다.

이는 예수가 명백히 그 당시의 정결법을 위반했고, 다른 유대인들이라면 그 묘지에서의 접촉으로 말미암아 부정해졌다고 여겼을 그 사건에서 무사했다는 사실과 모종의 관계가 있을 것이다. 이 일화 및 다른 일화

---

49   Strecker 2002: 126; 강조는 덧붙인 것임. Klutz 1999: 159-60, 164-65도 유사하게 주장한다.

에서 제시된 예수가 어떻게 정결한 상태를 유지했는지에 관해 학자들이 열띤 논쟁을 벌이고 있으며 이에 관해 다양한 주장이 제기되었다.[50] 지금까지 내가 주장해온 내용에 비추어 볼 때 예수가 제의에 관심을 두지 않았던 것과 축귀 기법을 사용하지 않은 것 모두에 대한 그럴 법한 설명이 등장한다. 유대교에서 오염은 일반적으로 원심적으로 이동하는 것으로 생각되었다. 즉 부정함의 흐름은 밖을 향해 이동해서 그것과 접촉한 깨끗한 객체를 오염시키는 것으로 이해되었다. 이에 대한 유일한 예외는 제단이었는데, 하나님의 현존으로서 제단은 부정한 것을 정결케 변화시켰다. 아마도 예수가 마가복음 5:1-20에서 자신의 부정한 환경에 괘념치 않은 것은 그가 정결법을 무시했다는 증거가 아니라 그가 그 법들이 종말론적인 순간에 따라 재정의되었다고 확신했다는 증거일 것이다. 만일 예수가 자신이 성전이라고 확신했다면 그는 아마도―그 시대의 다른 성전 반대 집단들은 그렇게 하지 못했던 방식으로―자기가 단순히 신적인 힘의 매개자가 아니라 바로 지상에서 그 힘이 나타나는 장소라고 추론했을 것이다. 달리 말하자면 예수의 축귀 관행의 장소와 방법이 자신이 구현된 종말론적 성전이라는 자의식에 돌려질 수 있지 않겠는가? 나는 현재로서는 잠정적으로 이 가설을 유지한다. 이에 관한 확증이 나오기 전까지는 말이다.[51]

---

50 Sanders(1985: 209-10)는 예수가 정결을 다룬 것이 그 당시의 유대교에서 논란이 되었다는 것을 의심한다. 다음 문헌들도 마찬가지다. Fredriksen 2000: 197-207; Levine 2006: 21-33. 반면에 Borg(1984)와 Riches(1990)는 예수가 정결 기준을 전면적으로 완화했다고 본다.

51 이 입장은 예수가 이 장면에서 부정에 개의치 않은 것은 하나님 나라의 압도적인 우선성을 반영한다고 설명하는 Kazen(2002: 338-39)의 견해와 가깝다.

3. 식사

복음서 전통에서 예수께 돌려진 기적적인 사건들 중 아마도 마가가 묘사하는 5,000명을 먹인 사건(막 6:30-44)과 4,000명을 먹인 사건(8:1-10)이 가장 많은 추측을 이끌어냈을 것이다. 복음서 저자가 기록한 것과 같은 이야기들이 일어났다는 것을 믿기를 완강히 거부하는 독자도 있지만 상당히 많은 역사적 예수 해석자들이 이 기사들의 핵심은 하나의 사건이었든 두 개의 사건이었든 간에 실제로 발생한 역사에 견고한 기반을 두고 있다는 점을 기꺼이 받아들인다. 사람들을 먹인 사건은 복수의 증언을 갖고 있다. 마태복음의 기사(마 14:13-21; 15:29-39)와 누가복음의 기사(눅 9:10-17)는 마가복음의 기사와 대체로 일치하며 요한복음(요 6:1-15)에 나타난 기사는 별도의 전승일 가능성이 있다는 점으로 미루어 우리는 예수의 때에 유래한 것이 거의 확실한, 매우 이른 시기로 거슬러 올라가는 세 갈래의 전통(마가복음, Q, 그리고 요한복음)을 식별할 수 있다.[52] 예수가 복음서 저자들이 보도한 바와 같이 실제로 빵과 물고기를 늘렸는지 여부는 확실히 사소하지 않은 문제다.[53] 나의 목적에 비춰볼 때 그 점에 관해 판단을 내리는 것은 너무 멀리 나가는 처사일 것이다. 상당히 많은 역사비

---

52 Bammel(1984: 211)과 Meier(1994: 951-56)가 올바로 강조하듯이 말이다.

53 몇몇은 그 구절을 표준적인 합리주의적 독법으로 읽어서 빵이나 물고기가 실제로 불어난 것이 기적이 아니라 모든 사람이 음식을 나눴다는 사실이 기적이라고 본다. 나는 단지 몇 가족만이 아니라 많은 사람이 식사하는 곳에서 관대한 마음을 가지고서 자제심을 발휘하는 것은 작은 기적이었을 것이라는 점을 인정한다. 동시에 Strauss가 설득력 있게 주장하는 바와 같이 그 구절을 이런 식으로 해석하는 것은 네 명의 복음서 저자들이 의도한 바와 완전히 상충한다.

평 학자들과 마찬가지로 예수가 한 번 이상 마을에서 멀리 떨어진 곳에 많은 군중과 함께 있었고 기적이라고 여겨진 방식으로 그들을 먹였음을 긍정하는 것으로 충분할 것이다.[54]

한층 더 나아가 이 군중들의 사회적 구성에 관해 몇 가지를 말할 수 있을 것이다. 첫째, 제4복음서에 기록된 예수의 말에 따르면 군중은 얻어먹기 위해 예수를 따라갔다(요 6:25-27). 배경이 되는 단락은 일정한 양식에 따라 쓰였지만 그 말은 우리가 가정할 수 있는 바와 일치한다. 아무도—기적적으로 전달된 것은 말할 것도 없고—특히 제 시간에 규칙적인 식사를 할 수 없는 사람들에게 공짜 식사와 음식이 강력한 동기부여의 유인이었으리라는 점에 이의를 제기하지 않는다. 더욱이 군중이 가족을 거느리고 외딴 곳으로 상당한 거리를 기꺼이 가려고 했다는 것은 그들 중 일상적으로 고용된 사람이 많지 않았음을 암시한다. 절대 다수는 아니라 해도 많은 사람이 단기적으로 체류하는, 땅이 없는 계층에 속했다고 가정될 수 있을 것이다. 앞 장에서 나는 예수가 왜 "가난하고 궁핍한" 사람들의 마음을 끌었는지에 관한 몇 가지 이유를 제공했다. 여기서 우리는 예수가 그들에게 어떻게 했는지에 대한 몇몇 단서를 얻을 수 있다. 그는 적어도 한두 번 그들을 광야로 데리고 나가 먹였다. 이렇게 대규모 식사로 혜택을 본 주된 계층은 방랑하는 가난한 사람들이었던 것으로 보인다.

예수가 먹였던 사람들의 제의적 상태에 관해서, 즉 그들이 **카슈루트**(*kashrut*)였는지(제의적으로 정결했는지)에 관해서도 몇 가지가 추론될 수 있

---

54 Meier(1994: 959-67)는 [그 사건이 실제로 발생한 사실이라는 데 대한] 뛰어난 옹호를 제공하는데, Dunn(2003: 687)은 이를 칭찬한다. Blomberg 2009: 238-39를 보라.

다. 만일 그 군중이 실제로 주로 소작농들로 구성되었다면 다양한 이유로 그들 중 몇몇은 사실상 제의적으로 줄곧 불결한 상태에 있었다고 가정될 수 있을 것이다. 역사적 기록 역시 이 군중의 규모를 강조하는데 그 수는 수천 명에 달했다. 광야에서 배회한 이 사람들의 사회적 지위와 그들의 많은 수에 비추어 볼 때, 예수나 그의 제자들이 그 집단적인 식사가 그 당시에 생각되던 제의적 정결의 표준에 부합한다고 생각하기란 불가능했을 것이다. 1세기 유대교가 유대인 **및** 그(녀)의 식탁 교제자에게 엄격하게 적용되는 기준을 유지했다면 이 점은 중요한 요소다. 일반적으로 제의상으로 불결한 사람과 식사하는 사람은 불결해졌다. 그러나 복음서 전통이 그 기록을 의도적으로 그리고 독립적으로 왜곡하지 않았다면 예수와 그의 제자들이 이렇게 대규모로 음식을 제공할 때 그들은 정결에 대해서는 우려하지 않았던 것으로 보인다.

가난하고 불결한 사람들이 이 회합에 참석했을 뿐만 아니라 우리는 또한 적어도 한 번의 식사에 이방인들이 참석했다는 증거를 갖고 있다. 4,000명을 먹인 일에 관한 기사(막 8:1-21)에서 마가복음 저자는 이 점을 명확히 밝히기 위해 애를 쓴다. "그들 중에는 **멀리서**(*makrothen*) 온 사람들도 있느니라"(막 8:3). 그 부사는 의심할 나위 없이 "이방인들"에 대한 완곡어 역할을 하는 저자의 수정으로 보인다.[55] 마가복음이 앞서 언급한 유대인을 먹인 사건(막 6:30-44)과 더불어 "이방인들도 먹인 기사"를 제공하려고 시도하는, 두 번째로 군중을 먹인 사건은 수로보니게 여인에 대한

---

55 유사한 용법은 다음 구절들을 보라. 막 5:6; 11:13; 14:54; 15:40. 그 단어가 이방인을 가리키는 경우는 다음 구절들을 보라. 수 9:6(70인역); 사 60:4(70인역); 행 2:39; 22:21; 엡 2:11-12.

기사(막 7:24-30)와 하나의 내러티브를 이루는 것으로 보이는데, 그 일은 훨씬 북쪽인 두로(이방인의 땅)에서 일어난다(막 7:24). 그 이야기는 예수가 [갈릴리] 바다로 향하지만 데가볼리 지방을 통과하여 가는 것으로 이어지는데(막 7:31), 그곳은 거라사의 귀신 들린 사람의 일화(막 5:1-20)를 위한 배경을 제공했던 장소였다. 마지막으로, 우리가 달마누다 지방에 바리새인들이 있었다는 사실(막 8:10-11)로 미루어 볼 때 그곳이 갈릴리 바다 서쪽 해안에 위치했다고 잠정적으로 가정하면 예수가 해안을 따라 걷지 않고 배를 타고 그곳에 도착했다는 사실(막 8:10)은 그가 반대쪽인 동쪽 해안(주로 이방인의 땅)에서 출발했음을 암시할 수도 있다.[56] 이런 내용들이 암시하는 바는 일관성이 있다. 마가는 그의 독자들이 예수가 두 번째로 군중을 먹인 사건이 이방인의 땅에서 상당히 많은 이방인이 참석한 가운데 일어났다고 생각하기를 원한다.

의심할 나위 없이 4,000명을 먹인 사건이 일련의 "이방인 기적"(막 7:24-8:21) 중 하나였다는 사실에 포함된 신학적 무게는 가볍지 않은데, 이 무게는 마가복음 저자가 그 내러티브에 위치에 관한 미묘한 단서를 남겨두기로 한 결정을 통해 강조된다. 하지만 예수가 비유대적인 환경에서 활동한 데 대한 복음서 저자의 명백한 관심으로부터 이 배경은 역사적 사실과 거의 관련이 없다고 추론하는 것은 정당화되지 않는다. 그 반대의 결론이 더 가능성이 큰 것으로 보인다. 첫째, 군중을 먹인 사건과 귀신 들린 사람과의 조우(막 5:1-20) 사이의 시간적인 관계가 어떻든 간에

---

56 그러나 이 경우 우리는 막 8:10에 대한 가이사랴 교정본에 따라 달리 알려지지 않은 달마누다가 실제로는 마가달라(오늘날의 티베리아스 인근)라고도 가정해야 한다.

그 조우가 거의 확실히 동쪽 해안(가다라든, 거라사든, 게르게사든 간에)에서 일어났다는 점은 예수가 그 지역에 관심을 기울였다는 패턴을 수립한다. 만일 역사적 예수가 한 번은 요단강의 북쪽 지역으로 갔다면 그가 왜 마가복음 8:1-21에 기록된 경우를 포함하여 그 지역으로 더 여러 번 가지 못했겠는가? 둘째, 만일 예수가 4,000명을 먹인 사건으로 알려진 사건 전에 대중을 먹였고 유대 땅에서 그렇게 했다면(만일 그 사건들이 참으로 별개의 사건이라면 그랬을 것으로 보인다) 우리는 예수가 자신을 보호하기 위해 마가가 묘사한 노상을 따라서 사역했다고 예상할 수 있을 것이다. 세례 요한의 처형과 [자기를 죽이려는] 헤롯의 계획을 알려준 사람들의 존재(눅 13:31)를 염두에 둔 예수는—애초에 정치적으로 매우 위험한—군중을 먹이는 일을 다시 시행하기에는 자기의 주된 비판자의 관할권을 벗어난 곳이 더 적절하다고 생각했을 것이다. 셋째, 세례 요한의 이전 제자들은 요단강 건너편의 광야 지역은 그들이 자주 가던 곳임을 발견했을 것이다. 세례 요한 자신이 부분적으로는 그의 운동이 정치적으로 변질되는 것을 최소화하기 위해 광야에 머물렀고 확실히 그곳에서 이방인 청중을 맞이했다(눅 3:10-14). 예수가 자기의 이전 스승으로부터 적어도 몇 가지 좋은 계책을 배웠다는 것과 명백히 세례 요한의 운동의 계승자로서 적어도 요한의 계획의 몇몇 측면을 계속 이어나가는 데 관심이 있었다는 것을 가정하면, 마가가 우리로 하여금 그렇게 믿게 하려고 인도하듯이, 우리는 예수가 요단강 건너편 지역을 방문했다고 예상할 수 있을 것이다. 예수가 적어도 한 번은 이방인의 지역에서 군중을 먹였다는 데는 심각한 의문이 제기되지 않는 것으로 보인다.

예수 전통은 자기들의 주인공이 다음과 같은 사람들과 관련된 대규모 식사를 시행한 것으로 묘사한다는 점이 확실해 보인다. (1) 예수가 끌어들이려고 했던 사회·경제적 특성에 부합하는 사람들, 즉 "가난한" 사람들, (2) "정결한"(kashrut) 식사에서 일반적으로 전제된 정결 수준을 유지하지 못한 사람, (3) 적어도 한 번은(비록 그것이 한 번에 그쳤을지라도) 상당한 수의 이방인이 포함됨. 대다수 학자들이 논박할 수 없다고 여기는 사실, 즉 예수가 좀 더 사적인 식사 자리에서 개의치 않고 가난한 사람들 및 제의상으로 불결한 사람들을 포함한 "죄인들"과 어울렸다는 사실을 고려할 때 군중의 구성에 대한 이러한 재구성은 잘 확증된다. 예수가 이방인들과 식사했다는 증거는 없지만 그와 함께 식사한 몇몇 식탁 동료의 정결 상태로 미루어 볼 때 아무튼 그들은 "이방인" 범주와 별로 다르지 않았을 것이다. 확실히 예수가 가난한 사람들과 나눈 사적인 식사는 대규모로 먹인 사건에 대한 소규모의 예기(豫期) 또는 재연이었다. 예수의 식사 습관의 두드러진 특징─그리고 그의 대적들이 그에게 제기한 주요 비판들 중 하나─은 그가 교류한 사람들이었다. 그의 과실은 그가 가난한 사람들, 제의상으로 불결한 사람들 그리고 적어도 한 번은 이방인들과도 교제했다는 사실이었다. 놀랍게도 그는 정결이나 불결에 전혀 관심을 기울이지 않고서 이렇게 했다.

한편으로는 최근에 학자들이 예수의 본질적으로 유대인적인 성격을 주장하는 것과 다른 한편으로는 그가 정결 문제에 확실히 관심이 없었다는 점 사이에 명백한 긴장이 있다. 예수 학자들은 이 긴장을 여러 방식으로 해결하고자 했다. 가장 타당한 설명은 예수가 정결에 관해 (독특하게) 믿은 것을 묘사할 뿐만 아니라 그가 그렇게 믿은 이유 역시 설명해야 한다. 역사적 설명은─종교적 아이디어의 역사에서도─생각을 촉진하는 불꽃인 원인을 식별하는 것을 선호한다.

내가 보기에는 먹인 시간과 지형적인 장소라는 두 데이터를 관찰할 때 가장 유망한 "불꽃"이 나타나기 시작한다. 마가복음의 내러티브에서 5,000명을 먹인 사건(막 6:30-44)은 헤롯이 세례 요한을 처형한(막 6:14-29) 뒤에 일어난다. 후에 4,000명을 먹인 사건(막 8:1-10)도 마찬가지로 부패시키는 "바리새인들의 누룩과 헤롯의 누룩"(막 8:15)에 관한 예수의 말과 연결된다. 마태복음이 붙들고 있는 전승 역시 사람들을 먹인 기적을 세례 요한의 죽음과 연결한다. "예수께서 그 말을 들으시고 거기에서 배를 타고 따로 **외딴 곳**(erémon topon)으로 물러가셨다(anechōrēsen). 이 소문이 퍼지니 무리가 여러 동네에서 몰려나와서 걸어서 예수를 따라왔다."[57] 예수의 물러남(anachōreō)에 대한 마태복음의 단어 선택은 언제나 혹자가 압제적인 정치 세력으로부터 피난처를 찾는 맥락에서 등장한다. 복음서 전승의 다른 곳에서도 동일한 양상이 계속된다.[58] 한편 누가복음은 5,000명을 먹인 사건(눅 9:10-17)을 헤롯이 세례 요한을 처형한 뒤 느낀 당혹감(눅 9:7-9)과 연결한다. 요한복음만이 헤롯이 세례 요한에게 취한 행동과 예수가 군중을 먹인 사건 사이의 명백한 연결을 빠뜨리지만—다른 공관복음서들에 나타난 유월절의 암시(막 8:14-19과 병행 구절들)를 통해서 입증되는—그 사건이 유월절 무렵에 일어났다는 언급(요 6:4)은 요한복음 역시 그것이 유월절에 가까운 때에 일어났을 뿐만 아니라 세례 요한의 죽음과 멀지 않은 때 일어났다고 암시하는 셈이다. 세례 요한의 죽음과 군

---

57   마 14:13, 새번역.
58   마 2:14, 22; 4:12; 14:13; 15:21; 27:5; 막 3:7; 요 6:15.

중을 먹인 기적 간의 연결이 부활 후 전통에서 만들어졌다는 견해가 이론적으로는 가능하지만 그 사건들을 연결한 것이 역사적 사실에 부합한다고 보는 것이 훨씬 일리가 있다. 그 당시에 조금이라도 상식이 있던 사람이라면, 헤롯이 백성들 사이에 인기가 있던 세례 요한을 기꺼이 제거했다면 그가 예수를 다음번 희생자로 삼지 못하도록 막을 것이 전혀 없다고 생각했을 것이다. 그리고 공관복음 전승이 설명하듯이 예수와 그의 추종자들이 광야로 물러나는 데 있어 그때보다 더 좋은 때는 없었을 것이다. 문제는 복음서 저자들이 예수가 세례 요한의 죽음 이후 광야로 물러났다고 묘사한 것이 역사적 근거가 있는지 여부가 아닌 것으로 보인다. 문제는 세례 요한의 죽음이라는 사실에 비추어 역사적 예수가 전과 다르게 행동했을 개연성이 있는지 여부다. 광야에서 사람들을 먹인 사건이 요한이 죽임을 당했다는 말이 퍼지고 나서 머지않아 일어났다고 가정할 좋은 근거가 있다.

이 점의 중요성을 밝히기 전에 예수가 사람들을 먹인 장소와 관련이 있는 두 번째 관찰 사항을 언급할 가치가 있다. 마태복음은 4,000명을 먹인 사건의 지형적 배경을 명시한다. 요한복음은 5,000명을 먹인 사건의 지형적 배경을 서술한다.

> 예수께서 거기서 떠나사 갈릴리 호숫가에 이르러 산에(*to oros*) 올라가 거기 앉으시니…[59]

---

59 마 15:29.

그러므로 예수께서 그들이 와서 자기를 억지로 붙들어 임금으로 삼으려는 줄 아시고 다시 혼자 산으로(*to oros*) 떠나 가시니라.[60]

요한복음에 묘사된 예수가 "다시" 산으로 물러나기로 한 결심은 그 기적이 마태복음에 따를 경우 4,000명을 먹인 사건이 일어난 바로 그 장소에서 일어났음을 암시한다. **오로스**(*oros*)라는 단어가 반드시 "산꼭대기"라는 의미에서 산을 가리키는 것은 아니다. 두 복음서 저자 모두 고원 같은 곳을 염두에 두었을 수도 있다. 따라서 우리는 이 증언들과 다른 곳에서 사람들을 먹인 장소를 "한적한 곳"(빈 들)[61]으로 지정한 것 사이에 불일치가 있다고 생각할 필요가 없다. 산에 대한 특별한 관심으로 말미암아 마태가 이 구절을 수정했을 수도 있고, 요한은 그의 내러티브를 에스겔 34장의 산 모티프(겔 34: 6, 13, 14, 26)에 일치시켰을 수도 있지만, 두 전승이 독립적으로 사람들을 먹인 곳이 산간 지역이었다고 말한다는 사실은 그 세부 사항이 우연의 일치로 공유된 신학적 상상력에서 나온 것이 아니라 역사적 실재로부터 나온 것임을 암시한다. 갈릴리 바다 동쪽의 지리를 잘 아는 사람이라면 누구나 증언할 수 있는 바와 같이 그곳에는 산(**오로스**[*oros*]로 불릴 수 있는 곳)이 많기 때문에 이는 억지 주장이 아니다. 더욱이 산에 관한 세부 사항이 [그 사건이 발생한 장소에 관한 역사적] 사실을 무시하고 신학적 윤색으로서 유래했을 가능성은 선험적으로 매우 작다. 많은 사람이 그 현장에 있었기 때문에 그 사건이 일어난 정확한 장소가 곧바로

---

60   요 6:15.
61   막 6:31, 32, 35; 눅 9:12.

대중에게 널리 알려져 복음서 저자들의 시대에까지 이어졌을 것이다. 역사적으로 믿을 만한 전통은 어떤 이유에서건 예수가 이 회합을 산 위에서 열었다고 우리에게 말해준다. 요컨대 앞서 예수와 그의 제자들이 가난한 자, 불결한 자, 심지어 이방인들에게 대규모 식사를 베풀었다고 주장한 나는 예수가 헤롯이 세례 요한을 처형하고 나서 머지않아, 그리고 산 위에서 그렇게 했다고 덧붙이고자 한다.

텍스트 안에 들어 있기는 하지만 표면적으로 드러나지는 않는 사실들은 명백한 의도를 말하려는 것으로 보인다. 따라서 우리가 이상한 이 퍼즐 조각을 분류하고자 할 때 제멋대로 널려 있는 데이터를 이해되게 만들어줄 퍼즐 상자 위의 그림―근저의 이미지 또는 주석―을 보는 것이 가장 좋은 첫 단계일 것이다. 나는 가장 유망한 퍼즐 상자 위의 그림, 가장 그럴법한 근저의 주석은 예언자 이사야가 위대한 종말론적 식사를 독창적으로 묘사한 데서 찾아야 한다고 주장한다.

그날에 여호와께서 높은 데에서 높은 군대를 벌하시며 땅에서 땅의 왕들을 벌하시리니 그들이 죄수가 깊은 옥에 모임 같이 모이게 되고 옥에 갇혔다가 여러 날 후에 형벌을 받을 것이라. 그때에 달이 수치를 당하고 해가 부끄러워하리니 이는 만군의 여호와께서 시온 산과 예루살렘에서 왕이 되시고 그 장로들 앞에서 영광을 나타내실 것임이라. "여호와여, 주는 나의 하나님이시라. 내가 주를 높이고 주의 이름을 찬송하오리니 주는 기사를 옛적에 정하신 뜻대로 성실함과 진실함으로 행하셨음이라. 주께서 성읍을 돌무더기로 만드시며 견고한 성읍을 황폐하게 하시며 외인의 궁성을 성읍이 되지 못하게 하사 영원히 건설되지 못하게 하셨으므로 강한 민족이 주를 영화롭게 하며 포학한 나라들의 성읍이 주를 경외하리이다. 주는 포학자의 기세가 성벽을 치는 폭풍과 같을 때에 빈궁한 자의 요새이시며 환난당한 가난한 자의 요새이시며 폭풍 중의 피난처시며 폭양을 피하는 그늘이 되셨사오니, 마른 땅에 폭양을 제함 같이 주께서 이방인의 소란을 그치게 하시며 폭양을 구름으로 가림 같이 포학한 자의 노래를 낮추시리이다." 만군의 여호와께서 이 산에서 만민을 위하여 **기름진 것**(*mištēh šemānîm*)과 오래 저장하였던 포도주로 연회를 베푸시리니 곧 골수가 가득한 기름진 것과 오래 저장하였던 맑은 포도주로 하실 것이며, 또 이 산에서 모든 민족의 얼굴을 가린 가리개와 열방 위에 덮인 덮개를 제하시며 사망을 영원히 멸하실 것이라. 주 여호와께서 모든 얼굴에서 눈물을 씻기시며 자기 백성의 수치를 온 천하에서 제하시리라. 여호와께서 이같이 말씀하셨느니라. 그날에 말하기를 "이는 우리의 하나님이시라. 우리가 그를 기다렸으니 그가 우리를 구원하시리로다. 이는 여호와시라. 우리가 그를 기다렸으니 우리는 그의 구원을 기뻐하며 즐거워하리라" 할 것이며 여호와의 손이 이 산에 나타나시리니…**62**

그 텍스트를 조금 살펴볼 필요가 있다. 첫째, 그 종말론적 식사(사 25:6)는 땅의 왕들에 대한 심판의 말(사 24:21)을 통해 유발된다. 땅의 왕들 위에 그리고 그들을 대항하여 야웨 자신이 지켜보는 장로들 앞에서 자신의 영광을 나타내고 자신의 왕권을 행사할 것이다(사 24:23). 이사야서에 따르면 하나님 나라가 임할 때 그 나라는 땅의 사악한 통치자들의 고집 센 행동에 대한 직접적인 반응으로서 임할 것이다. 야웨의 나라는 또한 즉위식

---

62 사 24:21-25:10a.

이 거행된 나라이며 이사야서에 등장하는 종말론적인 식사는 사실은 고대 근동의 즉위식을 본뜬 것이라는 학자들의 주장이 배제될 수 없다.[63] 둘째, 야웨가 심판을 내리고 축하연을 베푸는 중심지는 시온인데(사 24:23) 그곳은 "이 산"으로도 불린다(사 25:6, 7, 10). 의심할 나위 없이 출애굽 이후 이스라엘의 첫 번째 성전이었던 시내산에서의 야웨의 자기 계시(출 24:9-11)에 의존해서 이사야는 미래의 성전 산에 임할 또 다른 신적 방문을 고대한다.[64] 셋째, 이사야서 텍스트는 수치를 당하는(사 25:7) 가난한 자(사 25:4-5)에 대한 야웨의 관심의 중요한 부분으로서 최종적인 연회에 초점을 맞춘다. 굴욕적인 상태에서 들어 올려진 가난한 자들은 야웨의 연회에서 자리를 차지할 것이다. 그들 중에는 이방인들도 있을 것이다. 그것은 "**모든** 민족을 위한" 연회가 될 것이다(사 25:6).[65] 그들이 나누는 "기름진 것과 오래 저장하였던 포도주, 곧 골수가 가득한 기름진 것과 오래 저장하였던 맑은 포도주"로 구성된 식사(사 25:6)는 특히 제의상의 식사다.[66] 성전-산에서 열리는 이 식사에 참여할 때 그들은—이사야서는 그렇게 암시하는 것처럼 보인다—제사장들이 된다. 훗날 유대교에서 수용되는 이 매혹적인 구절에 관해 할 말이 더 남아 있지만 지금으로서는 다음과 같은 점에 초점을 맞추는 것으로 충분하다. 이사야서의 비전은 땅의

---

63 Childs 2001: 184; Oswalt 1986: 463과 참고 문헌.

64 출 24장에 나타난 언약 체결의 식사의 반향에 관해서는 Clements 1980: 208을 보라. 이사야서에 나타난 성전 산에 관해서는 다음 구절들을 보라. 사 2:2; 4:5; 11:9; 65:25.

65 이방인을 모으는 것은 이사야서에 자주(14:1-2; 19:18-25; 45:20-25 등) 등장하는 주제이며 종말론적인 성전과도 밀접한 관련이 있다(사 2:2-3; 60:1-22).

66 기름진 부분은 약속된 종말론적인 미래의 제사장들뿐만 아니라(렘 31:14) 대개 야웨의 제단을 위해 유보된다(레 3:3-17; 4:8-10; 신 32:37-38; 대하 7:7; 29:35; 「에스드라1서」 1:14).

왕들의 사악함에 대한 직접적인 반응으로서 야웨가 자신의 왕국을 시작할 때, 즉 종말론적인 성전 산에서 베푸는 공통의 연회에 가난한 자들과 이방인들이 함께 모임으로써 축하될 사건을 묘사한다. 이 점을 역으로 표현하자면 분별력이 있는 1세기의 이사야서 독자에게는 가난한 자, 불결한 자, 그리고 이방인들이 산에 함께 기대어 복된 식사를 나눌 때마다(막 6:41; 8:6과 그 병행 구절들)—그 식사들은 모두 야웨의 유명한 예언자가 사악한 왕의 손에 순교한 뒤에 일어난다—이 식사는 종말 전에 나누는 종말론적 식사에 대한 확실한 증거였을 것이다. 이 점은 가난한 자, 불결한 자, 그리고 이방인들이 제사장적 식사에 참여함으로써 정결해지고 그것을 통해 성전과 제사장이 되었다는 암시일 것이다. 이 점은 또한 하나님의 나라가 임했다는 표지이기도 할 것이다.

성전에 반대하는 쿰란 공동체가 자기들이 미래의 메시아의 연회에 참여할 것이라고 생각했다면 우리는 예수의 집단에서 특히 종말론적 성전에 대한 교량으로서 그들의 역할에 비추어 유사한 내용을 발견한다 해도 그리 놀라지 말아야 한다.[67] 내가 이미 언급한 바와 같이 이사야 25장에 나타난 모티프가 예수 공동체의 맥락에서 이미 작동하고 있다—또는 막 작동하려고 하고 있다—는 점에 비추어 혹자는 그렇게 기대하기까지 했을 것이다. 예수가 성전을 청소하면서 이사야 56:7을 인용했을 때 그는 자신의 새로운 성전 사역이 가장 중요한 종말론적 약속 중 하나인 이방인들이 시온으로 모이는 것을 실현하리라고 암시한 것이다. 예수가 자본을 가난한 자들에게 재분배하는 데 공개적으로 몰두했을 때 이스라엘 안

---

67   1QSa 2:11-22; 「다메섹 문서」 13:7-8을 보라.

에서 "가난한" 사람들을 회복시키려는 그의 의도가 명백해졌다. 야웨가 성전에 기반을 둔 그의 왕국을 확립하는 데 필수 조건인 이방인들의 회심과 가난한 자들을 위한 정의라는 종말론적인 실재는 예수의 의식에서 최대 관심사였다. 동일한 내용이 이사야 25장에 등장하는 성전 식사의 맥락에서 일어나고 이 텍스트가 훗날 예수의 시대와 훨씬 가까운 시기에 정교화되기 위한 단 하나의 출발점이 되기 때문에 "가난한" 자들과 이방인 모두와 관련된, 산 위에서의 예수의 식사 역시 이사야 25장을 통해 고취되었다고 가정해도 불합리하지 않다.[68] 예수는 틀림없이 세례 요한의 죽음이 환난이 한창 진행 중이라는 것과 따라서 하나님 나라 역시 도래하고 있다는 것에 대한 확고한 증거라고 결론을 내렸을 것이다.

예수의 식사를 예기적인 종말론적 식사로 이해한 장본인은 예수 자신이며 그런 이해가 부활 후 전통이 아니라는 점은 몇몇 외부의 증거를 통해 뒷받침된다. 첫 번째이자 아마도 가장 중요한 증거는 마지막 만찬(막 14:22-23과 병행 구절)일 것이다. 매우 중요한 이 순간을 둘러싼 복잡한 내용들은 이 대목에서 내가 논의할 범위를 벗어나지만 단순한 몇 가지 관찰 사항을 언급할 필요가 있다. 만일 우리가 마지막 만찬을 역사적 실재로 인정한다면(거의 모든 학자가 그렇게 인정한다) 예수가 그 신비로운 식사에서 무엇을 의도하였든 간에 적어도 그가 이루기를 원했던 것의 일부는 일종의 희생제사였다고 주장될 수 있다(그리고 반복적으로 그렇게 주장되

---

68 사 25장을 히브리 성서에서 종말론적 연회에 대한 유일한 증거로 보는 견해에 대해서는 Wildberger 1978: 960을 보라. 메시아적 식사에 관한 훗날의 발전은 다음 구절들에서 발견된다. 「에스라4서」 6:52; 「바룩2서」 29:4-8; 「에녹1서」 10:18-19; 25:4-6; 60:24; 62:13-16; *b. Bat.* 74b; *Num. Rab.* 13:2; 참조. Priest 1992.

어왔다).[69] 더욱이 그것은 그가 자기 제자들에게 참여하라고 초대한 희생 제사였다. 그들이 그렇게 한 것은 그들 자신도 제사장적 제의에 의식적으로 참여한 것을 암시한다. 결국 제사장들만이 제사 음식을 먹도록 허용된 사람들이었다.

예수가 의식적으로 메시아적 연회 모티프를 적용했다는 두 번째 증거는 두 말씀에 놓여 있는데 그것들 모두 역사적 예수에게로 소급될 수 있다. 첫 번째 말씀은 예수가 이방인 백부장의 믿음에 관해 한 말에서 발견된다.

> 또 너희에게 이르노니 동 서로부터 많은 사람이 이르러 아브라함과 이삭과 야곱과 함께 천국에 앉으려니와 그 나라의 본 자손들은 바깥 어두운 데 쫓겨나 거기서 울며 이를 갈게 되리라.[70]

> 너희가 아브라함과 이삭과 야곱과 모든 선지자는 하나님 나라에 있고 오직 너희는 밖에 쫓겨난 것을 볼 때에 거기서 슬피 울며 이를 갈리라. 사람들이 동서남북으로부터 와서 하나님의 나라 잔치에 참여하리니…[71]

마태는 그 연회가 자기가 칭찬하는 백부장 같은 이방인들을 포함하리라는 점을 명확히 밝힌다(그렇지 않다면 그 구절은 말이 되지 않을 것이다). 누가복음에서는 이방인들이 명시적으로 언급되지는 않지만 그 말씀은 역전

---

69 최근에 McKnight 2005가 아주 잘 주장했듯이 말이다..
70 마 8:11-12.
71 눅 13:28-29.

이라는 그의 주제에 잘 들어맞는다. 그 구절은 어떻게 "나중 된 자로서 먼저 되고 먼저 된 자로서 나중 될"[72]지를 보여주기에 적합하다. 제3복음서 저자가 보기에 "나중 된 자"는 아마도 이방인 범주를 포함할 것이다. 동시에 두 복음서 중 어느 곳에도 그 나라의 참석자가 오로지 이방인일 것이라는 어떤 암시도 없다. 그 나라와 그곳에 들어가는 사람들에는 상당히 많은 유대인 역시 포함될 것이다. 마태복음과 누가복음이라는 두 전통은 그 연회의 손님들이 인종적 정체성을 통해서가 아니라 부름에 응하는 성향을 통해서 참석한다는 점을 확인한다. Q가 초대된 연회의 손님들을 다루는 데서도 같은 원칙이 적용된다. 메시아의 만찬에 초대되는 사람들은 자신의 삶을 예수께로 향한 사람들이다.

마가복음 전통에서는 예수가 자기 제자들이 금식하지 않는 것에 대해 비난받는 텍스트에서 메시아적 연회를 가리키는 것으로 보이는 언급이 나온다. 예수는 자기에게 질문한 자들에게 다음과 같이 대답한다.

> 예수께서 그들에게 이르시되 "혼인 집 손님들이 신랑과 함께 있을 때에 금식할 수 있느냐? 신랑과 함께 있을 동안에는 금식할 수 없느니라. 그러나 신랑을 빼앗길 날이 이르리니 그날에는 금식할 것이니라."[73]

이 구절에서의 함의는 "신랑", 즉 연회의 주인이 함께 있는 동안에 금식

---

72 눅 13:30. 이 구절은 예수의 식사가 그리스-로마식 향연이었다는 Smith(1991, 2003)의 새로운 견해를 지지하지 않는다. 나는 이 논제가 Blomberg 2009를 통해 강력하게 논박되었다고 생각한다.

73 막 2:19-20.

하는 것은 생각할 수 없는 행동이라는 점이다. 마가는 신랑이 누구일지에 관해 독자들이 결정하도록 남겨둔다(언급되지 않은 답변은 물론 예수 자신이다). 만일 마가가 "제자들"을 "그를 따른 사람들"(막 2:15)과 동일시했다면 예수와 함께 먹었던 세리들과 죄인들 역시 그 범주에 포함되었을 것이다 (막 2:16-17). 그들은 결혼식의 손님들이며 마가는 예수가 그들과 나눈 식사를 메시아적 식사에 대한 예기적인 기대로 본다. 소위 Q 전통에서와 마찬가지로 마가에게 있어 메시아적 연회에 참여하는 것은 인종적으로 결정되는 것이 아니라 윤리적으로 결정된다. 공관복음 전통 전체에서 어떤 사람의 미래의 식사에 대한 예약은 그 사람과 예수 사이의 현재의 관계를 통해 확보된다.

　메시아적 연회에 관한 주님의 말씀들은 그 말씀들의 진정성에 관해 말하는 독립적인 특질이 있다. 한편으로 우리는 형식이나 내용 면에서 (예컨대 그렇게 보이는 요 6장에서와 같은) 성찬 신학이 소급적으로 투영되었다는 어떤 징후도 발견하지 못한다. 또한 우리는 편집자 편에서 종말론적 식사에 대한 이런 언급들을 마지막 만찬에 대한 내러티브의 전조로 형성하려고 하는 어떤 시도도 발견하지 못한다. 다른 한편으로 예수의 말씀을 유대교 환경 안에서의 메시아적 연회에 대한 다른 증거들과 분리시키는 요소는 내가 방금 지적한 점이다. 즉 예수의 말씀에는 그 잔칫날에 누가 참석하고 누가 참석하지 못할지를 결정함에 있어 암묵적인 인종적 기준이 결여되었다. 예수가 마가복음 10장에 등장하는 부유한 관리에게 도전하는 것과 같은 선상에서, 근본적인 구원론의 문제는 사람이 예수와 어떤 관계를 맺는가를 중심으로 돌아간다. 물론 이 점은 매우 비유대적이고 따라서 팔레스타인 교회가 부주의하게 그들의 주님이 한 말로 제시한, 표준적인 형식이었을 리가 없다. 이 두 말씀이 예수의 음성을 반영하는 것으로 광범위한 지지를 받는 데는 충분한 이유가 있다.

이 경우 예수가 이방인들이 모이는 것(사 56장)과 가난한 자들의 구속(슥 9-14장)이 현재 자신의 사역을 통해 일어나고 있는 것으로 본 것처럼, 메시아적 연회(사 56장) 역시 현재 일어나고 있는 것으로 보았다고 할 수 있다. 나는 바로 이 확신이 예수가 주변화된 사람들과 함께 식사하고 광야에서 많은 군중에게 식사를 베푼 사건의 바탕을 이룬다고 믿는다. 이 행동들은 자신의 추종자들의 복지에 대한 진정한 관심에서 나온 진지한 행동들이지만 그것들은 또한 심원하게 그리고 의식적으로 상징적이다. 예수는 축귀를 통해서 이스라엘의 "더러운 귀신"이 쫓겨나고 있다는 신호를 보내기를 원했던 것처럼, 이제 예기적으로 마지막 식사를 가리키는 식사를 통해서 무엇이 임하고 있는지를 표현하려고 했다.

그리고 바로 종말론적 식사의 연회석, 즉 성전이 아니라면 무엇이 임하고 있었겠는가? 예수는 자신의 사역을 통해서 종말론적 성전이 임하고 있다고 확신했고 나아가 그는 이 확신으로 말미암아 그가 그토록 심하게 비판받았던 일, 즉 가난한 자들 및 불결한 자들과 함께 식사하고 이방인들과 사귀는 일을 담대하게 감당할 수 있었다. 성막 시대 때부터 성전의 제사장들이 진설병을 먹음으로써 그들의 제사장 지위를 확인하고 그것을 강화했듯이 이사야 25장의 종말론적 공동체 역시 종말론적 만찬에 참여함으로써 자신을 제사장으로 정의하게 될 것이다. 그 종말론적 공동체의 구현으로서 예수 공동체는 스스로를 이 관점에서 보았다. 예수는 결코 정결법에 무관심하지 않았다. 그러나 그는 자신의 사역 안에서 동일한 정결법을 재정의해서 이제 정결이 자신과 자신의 공동체를 중심으로 돌아가게 만들었다. 그가 있는 곳에 성전이 있었고 성결해진 성전 공동체도 있었다.

4. 종합 및 이번 장의 결론

나사렛 예수의 가장 독특한 활동들인 치유/축귀와 식사는 그가 시간, 공간, 그리고 사람을 하늘과 땅의 새로운 수렴점인 새로운 성전으로서 자신을 중심으로 재구성했다는 공개적인 표지다. 제2성전기 유대교가 관습적으로 미래에 속했다고 생각했던 것들을 예수는 그의 행동들을 통해서 상징적으로 즉각적인 현재로 들여왔다. 하나님 나라가 도래했다. 그것은 이 세상의 어두운 통치자가 지배하는 세상 나라가 끝났다고 말하는 또 다른 방식이다(막 3:20-30과 병행 구절). 간략히 말하자면 미래가 지금 이곳에 임했다. 그리고 예수에게 점령된 공간에서 미래가 펼쳐지고 있었다. 만일 예수가 게르게사에서 귀신 들린 사람과 상호작용한 일이 그가 자신 안에서 하나님의 현존과 정결의 장소를 보았을 가능성을 제기한다면—이사야 25장의 배경에 비춰 적절히 이해된—군중을 위한 그의 식사는 이제 그 문제를 거의 해결했다. 종말론적 성전의 구현으로서 예수와 그의 공동체는 새롭게 발견된 제의적 힘과 정결의 원천이었다. 예수와 만나는 것은 구원의 가능성을 갖고 있는 것이었다. 예수와 함께 식사하는 것은 새로운 성결에 참여하고 새로운 제사장 같은 지위를 얻는 것이었다. 축귀와 공개적인 식사는 이처럼 사회구조적인 성격을 갖고 있었다. 복음서 저자들의 보고는 이 점을 지지한다. 예수와 만난 뒤 귀신 들렸다 회복된 사람은 자기가 이제 사회 안으로 통합될 수 있음을 알았다. 그는 그 사회가 자신의 구원자를 중심으로 한 사회이기를 원했다(막 5:18). 한편 광야에서 그를 따랐던 군중 역시 그들이 함께 먹음으로써 제사장적인 축복을 제공하고 음식을 공급한 사람을 중심으로 한 연대를 형성했다. 축귀들과 치유들을 통해서 예수는 사실상 다음과 같이 말하고 있는 셈이었다. "그때는 지금이고, 신성한 공간은 이곳이며, 그 시공간은 나를 중심으로 하고 있고, 하나님의 백성은 이 두 가지 단언이 의심할 수 없는 사실인 것처럼 그들의 삶을 재지향하는 급진적인 선택을 한 사람들이다."

예수의 축귀와 사람들을 먹인 일은 경쟁하는 세계관의 대본—예컨대 시간과 공간과 민족의 길이 로마로 연결된다고 주장했던 제국의 통치권의 세계관—과 반대되는 방식으로 상징적으로 실재를 재구성했기 때문에 그런 행동들은 매우 정치적이었다. 예수는 당시의 정치적인 문제들로부터 동떨어진 성전을 세울 의도가 없었다. 실로 성전 정화가 사회·경제적 차원과 정치적 차원 모두에서 국가적 차원의 병리 현상을 나타낸 것처럼 예수가 상을 엎은 것은 그가 지금껏 해오고 있던 것에 대한 절정의 동작이었을 뿐이었다. 예수의 운동은 유산층으로부터 무산층으로 자원이 흘러가게 함으로써 상징에 실천을 더했다. 희년이 임하고 있었고 그 희년은 지금 이곳에서도 실행되어야 했다. 그것이 예수의 사회·경제적 계획의 핵심이었다. 그러나 정치적인 유형의 계획도 있었다. 첫째, 치유와 축귀에서 예수는 그 땅에서 "더러운 귀신"을 효과적으로 쫓아냈지만 그는 그것과 함께했던 우상들과 거짓된 이념들 역시 끝날 때가 되었다고 선언한 셈이었다. 문화적 세력으로서 로마의 삶의 방식이 아무리 위압적인 것이었다고 할지라도 예수의 "군대" 귀신 축출은 그 제국과 그것이 나타낸 모든 것, 즉 그것이 주장하는 영광과 가치의 약점을 드러냈다. 순회하는 성전[즉, 예수]의 힘은 숭배된 로마 군기의 초상[즉 멧돼지]의 힘보다 컸다. 이에 수반하는, **모조품**의 힘과 폭력에 기초한 로마의 이념 역시 그 종말론적인 성전이 의문이 없는 것으로 여겼던 일련의 윤리적 가치 앞에 설 수 없었다. 삶의 모든 영역을 포괄하는 예수의 성전 윤리는 날마다 가까워지고 있는 종말론적 인과응보에 기반을 두었다. 예수가 군중을 먹인 것에 대해서도 마찬가지다. 가난한 자, 불결한 자, 이방인 모두와 관련된, 광야 산 위에서의 대중적인 식사는 새로운 사회가 형성되고 있다고 말하는 방식의 하나였다. 그 사회는 만족할 줄 모르는 탐욕과 폭력의 사회가 아니라 나누고 받아주는 사회였다. 그것은 이사야 25장의 용어로 말하자면 사망에서 벗어나 부활한 상태를 바라볼 수 있는(사 25:6-7) 사회였다. 그것은 어떤 의미에서는 부활이 현재의 실재인 사람들을 위한 사회였다. 하늘과 땅 사이의 장벽이 갈라지는 구멍들을 보여주기 시작했고 하늘나라가 1세기 삶의 난투 가운데서 인지적으로 가시화되고 있었다.

치유와 축귀와 식사를 통해서 예수 운동은 땅에 자신의 정치적인 말뚝을 박았다. 가장 근본적으로는 문화를 형성하고 모든 면에서 일상의 삶과 윤리의 지배적인 내러티브를 정의했던 강력한 소수에 도전했다. 실로 우주의 중심을 알아낼 수 있었지만 그것은 로마나 시온에 있지 않았다. 창조주 하나님의 새로운 출발점은 예수 운동이었다. 좀 더 정확하게 말하자면 하나님의 임재가 당분간은 예루살렘 성전 안에 머물렀음에도 불구하고 새로운 성전이 그 공동체 가운데서 형성되기 시작했다. 다시 말하지만 예수의 행동들이 그렇게 말했다.

우리는 이제 이번 장의 서두에 제기했던 두 개의 문제들로 돌아올 입장에 있다. 첫째, 예수가 실제로 자신의 운동을 주로 "성전의 관점"에서 보았다면 이 모든 것이 그의 핵심적 모티프인 하나님 나라와 어떤 관계가 있는가? 나는 짧은 답변은 "모든 것"이라고 믿는다. 한편으로 이 점은 매우 명백하다. 성전이 하나님의 궁전, 즉 하나님이 그룹들 사이에 좌정하신 분으로서 다스리고 거주하는 장소가 아니라면 무엇이겠는가? 예컨대 다니엘 7장에서 우리가 인자가 옛적부터 항상 계신 이 앞에서 즉위하는 것에 관해 읽을 때—잘 주장되어온 바와 같이—멸망될 나라에서 하나님 나라로 힘이 이동하는 것을 반영하는 모든 장면이 하늘 성전에서 일어나는 장면일 가능성이 크다.[74] 인자와 옛적부터 계신 이의 보좌가 있는 방은 인간의 눈에 보이지 않지만 그럼에도 불구하고 절대적인 의미에서 시공간의 연속체라는 실재와 교차하고 그것에 영향을 준다. 지금 현존하는 종말론적 성전이 있는 곳에 하나님 나라가 있고, 하나님 나라가 있는 곳에 종말론적 성전이 있다. 이 성전은 하나님 나라와 마찬가지로 이미 역동적으로 현재이지만 아직 완전히 현재인 것은 아니다. 그것은 어떤 의미에서는 이곳에 있지만 아직 완전히 그런 것은 아니다.

나는 만일 예수에 관한 나의 묘사가 정확하다면 하나님 나라를 가져왔다고 주장한 분은 치유와 축귀 그리고 식사를 통해 정치적이면서도 동시에—어색한 두 용어를 차용하자면—"종교적" 또는 "영적"인 실재를 수립하고 있다고 주장했다. 하나님의 진정한 성전 수립은 어떤 경쟁자도 허용하지 않았고 확실히 야웨 외의 다른 신들을 예배하는 것에 어떤 자비도 베풀지 않았다. 예수는 우상숭배는 불가피하게 정치적인 성격을 지

---

[74] 이 선상에 있는 Lacocque(1993)의 논증은 설득력이 있다.

닌 경쟁하는 내러티브에 대한 명시적인(또는 묵시적인) 충성을 수반한다는 점을 잘 알았기 때문에, 그는 또한 참된 성전을 수립하려는 시도에는 정치적인 이상을 명확히 하는 것이 수반되어야 한다는 점 역시 잘 알았다. 예수는 매우 의미심장한 용어인 "하나님 나라"라는 어구보다 자신이 채택한 이상들의 복합체를 더 잘 묘사하는 간단한 방법을 발견하지 못했다. 본질적으로 멧돼지 초상에 요약된 로마의 군사적 힘에 맞서 예수는 야웨의 힘을 역설했다. 세례 요한을 처형한 통치자 헤롯의 폭력에 맞서 예수는 사실상 전에 존재하던 모든 사회적 계급 체계를 폐지한 잔치를 통해서 새로운 종류의 통치를 역설하고 그것을 기념했다. 그 결과 새로운 백성이 만들어졌다. 더 이상 지배적인 민족에 신세를 지지 않으며 그 민족의 유력한 문화의 지배적인 영향하에 있지 않은 이 새로운 공동체는, 심지어 그들이 자기들이 그렇게 하고 있다는 것을 완전히 알지 못하는 채로 "그 대본"을 다시 쓰는 일에 함께 참여했다. 사람들이 한 분이신 참된 하나님께 자신을 완전히 드리는, 적절하게 기능하는 성전은 큰 지지를 받았다. 지상에 임한 종말론적 성전은 거의 필연적으로 하나님 나라와 같은 것이었다.

동일한 종말론적 성전 또는 하나님 나라는 정결케 하는 힘의 원천이기도 했다. 그리고 이 대목에서 우리는 이번 장의 서두에서 제기된 두 번째 질문, 즉 "만일 그 땅이 대제사장들의 우상숭배적인 탐욕으로 더럽혀졌다면 예수는 어떻게 회복이 일어날 것으로 기대했는가?"라는 질문의 핵심에 도달한다. 아마도 우리는 아직 그 질문에 대해 포괄적으로 답변할 수 있는 입장에 있지 않을 것이다. 그러나 나는 우리가 다음과 같이 말할 수 있다고 믿는다. 예수는 자신이 바로 하나님의 성전으로서의 지위에서 신성을 땅에 중개한 그의 현존과 활동을 통해 정결을 부여하는 데 기여했다고 믿었다고 말이다. 새로운 성전은 정결을 형성하는 새로운 길을 의미했다. 즉 이제부터 야웨를 적절하게 예배하려는 사람은 자신을 예수의 대의와 운동에 일치시켜야 할 것이다. 그 결과 그때까지 정결하다고 여겨졌던 사람들은 그렇다는 어떤 보장도 갖지 못하게 되었다. 불결하다고 여겨졌지만 예수와 관련을 맺은 사람들은 이제 갑자기 그리고 불가해하게 정결하다고 간주되었다. 이 점은 게르게사의 귀신 들린 사람에게 해당되었고 그날 산 위에서 배불리 빵을 먹었던 수많은 사람들에게도 해당되었다. 다른 모든 유대인들과 마찬가지로 예수에게도 정결은 매우 중요했다. 중요한 차이는 진행 중인 구속사적 변화에 비추어 그 정결을 달성하는 방법에 놓여 있었다. 정결은 결코 그 자체가 목적이 아니라 어떤 사람이 성전과의 관계에서 어떤 위치에 있는가를 통해 정의되었듯이, 이제부터는 성전과 올바른 관계를 맺는 유일한 길은 예수 운동의 핵심을 통하는 것이었다. 결국 절정의 성전 정화를 통해서뿐만 아니라 치유와 축귀 그리고 식사라는 행동을 통해서 명백해진 바와 같이 예수가 그 성전이었다. 예수 전에 존재했던 다른 사람들 역시 종말론적 성전의 토대를 놓았지만 예수의 프로젝트는 다른 종류의 성전이었다. 그것은 세상이 결코 그와 같은 종류를 보지 못했고 그 이후로도 결코 성공적으로 모방하지 못한 성전 사회였다.

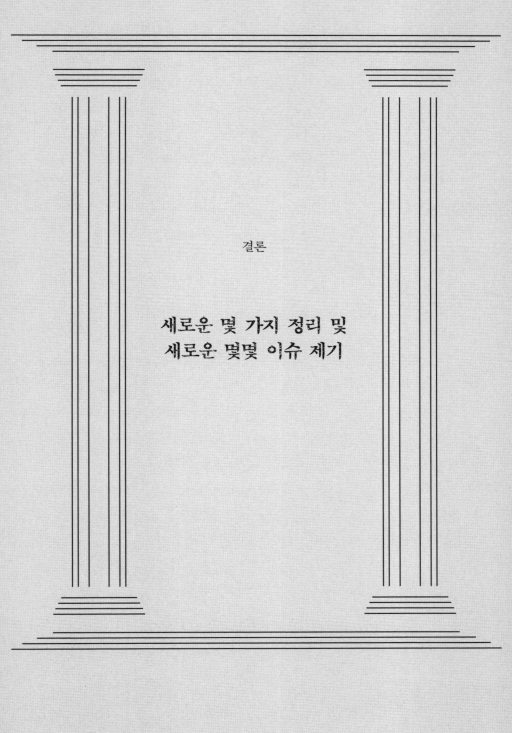

결론

새로운 몇 가지 정리 및
새로운 몇몇 이슈 제기

1세기 팔레스타인의 세계에서 태어난 역사적 예수는 우리에게 색다른 인물로 다가온다. 우리 서구의 독자들은 그 고대 갈릴리인과 그의 많은 행동들의 드라마가 우리에게 낯설게 다가오더라도 놀라지 않아야 한다. 사실 예수가 어떤 의미에서 우리에게 낯설지 않다면 그것은 거의 확실히 우리가 문제들을 왜곡했고, 그들이 "주님"으로 불렀던 이를 순화시켰으며, 소원함을 극복하려는 노력에서 그를 우리 자신의 문화와 신학적인 초상에 일치시켰음을 의미한다. 나는 내가 본서를 쓰면서 같은 덫에 빠졌을 가능성을 배제하지 않는다. 때로는 편안하게 확립된 상을 뒤엎어도 동일하게 편향된 또 다른 상이 등장하며, 때로는 (깊숙한 무의식 차원에서) 우리가 그 이야기가 전개되기를 원하는 방식이 우리가 그 이야기를 똑바로 이해할 수 있는 능력을 방해한다. 따라서 나는 본서에 제시된 역사적 재구성이 과녁을 한참 빗나갔을 수도 있음을 기꺼이 인정한다. 이 점에 관해 향후의 학자들과 사려 깊은 독자들은 스스로 결정해야 할 것이다. 만일 내가 잘못 생각했다면, 그리고 역사적 예수가 자신을 내가 제안한 방식으로 성전으로 여기지 않았다면 데이터를 제시하는 것에 대한 좀 더 설득력이 있는 설명이 존재할 것이다. 반면에 만일 예수가 실제로 자신을 우리가 쿰란 공동체나 「솔로몬의 시편」 배후 또는 세례 요한의 분파에서 발견하는 것과 유사한 반성전 운동의 선구자로 보았다면, 그리고 거기서 더 나아가 자신을 성전으로 보았다면 이 사실은 중요한 많은 함의를 제기한다.

　　나는 예수와 바울(초기 기독교의 주요 대표자)이 동일한 개념상의 궤적에 위치할 가능성을 열어두라는 요청으로 본서를 시작했다. 이 경우 그 궤적은 또한 세례 요한에게 공유되었고 특정한 기본적인 인물들의 특징이었다(나는 1장에서 그렇게 주장했다). 세례 요한, 예수 그리고 초기 교회는 당시의 성전이 돌이킬 수 없게 부패했다고 확신했으며 또한 이 점에 비추어 지정된 환난의 때가 임박했다고 결론을 지었다. 유대교는 성전이나 최소한 성전 역할을 하는 모종의 기구를 떼 놓고는 생각될 수 없었기 때문에 이 세 운동은 성전을 미봉책으로 여겼다. 물론 세례 요한의 운동, 예수의 공동체, 그리고 초기 교회 사이에는 심원한 차이들이 있었다. 이 차이들에도 불구하고 이 모든 집단의 구성원들은 이스라엘의 하나님이 신비롭게 자기들의 운동과 함께 한다는 것과 동일한 그 하나님이 환난을 당하는 자신의 충실한 제사장들을 사용해서 자신의 구원하는 통치의 도래를 촉진하리라는 것에 동의했다. 이제 야웨가 성서의 예언을 성취해서 보좌에 좌정할 것이다. 하나님이 그곳에서 다스리는 신성한 성전 공간인 하나님 나라는 이제 곧 인식할 수 있는 지상의 형태를 취할 것이다. 비록 성전 자체의 도래는 무시무시한 사건으로 여겨졌지만 성전이 도래했다는 소문이 1세기 세계에 완전히 놀라운 일은 아니었다. 1세기의 많은 유대인들은 유배로부터의 완전한 귀환, 즉 지파들의 회복과 특히 적절한 예배의 확립을 간절히 고대했다. 이스라엘의 관점에서는 인간의 역사의 목적, 즉 고대했던 성서 내러티브의 절정은 최종적인 성전의 무대가 세워지는 것이었다. 이것이 이스라엘이 그곳에서 자신의 운명인 창조주 하나님께 대한 예배를 드릴 유일하게 적절한 장소였다. 이런 배경 속에서 갈릴리의 예수가 역사의 무대에 들어왔다. 또한 이런 배경 속에서 예수는 하나님 나라 성전이 자신과 자기 추종자들을 통해서 **지금** 실현되고 있다는 유례없는 그의 주장을 제시했다.

제의적 성전으로서 하나님 나라에 대한 좀 더 완전한 논의는 다음 기회로 미뤄야 하겠지만 몇 가지는 지금 말해둘 가치가 있다. 먼저, 하나님 나라가 무엇이 아니었는지를 진술할 수 있다. 우선, 예수가 설교한 나라는 근본적으로 개인화된 실체가 아니었다. 그것은 내적 경험으로 축소되거나 이기적인 실재나 과정과 동일시될 수도 없었다. 오늘날 학계 차원이나 대중적인 차원에서 주관화된 하나님 나라 개념으로 인해 1세기 유대인들은 정치적인 나라를 추구한 반면 좀 더 하늘을 지향한 예수는 "영적인 나라"를 세우러 왔다는 진술들이 강조된다. 이런 이해에서의 함의는 모세의 지도 아래 세워진 신정 체제는 단지 외적인 것으로서 내적인 영적 알맹이에 대한 육체적인 껍데기였다는 것이다. 이 견해에 따르면 성경의 모든 계시가 가리킨 것은 인간의 마음속에 하나님 나라를 세우는 것이었는데 이 땅에서의 그것의 목적은 그 개인을 하늘나라를 위해 준비시키는 것이었다. 그런 이해는 내가 예수의 행동을 잘못 이해했을 경우에만 타당하다.

해석사에서 "영적인 나라"라는 다소 영지주의적인 관점이 왜 자리를 잡았는지 이해하기는 어렵지 않다. 자기들의 계획에 대해 종교적 정당성을 불러일으키기 위해 유럽의 신생 민족 국가들은 사실은 국가적 이익인 지역적 기독교계의 이익과 하나님 나라의 이익을 구분하지 않았다. 그러나 궁극적으로 반복되는 나라들의 융합은 대체로 예수에 대한 특정한 방식의 해석이라는 토대 위에서만 활용될 수 있었다. 오직 예수의 가르침의 예봉을 개인 윤리의 영역으로 좌천시킴으로써만 콘스탄티누스 이후의 국가와 그것이 후원한 제도들은 자기들의 집단적 양심을 해치지 않으면서 일상 생활을 영위할 수 있었다. 근대 초기에 저술한, 민족주의적인 정신에 사로잡힌 유럽의 성경학자들과 신학자들―이들은 모두 민족 국가의 목회자로 기능했다―은 일반적으로 너무 열심히 그들을 지지했다. 이 초상의 유산이 계속 살아 있고 그것의 해로운 영향도 마찬가지다. 일단 예수가 사회·경제적인 영역과 정치적인 영역에 대해 말하지 못하도록 금지되고 나면 사회가 어떻게 살아야 하는가라는 문제는 사회적인 유력자들과 그들에게 가장 이익이 되는 추측을 참조하게 된다. 자연은 진공을 싫어하기 때문에 만일 예수가 그런 문제에 대해 말하지 않는다면 누군가가 말해야 한다.

동시에 예수의 나라를 인간 영혼의 경계 안에 제한시키려고 하는 사람들은 사실들을 정당하게 다루지 않는다. 그런 사람들은 알게 모르게 역사적 예수의 음성을 왜곡함에 있어 공범이 된다. 예수가 성전을 청소하러 와서 역사의 수레바퀴에 자신을 던졌을 때 개인화된 경건에 대해서만 말하는 것은 그의 의도가 아니었다. 그가 그날 상을 엎은 것이 그가 성전의 일상적인 운영에 관해 몇 가지 경미한 제안을 했음을 가리키는 것도 아니다. 그렇지 않다. 그는 이스라엘의 핵심적 광장인 사회·경제적, 정치적, 종교적 교환의 영역에 대고 외쳤다. 그는 통치하고 있는 사악한 제사장들의 때가 끝났다는 것과, 자신을 통해 하나님 나라가 임했다는 것과, 그 결과 이스라엘은 결코 이전으로 돌아갈 수 없다는 것을 선언했다. 예수가 단순히 서구인들이 그 어구를 정의하는 의미의 "영적인 나라"를 가져오기 위해 왔다고 상상하는 것은 역사적 진실과 어긋난다. 개인 경건과 사회·경제적 행동 간의 현대의 분리는 1세기 유대인 예수에게는 매우 생소했을 것이다. 경건이 진정한 것이려면 사회적 정의와 정치적 정의의 행동으로 전환되어야 했을 것이다.

하나님 나라가 대체로 무시되어온 신학적인 이유도 있다. 루터가 "복음"을 "율법"에 대한 하나님의 답변으로 제시한 이후 개신교 신학(그것이 현대의 예수 연구의 틀 형성에 끼친 영향은 아무리 강조해도 지나침이 없다)은 대체로 그 안에서 율법과 복음 모두가 발견될 수 있는 제의적 틀을 고려하지 못했다. 나의 비판은 루터에 대한 것이라기보다 예수 운동의 제의적 취지뿐만 아니라 유대교의 제의도 그것 자체의 관점에서 적절히 평가하지 못한, 루터 이후의 역사 기술에 내재된 플라톤화 및 반제사장적인 경향에 대한 것이다.[1] 우리가 오경을 얼핏 읽어보기만 해도 명확히 알 수 있듯이 율법과 제의는 서로를 전제한다. 따라서 성전은 훨씬 더 근본적인 실재로 존속한다. 율법을 해석한다는 것은 본질적으로 성전에 적절한 삶의 방식을 분별하는 것이었다. 그리고 율법에 순종한다는 것은 제의와 관련하여 올바른 상태를 유지하는 것이었다. 로마이어가 다음과 같이 적절하게 말하듯이 말이다. "우리가 제의에 참여하는 것은 그것이 토라에서 명령되었기 때문이 아니다. 오히려 우리는 제의에 참여할 수 있을 만큼 충분히 정결해지기 위해 토라를 이행한다." 즉 "제의는…삶의 토대이며 율법은 그것으로부터 도출된 명령이다.[2] 따라서 많은 신약 신학자들

---

1   전자의 요점에 관해서는 특히 Klawans 2006을 보라.
2   Lohmeyer 1961: 14, 10. Klinzing 1971: 154도 비슷하게 주장한다.

이 그렇게 해온 것처럼 예수가 율법에 반대한 것을 전에 있던 것을 절대적으로 폐기한 것으로 틀을 짜서는 안 된다. 아담에게 동산-성전이 있었고, 모세에게 성막이 있었고, 솔로몬에게는 그가 지은 집이 있었고, 스룹바벨에게도(다소 덜 영광스러웠지만) 그가 지은 집이 있었듯이, 역사적 예수는 자신에게도 그의 집이 있다고 확신했다. 예수의 성전은 동일한 궤적의 연속이자 절정으로 여겨졌다. 예수가 성전을 급진적으로 재정의하기는 했지만(그것은 율법을 재구성하는 효과가 있었다), 이 재정의는 그가 부활할 때까지는 정착되지 않을 터였고 양상의 변화가 기본적인 연속성을 변경하지도 않았다. 바울과 그의 동료 초기 그리스도인들도 자신들이 예수가 시작한 것과 연결되지 않은 것으로 보지 않았다. 그들의 성전은 예수가 지상에 있을 때 발판을 확보했고 그의 죽음과 부활 및 승천 후 확대되기 시작한 신성한 공간인 예수의 성전이었다. 초기 그리스도인들의 성전은 사실은 예수의 몸이었고 어떤 의미에서는 그들의 몸이기도 했다. 역사적 예수는 의심할 나위 없이 이 문제들을 다소 다른 방식으로 생각했겠지만 특정한 차원에서 그들은 전적으로 의견이 일치했다. 율법의 적절한 해석에 관한 예수와 그의 동시대인들 사이의 차이를 적절히 이해하려면 우리는 그것을 공유된 기본적인 가정—이스라엘의 하나님이 하늘과 땅이 만나는 장소인, 신적으로 지정된 공간을 통해 자기 백성과 함께 거주하기를 원했다—의 맥락 안에 두어야 한다. 현대 신학 연구의 율법에 대한 편견과 루터의 율법과 복음 간의 이분법으로 말미암아 세례 요한이나 바울 등과 예수 사이에 차이점보다 공통점이 훨씬 더 많다는 사실이 흐려졌다. 예수의 역사적 맥락에서 적절히 이해되면 예수의 메시지는—불트만의 유명한 표현처럼—신약성서 신학의 "전제"일 수 없다.[3] 그는 상당한 연속선상에 위치한다. 그의 메시지는 그 신학 자체의 일부다.

나의 논지는 예수가 획일적인 대중으로서 인간을 다루었다는, 널리 수용된 인상에도 도전한다. 내가 보기에 이는 중대한 오해다. 예수가 새로운 성전을 소개한 것은 주로 인간이나 심지어 유대교에 관해 "기준을 높이려는" 의도가 아니라 그가 세우고 있는 독특한 사회에 내용과 규범을 제공하려는 시도였던 것으로 보인다. 묵시적인 설교자로서 그는 보편적인 윤리를 소개하는 데 관심이 있었다기보다는 자기가 선포하고 있는 나라에 지형과 색조를 수여하는 데 관심이 있었다. 하나님 나라에 관한 설교는 "들을 귀"가 있는 자들 모두에게 전달되었지만 예수는 자신의 가르침을 주로 자기의 동료 제사장이 되기를 열망하는 사람들에게 베풀었다. 우리는 그의 메시지가 단순했고 그가 참된 예배의 가능성 따라서 사람들이 꿈도 꾸지 못했던, 우상숭배에서 벗어날 가능성에 대해 말했다고 생각한다. 우상을 멀리하고 온 마음을 다해 이스라엘의 하나님을 예배하라는 양면적인 요구는 종말론적인 순간과 분리될 수 없다. 예수는 지금이야말로 돌이킬 때라고 선포했다. 하나님 나라가 임박했기 때문에 지금이 바로 돌이킬 때였다. 현재의 성전이 파괴되고 그 성전 대신 새로운 성전이 세워질 것이다. 희년을 통해 그 땅의 정결이 회복되고 이스라엘의 가난한 자들이 자신의 정당한 상속 재산을 차지할 것이다. 마지막으로 이교도의 세력들은 그것들의 귀신적인 우상들 및 그것들을 지탱하는 대본들과 더불어 야웨의 의로운 심판에 굴복하고 제사장적인 새로운 사회에 길

---

3   Bultmann 1951: 3.

을 내줄 것이다. 우리가 예수의 윤리는 이 기본적인 종말론적 틀에 철저하게 의존했다고 믿을 충분한 이유가 있다.

예수는 이 순간에 필요한 것은 새로운 사회라고 추론했다. 그 사회는 "먼저 된 자로서 나중 되고 나중 된 자로서 먼저 되는" 이상한 사회가 될 터였다(막 9:35; 10:43-44). 예수와 그의 동료들의 공동체에서는 인간의 가치가 더 이상 부나 사회적 지위의 척도에 따라 측정되지 않기 때문에 신봉자들은 그 사회에서 맘몬이라는 신에 의해 부과된 파괴적인 서열로부터 벗어날 수 있었다. 제사장들의 나라로서 그 성전 공동체는 신성을 모독하는 모든 우상숭배로부터 자유로워야 했고 따라서 탐욕으로부터 자유로워야 했다. 이 지점에서 그 공동체에 속한 개인들은 사회·경제적으로 연약한 사람들과 협력했다. 가난한 자들이 그 공동체 안으로 통합될 수 있었다면 그들이 번성해질 수 있었고 궁극적으로 그들 역시 다른 사람들이 번성하도록 돕는 대행자가 될 터였다. 예수에게는 이 비전이 환영(幻影)이 아니라 매우 실제적인 이상들의 집합이었다.

예수는 이 시점에서 필요한 것은 새로운 몸의 정치학이라고 추론했다. 정당한 대제사장을 중심으로 하는 이 공동체 안에서 우상숭배, 어두운 영적 권세들과 그들에게 정당성을 부여하는 지상의 어두운 내러티브들은 더 이상 지배하지 못할 것이다. 예수는 비록 로마의 지배적인 문화가 숭배되고 가치있게 여겨졌음에도 불구하고 그것이 이스라엘의 하나님을 통해 향유되는 삶에 비할 것이 못 되며 궁극적으로 무효화될 것이라고 말한 것으로 보인다. 우상숭배가 진부화되리라는 신호는 귀신을 이기는 예수의 힘에만 놓여 있었던 것이 아니라 예수 자신 안에서 유지되고 그를 지향하는 다양한 군중이라는 실재가 출현하고 있다는 사실에도 놓여 있었다. 예수는 축귀와 대중적인 식사를 조율함으로써 이제 약속된 종말론적 성전이 자신의 몸 안에서, 그리고 자신을 따르는 사람들 사이에서 뚜렷이 알 수 있는 형태를 취하고 있음을 공개적으로 보여주었다. 예수의 치유, 축귀 그리고 식사는 모두 임박한 실재에 대한 표지였고 그것을 통해 그런 실재가 실현되는 수단이었다. 예수는 사실상 시간, 공간 그리고 진정한 인간성에 관한 자신의 내러티브를 통해 세상을 문화적으로 지배했던 로마의 통치권에 대항하는 자신의 반대 대본을 펼쳐 놓았다. 그에게 있어 인간 역사의 목적은 로마의 패권이나 어떤 명백한 숙명이 아니라 그 성전을 세우는 것이었다. 만일 세상의 축이 있다면 그것은 "그 도시"나 다른 거대 도시 또는 제국에서 발견되는 것이 아니라 예수의 제자들의 변변치 않은 모임에서 발견될 터였다. 최고의 인간성은 카이사르 아우구스투스나 위압적인 그의 조상(彫像)을 본뜬 것이 아니라 예수 자신을 본뜬 것이었다.

이 마지막 측면에 관해서 카이사르와 예수 사이의 가장 중요한 차이, 즉 진정한 인간성에 관한 그들 각자의 관점은 아마도 힘과 고난에 대한 그들 각자의 해석에 놓여 있을 것이다. 로마인들에게는 힘과 부 그리고 자기 영광을 얻는 것이 일종의 규범이었다. 그런 것들을 지향하는 것이 고상한 이상이었다. 반면에 예수에게는 적어도 현재의 종말론적 위기 상황에서 진정한 인간성은 고난의 도가니를 통해서 출현했다. 예수와 그의 제자들에게 있어 고난은 우연히 일어나는 일이 아니라 그것을 통해 하나님이 택한 제사장들인 그의 백성이 하나님 나라가 임하도록 돕는 수단이었다. 고난이 정확히 어떻게 하나님의 목적을 진척시키는 데 도움을 주는지가 내게는 다소 가려진 신비이기 때문에 나는 이 점에 관해 더 구체적으로 말하지는 않을 것이다. 이 문제에 관한 예수의 사고를 이해할 수 있는 그럴 법한 여러 설명이 있을 수 있지만 나는 우리가 토머스 F. 토랜스의 펜에서 나온 다음과 같은 표현보다 나은 요약을 찾기는 어렵다고 믿는다.

> 이스라엘이 "하나님의 계시를 맡은" 백성이 되도록 부름을 받았다는 사실—이는 그들이 자기들의 삶의 방식에 이런 계시를 구현하지 않는다면 불가능한 일이다—은 이스라엘과 다른 민족들 간의 관계에서 이스라엘에게 극심한 육체적 고난과 정신적 고난을 가져왔다. 신적 계시는 하나님의 거룩, 자비, 진리와 충돌하는 모든 것을 태워버리는, 이스라엘의 마음과 영혼과 기억 안의 불이었기 때문에 이스라엘은 하나님이 인류에게 자신을 계시하기 위해 선택된 중개자로서 특히 하나님께로부터 오는 고난을 당해야만 했다. 계시는 그 본질상 깊이 박힌 인간의 사고 및 이해와 충돌하지 않고서는, 그리고 가치 있는 계시의 전달 도구로서 새로운 패턴의 사고와 이해와 언어를 개발하지 않고서는 충실하게 전유되거나 표현될 수 없었다.[4]

이스라엘이 그랬던 것과 마찬가지로 예수를 통해 조직된 남은 자들에게도 고난이 필요했다. 야웨의 구원의 메시지는 그것을 선포하는 전달자들에 의해서만 제한되었기 때문에 예수의 추종자들은 궁극적으로 여러 면에서 그들의 주님을 따랐고 환난을 통해 확대되는 것의 중요성을 받아들였다. 환난은 메신저들을 다듬었다. 환난은 또한 메시지에 그렇지 않았더

---

4   Torrance 1992 [1983]: 8.

라면 그것이 가지지 않았을 명확성과 무게를 부여했다. 따라서 예수의 제
사장들은 흔들리는 자들 가운데 실존적 위기를 조성하도록 도움을 주었
을 것이다. 최종적인 성전을 세우는 일은 하나님의 일방적인 행동이었을
수 있지만 그 과정에서 인간의 상당한 고난이 없이는 이 일이 일어나지 않
을 터였다.

　우리가 예수의 윤리는 그의 역사적 순간―그의 추종자들이 오늘날
에도 거기에 참여할 수 있는 순간―에 확고하게 뿌리를 두고 있음을 강
조했으니 우리는 이제 그 갈릴리 사람은 초월적이며 신 중심적인 특정한
이상들의 본을 보이고 그것들을 명령했다는 점도 강조해야 한다. 예수가
어떻게 과격한 종말론적 예언자이면서 동시에 영리한 윤리적 추상 개념
의 선언자일 수 있는가라는 질문은 좋은 질문이다. 명백히 시간을 초월한
그의 진리와 임박한 심판에 대한 그의 경고 사이의 관계는 오랫동안 학
자들을 골치 아프게 하는 문제였다. 이 대목에서 나는 감히 내가 지금껏
전개해온 설명에서 그런 난제에 대한 최상의 해답이 나온다고 주장한다.
나는 예수가 종말론적 성전의 즉각적인 현존을 선언한 한편, 역설적으로
그것의 임박한 도래를 선언했다고 주장했다. 만일 이 설명이 정확하다면
전향적인 종말론적 제사장으로서 예수는 당연히 위기의 시기에 적합한
특정한 윤리를 명령했을 것이다. 우리는 또한 동일한 이 예수가 통치하는
대제사장으로서 "자비롭고, 은혜롭고. 노하기를 더디하고, 인자와 진실
이 많은"(출 34:6) 야웨의 성품을 나타내는 것을 자기의 일과 자기의 추종
자들의 일로 삼았다고 예상할 수 있을 것이다. 두 시대 사이에 위치했던
예수는 환난의 시대에 특유하면서도 하나님의 변하지 않는 성품을 보편
적으로 반영하는 윤리를 칭찬했다. "이미"와 "아직", 예언자 예수와 현자

예수는 성전 예수의 범주에서 수렴되고 서로를 포함한다.

예수 자신에 관한 한 혹자는 여기서 한층 더 나아갈 수도 있다. 나는 줄곧 예수가 새로운 성전과 그에 상응하는 새로운 제사장직을 세우러 왔다고 주장해왔다. 예수 자신이 새로운 대제사장으로서 그 성전과 제사장직 위에 서 있었다. 이 대목에서 우리는 대제사장은 하나님과 같아지도록 요구되었을 뿐만 아니라 어떤 의미에서는—적어도 백성들에 대해서는—하나님이 되도록 요구되었다는 점을 고려해야 한다. 대제사장직과 관련해서 플레처-루이스는 다음과 같이 설명한다.

> 출애굽기 28-29장에 나타난 대제사장의 의복의 기능에 대한 숙고와 훗날의 해석은…대제사장이 **바로 이스라엘의 하나님의 가시적이고 제의적인 구현**이기 때문에 신의 이름을 담고 있음을 암시한다. 금과 보석이 박힌 옷을 입은 대제사장은 (제의상으로 및 극적으로) 야웨다. 그의 의복에는 디자이너의 이름이 나타나 있는데, 그가 직무상의 의무에서 창조주와 구원자의 역할을 하기 때문에 그가 이마에 두르는 띠에 그 디자이너(창조주)의 이름이 화려하게 새겨졌다.[5]

플레처-루이스의 논지는 아직 예수께 드리는 예배의 역사적 기원에 대한 합의를 받지 못하고 있지만 그것은 도발적이며 본서의 연구에 비추어 볼 때 솔깃한 주장이다. 어떻게 1세기의 목수가 메시아 직분으로 높여졌고, 이어서 메시아에서 신적인 하나님의 아들로 높여질 수 있었는가라는

---

5   Fletcher-Louis 2004: 88.

학자들의 질문과 관련해서 내가 본서에서 제시한 논지는 신선한 실을 꿸 수 있는 가능성을 갖고 있다. 그 실은 역사적 예수의 배내옷, 일상복, 마지막으로 그가 입은 피 묻은 옷으로 이끄는 실이다. 그것은 또한 역사적 예수를 넘어서서 초기 교회가 궁극적으로 그들의 부활한 주님께 입혀 드렸을 제사장의 에봇으로 이끄는 실이다. 자칭 종말론적 성전 건축자로서 예수는 스스로 메시아 직함을 주장했다. 최종적인 대제사장 직함 주장자로서 그는 한층 더 급진적인 주장을 했을 것이다. 예수가 하나님, 하나님과 그 나라 사이의 관계, 그리고 하나님과 예수 자신 사이의 관계에 관해 무엇을 가르쳤는지에 관해서는 더 많은 연구가 수행될 필요가 있다. 또한 모두 성전 정화 뒤에 일어난 예수의 마지막 행동들과 죽음이 신적 대표자로서 그의 성전 사역 및 역할과 어떻게 관련되는지에 관해서도 더 많은 연구가 수행될 필요가 있다.

그 사이에 우리는 우리가 시작했던 곳, 즉 바울과 그가 예수를 "머릿돌"로 부르는 곳으로 돌아온다. 그리고 우리는 이제 그 어구가 자의적으로 채택된 비교가 아니라는 결론을 내린다. 오히려 바울 사도의 성전 이미지는 그것에게 매우 중요한 세상을 통합한다. 그것은 예수나 바울의 시대 훨씬 이전에 기원을 두고 있을 뿐만 아니라 결정되지 않은 어느 시점에 절정에 이를 세상이었다. 성전 예수에 관한 초기 그리스도인의 언어는 이스라엘이 소망하고 고대했던 모든 것, 하나님의 백성(그렇게 확고하게 믿어졌다)이 장차 어느 날 보게 될 모든 것을 함께 모은 것에 대해 말하는 방식이었다. 그것은 또한 오늘날 탐구될 세상이기도 하다. 역사적 예수가 성전 상을 뒤엎었을 때 그는 사실상 그 나라가 왔고 그 결과 인간의 실존의 요체인 예배가 이제 완전히 새로운 방식으로 가능해지려 하고 있다고 선언했다. 이 새로운 방식이 무엇을 의미하는지에 관해 우리는 아직 완전히 이해하거나 경험하지 못했다.

참고문헌

Abegg, M. G., M. O. Wise and E. M. Cook (2005 [1996]), *The Dead Sea Scrolls: A New Translation* (San Francisco: HarperSanFrancisco).

Aberbach, M. (1951), "The Historical Allusions of Chapters IV, XI, and XIII of the *Psalms of Solomon*," *JQR* 41: 379-91.

Achtemeier, P. J. (2008), *Jesus and the Miracle Tradition* (Eugene, Or.: Wipf & Stock).

Ådna, J. (1999), "The Encounter of Jesus with the Gerasene Demoniac," in B. Chilton and C. A. Evans (eds), *Authenticating the Activities of Jesus* (NTTS 28/2; Leiden/Boston: Brill): 279-301.

_____. (2000), *Jesu Stellung zum Tempel: Die Tempelaktion und das Tempelwort als Ausdruck seiner messianischen Sendung* (WUNT 2/119; Tübingen: Mohr Siebeck).

Albertz, R. (1983), "Die 'Antrittspredigt' Jesu im Lukasevangelium auf ihrem alttestamentlichen Hintergrund," *ZNW* 74: 182-206.

Allison, D. C. (1985), *The End of the Ages Has Come: An Early Interpretation of the Passion and Resurrection of Jesus* (Philadelphia: Fortress).

_____. (1998), *Jesus of Nazareth: Millenarian Prophet* (Minneapolis: Fortress).

Alon, G. (1977), *Jews, Judaism, and the Classical World: Studies in Jewish History in the Times of the Second Temple and Talmud* (Jerusalem: Magnes).

Anderson, G. A. (2007), "Redeem Your Sins by the Giving of Alms: Sin, Debt, and the 'Treasury of Merit' in Early Jewish and Christian Tradition," *LtSp* 3: 37-67.

Annen, F. (1976), *Heil für die Heiden: Zur Bedeutung und Geschichte der Tradition vom besessenen Gerasener (Mk 5,1-20 parr.)*, (FTS 20; Frankfurt: Knecht).

Applebaum, S. (1989), "Josephus and the Economic Causes of the Jewish War," in L. H. Feldman and G. Hata (eds), *Josephus, the Bible, and History* (Detroit: Wayne State University Press): 237-64.

Arnal, W. E. (2001), *Jesus and the Village Scribes: Galilean Conflicts and the Setting of Q* (Minneapolis: Fortress).

Atkinson, K. (1998), "Toward a Redating of the Psalms of Solomon: Implications for Understanding the Sitz im Leben of an Unknown Jewish Sect," *JSP* 17: 95-112.

_____. K. (2001), *An Intertextual Study of the Psalms of Solomon: Pseudepigrapha* (SBEC 49; Lewiston, NY: Mellen Press).

_____. (2004), *I Cried to the Lord: A Study of the* Psalms of Solomon*'s Historical Background and Social Setting* (JSJSup 84; Leiden/Boston: Brill).

Aune, D. E. (1998), *Revelation 6-16* (WBC 52b; Dallas: Word).

Avalos, H. (1995), *Illness and Health Care in the Ancient Near East: The Role of the Temple in Greece, Mesopotamia, and Israel* (HSM 54; Atlanta: Scholars Press).

Avemarie, F. (1999), "Ist die Johannestaufe ein Ausdruck von Tempelkritik? Skizze eines methodischen Problems," in B. Ego and A. Lange (eds), *Gemeinde ohne Tempel: Zur Substituierung und Transformation des Jerusalemer Tempels und seines Kults im Alten Testment, antiken Judentum und frühen Christentum* (WUNT 118; Tübingen: Mohr Siebeck): 395-410.

Bachmann, M. (1994), "Himmlisch: der 'Tempel Gottes' von Apk 11:1," *NTS* 40: 474-80.

Baldensperger, W. (1898), *Der Prolog des vierten Evangeliums: Sein polemisch-apologetischer Zweck* (Freiburg: Mohr Siebeck).

Bammel, E. (1968), "Πτωχός," in G. Kittel (ed.), *Theological Dictionary of the New Testament: Vol. 6: Πε-P* (Grand Rapids: Eerdmans): 885-915.

_____. (1984), "The Feeding of the Multitude," in idem and C. F. D. Moule (eds), *Jesus and the Politics of His Day* (Cambridge: Cambridge University Press): 211-40.

Barker, M. (2002), "Wisdom: The Queen of Heaven," *SJT* 55: 141-59.

Barrett, C. K. (1953), "Paul and the 'Pillar' Apostles," in J. N. Sevenster and W. C. van Unnik (eds), *Studia Paulina in honorem Johannis de Zwaan, Septuagenarii* (Haarlem: Bohn): 1-19.

_____.(1975), "The House of Prayer and the Den of Thieves," in E. E. Ellis and E. Grässer (eds), *Jesus und Paulus: Festschrift für Werner Georg Kümmel zum 70sten Geburtstag* (Göttingen: Vandenhoeck & Ruprecht): 13-20.

_____.(1988), "Jesus' Demonstration in the Temple," in B. Lindars (ed.), *Law and Religion: Essays on the Place of the Law in Israel and Early Christianity* (Cambridge: Clarke): 72-89.

_____. (1995), "James and the Jerusalem Church," in idem (ed.), *The Book of Acts in its Palestinian Setting* (Grand Rapids: Eerdmans; Carlisle: Paternoster): 415-80.

_____. (2006), *Jesus and the Eyewitnesses: The Gospels as Eyewitness Testimony* (Grand Rapids: Eerdmans).

Bayer, H. F. (1986), *Jesus' Predictions of Vindication and Resurrection: The Provenance, Meaning, and Correlation of the Synoptic Predictions* (WUNT 2/20; Tübingen: Mohr Siebeck).

Beale, G. K. (1999), *The Book of Revelation: A Commentary on the Greek Text* (NIGTC; Grand Rapids: Eerdmans; Carlisle: Paternoster).

_____. (2004), T*he Temple and the Church's Mission: A Biblical Theology of the Dwelling Place of God* (NSBT 17; Leicester: Apollos; Downers Grove: InterVarsity).

_____. (2005), "Eden, the Temple, and the Church's Mission in the New Creation," *JETS* 48: 5-31.

Beare, F. W. (1970), *The First Epistle of Peter* (3rd edn; Oxford: Blackwell).

Beavis, M. A. (2006), *Jesus and Utopia: Looking for the Kingdom of God in the Roman World* (Minneapolis: Fortress).

Becker, J. (1972), *Johannes der Täufer und Jesus von Nazareth* (BibS[N] 63; Neukirchen-Vluyn: Neukirchener Verlag).

_____. (1998), *Jesus of Nazareth* (New York: de Gruyter).

Beckwith, R. T. (1981), "Daniel 9 and the Date of Messiah's Coming in Essene, Hellenistic, Pharisaic, Zealot and Early Christian Computation," *RevQ* 10: 521-42.

_____. (1996), *Calendar and Chronology, Jewish and Christian: Biblical, Intertestamental and Patristic Studies* (AGJU 33; Leiden: Brill).

Berger, K. (2006), *Von der Schönheit der Ethik* (Frankfurt am Main: Insel).

Berges, U. and R. Hoppe (2009), *Arm und Reich* (NEchtB 10; Würzburg: Echter).

Bergsma, J. S. (2007), *The Jubilee from Leviticus to Qumran: A History of Interpretation* (VTSup 115; Leiden: Brill).

Betz, H. D. (1994), "Jesus and the Cynics: Survey and Analysis of a Hypothesis," *JR* 74: 453-75.

_____. (1997), "Jesus and the Purity of the Temple (Mark 11:15-18): A Comparative Approach," *JBL* 116: 455-72.

Bietenhard, H. (1951). *Die himmlische Welt im Urchristentum and Spätjudentum* (WUNT 2; Tübingen: Mohr Siebeck).

Binder, D. D. (1999), *Into the Temple Courts: The Place of Synagogues in the Second Temple Period* (SBLDS 169; Atlanta: Society of Biblical Literature).

Blackburn, B. (1994), "The Miracles of Jesus," in B. D. Chilton and C. A. Evans (eds), *Studying the Historical Jesus: Evaluations of the State of Current Research* (NTTS

19; Leiden: Brill): 353-94.

Blank, J. (1968), *Paulus und Jesus: Eine theologische Grundlegung* (SANT 18; Munich: Kösel-Verlag).

Blenkinsopp, J. (2001), "Did the Second Jerusalemite Temple Possess Land?" *Transeu* 21: 61-68.

Blomberg, C. L. (2009), "The Authenticity and Significance of Jesus' Table Fellowship with Sinners," in D. L. Bock and R. L. Webb (eds), *Key Events in the Life of the Historical Jesus: A Collaborative Exploration of Context and Coherence* (WUNT 247; Tübingen: Mohr Siebeck): 215-50.

Bock, D. L. and R. L. Webb (eds), (2009), *Key Events in the Life of the Historical Jesus: A Collaborative Exploration of Context and Coherence* (WUNT 247; Tübingen: Mohr Siebeck).

Bockmuehl, M. N. A. (1996 [1994]), *This Jesus: Martyr, Lord, Messiah* (Downers Grove: InterVarsity).

_____. (2006), *Seeing the Word: Refocusing New Testament Study* (Grand Rapids: Baker).

_____. (2007), "Peter between Jesus and Paul: The 'Third Quest' and the 'New Perspective' on the First Disciple," in T. D. Still (ed.), *Jesus and Paul Reconnected: Fresh Pathways into an Old Debate* (Grand Rapids: Eerdmans): 67-102.

Borg, M. J. (1984), *Conflict, Holiness & Politics in the Teachings of Jesus* (SBEC 5; New York: Mellen Press).

_____. (1995), *Meeting Jesus Again for the First Time: The Historical Jesus and the Heart of Contemporary Faith* (San Francisco: HarperSanFrancisco).

_____. (2006), *Jesus: Uncovering the Life, Teachings, and Relevance of a Religious Revolutionary* (San Francisco: HarperSanFrancisco).

Boring, M. E. (1989), *Revelation* (IBC; Louisville: Westminster/John Knox).

Bornkamm, G. (1977 [1969]), *Paulus* (Stuttgart: Kohlhammer).

Brandon, S. G. F. (1967), *Jesus and the Zealots: A Study of the Political Factor in Primitive Christianity* (New York: Scribner).

Briggs, R. A. (1999), *Jewish Temple Imagery in the Book of Revelation* (StudBL 10; New York: Peter Lang).

Brooke, G. J. (1999), "Miqdash Adam, Eden and the Qumran Community," in B. Ego and A. Lange (eds), *Gemeinde ohne Tempel: Zur Substituierung und Transformation des Jerusalemer Tempels und seines Kults im Alten Testament, antiken Judentum und frühen Christentum* (WUNT 118; Tübingen: Mohr Siebeck): 285-301.

Brown, R. E. (1968 [1961]), "The Pater Noster as an Eschatological Prayer," in R. E. Brown, *New Testament Essays* (Garden City, NY: Doubleday): 275-320.

———. (1970 [1966]), *The Gospel according to John* (2 vols.; AB 29; New York: Doubleday).

Bryan, S. M. (2002), *Jesus and Israel's Traditions of Judgement and Restoration* (SNTSMS 117; Cambridge: Cambridge University Press).

Buchanan, G. W. (1959), "Mark 11:15-19: Brigands in the Temple," *HUCA* 30: 169-77.

———. (1964), "Jesus and the Upper Class," *NovT* 7: 195-209.

———. (1991), "Symbolic Money-Changers in the Temple," *NTS* 37: 280-90.

Büchler, A. (1968), *Types of Jewish-Palestinian Piety from 70 B.C.E. to 70 C.E.: The Ancient Pious Men* (New York: KTAV).

Bultmann, R. K. (1934 [1926]), *Jesus and the Word* (New York: Scribner).

———. (1951), *Theology of the New Testament*, vol. 1 (New York:Scribner).

———. (1968 [1921]), *The History of the Synoptic Tradition* (rev. edn; Oxford: Blackwell).

———. (1969 [1933]), *Faith and Understanding* (New York: Harper & Row).

Burkett, D. (1999), *The Son of Man Debate: A History and Evaluation* (Cambridge/New York: Cambridge University Press).

Buth, R. and B. Kvasnica (2006), "Temple Authorities and Tithe Evasion: The Linguistic Background and Impact of the Parable of the Vineyard, the Tenants and the Son," in R. S. Notley, M. Turnage and B. Becker (eds), *Jesus' Last Week* (JCP 11; Leiden/Boston: Brill): 53-80.

Capper, B. J. (1995), "The Palestinian Cultural Context of Earliest Christian Community of Goods," in R. Bauckham (ed.), *The Book of Acts in its Palestinian Setting* (Grand Rapids: Eerdmans; Carlisle: Paternoster): 323-56.

———. (2006), "Essene Community Houses and Jesus' Early Community," in J. H. Charlesworth (ed.), *Jesus and Archaeology* (Grand Rapids: Eerdmans): 472-502.

Cardellini, I. (1981), *Die biblischen "Sklaven" - Gesetze im Lichte des heilschriftlichen Sklavenrechts: Ein Beitrag zur Tradition, Überlieferung und Redaktion der alttestamentli-chen Rechtstexte* (BBB 55; Bonn/Königstein: Hanstein).

Carson, D. A. (1981), *Divine Sovereignty and Human Responsibility: Biblical Perspectives in Tension* (NFTL; Atlanta: John Knox).

Casey, M. (1997), "Culture and Historicity: The Cleansing of the Temple," *CBQ* 59: 306-32.

Catchpole, D. R. (1984), "The 'Triumphal' Entry," in E. Bammel and C. F. D. Moule (eds), *Jesus and the Politics of His Day* (Cambridge: Cambridge University

Press): 319-34.

Chae, Y. S. (2006), *Jesus as the Eschatological Davidic Shepherd: Studies in the Old Testament, Second Temple Judaism, and in the Gospel of Matthew* (WUNT 2/216; Tübingen: Mohr Siebeck).

Chance, J. B. (1988), *Jerusalem, the Temple, and the New Age in Luke-Acts* (Macon, Ga.: Mercer University Press).

Charette, B. (1992), *The Theme of Recompense in Matthew's Gospel* (JSNTSup 79; Sheffield: JSOT Press).

Charlesworth, J. H. (1992), "From Messianology to Christology: Problems and Prospects," in J. H. Charlesworth (ed.), *The Messiah: Developments in Earliest Judaism and Christianity: The First Princeton Symposium on Judaism and Christian Origins* (Minneapolis: Fortress): 3-35.

Childs, B. S. (2001), *Isaiah: A Commentary* (OTL; Louisville: Westminster John Knox).

Chilton, B. (1992), *The Temple of Jesus: His Sacrificial Program within a Cultural History of Sacrifice* (University Park, Pa.: Pennsylvania State University Press).

_____. (1996), *Pure Kingdom: Jesus' Vision of God* (SHJ; Grand Rapids: Eerdmans; London: SPCK).

Chilton, B. and C. A. Evans (1997), *Jesus in Context: Temple, Purity, and Restoration* (AGJU 39; Leiden/New York: Brill).

_____. (eds) (1999), *Authenticating the Activities of Jesus* (NTTS 28/2; Leiden/Boston: Brill).

Chirichigno, G. (1993), *Debt-Slavery in Israel and the Ancient Near East* (JSOTSup 141; Sheffield: JSOT Press).

Christiansen, E. J. (1995), *The Covenant in Judaism and Paul: A Study of Ritual Boundaries as Identity Markers* (AGJU 27; Leiden/New York: Brill).

Clements, R. E. (1965), *God and Temple: The Idea of the Divine Presence in Ancient Israel* (Oxford: Blackwell).

_____. (1980), *Isaiah 1-39* (NCBC; Grand Rapids: Eerdmans).

Collins, A. Y. (2007), *Mark: A Commentary* (Hermeneia; Minneapolis: Fortress).

Collins, R. F. (1999), *First Corinthians* (SP 7; Collegeville, Minn.: Liturgical Press).

Coloe, M. L. (2001), *God Dwells with Us: Temple Symbolism in the Fourth Gospel* (Collegeville, Minn.: Liturgical Press).

Craffert, P. F. (2008), *The Life of a Galilean Shaman: Jesus of Nazareth in Anthropological-Historical Perspective* (MBMC 3; Eugene, Or.: Cascade Books).

Cranfield, C. E. B. (1951), "Riches and the Kingdom of God: St. Mark 10:17-31," *SJT* 4: 302-13.

_____. (1975), *A Critical and Exegetical Commentary on the Epistle to the Romans*, vol. 1: *Chapters 1-8* (ICC; Edinburgh: T. & T. Clark).

Crossan, J. D. (1991), *The Historical Jesus: The Life of a Mediterranean Jewish Peasant* (San Francisco: HarperSanFrancisco).

_____. (1994), *Jesus: A Revolutionary Biography* (San Francisco: HarperSanFrancisco).

Dahl, N. A. (1976), *Jesus in the Memory of the Early Church: Essays* (Minneapolis: Augsburg).

Davies, G. I. (1991), "The Presence of God in the Second Temple and Rabbinic Doctrine," in W. Horbury (ed.), *Templum Amicitiae: Essays on the Second Temple Presented to Ernst Bammel* (Sheffield: JSOT Press): 32-36.

Davies, S. L. (1995), *Jesus the Healer: Possession, Trance, and the Origins of Christianity* (London: SCM Press; New York: Continuum).

Davies, W. D. (1974), *Gospel and the Land: Early Christianity and Jewish Territorial Doctrine* (Berkeley: University of California Press).

Davies, W. D. and D. C. Allison (1988-97), *A Critical and Exegetical Commentary on the Gospel According to Saint Matthew* (3 vols.; ICC; Edinburgh: T. & T. Clark).

Derrett, J. D. M. (1972), "'Eating Up the Houses of Widows': Jesus' Comment on Lawyers?," *NovT* 14: 1-9.

Desmond, W. (2006), *The Greek Praise of Poverty: Origins of Ancient Cynicism* (Notre Dame: University of Notre Dame Press).

Dietrich, W. (1985), "'···Den Armen das Evangelium zu verkünden' vom Befreienden in biblischer Gesetze," *TZ* 41: 31-43.

Dimant, D. (1981), "A Cultic Term in the Psalms of Solomon in the Light of the Septuagint," *Textus* 9: 28-42.

_____. (1986), "4QFlorilegium and the Idea of the Community as Temple," in A. Caquot, M. Hadas-Lebel and J. Riaud (eds), *Hellenica et Judaica: Hommage* à *Valentin Nikiprowetzky* (REJ 3; Leuven: Peeters): 165-89.

Dodd, C. H. (1953), *The Interpretation of the Fourth Gospel* (New York: Cambridge University Press).

Donahue, J. R. (1989), "Two Decades of Research on the Rich and the Poor in Luke-Acts," in W. J. Harrelson, D. A. Knight and P. J. Paris (eds), *Justice and the Holy: Essays in Honor of Walter Harrelson* (Atlanta: Scholars Press): 129-44.

Donner, H. (1964), *Israel unter den Völkern: Die Stellung der klassischen Propheten des 8. Jahrhunderts v. Chr. zur Aussenpolitik der Könige von Israel und Juda* (VTSup 11; Leiden: Brill).

Dubis, M. (2002), *Messianic Woes in First Peter: Suffering and Eschatology in 1 Peter 4:12-19* (StudBL 33; New York: Peter Lang).

Dumbrell, W. J. (1984), *Covenant and Creation: An Old Testament Covenantal Theology* (Exeter: Paternoster).

Dunn, J. D. G. (1991), *The Partings of the Ways: Between Christianity and Judaism and their Significance for the Character of Christianity* (London: SCM Press; Philadelphia: Trinity Press International).

_____. (1993), *The Epistle to the Galatians* (BNTC; London: Black; Peabody, Mass.: Hendrickson).

_____. (2003), *Christianity in the Making*, vol. 1: *Jesus Remembered* (Grand Rapids: Eerdmans).

Edwards, J. R. (2002), *The Gospel according to Mark* (PNTC; Grand Rapids: Eerdmans).

Ego, B. and A. Lange (1999), *Gemeinde ohne Tempel: Zur Substituierung und Transformation des Jerusalemer Tempels und seines Kults im Alten Testament, antiken Judentum und frühen Christentum* (WUNT 118; Tübingen: Mohr Siebeck).

Ehrman, B. D. (1999), *Jesus: Apocalyptic Prophet of the New Millennium* (Oxford/New York: Oxford University Press).

Eichrodt, W. (1970), "Prophet and Covenant: Observations on the Exegesis of Isaiah," in J. I. Durham and J. R. Porter (eds), *Proclamation and Presence: Old Testament Essays in Honour of Gwynne Henton Davies* (Richmond: John Knox Press): 167-88.

Elliott, M. A. (2000), *The Survivors of Israel: A Reconsideration of the Theology of Pre-Christian Judaism* (Grand Rapids: Eerdmans).

Eppstein, V. (1964), "Historicity of the Gospel Account of the Cleansing of the Temple," *ZNW* 55: 42-58.

Esler, P. F. (1987), *Community and Gospel in Luke-Acts: The Social and Political Motivations of Lucan Theology* (SNTSMS 57; Cambridge/New York: Cambridge University Press).

Evans, C. A. (1989), "Jesus' Action in the Temple: Cleansing or Portent of Destruction?," *CBQ* 51: 237-70.

_____. (1992), "Opposition to the Temple: Jesus and the Dead Sea Scrolls," in J. H. Charlesworth (ed.), *Jesus and the Dead Sea Scrolls* (ABRL; New York: Doubleday): 235-53.

_____. (1995), *Jesus and his Contemporaries: Comparative Studies* (AGJU 25; Leiden/New York: Brill).

_____. (1995 [1989]), "Jesus' Action in the Temple and Evidence of Corruption in the First-Century Temple," in C. A. Evans, *Jesus and His Contemporaries: Comparative Studies* (AGJU 25; Leiden/New York: Brill): 319-44.

_____. (1995 [1993]), "Jesus and the 'Cave of Robbers': Toward a Jewish Context for the Temple Action," in C. A. Evans, *Jesus and His Contemporaries: Comparative Studies* (AGJU 25; Leiden/New York: Brill): 345-65.

_____. (1999), "Jesus and Zechariah's Messianic Hope," in B. Chilton and C. A. Evans (eds), *Authenticating the Activities of Jesus* (NTTS 28/2; Leiden/Boston: Brill): 373-88.

Eve, E. (2002), *The Jewish Context of Jesus' Miracles* (JSNTSup 231; London: heffield Academic Press).

Ewald, H. (1868 [1841]), *Die Propheten des alten Bundes: Band 3: Die jüngsten Propheten des alten Bundes mit dem Büchern Barukh und Daniel* (Göttingen: Vandenhoeck & Ruprecht).

Fiensy, D. A. (1999), "Leaders of Mass Movements and the Leader of the Jesus Movement," *JSNT* 74: 3-27.

Fitzmyer, J. A. (1998), *The Acts of the Apostles: A New Translation with Introduction and Commentary* (AB 31; New York: Doubleday).

_____. (2007), *The One Who is to Come* (Grand Rapids: Eerdmans).

_____. (2008), *First Corinthians: A New Translation with Introduction and Commentary* (AB 32; New Haven: Yale University Press).

Fletcher-Louis, C. H. T. (2002), *All the Glory of Adam: Liturgical Anthropology in the Dead Sea Scrolls* (STDJ 42; Leiden: Brill).

_____. (2004), "Alexander the Great's Worship of the High Priest," in L. T. Stuckenbruck and W. E. S. North (eds), *Early Jewish and Christian Monotheism* (JSNTSup 263; London/New York: T. & T. Clark): 71-102.

_____. (2006), "Jesus and the High Priestly Messiah, Part 1," *JSHJ* 4: 155-75.

_____. (2007), "Jesus and the High Priestly Messiah, Part 2," *JSHJ* 5: 57-79.

Fredriksen, P. (1990), "Jesus and the Temple, Mark and the War," in D. J. Lull (ed.), *Society of Biblical Literature 1990 Seminar Papers* (SBLSP 29; Atlanta: Scholars Press): 293-310.

_____. (1999), *Jesus of Nazareth, King of the Jews: A Jewish Life and the Emergence of Christianity* (1st edn; New York: Knopf).

_____. (2000), *Jesus of Nazareth, King of the Jews: A Jewish Life and the Emergence of Christianity* (New York: Knopf).

_____. (2007), "The Historical Jesus, the Scene in the Temple, and the Gospel of John," in P. N. Anderson, F. Just, and T. Thatcher (eds), *John, Jesus, and*

History, vol. 1: *Critical Appraisals of Critical Views* (SBLSymS 44; Atlanta: Society of Biblical Literature): 249-76.

Freedman, D. N. (1981), "Temple without Hands," in D. N. Freedman (ed.), *Temples and High Places in Biblical Times* (Jerusalem: Hebrew Union College-Jewish Institute of Religion): 21-29.

Freyne, S. (1988), *Galilee, Jesus, and the Gospels: Literary Approaches and Historical Investigations* (Philadelphia: Fortress).

_____. (1992), "Urban-Rural Relations in First-Century Galilee: Some Suggestions from the Literary Sources," in L. I. Levine (ed.), *Galilee in Late Antiquity* (New York: Jewish Theological Seminary of America): 75-91.

Fuglseth, K. (2005), *Johannine Sectarianism in Perspective: A Sociological, Historical, and Comparative Analysis of Temple and Social Relationships in the Gospel of John, Philo, and Qumran* (NovTSup 119; Leiden/Boston: Brill).

Funk, R. W. (1998), *The Acts of Jesus: The Search for the Authentic Deeds of Jesus* (San Francisco: HarperSanFrancisco).

Gäbel, G. (2006), *Die Kulttheologie des Hebräerbriefes: Eine exegetisch-religionsgeschichtliche Studie* (WUNT 2/212; Tübingen: Mohr Siebeck).

Gärtner, B. E. (1965), *The Temple and the Community in Qumran and the New Testament: A Comparative Study in the Temple Symbolism of the Qumran Texts and the New Testament* (SNTSMS 1; Cambridge: Cambridge University Press).

Gaston, L. (1970), *No Stone on Another: Studies in the Significance of the Fall of Jerusalem in the Synoptic Gospels* (NovTSup 23; Leiden: Brill).

Gaventa, B. R. (1990), "The Maternity of Paul: An Exegetical Study of Galatians 4:19," in R. T. Fortna and B. R. Gaventa (eds), *The Conversation Continues: Studies in Paul and John in Honor of J. Louis Martyn* (Nashville: Abingdon): 189-201.

George, T. (1994), *Galatians* (NAC 30; Nashville: Broadman & Holman).

Goeij, M. de (1980), *De Pseudepigrafen: Psalmen van Salomo, IV Ezra, Martyrium van Jesaja* (Kampen: Kok).

Goodacre, M. S. and N. Perrin (2004), *Questioning Q: A Multidimensional Critique* (London: SPCK; Downers Grove: InterVarsity).

Goodman, M. (1982), "The First Jewish Revolt: Social Conflict and the Problem of Debt," *JJS* 33: 417-27.

_____. (1987), *The Ruling Class of Judaea: The Origins of the Jewish Revolt Against Rome, A.D. 66 -70* (Cambridge/New York: Cambridge University Press).

Gray, T. C. (2009), *The Temple in the Gospel of Mark: A Study in its Narrative Role* (WUNT 2/168; Tübingen: Mohr Siebeck).

Green, J. B. (1994), "Good News to Whom? Jesus and the 'Poor' in the Gospel of

Luke," in J. B. Green and M. Turner (eds), *Jesus of Nazareth: Lord and Christ: Essays on the Historical Jesus and New Testament Christology* (Grand Rapids: Eerdmans; Carlisle: Paternoster): 59-74.

———. (1997), *The Gospel of Luke* (NICNT; Grand Rapids: Eerdmans).

Gundry, R. H. (1982), *Matthew: A Commentary on his Literary and Theological Art* (Grand Rapids: Eerdmans).

Haenchen, E. (1971), *The Acts of the Apostles: A Commentary* (Philadelphia: Westminster).

Hägerland, T. (2006), "Jesus and the Rites of Repentance," *NTS* 52: 166-87.

Hamilton, N. Q. (1964), "Temple Cleansing and Temple Bank," *JBL* 83: 365-72.

Hamm, D. (1990), "Faith in the Epistle to the Hebrews: The Jesus Factor," *CBQ* 52: 270-91.

Han, K. S. (2002), *Jerusalem and the Early Jesus Movement: The Q Community's Attitude toward the Temple* (JSNTSup 207; London/New York: Sheffield Academic Press).

Hands, A. R. (1968), *Charities and Social Aid in Greece and Rome* (AGRL; Ithaca, NY: Cornell University Press).

Harland, P. A. (2002), "The Economy of First-Century Palestine: State of the Scholarly Discussion," in A. J. Blasi, P.-A. Turcotte and J. Duhaime (eds), *Handbook of Early Christianity: Social Science Approaches* (Walnut Creek, Calif.: AltaMira Press): 511-27.

Harvey, A. E. (1982), *Jesus and the Constraints of History* (Philadelphia: Westminster).

Hauck, F. (1965), "Θησαυρός," in G. Kittel (ed.), *Theological Dictionary of the New Testament*, vol. 3: Θ-Κ (Grand Rapids: Eerdmans): 136-38.

Hayes, Christine (1999), "Intermarriage and Impurity in Ancient Jewish Sources," *HTR* 92: 3-36.

Hays, C. M. (2009), "By Almsgiving and Faith Sins are Purged? The Theological Underpinnings of Early Christian Care for the Poor," in B. W. Longenecker and K. D. Liebengood (eds), *Engaging Economics: New Testament Scenarios and Early Christian Reception* (Grand Rapids: Eerdmans): 260-80.

Hayward, C. T. R. (1996), *The Jewish Temple* (London/New York: Routledge).

Hayward, R. (1987), *The Targum of Jeremiah: Translated, with a Critical Introduction, Apparatus, and Notes* (ArBib 12; Wilmington, Del.: Glazier).

Headlam, A. C. (1923), *The Life and Teaching of Jesus the Christ* (New York/London: Oxford University Press).

Heil, J. P. (1997), "The Narrative Strategy and Pragmatics of the Temple Theme in Mark," *CBQ* 59: 76-100.

Hengel, M. (1968), "Das Gleichnis von den Weingärtnern Mc 12:1-12 im Lichte der Zenonpapyri und der rabbinischen Gleichnisse," *ZNW* 59: 1-39.

_____. (1971), *Was Jesus a Revolutionist?* (Philadelphia: Fortress).

_____. (1974), *Property and Riches in the Early Church: Aspects of a Social History of Early Christianity* (London: SCM Press; Philadelphia: Fortress).

Herrmann, J. (1965), "*nḥlh and nḥl* in the OT," in G. Kittel (ed.), *Theological Dictionary of the New Testament*, vol. 3: *Θ-Κ* (Grand Rapids: Eerdmans): 769-76.

Herzog, W. R. (2000), *Jesus, Justice, and the Reign of God: A Ministry of Liberation* (Louisville: Westminster John Knox).

Hoffmann, P. (1994), *Studien zur Frühgeschichte der Jesus-Bewegung* (SBAB 17; Stuttgart: Katholisches Bibelwerk).

Hogan, L. P. (1992), *Healing in the Second Temple Period* (NTOA 21; Göttingen: Vandenhoeck & Ruprecht).

Hollenbach, P. W. (1981), "Jesus, Demoniacs and Public Authorities: A Socio-Historical Study," *JAAR* 99: 567-88.

Hooker, M. D. (1988), "Traditions about the Temple in the Sayings of Jesus," *BJRL* 70: 7-19.

Horbury, W. (1984), "The Temple Tax," in E. Bammel and C. F. D. Moule (eds), *Jesus and the Politics of His Day* (Cambridge: Cambridge University Press): 265-86.

_____. (1991a), "Herod's Temple and 'Herod's Days,'" in W. Horbury (ed.), *Templum Amicitiae: Essays on the Second Temple Presented to Ernst Bammel* (Sheffield: JSOT Press): 103-49.

_____. (ed.) (1991b), *Templum Amicitiae: Essays on the Second Temple Presented to Ernst Bammel* (Sheffield: JSOT Press).

_____. (1996), "Land, Sanctuary and Worship," in M. D. Hooker, J. M. G. Barclay and J. P. M. Sweet (eds), *Early Christian Thought in its Jewish Context* (Cambridge/New York: Cambridge University Press): 207-24.

Horsley, R. A. (1986), "High Priests and the Politics of Roman Palestine: A Contextual Analysis of the Evidence in Josephus," *JSJ* 17: 23-55.

_____. (1987), *Jesus and the Spiral of Violence: Popular Jewish Resistance in Roman Palestine* (San Francisco: Harper & Row).

_____. (1995), *Galilee: History, Politics, People* (Valley Forge, Pa.: Trinity Press International).

_____. (2003), *Jesus and Empire: The Kingdom of God and the New World Disorder* (Minneapolis: Fortress).

_____. (2008), *Jesus in Context; Power, People, and Performance* (Minneapolis:

Fortress).

Horsley, R. A. and J. S. Hanson (1985), *Bandits, Prophets, and Messiahs: Popular Movements at the Time of Jesus* (NVBS; Minneapolis: Winston Press).

Hoskyns, E. C. (1940), *The Fourth Gospel* (London: Faber & Faber).

Hughes, G. (2003), *Transcendence and History: The Search for Ultimacy from Ancient Societies to Postmodernity* (EVIPP; Columbia, Mo.: University of Missouri Press).

Jeremias, J. (1958), *Jesus' Promise to the Nations* (SBT 24; London: SCM Press; Naperville, Ill.: Allenson).

_____. (1969), *Jerusalem in the Time of Jesus: An Investigation into Economic and Social Conditions during the New Testament Period* (Philadelphia: Fortress; London: SCM Press).

_____. (1971a), "Die Drei-Tage-Worte der Evangelien," in J. Jeremias, H.-W. Kuhn and H. Stegemann (eds), *Tradition und Glaube: Das frühe Christentum in seiner Umwelt. Festgabe für Karl Georg Kuhn zum 65. Geburtstag* (Göttingen: Vandenhoeck & Ruprecht): 221-29.

_____. (1971b), *New Testament Theology: The Proclamation of Jesus* (New York: Scribner).

Johnson, S. R. (2007), *Q 12:33-34: Storing Up Treasures in Heaven* (DQ 8; Leuven: Peeters).

Johnstone, W. (2000), "Hope of Jubilee: The Last Word in the Hebrew Bible," *EvQ* 72: 307-14.

Jones, L. P. (1997), *The Symbol of Water in the Gospel of John* (JSNTSup 145; Sheffield: Sheffield Academic Press).

Juel, D. H. (1977), *Messiah and Temple: The Trial of Jesus in the Gospel of Mark* (SBLDS 31; Missoula, Mont.: Scholars Press).

Karris, R. J. (1978), "Poor and Rich: The Lukan Sitz im Leben," in C. H. Talbert (ed.), *Perspectives on Luke-Acts* (PRS 5; Danville, Va.: Association of Baptist Professors of Religion): 112-25.

Kautsky, J. H. (1982), *The Politics of Aristocratic Empires* (Chapel Hill: University of North Carolina Press).

Kazen, T. (2002), *Jesus and Purity Halakhah: Was Jesus Indifferent to Impurity?* (ConBNT 38; Stockholm: Almquist & Wiksell).

Keener, C. S. (2003), *The Gospel of John: A Commentary* (2 vols.; Peabody, Mass.: Hendrickson).

Kelhoffer, J. A. (2005), *The Diet of John the Baptist: "Locusts and Wild Honey" in Synoptic and Patristic Interpretation* (WUNT 176; Tübingen: Mohr Siebeck).

Kerr, A. R. (2002), *The Temple of Jesus' Body: The Temple Theme in the Gospel of John* (JSNTSup 220; London: Sheffield Academic Press).

Kim, S. (1987), "Jesus-The Son of God, the Stone, the Son of Man, and the Servant: The Role of Zechariah in the Self-Identification of Jesus," in G. F. Hawthorne and O. Betz (eds), *Tradition and Interpretation in the New Testament: Essays in Honor of E. Earle Ellis for his 60th Birthday* (Grand Rapids: Eerdmans; Tübingen: Mohr Siebeck): 134-48.

Kinzer, M. (1998), "Temple Christology in the Gospel of John," in *Society of Biblical Literature 1998 Seminar Papers* (SBLSP 37; Atlanta: Scholars Press): 447-64.

Klausner, J. (1925), *Jesus of Nazareth, Times, Life and Teaching* (New York: Macmillan).

_____. (1998), "Idolatry, Incest, and Impurity: Moral Defilement in Judaism," *JSJ* 29: 391-415.

_____. (2006), *Purity, Sacrifice, and the Temple: Symbolism and Supersessionism in the Study of Ancient Judaism* (Oxford/New York: Oxford University Press).

Kleinknecht, K. T. (1984), *Der leidende Gerechtfertigte: Die alttestamentlich-jüdische Tradition vom "eidenden Gerechten" und ihre Rezeption bei Paulus* (WUNT 2/13; Tübingen: Mohr Siebeck).

Klinzing, G. (1971), *Die Umdeutung des Kultus in der Qumrangemeinde und im Neuen Testament* (SUNT 7; Göttingen: Vandenhoeck & Ruprecht).

Klutz, T. E. (1999), "The Grammar of Exorcism in the Ancient Mediterranean World: Some Cosmological, Semantic, and Pragmatic Reflections on How Exorcistic Prowess Contributed to the Worship of Jesus," in C. C. Newman, J. R. Davila and G. S. Lewis (eds), *Jewish Roots of Christological Monotheism: Papers from the St. Andrew's Conference on the Historical Origins of the Worship of Jesus* (JSJSup 63; Leiden/Boston: Brill): 156-65.

Krodel, G. A. (1989), *Revelation* (ACNT; Minneapolis: Augsburg).

Kümmel, W. G. (1963-64), "Jesus und Paulus," *NTS* 10: 163-81.

Kvalbein, H. (1987), "Jesus and the Poor: Two Texts and a Tentative Conclusion," *Themelios* 12: 80-87.

Laato, A. (1988), *Who is Immanuel? The Rise and Foundering of Isaiah's Messianic Expectations* (Åbo: Åbo Akademy Press).

_____. (1997), *A Star is Rising: The Historical Development of the Old Testament Royal Ideology and the Rise of the Jewish Messianic Expectations* (ISFCJ 5; Atlanta: Scholars Press).

Lacocque, A. (1993), "The Socio-Spiritual Formative Milieu of the Daniel Apocalypse," in A. S. van der Woude (ed.), *The Book of Daniel in the Light of New Findings* (BETL 106; Leuven: Leuven University): 315-43.

Lane, W. L. (1974), *The Gospel According to Mark: The English Text with Introduction, Exposition, and Notes* (Grand Rapids: Eerdmans).

Larsson, E. (1993), "Temple-Criticism and the Jewish Heritage: Some Reflexions on Acts 6-7," *NTS* 39: 379-95.

Leaney, A. R. C. (1963), "Eschatological Significance of Human Suffering in the Old Testament and the Dead Sea Scrolls," *SJT* 16: 286-96.

Lee, P. (2001), *The New Jerusalem in the Book of Revelation: A Study of Revelation 21-22 in the Light of its Background in Jewish Tradition* (WUNT 2/129; Tübingen: Mohr Siebeck).

Leske, A. M. (1994), "The Influence of Isaiah 40-66 on Christology in Matthew and Luke: A Comparison," in E. H. Lovering, Jr. (ed.), *Society of Biblical Literature 1994 Seminar Papers* (SBLSP 33; Atlanta: Scholars Press): 897-916.

Levenson, J. D. (1984), "The Temple and the World," *JR* 64: 275-98.

_____. (1985), *Sinai and Zion: An Entry into the Jewish Bible* (NVBS; Minneapolis: Winston).

_____. (1986 [1976]), *Theology of the Program of Restoration: Ezekiel 40-48* (HSM 10; Atlanta: Scholars Press).

Levine, A.-J. (2005), "The Earth Moved: Jesus, Sex, and Eschatology," in J. S. Kloppenborg and J. W. Marshall (eds), *Apocalypticism, Anti-Semitism and the Historical Jesus: Subtexts in Context* (JSNTSup 275; London/New York: T. & T. Clark).

_____. (2006), *The Misunderstood Jew: The Church and the Scandal of the Jewish Jesus* (New York: HarperCollins).

Lindemann, A. (2001), "Hilfe für die Armen: Zur ethischen Argumentation des Paulus in den Kollektenbriefen II Kor 8 und II Kor 9," in C. Maier, K.-P. Jörns and R. Liwak (eds), *Exegese vor Ort: Festschrift für Peter Welten zum 65. Geburtstag* (Leipzig: Evangelische Verlagsanstalt): 199-216.

Lohmeyer, E. (1961), *Lord of the Temple: A Study of the Relation between Cult and Gospel* (Edinburgh/London: Oliver & Boyd).

Lohse, E. (1981), "Das Evangelium für die Armen," *ZNW* 72: 51-64.

Longenecker, B. W. (2007), "Good News to the Poor: Jesus, Paul, and Jerusalem," in T. D. Still (ed.), *Jesus and Paul Reconnected: Fresh Pathways into an Old Debate* (Grand Rapids: Eerdmans): 37-65.

_____. (2009), "The Poor of Galatians 2:10: The Interpretive Paradigm of the First Four Centuries," in B. W. Longenecker and K. D. Liebengood (eds), *Engaging Economics: New Testament Scenarios and Early Christian Reception* (Grand Rapids: Eerdmans): 205-21.

Longenecker, B. W. and K. D. Liebengood (eds) (2009), *Engaging Economics: New Testament Scenarios and Early Christian Reception* (Grand Rapids: Eerdmans).

Lüdemann, G. (1987), *Das frühe Christentum nach den Traditionen der Apostelgeschichte: Ein Kommentar* (Göttingen: Vandenhoeck & Ruprecht).

McCaffrey, J. (1988), *The House with Many Rooms: The Temple Theme of Jn. 14:2-3* (AnBib 114; Rome: Pontificio Istituto Biblico).

McKelvey, R. J. (1969), *The New Temple: The Church in the New Testament* (OxTM; London: Oxford University Press).

McKnight, S. (1999), *A New Vision for Israel: The Teachings of Jesus in National Context* (Grand Rapids: Eerdmans).

_____. (2005), *Jesus and his Death: Historiography, the Historical Jesus, and Atonement Theory* (Waco: Baylor University Press).

Magness, J. (2002), *The Archaeology of Qumran and the Dead Sea Scrolls* (Grand Rapids: Eerdmans).

Maier, J. (2008), "Bausymbolik, Heiligtum und Gemeinde in den Qumrantexten," in A. Vonach and R. Meßner (eds), *Volk Gottes als Tempel* (SynK 1; Vienna/Berlin: Münster Lit): 49-106.

Manson, W. (1943), *Jesus the Messiah* (CL 36; London: Hodder & Stoughton).

Martyn, J. L. (1997), *Galatians: A New Translation with Introduction and Commentary* (AB 33A; New York: Doubleday).

Matera, F. J. (1992), *Galatians* (SP 9; Collegeville, Minn.: Liturgical Press).

Meier, J. P. (1991), *A Marginal Jew: Rethinking the Historical Jesus,* vol. 1: *Origins of the Problem and the Person* (New York: Doubleday).

_____. (1994), *A Marginal Jew: Rethinking the Historical Jesus,* vol. 2: *Mentor, Message, and Miracles* (New York: Doubleday).

Merklein, H. (1989), *Jesu Botschaft von der Gottesherrschaft: Eine Skizze* (SBS 111; Stuttgart: Katholisches Bibelwerk).

Metzdorf, C. (2003), *Die Tempelaktion Jesu: Patristische und historisch-kritische Exegese im Vergleich* (WUNT 2/168; Tübingen: Mohr Siebeck).

Meyer, B. F. (1992), *Christus Faber: The Master Builder and the House of God* (PrTMS 29; Allison Park, Pa.: Pickwick).

_____. (2002 [1979]), *The Aims of Jesus* (London: SCM Press).

Meyers, E. M. (1997), "Jesus and His Galilean Context," in D. R. Edwards and C. T. McCollough (eds), *Archaeology and the Galilee: Texts and Contexts in the Graeco-Roman and Byzantine Periods* (SFSHJ 143; Atlanta: Scholars Press): 57-66.

Michaels, J. R. (1988), *First Peter* (WBC 49; Waco: Word).

Milavec, A. (2003), *The Didache: Faith, Hope, and Life of the Earliest Christian Communities, 50-70 C.E.* (New York: Newman Press).

Milgrom, J. (1976), "The Concept of *Ma'al* in the Bible and the Ancient Near East," *JAOS* 96: 236-47.

Miller, R. J. (1991), "The (A)historicity of Jesus' Temple Demonstration: A Test Case in Methodology," in E. H. Lovering, Jr. (ed.), *Society of Biblical Literature 1991 Seminar Papers* (SBLSP 30; Atlanta: Scholars Press): 235-52.

Morray-Jones, C. (1998), "The Temple Within: The Embodied Divine Image and its Worship in the Dead Sea Scrolls and Other Early Jewish and Christian Sources," in *Society of Biblical Literature 1998 Seminar Papers* (SBLSP 37; Atlanta: Scholars Press): 400-31.

Moxnes, H. (1988), *The Economy of the Kingdom: Social Conflict and Economic Relations in Luke's Gospel* (OBT 23; Philadelphia: Fortress).

Murphy, C. M. (2002), *Wealth in the Dead Sea Scrolls and in the Qumran Community* (STDJ 40; Leiden/Boston: Brill).

_____. (2003), *John the Baptist: Prophet of Purity for a New Age* (Collegeville, Minn.: Liturgical Press).

Murphy-O'Connor, J. (2000), "Jesus and the Money Changers (Mark 11:15-17; John 2:13-17)," *RB* 107: 42-55.

Myers, C. (2008 [1988]), *Binding the Strong Man: A Political Reading of Mark's Story of Jesus* (20th anniv. ed.; Maryknoll, NY: Orbis Books).

Neusner, J. (1989), "Money-Changers in the Temple: The Mishnah's Explanation," *NTS* 35: 287-90.

Nickelsburg, G. W. E. (1981), *Jewish Literature between the Bible and the Mishnah: A Historical and Literary Introduction* (Philadelphia: Fortress).

Nitzan, B. (1994), *Qumran Prayer and Religious Poetry* (STDJ 12; Leiden: Brill).

Oakman, D. E. (1986), *Jesus and the Economic Questions of his Day* (SBEC 8; Lewiston, NY: Mellen Press).

_____. (2008), *Jesus and the Peasants* (MBMC 4; Eugene, Or.: Wipf & Stock).

Oden T. C. and C. A. Hall (1998), *Ancient Christian Commentary on Scripture: Mark* (Downers Grove, Ill.: Intervarsity Press).

Orr, W. F. and J. A. Walther (1976), *1 Corinthians: A New Translation* (AB 32; Garden City, NY: Doubleday).

Oswalt, J. N. (1986), *The Book of Isaiah, Chapters 1-39* (NICOT; Grand Rapids: Eerdmans; Exeter: Paternoster).

Parker, T. S. (1975), "The Decapolis Reviewed," *JBL* 94: 437- 41.

Pastor, J. (1997), *Land and Economy in Ancient Palestine* (London/New York:

Routledge).

Pate, C. M. and D. W. Kennard (2003), *Deliverance Now and Not Yet: The New Testament and the Great Tribulation* (StudBL 54; New York: Peter Lang).

Patsch, H. (1972), *Abendmahl und historischer Jesus* (CalTM A/1; Stuttgart: Calwer).

Patterson, S. J. (2009), review of R. Bauckham, *Jesus and the Eyewitnesses: The Gospels as Eyewitness Testimony*, RBL 06/2009; no pages; online: http://www.bookreviews.org/pdf/5650_5966. pdf.

Perrin, N. (2007), *Thomas, the Other Gospel* (Louisville: Westminster John Knox; London: SPCK).

_____. (2008), "Eschatological Aspects of the Sinai Experience in Patristic Interpretation," in K. E. Pomykala (ed.), *Israel in the Wilderness: Interpretations of the Biblical Narratives in Jewish and Christian Traditions* (Themes in Biblical Narrative 10; Leiden: Brill): 173-82.

_____. (2010), "From One Stone to the Next: Messiahship and Temple in N. T. Wright's Jesus and the Victory of God," in R. L. Webb and M. A. Powell (eds), *Jesus as Israel's Messiah: Engaging the Work of N. T. Wright* (2011; Library of the Historical Jesus Studies; London/New York: T. & T. Clark).

Pesch, R. (1972), *Der Besessene von Gerasa: Entstehung und Überlieferung einer Wundergeschichte* (SBS 56; Stuttgart: KBW Verlag).

Peterson, D. (2003), *Christ and his People in the Book of Isaiah* (Leicester: Inter-Varsity).

Petracca, V. (2003), *Gott oder das Geld: Die Besitzethik des Lukas* (TANZ 39; Tübingen/Basel: Francke).

Petsalis-Diomidis, A. (2005), "The Body in Space: Visual Dynamics in Graeco-Roman Healing Pilgrimage," in J. Elsner and I. Rutherford (eds), *Pilgrimage in Graeco-Roman and Early Christian Antiquity: Seeing the Gods* (Oxford: Oxford University Press): 183-218.

Pfann, S. J. (2006), "A Table Prepared in the Wilderness: Pantries and Tables, Pure Food and Sacred Space at Qumran," in K. Galor, J.-B. Humbert and J. Zangenberg (eds), *Qumran, the Site of the Dead Sea Scrolls: Archaeological Interpretations and Debates* (STDJ 57; Leiden: Brill): 159-78.

Phillips, T. E. (2003), "Reading Recent Readings of Issues of Wealth and Poverty in Luke and Acts," *CBR* 1: 231-69.

Pitre, B. (2005), *Jesus, the Tribulation, and the End of the Exile: Restoration Eschatology and the Origin of the Atonement* (WUNT 2/204; Tübingen: Mohr Siebeck; Grand Rapids: Baker Academic).

_____. (2008), "Jesus, the New Temple and the New Priesthood," LtSp 4: 47-83.

Pomykala, K. (1995), *The Davidic Dynasty Tradition in Early Judaism: Its History and*

Significance for Messianism (EJL 7; Atlanta: Scholars Press).

Posner, R. (2007 [1970 -1]), "Charity," in F. Solnik and M. Berenbaum (eds), *Encylopaedia Judaica*, vol. 4: *Blu-Cof* (Detroit: Gale; Jerusalem: Keter): 569-71.

Powell, M. A. (1998), *Jesus as a Figure in History: How Modern Historians View the Man from Galilee* (Louisville: Westminster John Knox).

Priest, J. (1992), "A Note on the Messianic Banquet," in J. H. Charlesworth (ed.), *Messiah* (Minneapolis: Fortress): 222-38.

Reicke, B. I. (1951), *Diakonie, Festfreude und Zelos in Verbindung mit der altchristlichen Agapenfeier* (UUA 5; Uppsala: Lundequistska).

Reynolds, B. E. (2008), *The Apocalyptic Son of Man in the Gospel of John* (WUNT 2/249; Tübingen: Mohr Siebeck).

Richardson, P. (1992), "Why Turn the Tables? Jesus' Protest in the Temple Precincts," in E. H. Lovering (ed.), *Society of Biblical Literature 1992 Seminar Papers* (SBLSP 31; Atlanta: Scholars Press): 507-23.

Riches, J. K. (1990), *The World of Jesus: First-Century Judaism in Crisis* (Cambridge: Cambridge University Press).

Rosner, B. S. (2007), *Greed as Idolatry: The Origin and Meaning of a Pauline Metaphor* (Grand Rapids: Eerdmans).

Rost, L. (1955), "Gruppenbildungen im Alten Testament," *TLZ* 80: 1-8.

Rothschild, C. K. (2005), *Baptist Traditions and Q* (WUNT 190; Tübingen: Mohr Siebeck).

Ruppert, L. (1972), *Der leidende Gerechte: Eine motivgeschichtliche Untersuchung zum Alten Testament und zwischentestamentlichen Judentum* (FB 5; Würzburg: Echter).

Sabourin, L. (1981), "'Evangelize the Poor' (Lk 4:18)," *RSB* 1: 101-9.

Saldarini, A. J. (1992), "Sanhedrin," in D. N. Freedman (ed.), *Anchor Bible Dictionary*, vol. 5: *O-Sh* (New York: Doubleday): 975-80.

Sanders, E. P. (1985), *Jesus and Judaism* (Philadelphia: Fortress).

_____. (1993), *The Historical Figure of Jesus* (London: Allen Lane/Penguin).

Schaper, J. (1997), "The Temple Treasury Committee in the Times of Nehemiah and Ezra," *VT* 47: 200-6.

Schenk, W. (1974), *Der Passionsbericht nach Markus: Untersuchungen zur Überlieferungsgeschichte derPassionstraditionen* (Gütersloh: Gütersloher Verlagshaus Mohn).

Schiffmann, L. H. (1999), "Community without Temple: The Qumran Community's Withdrawal from the Jerusalem Temple," in B. Ego and A. Lange (eds), *Gemeinde ohne Tempel: Zur Substituierung und Transformation des Jerusalemer*

Tempels und seines Kults im Alten Testment, antiken Judentum und frühen Christentum (WUNT 118; Tübingen: Mohr Siebeck): 267-84.

Schmidt, F. (2001), *How the Temple Thinks: Identity and Social Cohesion in Ancient Judaism* (BS 78; Sheffield: Sheffield Academic Press).

Schmidt, W. H. (1997), "Hoffnung auf einen armen König: Sach 9:9f als letzte messianische Weissagung des Alten Testaments," in C. Landmesser, H.-J. Eckstein and H. Lichtenberger (eds), *Jesus Christus als die Mitte der Schrift: Studien zur Hermeneutik des Evangeliums* (BZNW 86; Berlin/New York: de Gruyter): 689-709.

Schmithals, W. (1962), "Paulus und der historische Jesus," *ZNW* 53: 145-60.

Schnackenburg, R. (1971), *Das Johannesevangelium: Teil 2. Kommentar zu Kap. 5-12* (HTKNT 4; Freiburg: Herder).

Scholer, J. M. (1991), *Proleptic Priests: Priesthood in the Epistle to the Hebrews* (JSNTSup 49; Sheffield: JSOT Press).

Schottroff, L. and W. Stegemann (2009 [1986]), *Jesus and the Hope of the Poor* (Eugene, Or.: Wipf & Stock).

Schröter, J. (2008), "The Gospels of Eyewitness Testimony? A Critical Examination of Richard Bauckham's Jesus and the Eyewitnesses," *JSNT* 31: 195-209.

Schüpphaus, J. (1977), *Die Psalmen Salomos: Ein Zeugnis Jerusalemer Theologie und Frömmigkeit in der Mitte des vorchristlichen Jahrhunderts* (ALGHJ 7; Leiden: Brill).

Schüssler Fiorenza, E. (1984), *In Memory of Her: A Feminist Theological Reconstruction of Christian Origins* (New York: Crossroad).

Schwartz, D. R. (1979), "The Three Temples of 4 Q Florilegium," *RevQ* 10: 83-91.

Schweitzer, A. (2001 [1906]), *The Quest of the Historical Jesus* (Minneapolis: Fortress).

Scott, E. F. (1924), *The Ethical Teaching of Jesus* (New York: Macmillan).

Seccombe, D. (1978), "Was there Organized Charity in Jerusalem before the Christians?," *JTS* 29: 140-3.

Seeley, D. (1993), "Jesus' Temple Ac," *CBQ* 55: 263-83.

Senior, D. and D. J. Harrington (2008), *1 Peter, Jude and 2 Peter* (SP; Collegeville: Liturgical Press).

Smith, D. E. (1991), "The Messianic Banquet Reconsidered," in B. A. Pearson, A. T. Kraabel, G. W. E. Nickelsburg and N. R. Petersen (eds), *Future of Early Christianity: Essays in Honor of Helmut Koester* (Minneapolis: Fortress): 64-73.

_____. (2003), *From Symposium to Eucharist: The Banquet in the Early Christian World* (Minneapolis: Fortress).

Snodgrass, K. (2009), "The Temple Incident," in D. L. Bock and R. L. Webb (eds), *Key*

Events in the Life of the Historical Jesus: A Collaborative Exploration of Context and Coherence (WUNT 247; Tübingen: Mohr Siebeck): 429-80.

Söding, T. (1992), "Die Tempelaktion Jesus: Redaktionskritik-Überlieferungsgeschichte-historiche Rückfrage (Mk 11, 15-19…)," *TTZ* 101: 36-64.

Steck, O. H. (1967), *Israel und das gewaltsame Geschick der Propheten: Untersuchungen zur Überlieferung des deuteronomistischen Geschichtsbildes im Alten Testament, Spätjudentum und Urchristentum* (WMANT 23; Neukirchen-Vluyn: Neukirchener Verlag).

Ste Croix, G. E. M. de (1981), *The Class Struggle in the Ancient Greek World* (Ithaca, NY: Cornell University Press; London: Duckworth).

Stevens, M. E. (2006), *Temples, Tithes, and Taxes: The Temple and the Economic Life of Ancient Israel* (Peabody, Mass.: Hendrickson).

Still, T. D. (2007), "Christos as Pistos: The Faith(fulness) of Jesus in the Epistle to the Hebrews," *CBQ* 69: 746-55.

Strecker, C. (2002), "Jesus and the Demoniacs," in W. Stegemann, B. J. Malina and G. Theissen (eds), *The Social Setting of Jesus and the Gospels* (Minneapolis: Fortress): 117-33.

Strecker, G. (1979), *Eschaton und Historie: Aufsätze* (Göttingen: Vandenhoeck & Ruprecht).

Strobel, A. (1961), *Untersuchungen zum eschatologischen Verzögerungsproblem; auf Grund der spätjüdisch-urchristlichen Geschichte von Habakuk 2,2ff* (NovTSup 2; Leiden: Brill).

Swarup, P. (2006), *The Self-Understanding of the Dead Sea Scrolls Community: An Eternal Planting, a House of Holiness* (LSTS 59; London/New York: T. & T. Clark).

Tan, K. H. (1997), *The Zion Traditions and the Aims of Jesus* (SNTSMS 91; Cambridge/ New York: Cambridge University Press).

Taylor, C. (2007), *A Secular Age* (Cambridge, Mass.: Belknap Press of Harvard University Press).

Taylor, J. E. (1997), *The Immerser: John the Baptist within Second Temple Judaism* (SHJ; Grand Rapids: Eerdmans).

Theissen, G. (1978), *Sociology of Early Palestinian Christianity* (Philadelphia: Fortress).

_____. (1983), *The Miracle Stories of the Early Christian Tradition* (Philadelphia: Fortress).

_____. (2004), *Die Jesusbewegung: Sozialgeschichte einer Revolution der Werte* (Gütersloh: Gütersloher Verlagshaus).

Theissen, G. and A. Merz (1998 [1996]), *The Historical Jesus: A Comprehensive Guide* (Minneapolis: Fortress).

Theissen, G. and D. Winter (2002 [1997]), *The Quest for the Plausible Jesus: The Question of Criteria* (Louisville: Westminster John Knox).

Torrance, T. F. (1992 [1983]), *The Mediation of Christ* (Colorado Springs: Helmers & Howard).

Trautmann, M. (1980), *Zeichenhafte Handlungen Jesu: Ein Beitrag zur Frage nach dem geschichtlichen Jesus* (FB 37; Wurzburg: Echter).

Twelftree, G. H. (1993), *Jesus the Exorcist: A Contribution to the Study of the Historical Jesus* (WUNT 2/54; Tübingen: Mohr Siebeck; Peabody, Mass.: Hendrickson).

_____. (1999), *Jesus the Miracle Worker: A Historical and Theological Study* (Downers Grove: InterVarsity).

_____. (2007), *In the Name of Jesus: Exorcism among Early Christians* (Grand Rapids: Baker Academic).

Vahrenhorst, M. (2008), *Kultische Sprache in den Paulusbriefen* (WUNT 230; Tübingen: Mohr Siebeck).

Vanderkam, J. C. and P. Flint (2002), *The Meaning of the Dead Sea Scrolls* (San Francisco: HarperSanFrancisco).

Vanhoye, A. (1967), "Jesus 'fidelis ei qui fecit eum' (Heb. 3,2)," *VD* 45: 291-305.

Vonach, A. (2008), "Der Mensch als 'Heiligtum Gottes': Eine alttestamentlich Spurensuche," in A. Vonach and R. Meßsner, *Volk Gottes als Tempel* (SynK 1; Vienna/Berlin: Münster Lit): 9-20.

Vonach, A. and R. Meßner (2008), *Volk Gottes als Tempel* (SynK 1; Vienna/Berlin: Münster Lit).

Wahlen, C. (2004), *Jesus and the Impurity of the Spirits in the Synoptic Gospels* (WUNT 2/185; Tübingen: Mohr Siebeck).

Walton, J. H. (2006), *Ancient Near Eastern Thought and the Old Testament: Introducing the Conceptual World of the Hebrew Bible* (Grand Rapids: Baker Academic).

Ware, J. P. (2005), *The Mission of the Church in Paul's Letter to the Philippians in the Context of Ancient Judaism* (NovTSup 120; Leiden/Boston: Brill).

Webb, R. L. (1991), *John the Baptizer and Prophet: A Socio-Historical Study* (JSNTSup 62; Sheffield: JSOT Press).

Wedderburn, A. J. M. (2006), "Jesus' Action in the Temple: A Key or a Puzzle?," *ZNW* 97: 1-22.

Weinfeld, M. (1985), *Justice and Righteousness in Israel and the Nations: Equality and Freedom in Ancient Israel in Light of Social Justice in Ancient Near East* (PFBR; Jerusalem: Magnes).

Wengst, K. (1987), PAX ROMANA *and the Peace of Jesus Christ* (Philadelphia: Fortress).

Wenham, D. (1995), *Paul: Follower of Jesus or Founder of Christianity?* (Grand Rapids: Eerdmans).

Wentling, J. L. (1989), "Unraveling the Relationship between 11QT, the Eschatological Temple, and the Qumran Community," *RevQ* 14: 61-73.

Werline, R. A. (1998), *Penitential Prayer in Second Temple Judaism: The Development of a Religious Institution* (SBLEJL 13; Atlanta: Scholars Press).

Wernle, P. (1916), *Jesus* (Tübingen: J. C. B. Mohr).

Wildberger, H. (1978), *Jesaja* (BK 10.2; Neukirchen-Vluyn: Neukirchener).

Winninge, M. (1995), *Sinners and the Righteous: A Comparative Study of the Psalms of Solomon and Paul's Letters* (ConBNT 26; Stockholm: Almqvist & Wiksell International).

Winter, B. W. (1994), *Seek the Welfare of the City: Christians as Benefactors and Citizens* (FCCGRW; Grand Rapids: Eerdmans; Carlisle: Paternoster).

Winter, P. (1961), *On the Trial of Jesus* (SJ 1; Berlin: de Gruyter).

Witherington, B. (1990), *The Christology of Jesus* (Minneapolis: Fortress).

Wright, A. G. (1982), "The Widow's Mite: Praise or Lament? - A Matter of Context," *CBQ* 4: 256-65.

Wright, N. T. (1992), *Christian Origins and the Question of God*, vol. 1: *The New Testament and the People of God* (London: SPCK; Minneapolis: Fortress).

———. (1996), *Christian Origins and the Question of God*, vol. 2: *Jesus and the Victory of God* (London: SPCK; Minneapolis: Fortress).

———. (2003), *Christian Origins and the Question of God*, vol. 3: *The Resurrection of the Son of God* (London: SPCK; Minneapolis: Fortress).

———. (2009), *Virtue Reborn* (London: SPCK).

Wright, R. B. (1985), "Psalms of Solomon: A New Translation and Introduction," in J. H. Charlesworth (ed.), *The Old Testament Pseudepigrapha*, vol. 2: *Expansions of the "Old Testament" and Legends, Wisdom and Philosophical Literature, Prayers, Psalms, and Odes, Fragments of Lost Judeo-Hellenistic Works* (ABRL; New York: Doubleday): 639-70.

Yee, G. A. (1989), *Jewish Feasts and the Gospel of John* (ZacSNT; Wilmington, Del.: Michael Glazier).

Yoder, J. H. (1994), *The Politics of Jesus: Vicit Agnus Noster* (2nd edn; Grand Rapids: Eerdmans; Carlisle: Paternoster).

고대 자료 및 성구 색인

예수와 성전

종말론적인 희년을 가져오는 왕과 제사장인 예수

Copyright ⓒ 새물결플러스 2021

1쇄 발행 2021년 10월 29일

지은이 니콜라스 페린
옮긴이 노동래
펴낸이 김요한
펴낸곳 새물결플러스

편 집 왕희광 정인철 노재현 한바울 정혜인
이형일 나유영 노동래 최호연
디자인 박인미 황진주 김은경
마케팅 박성민 이원혁
총 무 김명화 이성순
영 상 최정호 곽상원
아카데미 차상희

홈페이지 www.holywaveplus.com
이메일 hwpbooks@hwpbooks.com
출판등록 2008년 8월 21일 제2008-24호
주 소 (우) 04118 서울시 마포구 마포대로19길 33
전 화 02) 2652-3161
팩 스 02) 2652-3191

ISBN 979-11-6129-217-5 93230

책값은 뒤표지에 있습니다.